高等院校保险学专业系列教材

吉林省首批高等学校校企合作开发课程立项建设项目

吉林省首批普通本科高校省级重点教材立项建设项目

Principles and Practice of Insurance

保险学原理与实务 第2版

牟晓伟　李彤宇◎主　编

白　桦　朱　琳　曹京京　刘　薇◎副主编

上海财经大学出版社
SHANGHAI UNIVERSITY OF FINANCE & ECONOMICS PRESS

上海学术·经济学出版中心

图书在版编目(CIP)数据

保险学原理与实务 / 牟晓伟, 李彤宇主编. -- 2 版.
上海 : 上海财经大学出版社, 2025. 8. -- (高等院校保险学专业系列教材). -- ISBN 978-7-5642-4604-4

Ⅰ. F840

中国国家版本馆 CIP 数据核字第 2025A5H504 号

长春师范大学教材建设基金资助出版

□ 责任编辑 林佳依
□ 封面设计 张克瑶

保险学原理与实务

(第 2 版)

牟晓伟 李彤宇 主 编

白 桦 朱 琳 曹京京 刘 薇 副主编

上海财经大学出版社出版发行
(上海市中山北一路 369 号 邮编 200083)
网 址:http://www.sufep.com
电子邮箱:webmaster@sufep.com
全国新华书店经销
江苏省句容市排印厂印刷装订
2025 年 8 月第 2 版 2025 年 8 月第 1 次印刷

787mm×1092mm 1/16 24 印张 614 千字
印数:6 001—10 000 定价:58.00 元

第 2 版前言

因风险而产生的保险，在社会生产、生活中发挥着无可替代的作用，我国社会人口逐渐老龄化、独生子女占比提升及放开三胎等情况带来的人口结构变迁为保险市场打开了广阔的空间。未来保险业需要更多高素质的从业人员，而高校保险学专业的学生以及保险从业人员也需要高质量的、适用的保险学教材。作为多年从事保险学教学与研究的教师，编者对保险学领悟极其深刻，在该领域积累了大量的研究心得和一些独到见解，并且在校企合作单位的大力支持下，企业为我们编写本书提供了宝贵的保险实践内容，有利于编写更为清晰、易懂、适用的教材，更好地解决理论与实践脱节的问题。

一、本书的优势与特色

1. 系统全面，通俗易懂

本书凭借编者多年从事保险学教学与实际工作的积累和严谨认真的治学态度，科学规划，构建合理的写作框架，融保险理论与实务于一体，兼顾商业保险与社会保险，内容系统全面。本书力求以通俗易懂的语言，深入地阐述保险学原理和实务，使广大读者能轻松地学习保险学。

2. 与时俱进，精益求精

本书参考了大量国内外保险教材与文献，认真取舍，精心编排，并根据学习目标精心编写了适量的例题、习题及新颖案例，还将保险业国内外最新发展动态融入其中，以此反映保险理论与实践的最新发展。

3. 校企合作，产教融合

本书编写团队由高校骨干教师、国内保险行业专家组成。本书编写在校企合作的背景下，充分发挥保险企业作用，结合企业用人单位的意见、要求，对传统教材内容进行更新调整，适时增设新知识，解决保险实务问题，期望将书本知识与保险企业实务有机结合起来，以此增强本书的针对性、适应性、应用性。

4. 研学结合，成果应用

本书内容编排体现教学与科研相统一的原则，注重最新学术成果的转化和应用。本书编写过程中引入了编写团队对保险学的最新科研成果，并参考了保险业界专家的大量论文，充分反映了保险理论研究的前沿成果。

二、本书主要内容

本书就保险学原理与实务进行了比较全面和系统的介绍，在阐述保险基本原理的同时，也介绍了保险市场主要的业务种类及保险公司在实际经营中的具体操作流程和方法，使读者更好地熟悉保险学的原理与实务，掌握相关的方法和技巧。主要内容包括：风险与风险管理、保险及分类、保险精算方法与原理、保险合同构成要素与订立履行程序、保险的基本原则、财产保险业务、人身保险业务、再保险业务、保险科技与保险业务经营环节、保险市场、保险监管及社会保险。本书编写侧重保险实务应用，加入了大量真实的、最新的、典型的案例，以便于读者对知识的充分吸收理解，有助于提高读者的保险实战能力。

三、本书创新之处

本书是在校企合作共建课程的背景下，由校企双方共同开发的本科应用型教材，书中内容既有保险理论前沿知识，又有来源于保险企业的岗位工作内容。本书将保险理论与保险企业实务有机结合起来，突出应用性和针对性，能够更好地满足当前保险市场的需要。

本书是在借鉴吸收国内外保险学经典论著及最新研究成果、结合多名教师历年教学经验、保险行业专家建议及提供的实践资料的基础上编写而成的。具体分工如下：刘薇、牟晓伟编写第一章、第二章、第三章、第四章，朱琳、李彤宇编写第五章、第六章、第七章、第八章，曹京京、白桦编写第九章、第十章、第十一章、第十二章。

本书是吉林省首批高等学校校企合作开发课程立项建设项目的教学改革成果，是吉林省首批普通本科高校省级重点教材立项建设项目的教学改革成果。本书结构合理、条理清晰、通俗易懂，适用范围较广，既适合本科院校保险、金融等专业师生使用，也适合从业者用作参考书。

本书在编写过程中参阅了大量国内同仁的相关研究内容，在此一并表示深深的谢意！

由于编者水平有限，加之时间仓促，错误与疏漏在所难免，因此恳请各位同仁与读者批评指正。

编　者

2025 年 7 月

目　录

第一章

风险与风险管理

本章知识结构

- 风险概述
  - 风险的概念
  - 风险的构成要素
  - 风险的特征
    - 客观性
    - 普遍性
    - 不确定性
    - 可测定性
    - 发展性
  - 风险的分类
    - 按风险的性质分类
    - 按风险产生的原因分类
    - 按风险标的分类
    - 按产生风险的行为分类
    - 按风险产生的社会环境分类
- 风险管理
  - 风险管理的起源与发展
  - 风险管理的概念
  - 风险管理的作用
  - 风险管理的基本程序
    - 风险识别
    - 风险计量
    - 风险控制
    - 风险管理绩效评价
  - 风险管理的方法
    - 避免风险
    - 损失控制
    - 自留风险
    - 转移风险
- 风险管理与保险
  - 风险与可保风险
  - 风险管理与保险的关系

教学目标

知识目标

1. 了解风险与风险管理的基本概念。
2. 掌握风险的构成要素和分类。

3. 掌握风险管理的程序和管理方式。

能力目标

1. 能够识别不同的风险种类。
2. 能够针对不同的风险选择相应的风险管理方式。

素质目标

1. 引导大学生增强风险意识,树立富强、民主、文明、和谐的社会主义核心价值观。
2. 强调风险治理对于党和国家事业发展的重要性,引导学生根植爱国主义信念。

本章寄语

风险的存在是保险得以存在并发展的基础。保险,是一种分散风险并补偿损失的经济制度。

案例引入

东航MU5735航班于2022年3月21日13时16分从昆明起飞,14时17分保持巡航高度8 900米进入广州管制区,14时20分管制员发现飞机高度急剧下降,随即多次呼叫机组,但未收到任何回复,14时23分飞机雷达信号消失,后经核实,飞机在广西壮族自治区梧州市藤县境内坠毁。机上共有旅客123名(无外籍旅客)、机组人员9名(飞行员3名、乘务员5名、安全员1名),全部遇难。

资料来源:https://www.caac.gov.cn/XXGK/XXGK/TZTG/202303/t20230320_217632.html。

“天有不测风云,人有旦夕祸福”,人的一生中时刻面临着无数的风险,风险就像空气般充斥在我们的周围。天空、街道、家里、办公场所,时刻隐藏着许多我们无法预知的风险,我们不知道风险会在什么时间、什么地点发生。正是由于风险的客观存在,促进了保险的产生与发展。无风险则无保险,风险的客观存在是保险产生和发展的自然前提条件之一。风险的特征、种类以及风险管理的方法都影响着保险理论与实践的发展。因此,认识风险是认识保险的前提。

第一节　风险概述

一、风险的概念

目前,学术界对风险没有一个统一的定义。经济学家、行为学家、风险理论家、统计学者和保险精算师们对风险都有自己不同的定义。从广义范围来看,风险是指在一定条件和时间内有可能发生的各种结果的变动程度,是由一些不确定的因素对事物造成的影响,使实际收益与预期收益产生了差异,从而有蒙受经济损失或获取额外收益的机会和可能性。总的来说，风险就是由不确定性引起的，其结果也是不确定的。这种不确定的结果，可以是损失，也可以是额外的收益。

保险界普遍接受的风险定义：风险是损失的不确定性。这个概念包含以下三层含义：

第一，风险是损失的可能性。损失是人们的经济利益或非经济利益的减少或丧失。人们通过损失感受到了风险的存在，并凭借损失的大小判断风险的大小。没有损失，就感觉不到风险。人们只有在遭受到损失或预感到损失有发生的可能时，才会确认风险的存在。

第二，不确定的损失才是风险。没有损失就没有风险，但并不意味着只要存在损失就一定有风险。只有损失的发生是不确定的，才能称作风险。那些绝无可能发生损失的事件，自然没有风险可言；而那些必然发生损失或已经发生损失的事件，也不是风险，仅仅是风险发生的结果，是风险事故。只有那些在事前无法确定其是否会发生、发生的时间、发生的地点、发生的频率和强度的损失，才能被称为风险。例如，购买股票时，不确定这只股票的涨跌，损失或获益都具有不确定性，因此购买这只股票会有风险。

第三，风险既是客观存在，又是主观感受。风险是客观存在的，它表现为实际损失与期望损失之间的离差。例如，假设一家人寿保险公司长期承保 10 000 个人的终身寿险，按照各年的历史数据估计平均每年有 1%(100 个人)发生死亡。但是，每年恰好有 100 人发生死亡的情形是非常少有的。在某些年份可能有 90 人发生死亡，在另一些年份可能有 110 人发生死亡。实际损失与期望值 100 偏离 10 人(10%)的离差，这就是客观存在的风险。客观存在的风险可以运用统计学中的一些离差的度量方法计算，因此它对保险人来说是非常有用的。而风险的主观感受是基于个人思想状态或精神状态的不确定性的。例如，在考试中试图通过作弊取得好成绩的学生，不能确定他是否可以作弊而不被监考教师发现。这种思想的不确定性就是风险的主观感受。

二、风险的构成要素

构成风险的要素包括风险因素、风险事故和风险损失。

(一)风险因素

风险因素是指能够引起或增加风险发生的可能性或扩大风险损失程度的原因与条件，是风险事故发生的潜在原因。例如，电线老化是增加火灾事故的风险因素，疏忽大意是造成安全事故的风险因素等。有风险因素的存在，才有风险发生的可能性。风险因素一般表现为物质风险因素、道德风险因素和心理风险因素。

1. 物质风险因素

物质风险因素也称实质性风险因素，是指能够引起或增加损失发生的机会，或能够增加损失发生的概率、扩大损失的严重程度的客观的物质条件。例如，恶劣的气候条件增加了发生交通事故的机会，装修中使用的易燃材料增加了发生火灾的机会等，这些风险因素都是实际存在的物质条件。

2. 道德风险因素

道德风险因素是指个人或团体的不诚实、不正直、不轨企图故意促使风险事故发生或扩大风险事故损失程度，以致引起财产损失和人身伤亡的主观因素。例如，为获取保险赔款而故意撞车、虚报损失、编造事故甚至谋杀等，都属于道德风险因素。各种保险中都存在着道德风险因素，这是很难控制的。保险公司试图通过规范承保核保工作及制定各种保单条款来对道德风险加以控制。

3. 心理风险因素

心理风险因素与道德风险因素一样都是一种主观上的增加损失发生频率或严重程度的风险因素。但道德风险因素是由于被保险人不诚实或居心不良故意增加损失发生频率或严重程度,而心理风险因素则是被保险人由于保险的存在而对损失的粗心和疏忽,是非故意的风险因素。例如,投保人购买保险后放松对火灾隐患的排查而导致火灾损失发生,在高速公路上转换车道时不打转向灯等。

(二)风险事故

风险事故又称风险事件,是造成损失的外在事件、偶发事件。风险事故是造成损失外在的或直接的原因。例如,如果住宅失火,火灾就是风险事件,即损失原因。火灾、雷电、暴风雨、冰雹、偷窃和入室行窃等都是导致财产损失的风险事件。

(三)风险损失

风险损失有广义和狭义之分。广义的风险损失除包括狭义的损失外,还包括一般情况下财产的正常损耗(如固定资产的折旧、货物在运输过程中的合理损耗等)和有意识采取的合理行为所造成的损失,如为适应新技术的发展对机器的汰旧换新、焚毁假冒伪劣商品等损失。保险理论与实务中通常指的是狭义的损失。

狭义的损失是指由于自然灾害或意外事故所造成的经济价值的减少、灭失以及额外费用的增加。狭义的损失主要包括财产损失、所得损失、责任损失和费用损失四个方面。

1. 财产损失

财产损失是指各种有形的财务因灾害事故而丧失了部分或全部价值,如房屋遭遇地震而倒塌所造成的损失。

2. 所得损失

所得损失是指团体或个人因灾害事故丧失部分或全部经济收入的损失,如由于疾病、意外伤害等原因丧失部分或全部劳动能力所造成的收入的减少或失去全部的收入来源,企业因意外事故造成销售收入减少或利润降低等。

3. 责任损失

责任损失是指团体和个人的疏忽或过失行为造成了他人人身伤害或财物损失时,当事人依法应承担的经济赔偿责任。例如,发生安全责任事故时,雇主依法对雇员进行的赔偿。

4. 费用损失

费用损失是指由于发生灾害事故而额外支出的费用。例如,企业遭受火灾时支出的施救费用,重新添置设备时发生的采购、调试、咨询等费用。

总之,风险因素、风险事故和风险损失共同构成了风险。风险因素在一定条件下引发风险事故,风险事故的发生可能导致损失的产生,而所产生的损失又标志着风险事故的大小,反映了风险因素的隐患和危害。

相关案例

泰国当地时间 2018 年 7 月 5 日 17 时 45 分左右,两艘载有 122 名中国游客的船只在返回泰国普吉岛途中,突遇特大暴风雨,分别在珊瑚岛和梅通岛发生倾覆。截至 10 日 13 时,中国游客共 75 人获救,44 人不幸遇难,另有 3 人失联。

自2018年7月7日以来，泰方已累计派出六十余艘舰船、四十余架次飞机、近百名蛙人及潜水志愿者和沿岸部队千余人开展24小时不间断巡逻搜救，并根据洋流方向将搜救范围扩大到甲米、攀牙和董里府海域。

普吉岛沉船事故发生后，中国平安迅速启动理赔程序，于2018年7月9日9时47分，平安产险完成普吉岛沉船事故第一单理赔。经排查，此次事故中国平安出险客户共计83人，并有23名客户遇难，预估最大赔付额共计1 343.1万元。

资料来源：https://worldhuanqiu. com/article/gCaKmKa8ZC。

在此案例中，具体的风险损失有哪些？

三、风险的特征

（一）风险的客观性

风险是一种不以人的主观意志为转移的客观存在。无论是自然界的飓风、洪水、地震、海啸等天灾，还是人类社会的战争、犯罪、过失或意外事故等人祸，都是受事物内部的因素所决定的，是超出了人们的主观意识而存在的客观规律所决定的，是不以人的意志为转移的客观存在。人们只能在一定时间和空间范围内，改变风险存在和发生的条件，降低风险发生的频率和损失的程度，却不能彻底消灭风险。例如，地震多发生在地壳断裂带，火灾多发生在春、冬两个比较干燥的季节等，无论是过去、现在还是未来，风险的存在都是客观的、必然的现象。

（二）风险的普遍性

风险就像空气，存在于社会生活的方方面面，无时不在，无处不在。人类历史伴随着各种风险。人类自从出现，就面临着各种各样的风险，如自然灾害、疾病、伤残、死亡、战争等。随着科学技术的发展、生产力的提高、社会的进步，又产生了新的风险，并且风险事故所造成的损失也越来越大。保险存在的必要和发展的可能，正是由于这些普遍存在的对人类社会生产和人们的生活构成威胁的风险。

（三）风险的不确定性

风险的存在是确定的，但在个体风险的发生上是不确定的，这种不确定性主要表现在三个方面：

1. 风险是否发生的不确定性

风险的存在是必然的，但风险是否会发生在我们身上是不确定的。例如，每天行驶在道路上的机动车数不胜数，就总体而言，所有行驶在道路上的机动车都有发生碰撞的风险，并且必然造成一定数量的经济损失。这种风险的必然性是客观存在的，但具体到每一辆机动车来说，是否发生碰撞，则是不确定的。

2. 风险发生时间上的不确定性

风险发生的时间也是不确定的。人的一生总是时刻面临着各种各样的风险，如自然灾害、意外事故、疾病、伤害、战争等。但是，各种风险何时会发生则是不确定的。

3. 风险发生结果上的不确定性

风险发生的结果，即损失程度具有不确定性。例如，2012年7月21日至22日8时左右，中国大部分地区遭遇暴雨，其中北京及其周边地区遭遇61年来最强暴雨及洪涝灾害。截至8月6日，北京已有79人因此次暴雨死亡。根据北京市政府举行的灾情通报会的数据，此次暴雨造成房屋倒塌10 660间，160.2万人受灾，经济损失116.4亿元。在暴雨之前，人们根本无法预估会造成如此大的损失。

(四)风险的可测定性

个别风险的发生是不可预知的、是偶然的,但通过对大量风险事故的观察就会发现,风险通常呈现明显的规律性。运用统计学方法处理大量的相互独立的偶发风险事故,其结果能比较准确地反映风险的规律性。根据以往的大量历史资料,利用大数定律可以测算出风险事故发生的概率和损失幅度,并能构造出经验损失分布模型,这就成为衡量风险的基础,并为保费的厘定提供了依据。例如,在人寿保险中,根据精算原理,利用对某一地区的各年龄段人群的长期观察得到的大量死亡记录,就可以测算该地区的各个年龄段的人的死亡率,进而计算人寿保险的保险费率。

(五)风险的发展性

风险的发展性也被称为风险的可变性。世间万物都是运动的、变化的,风险也是一样的。在一定的条件下,风险可能在它的产生、后果等方面发生质变或量变。主要表现在,由于人们识别风险、抵御风险的技术和能力的增强,改变了风险因素、降低了风险损失的程度,因此在一定程度上,能够控制某些风险。例如,随着医学技术水平的提高,很多过去威胁人们生命的疾病,如水痘、天花、麻风病等能够被医学控制。这些风险已经弱化了,并在逐渐减少或消失。但与此同时,随着科学技术的快速发展及广泛应用,也增加了新的风险因素,并且产生的新的风险损失更加惊人,如2011年3月11日的日本福岛核泄漏事故等。因此,从发展趋势上来看,风险不是固定不变的,而是此消彼长、不断变化的。

四、风险的分类

风险的分类,就是按照一定标准,对各种不同的风险进行区分的过程。对风险分析的目的不同,可以依据不同的标准,从不同的角度对风险进行分类。熟悉风险的分类有利于人们加深对风险的认识,更好地控制以及防范风险。

(一)按风险的性质分类

按照风险的性质不同,风险可以分为纯粹风险和投机风险。

1. 纯粹风险

纯粹风险是指只有损失可能而无获利可能的风险。比如房屋所有者面临的自然灾害风险、机动车车主面临的盗抢风险等,当自然灾害或盗抢事故发生时,他们便会遭受经济利益上的损失。在现实生活中,纯粹风险是普遍存在的,如水灾、火灾、疾病、意外事故等都可能造成巨大损失。但是,这种灾害事故什么时候会发生、损害的结果有多大,往往是无法事先确定的。

相关案例

据中国地震台网正式测定,北京时间2023年2月6日9时17分(当地时间2月6日4时17分),在土耳其与叙利亚边境地区发生7.8级地震,震源深度20千米,震中位于北纬37.15度、东经36.95度。北京时间2月6日18时24分(当地时间2月6日13时24分)在土耳其发生7.8级地震,震源深度20千米,震中位于北纬38.00度、东经37.15度。2023年2月6日,国家主席习近平就土耳其、叙利亚发生强烈地震分别向土耳其总统埃尔多安、叙利亚总统巴沙尔致慰问电。中国驻土耳其大使馆称,在地震中暂无中国公民伤亡。另据CNN

报道，在强震发生后，土耳其总统埃尔多安宣布全国哀悼7天，同时各地还将降半旗表示哀悼。2023年3月20日，土耳其总统埃尔多安表示，震灾造成的损失已超过1 040亿美元。当地时间2023年4月5日，土耳其内政部长索伊卢表示，土耳其南部强震已致该国50 399人遇难。当地时间2023年4月14日，土耳其内政部长索伊卢表示，土耳其南部强震已致该国50 500人遇难。

资料来源：https://www.163.com/dy/article/I0F81RT505561ZCS.html。

2. 投机风险

投机风险是相对于纯粹风险而言的，是指既有损失的可能又有获利的可能的风险。投机风险的后果一般有三种：一是“没有损失”，二是“有损失”，三是“盈利”。比如在股票市场上买卖股票，就存在赚钱、赔钱和不赔不赚三种结果。

相关案例

20世纪70年代以来，国际石油市场风云变幻。为了规避石油现货风险，20世纪80年代，国际原油期货这一金融衍生品应运而生。随着我国石油进口量的大幅增加，国家批准了一些大型国有石油企业在石油上做套期保值。

2003年4月，中航油集团被批准进行境外期货交易。2003年下半年，中航油（新加坡）开始参与200万桶原油期货买卖，初期获利；2004年一季度国际油价飙升，中航油持淡仓，录得账面亏损580万美元，为求“收复失地”，加大投资增持淡仓；2004年二季度油价持续上升，中航油账面亏损增至3 000万美元。为避免在账目上出现实际亏损，公司决定将交割日期延后至2005年及2006年，再加大投资，希望油价回落时可翻身；2004年10月，中航油的原油期货合约已增至5 200万桶，油价到达历史高位，中航油面临巨额亏损。

2004年10月10日，中航油（新加坡）首次向中航油集团呈交报告，说明交易情况及面对1.8亿美元的账面损失，并已缴付了期货交易的8 000万美元补仓资金，公司同时面对严重的现金流问题，已接近用罄2 600万美元的营运资金、1.2亿美元的银团贷款及6 800万美元的应收贸易款，上述数据从未向其他股东及公众披露；10月20日，母公司提前配售15%的股票，将所得的1.08亿美元资金贷款给中航油；10月26日和28日，公司因无法补加一些合同的保证金而遭逼仓，蒙受1.32亿美元的实际亏损；11月8日到25日，公司继续遭逼仓，截至25日的实际亏损达3.81亿美元；12月1日，在亏损5.5亿美元后，中航油（新加坡）宣布向法院申请破产保护令。

资料来源：https://news.jstv.com/a/20190116/154759211264.shtml。

区分纯粹风险和投机风险的意义在于：相对于投机风险而言，大数定律在纯粹风险中能更容易地运用。因此，保险公司可以运用大数定律来预测可能发生的损失。在保险活动中，除了一些例外的情形，保险公司一般不承保投机风险，只承保纯粹风险。

（二）按风险产生的原因分类

依据风险产生的原因不同，风险可以分为自然风险、社会风险、经济风险与技术风险。

1. 自然风险

自然风险是指由于自然、物理和其他物质现象所导致的物质毁损或人员伤亡的风险，如地震、火灾、旱灾、虫灾、洪水、暴雨、暴风雪、泥石流、海啸、瘟疫等。在各类风险中，自然风险是保险人承保最多的风险。自然风险的成因不可控，但有一定的规律和周期，发生后的影响范围较广。一般来说，自然风险与人类的主观行为无关。

2. 社会风险

社会风险是指由于人类社会行为的变化而产生损害或损失的可能性，即由于个人或团体的过失、疏忽、侥幸、恶意等不当行为所导致的风险，如盗窃、抢劫、故意破坏、自杀、罢工等行为可能对他人财产造成损失或人身造成伤害的风险。普通的社会风险可能发展为政治风险。政治风险是社会风险中的一种，它是随着阶级社会的产生而产生的，一般发生在政体的选择、法律的更改、政权的变更、政令的颁布与实施等各种各样的政治活动中。它的表现形式主要有宗教或种族冲突、叛乱、战争、恐怖主义等。

相关案例

2010年7月16日，位于辽宁省大连市保税区的大连中石油国际储运有限公司原油库输油管道发生爆炸，引发大火并造成大量原油泄漏，导致部分原油、管道和设备烧损，另有部分泄漏原油流入附近海域造成污染。事故造成作业人员1人轻伤、1人失踪；在灭火过程中，消防战士1人牺牲、1人重伤。据统计，事故造成的直接财产损失为22 330.19万元。

经查，这起事故的直接原因是：中石油国际事业有限公司(中国联合石油有限责任公司)下属的大连中石油国际储运公司同意中油燃料油股份有限公司委托上海祥诚公司使用天津辉盛达公司生产的含有强氧化剂过氧化氢的“脱硫化氢剂”，违规在原油库输油管道上进行加注“脱硫化氢剂”作业，并在油轮停止卸油的情况下继续加注，造成“脱硫化氢剂”在输油管道内局部富集，发生强氧化反应，导致输油管道发生爆炸，引发火灾和原油泄漏。

资料来源：https://baike.so.com/doc/5512113-5747875.html。

3. 经济风险

经济风险是指在生产和销售等经营活动中由于受市场供求关系、经济贸易条件、通货膨胀、汇率变动等因素的影响或经营者决策偏差等导致经济损失的风险。经济风险广泛存在于社会经济生活的各个环节和各个方面。比如经济结构不合理、产品质量低劣、严重的通货膨胀、汇率的不利变动等都能带来较大的经济风险。

4. 技术风险

技术风险是指伴随着科学技术的发展、生产方式的改变而产生的威胁人们生产与生活的风险。科技在带给人们方便快捷的同时，也给人们带来了巨大的风险，如核辐射、空气污染和噪声等。

相关案例

2011年3月，里氏9.0级地震导致福岛县两座核电站反应堆发生故障，其中第一核电站中一座反应堆震后发生异常导致核蒸汽泄漏。有业内人士表示，福岛核电站是一个在技术上现在已经没人用的单层循环沸水堆，冷却水直接引入海水，安全性本来就不高。对于日本这样一个地震频繁的地区，使用这样的结构非常不合理。3月14日福岛第一核电站3号机组发生氢气爆炸，在爆炸后，辐射性物质进入风中，通过风传播到中国、俄罗斯等国。

资料来源：https://baijiahao.baidu.com/s?id=1692260039058897O。

(三)按风险标的(损害的对象)分类

根据风险标的的不同，风险可以分为财产风险、人身风险、责任风险和信用风险。

1. 财产风险

财产风险是指一切导致有形财产的损毁、灭失或贬值的风险以及经济的或金钱上损失的风险。如商场、酒店、电影院、医院等公共场所会遭受火灾、地震、爆炸等毁损的一系列的风险。财产损失通常包括财产的直接损失和间接损失。比如，商场等因火灾事故的发生，导致场地、货物等经济价值减少，这是财产的直接损失；同时，由于场地、货物毁损，商场不能再凭借这些生产资料获取正常的经济利益，这是财产的间接损失。

2. 人身风险

人身风险是指可能导致人身受到伤害或影响健康的风险。如人会因生、老、病、死等生理规律和自然、政治、军事、社会等原因而早逝、伤残、工作能力丧失或年老无依靠等。人身风险所致的损失一般有两种：一种是收入能力损失，一种是额外费用损失。

3. 责任风险

责任风险是指由于个人或团体的疏忽或过失行为，造成他人财产损失或人身伤亡，依照法律、契约或道义应承担的经济赔偿责任的风险。日常生活中所说的“责任”包括刑事责任、民事责任和行政责任。如大连中石油国际储运有限公司2010年“7·16”输油管道爆炸事故就是一起特别重大的责任事故。

4. 信用风险

信用风险是指在经济交往中，权利人与义务人之间，由于一方违约或不可抗力事件的发生致使另一方遭受经济损失的风险。如进出口贸易中，出口方(或进口方)会因进口方(或出口方)不履约而遭受经济损失。

(四)按产生风险的行为(起源与结果)分类

依据产生风险的行为分类，风险可以分为基本风险与特定风险。

1. 基本风险

基本风险是能够影响整个经济领域或者影响这个领域中的大多数人或群体的风险。它对于整个团体乃至整个社会都会产生影响，而且是个人无法预防的风险。如地震、洪水、海啸、经济衰退、恐怖袭击等均属此类风险。

2. 特定风险

特定风险是指只影响个体而非整个社会的风险。它只与特定的个人或部门相关，不影响整个团体和社会。如火灾、爆炸、盗窃以及对他人财产损害或人身伤害所负的法律责任等均属此类风险。特定风险一般比较容易被人们所控制和防范。

(五)按风险产生的社会环境(形态)分类

按风险产生的环境分类，风险可分为静态风险和动态风险。

1. 静态风险

静态风险是指在社会的经济环境相对正常的情况下，由不规则的自然力的变化或者人们的错误行为所导致的风险。如地震、洪水、飓风等自然灾害,交通事故、火灾、工业伤害等意外事故均属静态风险。

2. 动态风险

动态风险是指由于社会经济、政治以及技术、组织机构发生变动而产生的风险。例如,政府的经济政策的改变、新技术的运用、政权更替带来的骚乱等都属于动态风险。

静态风险与动态风险的区别在于:

第一,发生的原因不同。静态风险是由自然力或人为因素造成的,动态风险是经由经济或社会的变动引起的。

第二,涉及的范围不同。静态风险涉及的范围较小,一般只涉及少数人;而动态风险涉及的范围较大,会对整体发生作用。

第三,风险的性质不同。静态风险一般是纯粹风险,无论对于个体还是社会,静态风险都只有损失的可能,而无获利的可能;动态风险则可能是纯粹风险,也可能是投机风险。动态风险对于某些个体可能是损失,但对于另一些个体则可能是获利。如支付宝、微信等移动支付技术的运用,使得传统商业银行面临业务萎缩的风险,但同时促进了互联网金融的发展。

第二节 风险管理

一、风险管理的起源与发展

从古至今,人类一直没有停止过规避风险的实践活动。风险管理的起源至少可以追溯到公元前4500年在古埃及的石匠中盛行的一种互助基金组织。这种组织对会员死亡之后的丧葬费用是通过收取会费来支付的,这是一种用来预防未来的死亡费用风险的方法。据记载,我国古代的一部分商人在进行水路货物的运输时,会将每个人的货物分散装在几条船上,以避免货物被装在同一条船上遭受全部损失的风险。这种风险分散方法体现了现代保险和风险管理的一些基本的原理。

近代的风险管理起源于20世纪50年代的美国。当时美国的一些大公司有重大损失发生,使得公司的高层管理者认识到风险管理的重要性。风险管理发展成为一门学科,形成"风险管理"一词。

随着经济、社会和技术的迅猛发展,人们面临的风险日益增多,并且损失也日益严重。在20世纪六七十年代,许多美国大学的工商管理学院开设了风险管理课程。在企业管理中,风险管理成为一个具有相对独立职能的管理领域。与此同时,风险管理的概念、原理和实践已经从它的起源地美国传播到欧洲、亚洲、拉丁美洲等一些国家,形成了近乎全球性的风险管理运动。

几十年来,全国性和地区性的风险管理协会先后在美国、英国、法国、德国、日本等国家建立了起来。1983年在美国纽约召开的风险和保险管理协会年会上,世界各国专家学者共同讨论并通过了"101条风险管理准则",此准则的建立标志着风险管理的发展已经进入了一个新的阶段。

中国对风险管理的研究始于1980年。风险管理和安全系统工程的理论被一些学者引入中国。中国大部分的企业缺乏对风险管理的认识,也没有建立专门的风险管理机构。作为一门学科,风险管理学在中国仍处于起步阶段。

二、风险管理的概念

风险管理是指各经济单位通过对风险的识别、衡量和分析，选择经济合理的方法处置风险，以最小的成本实现最大的安全保障的科学管理方法。

风险管理的概念主要包括以下几个要点：

第一，经济单位是风险管理的主体。涉及风险管理的经济单位包括社会成员中的每个个人、家庭、企事业单位、社会团体、政府部门以及跨国集团和国际联合组织等。风险管理不是单个人或单个部门的事情，而是全社会的事情。

第二，要明确风险管理的目标。风险管理的总目标是以最小的成本实现最大的安全保障，或者将风险控制到最低的水平。这一目标可以分解为两个部分：损失发生前的风险管理目标和损失发生后的风险管理目标。损失发生前的风险管理目标是节约成本、消除精神痛苦、履行社会义务等；损失发生后的风险管理目标是维持生存、迅速恢复生产和生活、经济上实现稳定的收益以及持续的增长、履行社会责任等。

第三，风险是风险管理的对象。

第四，通过对风险的识别、衡量和分析，选择经济合理的方法处置风险是风险管理的途径。

相关案例

2023 年 5 月，索尼发生数据泄露事件，这是一起重大网络安全事件。事件分为两个阶段：第一阶段的数据泄露发生在 5 月 28 日，由一个勒索软件集团利用平台中的漏洞发起，通过追踪编号，他们能够远程执行任意代码。索尼在三天后发现了这次攻击，立即采取临时断网措施并修复了相关漏洞，但仍有 6 791 个美国人的个人信息被泄露。索尼随后向这些受影响的个人发送了相关邮件，并邀请他们在 2024 年 2 月 29 日之前确认身份并恢复服务。索尼认为此次事件仅限于某特定软件平台。第二阶段的数据泄露发生在 2023 年 9 月末，另一个勒索组织声称入侵了索尼的在线服务器，并窃取了包含大量用户详细信息的数据。该组织还表示，由于索尼公司不愿意配合谈判并按要求支付赎金，他们将公开售卖这些“数据和访问权限”。还有一个组织也声称对此次攻击事件负责，但目前仍难以确定谁是真正的攻击者。据第三方取证专家发现，此次泄露发生在一台用于索尼娱乐、技术和服务业务内部测试的日本服务器上，该服务器已被下线。

资料来源：https://finance.sina.cn/tech/2023-10-05/detail_imzpzxmf5378670.d.html?fromtech=1。

三、风险管理的作用

从人类历史来看，伴随着经济、社会的发展，不断增加的风险给个人、企业、政府带来了更多的潜在风险。因而，风险管理对于整个经济社会和企业都具有十分重要的作用。

（一）风险管理对企业的作用

1. 风险管理有利于维持企业生产经营的稳定性

有效的风险管理，能使企业充分地了解自己面临的各种风险及其性质和严重程度，及时地采取有效的措施避免或减少风险损失,或者当风险损失发生时能够得到及时的补偿,从而保证企业生存并能迅速地恢复正常的生产经营活动。

2. 风险管理有利于提高企业的经济效益

一方面通过风险管理,能够降低企业的费用,增加企业的经济效益;另一方面,通过风险管理能使企业上下获得安全感,增强扩展业务的信心,增加管理层经营管理决策的正确性,有效地降低企业现金流量的波动性。

3. 风险管理有利于企业树立良好的社会形象

有效的风险管理有利于创造一个安全稳定的生产经营环境,激发出劳动者的积极性和创造性,使企业能够更好地履行社会责任,帮助企业树立良好的社会形象。

(二)风险管理对个人与家庭的作用

通过有效的风险管理,能够防范个人与家庭遭受经济损失,使个人与家庭在意外事故之后能继续保持原有的生活方式和生活水平。

(三)风险管理对社会的作用

风险管理对于任何的企业、个人与家庭和其他的经济单位,都具有提高经济效益的作用,必然使得整个社会的经济效益得到保证或增加。同时,风险管理也能使社会资源得到有效的利用,使风险处理的社会成本有所下降,使整个社会的经济效益增加。

相关案例

CAR-T 疗法是一种基于基因工程的免疫细胞疗法。它通过改造患者的 T 细胞,使其能够精准识别和攻击癌细胞表面的特定靶标,从而达到治疗癌症的目的。近年来,CAR-T 疗法在血液淋巴系统恶性肿瘤的治疗中取得了显著效果,被誉为“抗癌神药”。然而,由于其高昂的治疗费用以及潜在的安全风险,因此 CAR-T 疗法在风险管控方面面临着巨大的挑战。近年来,随着 CAR-T 疗法在多个临床试验中取得积极结果,多家制药公司纷纷推出了针对不同靶点的 CAR-T 产品,并在全球范围内上市。在某一国家,一款名为“××神药”的 CAR-T 疗法产品被批准上市,用于治疗某种特定的血液肿瘤。该产品以其高达数百万元甚至上千万元的费用成为市场上的天价抗癌药。然而,在上市后不久,就陆续有患者在使用该产品后出现严重的不良反应,甚至有个别患者出现了 T 细胞恶性肿瘤。

四、风险管理的基本程序

风险管理就是一个识别、确定和度量风险,并制定、选择和实施风险处理方案的过程。风险管理过程是一个由风险识别、风险计量、风险控制、风险管理绩效评价四个基本程序组成的循环往复的过程。

(一)风险识别

风险识别是指在风险事故发生之前,企业、家庭或个人等经济单位对其所面临的已经存在的或潜在的各种风险,加以判断、归类和鉴定的过程。风险管理中最重要的一步是风险识别,它是风险管理的基础环节。

风险识别工作主要有:第一,对风险主体的人员构成、资产分布以及活动进行全面分析;

第二，对人、物及活动中存在的风险因素进行分析，判断其损失发生的可能性；第三，对风险主体所面临的风险可能造成的损失及其形态进行分析，如人身伤亡、财产损失、财务危机等。同时，鉴定风险的性质，以便采取合理有效的风险处理措施。

此外，由于风险的可变性，风险识别需要持续地、系统地进行，要时时刻刻注意原有风险的变化，以便能及时发现新的风险。

(二)风险计量

风险计量是在风险识别的基础上，利用统计学方法对收集到的大量的损失资料加以分析，估计和预测风险发生的概率及损失程度。风险计量一般包括两个步骤：一是风险估计，就是利用统计学方法计算风险发生的概率和损失幅度(见表 1－1)；二是风险评价，即对风险估测的结果与公认的安全指标进行比较，以确定风险是否需要处理和以何种方法处理。

表 1－1　风险估测四种组合

风险发生的概率	损失程度	估　测
高	高	不能承担
高	低	能承担
低	低	相对不重要
低	高	不能承担

风险计量是风险管理中的核心环节，是不可或缺的。它使得风险管理建立于科学的基础上，量化风险分析，为风险管理者进行风险决策、选择最佳的管理技术提供了科学的依据。

(三)风险控制

风险控制是根据风险计量的结果，选择最佳的处理风险的方法，以实现风险管理的目标。风险控制是风险管理流程中最为重要的环节。

(四)风险管理绩效评价

风险管理绩效评价是对已采用的风险管理技术及其实施方案的适用性、有效性、科学性进行的分析、检查和评估，旨在改进措施、提高效率。实施风险管理绩效评价的原因如下：一是风险是一个不断发展变化的过程，原来的实施方案会随着风险的不断变化而不适用，风险管理绩效评价可以帮助及时调整策略，应对新的风险；二是风险管理绩效评价有助于判断决策的对与错，有利于提高风险管理绩效水平；三是风险管理绩效评价标准往往是依据经验制定的，具有不适用性，需要根据风险管理实践不断进行调整，以完善风险管理绩效的评价标准；四是风险管理绩效评价有助于提高管理工作的效率，提高资金的使用效率。

风险识别、风险计量、风险控制、风险管理绩效评价四方面是缺一不可、相互协调的，其过程是一个循环往复的过程。随着各种外因与内因的变化，原有的决策也应做出相应的调整。

五、风险管理的方法

为完成风险管理的目标，在对风险进行识别、计量的基础上，风险管理人员要运用合理有效的方法对风险进行处置。风险管理的方法主要有以下几种：

(一)避免风险

处理风险的一种方法是避免风险，是指设法减小发生损失的可能性，这种方法可以使损失降为零。例如，为了不发生车辆碰撞，你可以选择不开车出行；为了不被老师发现缺课而扣除平时成绩,你可以选择不逃课;等等。但不是所有的风险都可以避免,如人的疾病、死亡等,就是无可避免的。采用避免风险的方法,尽管规避了风险,但也放弃了获得额外收益的机会。如在生产某种产品中使用新的材料与技术必然面临风险,避免风险的同时就意味着放弃了新材料与新技术使用成功所带来的高额利润。因此,避免风险是一种消极的方法,适用范围有限,一般适用于损失频率高、损失程度大的风险。

(二)损失控制

处理风险的一种重要方式是损失控制。损失控制包括降低损失频率和损失程度。因此,损失控制主要有两个目标:损失预防和损失抑制。

损失预防是指在风险发生前,采取预防措施消除和减少可能引起损失的风险的发生。损失预防的目的在于通过降低损失机会来降低损失发生的频率。如植树造林来减缓土地沙化,在加油站禁止吸烟可以预防火灾,强制汽车年检以减少事故等。

损失抑制不是在风险发生前,而是在风险事故发生当时或之后,为了减少风险损失,采取各种措施以防止损失扩大的风险控制方式。损失抑制的目的就是在损失发生后降低其损失程度。如医院、学校、商场等公众场所安装洒水装置、灭火器等来快速扑灭大火,从而减少损失;安装防火门和防火墙用于控制火势的蔓延;等等。

(三)自留风险

自留风险是指自己承担全部或部分的风险损失的风险管理方法。人们不能认识和把握所有的风险和损失后果,就不能避免、控制和转移所有的风险。因此,对于那些无法避免的风险损失,就需要自己承担。自留风险一般适用于那些损失频数高而损失程度较轻微的风险。自留风险有主动和被动的分别。主动的自留风险是在充分掌握某些风险发生的规律的情况下,有意识、有计划地利用自身财力弥补风险损失的方法。采取主动的自留风险主要有三个方面的原因:一是没有其他更好的解决方法,二是节约成本,三是风险的最大损失不影响自身的财务稳定。被动的自留风险是因为不知道风险的存在或尽管知道风险的存在,但由于预测失误或忽略导致了损失,其后果只能自己承担。

自留风险的优点:一方面是节约了管理费用的支出,管理自留风险的费用低于保险公司的附加费用;另一方面,自留风险提取的风险准备金有储蓄的作用,必要时这笔资金可以给经济单位带来更多的收益。

自留风险的缺点:一是风险准备金的提取缺乏准确性,难以确定提取额度;二是经济单位的管理能力与技术水平等因素直接影响着风险准备金管理的安全性和有效性。因此,选择使用自留风险这种方法来管理风险时,要与损失控制和保险转移等方法配合使用。

(四)转移风险

转移风险是指一些经济单位为了避免承担风险损失,有意识地将损失或与损失相关的后果转移给另一些经济单位去承担的一种风险管理方法。例如,经济单位可以通过购买期权等金融衍生产品,转移未来面临的汇率、利率等变动所带来的风险。转移风险包括非保险转移风险和保险转移风险两种。

1. 非保险转移风险

非保险转移风险是指经济单位借助合同安排,将损失或与损失相关的财务后果转移给了另一些经济单位去承担。如商业银行将其计算机网络业务打包外包给专业 IT 公司,借此转移经营中的操作风险。

2. 保险转移风险

保险转移风险是指经济单位通过签订保险合同，借助其他金融衍生工具进行套期保值以及利用其他合约进行融资，将其未来有可能面临的风险主动转移给其他经济单位的一种风险管理技术。例如，投保人缴纳保费，将未来面临的风险转移给保险人，保险人在合同规定的责任范围内承担补偿或给付的责任。

科技在保险业中的应用，尤其是在风险管理领域中的驱动作用，正日益凸显，近年来出现了很多新型风险管理方式：

大数据风控，即大数据风险控制，通过运用大数据构建模型的方法对借款人进行风险控制和风险提示。

建筑信息模型(BIM)是一种基于数字化的多维建筑信息模拟技术，可以帮助项目团队在整个项目周期中更好地预测和评估风险，并提供相应的解决方案。

区块链技术是一种去中心化、不可篡改的分布式账本技术。通过区块链技术，保险公司将合同信息以区块的形式记录在链上，实现合同的透明性和安全性。这样一来，保险合同的管理变得更加高效和可靠，减少了发生合同纠纷的可能性，提高了客户满意度。

第三节　风险管理与保险

一、风险与可保风险

保险是风险管理的一种最为普及的、适用最广泛的管理方法，但并不是世界上所有的风险都可以通过保险的方法来进行管理。由于保险公司的经营技术上的原因，同时为了体现保险稳定社会的作用，因此保险公司一般只承保可保风险。

(一)可保风险的概念

可保风险是指保险公司可以承担的风险，即投保人能够通过购买保险来转移的风险。保险业经过了长期的经营活动，积累了大量的承保经验，总结出可保风险必须满足的条件。

(二)可保风险的条件

1. 可保风险是纯粹风险，不是投机风险

保险人承保的风险只能是纯粹风险。投机性风险不具有可保性。这是因为：第一，如果保险人承保投机风险，那么无论是否发生了损失，被保险人都有可能获利，这违背了保险损失补偿的原则；第二，投机风险一般是投机者有意识的行为引起的，不具有意外事故的性质，难以适用大数定律。

2. 可保风险是大量的、同质的，风险损失是可测的

保险公司经营的重要理论依据是大数定律。大数定律在保险经营中的应用主要是随着投保标的数量的增加，保险标的实际的损失与用以计算保险费率的预测损失之间的差异会越来越小。因此，风险损失必须是可测的，否则无法计算保险费率。同时，大数定律的应用要求，要使实际损失与预测损失之间的差异较小，就必须有大量的、同质的保险标的。

3. 可保风险的损失发生具有偶然性和意外性

风险的发生具有偶然性是对单个风险主体而言的，指风险的发生和损失程度是不可知的、偶然的。若客观存在的风险必然造成损失，这种风险保险公司是不会承保的。例如，一个身患绝症的病人投保死亡保险、机器设备的损耗折旧等，保险公司都是不承保的。保险公司

所承保的风险必须是只包含发生损失的可能性,而不能是确定性,即损失的发生具有偶然性。

风险发生的意外性指风险事件的发生及损失后果不能是被保险人故意的行为所造成的,如故意纵火烧毁财物等就是不可保的。

要求可保风险的损失的发生具有偶然性和意外性,一方面是为了防止被保险人道德风险的发生;另一方面是保险经营的基础——大数定律的运用是要求以随机事件为前提的。

4. 可保风险的损失是适度的

风险事故发生后会给人们带来难以承受的经济损失或长时间的不良影响,这样的风险会促使人们采用保险的手段来转移风险。而对于一些发生损失的可能性较大但损失结果较小的风险,购买保险的成本是较高的,人们能通过自留风险和控制风险发生频率的方法来解决。同样,可保风险的损失也不包括巨灾损失。巨灾损失超出了保险公司的财务承受能力,会影响保险公司的经营稳定性。例如海啸、地震、洪水、战争等风险,如果这样的风险成为保险标的,一旦保险事故发生,保险人就无力赔付。因此,在普通的保险合同中,一般将战争、地震等巨灾风险作为除外责任。

5. 可保风险的损失是可以用货币来衡量的

在保险活动中,被保险人的缴费义务和保险人的经济补偿义务的履行都是通过货币来实现的。如果发生的风险事故造成的损失结果不能用货币或财务方法来进行衡量,那么保险的经济补偿作用就无法体现了。例如,一幢房屋因火灾受损,其维修或重置费用是以货币估算的,这个风险损失是可保的。而对于一些文物、非物质遗产等,其价值无法用货币估量,保险公司除特殊情况外一般是不保的。

二、风险管理与保险的关系

风险管理与保险二者相互影响,共同构成人类处置风险的强有力手段。

(一)风险管理与保险的研究对象都是风险

风险的存在是保险产生、存在和发展的客观原因与条件,并成为保险经营的对象。但不是所有的风险都可以通过保险来处置,保险仅仅是风险管理中的一种财务手段,它主要是研究可保风险的变化规律,以保证保险公司持续而稳健地发展。而风险管理则是研究各种风险的发生规律,通过运用风险管理技术对各种风险实施有效控制的一门学科。因此,尽管二者所研究风险的性质、范围、阶段有所不同,但所研究的对象都是风险。

(二)风险管理与保险的研究方法都是以概率论和大数定律为数理基础的

以概率论和大数定律为数理基础的近代保险业,将个别风险单位遭受损失的不确定性,转变为在多数风险单位的情况下能够预知的损失,使得保费的计算变得较为科学。同时,风险管理的数理基础同样是概率论与大数定律。

(三)保险是风险管理的最佳方式之一

针对社会生活中面临的各种风险损害,可以通过控制的方法消除或减少,也可以采取自留风险的方式。但面对所有风险造成的损失,若只依靠自身的力量解决,则要求预留充足的后备基金,这样一方面会造成资金利用率低,另一方面无法解决巨灾损失的补偿问题。因此,转移成为风险管理的重要措施,而保险作为风险转移的方式之一,具有经济、安全等特点。各个经济单位都可以通过保险把风险转移给保险人,通过支付较少的固定保费,在风险损失发生时,及时得到保险金的给付,可以将灾害损失对被保险人的影响减少到最低限度。

(四)风险管理与保险既相互制约又相互促进

一方面,风险管理与保险是相互制约的关系。风险管理的技术制约着保险的经营效益。保险公司是经营风险的企业,同样需要进行风险管理。保险公司运用有效的风险管理技术为被保险人提供相应的风险管理服务,是保险公司拓展业务、增加经济效益的重要环节。保险公司的经营效益受到风险管理技术的制约。同时,风险管理源于保险,保险的发展积累了丰富的识别、预测、评估风险的经验和技术,为风险管理提供了大量的经验和科学资料。保险的发展同样制约着风险管理水平的发展。

另一方面,风险管理与保险是相互促进的关系。保险公司积累了丰富的保险管理的经验和技术方法,各个经济单位与保险人合作,能够使各个经济单位更好地了解保险,提高风险管理能力。与此同时,由于各个经济单位加强了风险管理,提高了风险意识,因此必然要求保险来提供更好的服务以适应企业的发展需求,这又促进了保险的发展。

本章小结

<table>
<tr><td rowspan="3">风险与保险</td><td>风险概述</td><td>风险是指损失的不确定性
风险的构成要素包括风险因素、风险事故和风险损失
风险的特征主要有客观性、普遍性、不确定性、可测定性和发展性
按照风险的性质不同,风险可分为纯粹风险和投机风险;按照风险产生的原因不同,风险可分为自然风险、社会风险、经济风险与技术风险;按照风险标的不同,风险可分为财产风险、人身风险、责任风险和信用风险;按照产生风险的行为分类,风险可分为基本风险与特定风险;按照风险产生的社会环境分类,风险可分为静态风险和动态风险</td></tr>
<tr><td>风险管理</td><td>风险管理的起源至少能追溯到公元前4500年古埃及的一种互助基金组织。我国古代也出现过风险分散的思想。近代的风险管理起源于20世纪50年代的美国。在20世纪六七十年代,风险管理得到了极大的发展。中国对风险管理的研究始于1980年
风险管理是指各经济单位通过对风险的识别、衡量和分析,选择经济合理的方法处置风险,以最小的成本实现最大的安全保障的科学管理的方法
风险管理对于个人、企业和整个经济社会都具有十分重要的作用
风险管理过程是一个由风险识别、风险计量、风险控制、风险管理绩效评价四个基本程序组成的循环往复的过程
风险管理的方法主要有避免风险、损失控制、自留风险和转移风险</td></tr>
<tr><td>风险管理与保险</td><td>保险是风险管理的一种方法,但保险公司一般只承保可保风险。可保风险是指保险公司可以承担的风险。可保风险要具有的条件包括:是纯粹风险;是大量的、同质的、风险损失可测的;损失发生具有偶然性和意外性;损失是适度的;损失是可以用货币衡量的
风险管理与保险都是以风险为研究对象的,研究方法都是以概率论和大数定律为数理基础的,保险是风险管理的方式之一,二者既相互制约又相互促进</td></tr>
</table>

本章练习题

一、单项选择题

1. 保险中的风险通常指的是(　　)。

A. 盈利的不确定性　　　　B. 损失发生的不确定性

C. 盈利的确定性　　　　D. 损失的确定性

2. 房主外出忘记锁门属于(　　)风险因素。

A. 道德　　B. 社会　　C. 心理　　D. 物质

3. 某建筑工程队在施工时因偷工减料导致建筑物塌陷,则造成损失事故发生的风险因素是(　　)。

A. 物质风险因素　　B. 心理风险因素　　C. 道德风险因素　　D. 思想风险因素

4. 在下列风险中,属于纯粹风险的是(　　)。

A. 购买体育彩票　　B. 火灾　　C. 赌博　　D. 储蓄

5. 按风险产生的环境分类,风险可分为(　　)。

A. 静态风险与动态风险　　B. 纯粹风险与投机风险

C. 经济风险与技术风险　　D. 自然风险与社会风险

6. 驾驶机动车不慎撞人,属于(　　)。

A. 财产风险　　B. 责任风险　　C. 自然风险　　D. 信用风险

7. 股市的波动属于(　　)性质的风险。

A. 自然风险　　B. 投机风险　　C. 社会风险　　D. 纯粹风险

8. 对于损失概率低、损失程度大的风险应采用(　　)的风险管理方法。

A. 保险　　B. 自留风险　　C. 避免风险　　D. 减少风险

9. 由于电线老化未及时维修,以致发生短路进而引起火灾,造成人员伤亡。导致该起人员伤亡的风险事故是(　　)。

A. 电线老化　　B. 火灾

C. 电线老化未及时维修　　D. 电线短路

10. 保险在风险管理中的地位表现在保险首先是(　　)的一种形式。

A. 转移风险　　B. 消除风险　　C. 处理风险　　D. 稳定经济

11. 风险管理的基本目标是(　　)。

A. 以最小的成本获得最小的安全保障　　B. 以最大的成本获得最大的安全保障

C. 以最小的成本获得最大的安全保障　　D. 以最大的成本获得最小的安全保障

12. 在风险管理的各种方法中,人们之所以选择保险,其目的是(　　)。

A. 在事故发生前降低事故发生的频率

B. 在事故发生时将损失减少到最低限度

C. 改变引起意外事故和扩大损失的各种条件

D. 通过提供资金对无法控制的风险做财务安排

13. 风险管理的对象是(　　)。

A. 保险　　B. 风险　　C. 个人　　D. 家庭

14. 风险管理的范围(　　)保险的范围。

A. 小于　　B. 大于　　C. 等于　　D. 不确定

二、多项选择题

1. 风险的构成要素主要包括(　　)。

A. 风险因素　　B. 风险事故　　C. 风险　　D. 风险损失

E. 风险事件

2. 关于风险管理与保险的关系,下列说法中正确的有(　　)。

A. 风险管理的范围小于保险的范围

B. 风险管理的范围大于保险的范围
C. 保险是风险管理中转移风险的一种机制
D. 风险管理中的保险主要是从企业或家庭的角度讲怎样购买保险
E. 风险管理针对的是纯粹风险,保险针对的是投机风险

3. 在现代风险管理计划中,不仅使用保险对付纯粹风险,而且可使用(　　)等风险管理技术方法。
A. 自留风险　B. 转移风险　C. 损失控制　D. 避免风险
E. 控制风险

4. 风险的分类,按照损害对象不同,可分为(　　)。
A. 人身风险　B. 特定风险　C. 财产风险　D. 责任风险
E. 信用风险

5. 风险的特性有(　　)。
A. 客观性　B. 普遍性　C. 不确定性　D. 与损失相关性
E. 无形性

三、判断题

1. 风险是指某种事件发生的不确定性。(　　)
2. 风险具体表现为发生与否的不确定、发生地点的不确定、发生时导致结果的不确定。(　　)
3. 一般来说,风险的构成要素主要包括风险因素、风险事故、风险。(　　)
4. 下雪路滑导致车祸属于心理风险因素。(　　)
5. 风险具有客观性、普遍性、确定性三个特征。(　　)
6. 纯粹风险所导致的结果只有损失和无损失两种。(　　)
7. 风险识别是风险管理中最为重要的环节。(　　)
8. 风险是客观存在的,没有风险就没有保险。(　　)
9. 盗窃、抢劫属于社会风险。(　　)
10. 投机风险和纯粹风险都属于可保风险。(　　)

四、名词解释

1. 风险　2. 风险事故　3. 风险因素　4. 纯粹风险　5. 投机风险
6. 自留风险　7. 转移风险

五、简答题

1. 简述风险的特征。
2. 简要回答风险的构成要素。
3. 简述风险管理及其基本程序。
4. 什么是可保风险?它具备哪些条件?

本章练习题参考答案

第二章

保险概述

本章知识结构

- 保险的起源与发展
  - 原始保险的产生
  - 商业保险的产生与发展
- 保险的概念、要素、特征、职能与作用
  - 保险的概念
  - 保险的要素
  - 保险的特征
  - 保险的职能
    - 经济补偿职能
    - 资金融通职能
    - 社会管理职能
  - 保险的作用
- 保险的分类
  - 以保险经营目的为标准分类
    - 商业保险
    - 社会保险
    - 政策性保险
    - 互助合作保险
  - 以保险标的为标准分类
    - 财产保险
    - 人身保险
  - 以保险的实施方式为标准分类
    - 自愿保险
    - 强制保险
  - 以保险的承保方式为标准分类
    - 原保险
    - 再保险
    - 重复保险
    - 共同保险
  - 以保险的保障对象为标准分类
    - 团体保险
    - 个人保险
  - 以保险标的的价值确定与否为标准分类
    - 定值保险
    - 不定值保险

教学目标

知识目标

1. 了解保险的起源与发展。
2. 掌握保险的概念、要素、特征及分类。

3. 掌握保险的职能和作用。

能力目标

1. 能区分不同的保险种类。
2. 掌握保险的职能和作用，明确保险在社会经济中的地位。

素质目标

1. 通过传承中华优秀传统文化，领会保险的“人人为我，我为人人”的精神，教导大学生做一个对家人、对社会有责任心的好公民。

2. 强调保险在服务国家经济，为经济发展保驾护航中的重要作用，将服务中国式现代化的保险事业情怀传递给学生。

本章寄语

现实生活中，风险与机遇并存，希望与厄运同行，保险是人们抵御风险、战胜厄运的有效方法。而保险服务也为实现经济社会繁荣发展的目标贡献了自身不可或缺的力量。

案例引入

2016 年年初，杭州两对夫妻在澳大利亚珀斯自驾游出车祸遇险求助的消息在朋友圈迅速传开，引发不少网友的关注。

杭州的蒋女士夫妇及倪女士夫妇一行四人在澳大利亚珀斯近郊发生车祸，四人均遭受不同程度的外伤，而对方司机则不幸丧生。蒋女士在车祸后遭遇短暂的意识丧失，并且右手臂及左脚部骨折，醒来后已在医院。由于语言不通并且对当地法律不了解，蒋女士等人不得不寻求当地华人的帮助。

国人在六千多公里之外遇险何人可依？此事先在微信朋友圈发酵，微信群“西澳华人救助群”等纷纷施以援手，继而引起了国内媒体的关注。而危急时刻，蒋女士突然想起她购买过国内保险公司招商信诺的一份保险，应该是含有国际紧急救援服务的。蒋女士随即拨打了招商信诺客服热线：“我没记错，他们说我那份保单可以启动国际紧急救援服务，还让我先别慌，接下来的事情保险公司会马上安排。”

珀斯距离杭州六千多公里，蒋女士心中强烈的念头就是回家，但怎么回、几时回都是问题。令她宽心的是，不久，招商信诺复电，表示已经与她的主治医生取得联系，将在她病情稳定后安排她乘坐商业航班商务舱返回杭州，并派出一名护士及一位非医疗人员陪护；同时安排机场内的轮椅辅助登机至飞机座位，确保行程两端均有地面救护车接送，在蒋女士一行人到达目的地后，直接送至当地医院进一步治疗。令人欣慰的是，招商信诺在安排几位客户的行程及其后续医疗方案的同时，转运的全部费用都无须蒋女士自己承担，真的是让她心里的一块石头落了地。

2016 年 2 月 17 日，招商信诺安排国际医疗中心专职护士前往医院探视蒋女士，对她进行全面的身体检查，以确保蒋女士的安全，并详细地告知返回时的安排、注意事项和细节。2 月 18 日晚上 11:55，蒋女士与朋友一起在该护士的护送下从澳大利亚珀斯机场出发，经中国香港转机后于2月19日下午2:35安全抵达杭州当地的接收医院,继续接受进一步治疗。

经过惊魂的一天,现在倪女士夫妇以及蒋女士夫妇对国际紧急救援服务有了切身的认识。“很多人包括我以前都不知道,不只飞机运送回国,医疗咨询、评估和推荐、入院担保、紧急医疗转运等服务都是可以享有的。”

目前,蒋女士情况不断好转,对于此次招商信诺专业细致的海外救援服务,蒋女士及其身边好友备受触动,纷纷点赞致意,感叹幸亏有张“保单”保身。

资料来源:http://baoxian.southmoney.com/chanpin/yiwai/39086.html。

人的一生中随时都面临着各种意外事故与天灾人祸,其后果有可能是轻微的,也有可能是致命的。无论这种后果是否严重,人都有遭受身体损害与经济损失的可能性,甚至使依靠其生活的家庭成员丧失生活来源。针对这种经济上的不稳定性,保险是一种有效的补偿方式。尽管保险不能事前化解风险,但可以在较大程度上减轻或消除风险事故的损害程度。因此,我们需要认识保险。

第一节 保险的起源与发展

从人类社会出现以来,人类的生存与发展就时常被各种自然灾害、意外事故所威胁。为了寻求防灾避祸、安居乐业之道,古人就萌生了对付各种自然灾害、意外事故的保险思想,并采取了一些保险做法。

一、原始保险的产生

(一)西方古代保险思想和原始形态保险

西方古代保险思想和保险的原始形态的产生可以追溯到公元前4500年的古埃及。古埃及的一份文件中记载:石匠中曾经有一种互助基金组织,通过向成员收取会费来支付个别成员死亡后的丧葬费用。

在公元前3000年,古巴比伦的法典中有冒险借贷规定:沙漠商队在运输货物途中,若发生马匹死亡、货物被劫或其他的损失,经当事人宣誓并被证实无纵容或过失行为后,可免除其个人的责任,由商队全体给予补偿。此外,还就僧侣、法官及村长等对他们所管辖范围内的居民征税用来支付火灾及其他天灾的救济资金做出了规定。

古希腊时期,一些政治哲学或宗教组织由会员分摊形成一笔公共基金,专门用于意外情况下的救济。在古罗马历史上,也有过类似现代养老保险的丧葬互助会组织“拉努维莫”,还有一种缴付会费的士兵团体,当士兵调职或退役时发给旅费,在士兵阵亡后发给其继承人抚恤金。

到了中世纪,欧洲各国的城市中不断地出现各种行会组织,这些行会具有互助的性质,其共同出资救济的范围包括死亡、疾病、伤残、年老、火灾、盗窃、沉船、监禁、诉讼等不幸的人身和财产损失事故,不过互助救济活动仅是行会众多活动中的一种。这种行会在13—16世纪特别盛行,并且在此基础上产生了相互合作的保险组织。

(二)中国古代保险思想和救济后备制度

古时候中国的一些商人在长江的危险水域运输货物时采用了一种分散风险的方法,即把每个人的货物分装在几条船上,以避免货物装在一条船上有遭受全部损失的风险。这种分散风险的方法体现了现代保险和风险管理的一些基本原理。

战国末年，我国的《礼记·礼运》中就有这样一段话："大道之行也，天下为公；选贤与能，讲信修睦，故人不独亲其亲，不独子其子；是老有所终，壮有所用，幼有所长，鳏、寡、孤、独、废疾者皆有所养。"这证明了我国古代就有互助救济的思想，这是最古老的社会保险思想。

我国历代都有储粮备荒、以赈灾民的传统制度，如春秋战国时期的"委积"制度，汉朝的"常平仓"制度、隋唐的"义仓"制度。这些是实物形式的救济后备制度，由政府统筹，具有强制性质。除此之外，宋朝和明朝还有民间的"社仓"制度，是相互保险形式。

尽管我国保险思想和救济后备制度产生得很早，但因中央集权的封建制度和重农抑商的传统观念，商品经济发展较慢，缺乏经常性的海上贸易。因此，在中国古代社会没有产生商业性的保险。

二、商业保险的产生与发展

(一)海上保险

海上保险是一种最古老的保险，近代保险首先是从海上保险发展而来。作为一个谨慎的追求利润最大化的商人，他的目标总是完全消除或减少他的损失；或者，他可以把他的可能损失平摊到一系列的商业冒险中。正如在莎士比亚的《威尼斯商人》第一幕中，作为船东和进出口贸易商的安东尼奥说道："感谢我的命运，我的买卖的成败并不完全寄托在一艘船上，更不是倚赖着一处地方，我的全部财产，也不会因为这一年的盈亏而受到影响。"作为一个谨慎的商人，安东尼奥把风险进行了分散，分散到了不同的船、不同的航程和不同的时期。他这样做，并非就能够完全避免由于海上风暴或者火灾造成的损失。只不过，由于风险得到了分散，他避免了由于一次灾难性的损失而导致自己的商业运营一蹶不振的可能。安东尼奥用分散风险得以保障自己的商业活动顺利进行，这是一个很好的思路。在公元前 2000 年的地中海地区已有广泛的海上贸易活动，当时在航海商人中有一个共同遵守的原则："一人为众，众为一人"，即共同海损分摊。这个原则在公元前 916 年被写入《罗地安海商法》。由于共同海损分摊原则体现了损失分摊这一保险原理，因此后人认为共同海损分摊原则是海上保险的萌芽。

在公元前 4 世纪的古希腊，雅典的雄辩家德摩斯梯尼在他的一次法庭演讲中曾经提到，有两个贸易商人为一次运送 3 000 桶酒到雅典的航运活动筹集了一笔 3 000 德拉克马(古希腊的货币单位)的资金。借贷契约规定，如果货物顺利抵达雅典且没有遭受任何损失，则 3 000 德拉克马必须全额返还给债主，且债主可以为每 1 000 桶酒的安全到港得到 225 德拉克马的额外收入；如果货物是在 9 月中旬海上运输风险加剧的情况下起运的，债主可以为每 1 000 桶酒的安全到港得到 300 德拉克马的额外收入。但是，如果船舶由于海难而沉没或者货物因为海难遭受损失，则损失由债主承担；债主不能请求返还资金，只能拥有所救助到的剩余货物。在这个交易中，债主因为每 1 000 桶酒的安全到港而得到的 225(或 300)德拉克马的额外收入既代表了借贷的利息，又代表了债主接受海上风险损失的代价。这种类型的交易被称为船货抵押借款制度，在古典时期的地中海地区十分普遍，并且一直沿用到 19 世纪。在抵押借贷中，参与运输的商人把运输中的风险转移给了借贷出资人，这种风险转移的机制就成了海上保险的雏形。

对于债务人来说，以转嫁海上危险为目的而预先收受资金，当船货安全到达目的地时加上高昂的利息还给债权人，是一种不经济的行为。于是人们经过长期的探索，总结出了海上保险的方法。债务人事先缴付一定的资金,但不接受借贷资金,船舶或货物遭受意外损失后能够得到债权人的经济补偿,这就是"海上保险"。但这种海上保险还只是内容上的存在,缺少一个与之相适应的外在形式,即海上保险单。当1384年比萨保险单即第一张海上保险单运用于海上保险经营时,海上保险才真正诞生。

15世纪以后,新航线的开辟使大部分西欧商品不再经过地中海,而是取道大西洋。16世纪时,英国商人从外国商人手里夺回了海外贸易权,积极发展贸易及保险业务。1574年经英国女王特许,在伦敦皇家交易所内建立了保险商会,专门办理保险单的登记事宜,并参照《安特卫普法令》和交易所的习惯制定了标准保险单。1720年经英王乔治一世批准,英国的"皇家交易"和"伦敦"两家保险公司正式成为经营海上保险的专业公司。其他公司或合伙组织不得经营海上保险业务。起源于17世纪末的劳合社,是由劳埃德咖啡馆发展起来的,已成为当今世界上最大的保险垄断组织之一。

(二)火灾保险

火灾保险是财产保险的前身。近代火灾保险起源于英国。1666年9月2日,伦敦城的大火整整烧了5天,火灾造成的损失十分惨重,市内448亩土地中有373亩成为瓦砾,占伦敦城总面积的83.26%;13 200户住宅被毁,损失超过1 200万英镑,二十多万人流离失所,无家可归。灾后的幸存者希望能有一种可靠的保障来补偿火灾所造成的损失。因此,对当时的人们来说,火灾保险已经显得十分重要。在这种状况下,巴蓬在1667年独资设立营业处,办理住宅火灾险,1680年,他同另外3人集资4万英镑成立火灾保险营业所。1705年,该火灾保险营业所更名为菲尼克斯即凤凰火灾保险公司。在巴蓬的客户中,大多数是伦敦大火后重建家园的人。巴蓬的火灾保险公司根据房屋租金计算保费,并且规定木结构的房屋比砖瓦结构的房屋保费增加一倍。这种依据房屋危险情况而分类保险的方法是现代火灾保险差别费率的起源。火灾保险成为现代保险,在时间上与海上保险相差不多。随着市场需求量的增加,火灾保险所承保的风险也日益扩大,承保责任也由原来单一的火灾扩展到非火灾灾害,例如地震、洪水、风暴等,保险标的也从房屋扩大到各种固定资产和流动资产。到了19世纪后期,随着帝国主义的对外扩张,火灾保险传到了发展中国家和世界其他地区。

(三)人寿保险

人寿保险最早起源于欧洲中世纪的基尔特制度。最初行会对其成员的人身伤亡或丧失劳动能力给予补偿,后期有些行会逐渐转化为专门的以相互保险为目的的"友爱社",对于保险责任和缴费有了较明确的规定。这种保险的组织形式对以后的人寿保险的发展具有很大影响,美国最大的人寿保险公司——美国谨慎保险公司就是相互保险公司,它的前身是1873年建立的"孤寡老友爱社"。此外,商业性人身保险的产生与海上保险的发展也是密不可分的。随着海上保险的发展,到了后期,欧洲的奴隶贩子在将非洲奴隶运往美洲的过程中,将其当作货物进行投保,后来船上的船员也可以投保。若遇到意外伤害,则由保险人给予经济补偿。

17世纪中叶,意大利的洛伦佐·佟蒂提出了一个联合养老办法,这个办法后来被称为"佟蒂法",并于1689年开始正式实行。该办法规定每人缴纳300法郎,筹集的资金总额达140万法郎,保险到期后,每年支付10%的利息,将认购人按年龄分成若干的群体,对年龄大的分息就多。"佟蒂法"是养老年金的一种起源,它规定了一定的时期后开始每年支付利息,对年龄大的群体多付利息,当认购人死亡,利息总额就在该群体生存者中进行平均分配,如果该群体认购人全部死亡,则停止给付。它的特点是把利息付给该群体的生存者。由于这种方法不偿还本金并可能引起道德风险，因此后来被禁止，但“佟蒂法”引起了人们对养老年金和生命统计方面研究的重视。

英国著名数学家、天文学家爱德华·哈雷，在1693年以西里西亚的布雷斯洛市的市民死亡统计为基础，编制了第一张生命表，精确记录了每个年龄段的人口死亡率，这就为寿险计算提供了依据。18世纪四五十年代，辛普森根据哈雷的生命表，制作出依据死亡率增加而递增的费率表。其后，陶德森依照年龄差等计算保费，并提出了“均衡保费”的理论，促进了人寿保险的发展。1762年成立的伦敦公平保险社，是真正根据保险技术基础而设立的人身保险组织。

随着工业革命的进行，机器的大量使用以及各种交通工具的发明和推广，使得人身伤亡和意外事故增多，这就为广泛开展人寿保险业务开辟了市场。同时人寿保险具有储蓄的性质，年金能够提供养老收入，准备金能够用于投资，这加速了人寿保险的发展。第二次世界大战之后，人寿保险的覆盖率进一步扩大，大多数家庭购买了人寿保险，并且人寿保险的种类繁多，开始与金融市场的投资紧密结合起来。人寿保险公司成为仅次于商业银行的投资机构。

(四)责任保险

责任保险是以被保险人的民事赔偿责任为标的的，它的产生是社会文明进步特别是法制完善的结果。19世纪初法国的《拿破仑法典》中有关责任赔偿的规定为责任保险的产生提供了法律基础。工业革命后，雇主责任保险得以发展，1880年英国通过了《雇主责任法》，规定了在经营过程中因过错使得工人受伤，雇主应负法律责任，同年就有雇主责任保险公司成立。19世纪末，汽车出现后，汽车责任保险随之产生。出现最早的汽车保险是在1895年由英国的一家保险公司推出的汽车第三者责任险。1898年美国也开办了此项业务。进入20世纪以后，汽车第三者责任保险得到了极大的发展。

(五)信用保险和保证保险

信用保险和保证保险是随着商业信用的发展而产生的一种保险业务。在18世纪末19世纪初，出现了忠诚保证保险。该保险的投保人一般是雇主，如果雇员的不忠诚行为使得雇主蒙受了经济损失，保险人就负有赔偿责任。19世纪中期英国又出现了合同保证保险，在工程建设上运用此种保险。1919年，在东西方政治局势恶化的情形下，为了保证贸易的顺利进行，英国政府专门成立了出口信用担保局，担保有关的贸易，一整套的信用保险制度被创立，这成为以后各国效仿的样板。1934年伯尔尼联盟(国际信用和投资保险人联合会)的成立标志着出口信用保险开始为世界所接受。此后，各国的信用保险和投资保险业务稳步发展。

(六)社会保险

社会保险主要包括社会养老保险、社会医疗保险、失业保险、工伤保险和生育保险等险种。在19世纪80年代的德国，出现了最早的社会保险。当时的工业发展使得人们的生产方式和生活方式发生了重大变化，手工生产被机器化的大生产取代，工业社会不仅增加了劳动者的职业伤害风险和失业风险，而且使得疾病医疗、养老等在农业社会里被视为个人风险的部分成为群体性的社会风险。在此背景下，单纯依靠传统的慈善事业、救济措施以及完全市场化的商业保险制度，已经不能为劳动者消除后顾之忧。针对新的社会问题，政府运用保险手段，来实现其政治目的。1883年在德国建立了疾病保险制度，1884年建立了伤害保险制度，1889年建立了老年及残疾保险制度。这三项保险制度的建立，奠定了德国社会保险体系的基础，也为世界上其他国家提供了建立社会保险制度的模板。此后，世界各国纷纷效仿。

第二节　保险的概念、要素、特征、职能与作用

一、保险的概念

根据《中华人民共和国保险法》(以下简称《保险法》)第二条的规定:保险是指投保人根据合同约定,向保险人支付保费,保险人对于合同约定的可能发生的事故因其发生所造成的财产损失承担赔偿保险金责任,或者当被保险人死亡、伤残、疾病或者达到合同约定的年龄、期限等条件时承担给付保险金责任的商业保险行为。《保险法》所规定的保险定义是商业保险,是狭义的保险定义。广义的保险不光包括商业保险,也包括社会保险。本书所指的保险在一般情况下是指商业保险。

可以从以下几个角度来分析理解保险的定义:

一是从经济角度来看,保险是分摊意外事故和提供经济保证的一种财务安排(人身保险还具有储蓄和投资的作用,具有理财的特征)。保险公司集中大量的同质风险,利用概率论和大数定律,科学地计算保险费率收取保费,建立保险基金,用以补偿被保险人的财产损失或对人身伤害事件给付保险金。保险实际上是全体被保险人分摊少数成员遭受的损失的一种财务安排。

二是从法律角度来看,保险是一种合同行为,是一方同意补偿另一方损失的一种合同安排,保险人是提供损失赔偿的一方,被保险人是接受损失赔偿的一方。投保人履行交付保费的义务,得到保险人为其提供经济保障的权利,民事法律关系中主体之间的权利和义务的关系得到了体现。

三是从风险管理角度来看,保险是风险管理的一种方法,购买保险的经济单位,当风险事故发生时,可以获得保险人的经济补偿,减轻甚至消除其所遭受的风险损失,起到了风险转移的作用,提高了风险承受能力。

二、保险的要素

构成保险关系的主要因素就是保险要素。一般来说,现代商业保险的要素包括:可保风险的存在、面临相同风险的众多经济单位、保险机构、保险合同、保险费率的厘定、保险基金。

(一)可保风险的存在

保险是基于风险事故的存在而产生的。当发生自然灾害或意外事件等特定风险事故时,保险可以减少或消除被保险人所遭受的损失或损害。建立保险制度的必要条件是能给人们带来风险损失的风险事故是存在和可能发生的。因此,特定风险的存在是构成保险的第一条件。这里的特定风险必须是可保风险。

(二)面临相同风险的众多经济单位

要有众多面临相同风险的经济单位,一方面是基于风险分散的技术要求,另一方面是概率论和大数定律在保险经营中得以运用的条件。根据概率论和大数定律的数理原理,集合的具有同质风险的经济单位越多,风险就越分散,损失发生的概率也就越有规律性和相对稳定性,依此厘定的保险费率也才更为准确合理,收取保费的金额也就越接近于实际损失额和赔付额。如果只有少量的同质风险的经济单位,损失发生的概率就难以测定,大数定律更不能有效地发挥作用。

(三)保险机构

保险机构即专门从事风险保障服务的机构,如保险公司、社会保险部门、互助合作保险组织等。

(四)保险合同

保险合同是体现保险关系存在的形式。作为一种民事法律关系的保险,是投保人与保险人之间的合同关系,这种关系需要有法律关系对其进行保护和约束,即通过一定的法律形式固定下来,这种法律形式就是保险合同。保险合同是保险双方当事人履行各自权利和义务的依据。保险双方当事人的权利和义务是相互对应的。

(五)保险费率的厘定

保险在实质上是一种特殊商品的交换行为。制定保险产品的价格,即厘定保险费率,便构成了保险的基本要素。保险产品的交换行为是一种经济行为,为保证保险双方当事人的利益,保险费率的厘定要遵循一些基本的原则,例如充分性原则、公平合理原则等。

(六)保险基金

保险基金是实现保险功能的物质基础。保费收入、保险机构的开业资金、保险机构的投资收益等共同构成了保险基金的主要来源,保险基金由保险人用于组织、管理、执行经济补偿与给付的功能。

三、保险的特征

(一)互助性

保险具有“我为人人,人人为我”的互助特性。保险的运行机制是具有同质风险的经济单位共同缴纳保费,共同出资,组成保险基金,当某个被保险人遭受损失时,保险人用保险基金对其进行补偿或给付。因此,遭受损失的一方实际上获得的是全体被保险人的共同经济支持。各个被保险人之间是互助供给关系,集合大家的力量共同应对风险损失。

(二)法律性

从法律角度来看,保险是一种合同行为,是一方同意补偿另一方损失的一种合同安排,保险人是同意提供损失赔偿的一方,投保人或被保险人是接受损失赔偿的一方。

《保险法》第十三条规定:“投保人提出保险要求,经保险人同意承保,保险合同成立。”《保险法》明确指出,保险是保险人与投保人之间的合同行为。保险双方的权利和义务在保险合同中得到了规定。保险人的权利是向投保人收取保费,义务是当合同约定的保险事故发生后向被保险人给付赔偿或保险金。投保人的权利是当合同约定的保险事故发生后可以向保险人要求给付保险金,义务是向保险人支付保费并履行合同所规定的其他义务。

(三)经济性

保险机构通过收取保费集合了大量的资金,通过运作这些资金,在社会范围内起到了资金融通的作用,因此保险机构是一种金融中介机构。对于保险机构而言,收取保费、保险投资、理赔等是其日常经营中最主要的业务,这些都是以货币收支形式进行的,所以保险机构的行为具有金融行为的色彩。对于被保险人而言,在遭受风险事故损失后获得保险人的赔偿也是以货币形式进行的,这也是一种金融行为。因此,保险具有经济性的特征。

(四)商品性

商品经济关系在保险中有所体现,具体表现为保险人销售保险产品,投保人购买保险产品。

从需求的方面看,存在着众多的个人或单位都面临同质风险,其都希望在遭受损失后可以获得补偿。对于单个的投保人来说,通过支付一定的保费参加保险,一旦遭受损失就能获得经济补偿,将风险损失转移了出去。因此,从成本比较的方面考虑,投保人基于目前付出的成本小于未来的损失估计,对保险产品产生需求。

从供给的方面看,众多面临同质风险的个人或单位被保险人集合起来,按照损失分摊的原则向投保人收取一定的保费,建立保险基金,一旦被保险人遭受损失就向其支付经济补偿。出于成本收益方面考虑的保险人,认为未来的损失低于从被保险人那收取的保费以及由此带来的相应收益,因此供给保险产品。

(五)科学性

保险是处置风险的科学有效的措施。保险经营以概率论和大数定律等数理理论为基础,保险费率的厘定、保险准备金的提取等都是以数理计算为依据的。因此,保险具有科学性的特征。

四、保险的职能

保险的职能是指保险作为一种制度安排,在它的运行过程中所固有的、内在的、独特的使命,是由保险的本质和内容所决定的,不以人的意志为转移的客观存在。长期以来,人们对保险的职能提出了不同的看法。但随着保险业在社会经济发展中的地位日益突出,保险的职能得到了巨大的发挥。一般认为,现代保险具有经济补偿、资金融通和社会管理三大职能。

(一)经济补偿职能

保险的特性决定了经济补偿职能是保险的基本职能,不会随着时间的推移和社会形态的不同而改变它在保险制度中的核心地位。经济补偿职能主要体现在分散风险、补偿或给付两个方面。

1. 分散风险

在保险活动中,个别投保人面临的风险事故的发生是偶然的、不确定的。但利用概率论和大数定律可以知道,众多面临同质风险的投保人组成的投保人全体,其所面临的风险事故的发生是必然的,且损失分布也是可以确定的。保险是将可能在一定时期内发生的风险损失的总额,在有共同风险的投保人之间平均化,由所有投保人共同平均分担,从而把个人难以承受的风险损失,变成多数人能够承担的风险损失。例如,假定有 1 000 人购买了某个健康保险。每人在 1 年内患有某些重大疾病的概率是 0.000 1,预计治疗费用为 20 万元。1 年内,这 1 000 人的可能的治疗费用为 1 000×0.000 1×200 000=2(万元),将所有人的可能的治疗费用分摊到每一个人是 20 000÷1 000=20(元)。也就是说,每个人通过花费 20 元的保费将可能面临的医疗费用 20 万元转移了出去。

2. 补偿或给付

保险基金的基本用途就是根据投保人和保险人的合同约定在特定风险发生后对被保险人所遭受的风险损失进行经济补偿或给付。

(二)资金融通职能

随着不断增加的保险种类和不断丰富的保险内容,保险的职能有了新的变化和发展,其职能有了新的扩展,在基本职能的基础上发展出了派生职能。随着现代保险业,特别是现代寿险业的发展和不断完善的金融环境,保险的派生职能之一——资金融通职能越来越突出。保险的资金融通职能是指保险公司将保险基金中闲置的部分重新投入社会再生产过程中所发挥的金融中介作用。在保险保费收入与赔付支出之间不光存在数量差，也存在时间差。因此，保险有能力聚集社会资金。同时，保险机构将积累的保险资金进行投资获得收益，用来满足未来的支付需要。

（三）社会管理职能

社会管理职能是保险的又一派生职能。保险对社会的管理，主要通过发挥保险的经济补偿职能，促进、协调社会各领域的正常运转和有序发展，即起到"社会润滑剂"的作用。保险的社会管理职能是一国的保险业融入该国的社会经济生活程度的重要标志。随着保险在国民经济发展中的不断巩固和加强，保险的社会管理职能不断地凸显出来，主要表现在以下几个方面：

1. 社会风险的管理

一方面具有识别、计量和分析风险等专业知识的保险公司，能够在国家应对公共突发事件的应急处理机制中发挥作用；另一方面通过长期发展积累了大量的风险损失数据的保险业，通过采取差别费率等方式，鼓励投保人和被保险人积极主动地做好各项防损减损的工作，实现了对风险的控制和管理。

2. 社会关系的管理

保险通过介入灾害处理的全过程，参与到社会关系管理中，改变了社会主体的行为模式，为维护社会关系创造了有利的条件，起到了稳定社会的作用，提高了社会运行的效率。例如，发展的各种信用保险、保证保险有效地调节了交易双方之间的关系。

3. 社会信用的管理

在经营的过程中保费是以信用为基础、以法律为保障的，在建立社会信用体系中具有重要的作用，促进了社会信用体系的发展。

4. 社会保障的管理

社会保险是社会保障体系的重要组成部分，商业保险也是社会保障体系的组成部分。商业保险能够为没有参加社会基本保险制度的劳动者提供相应的保险保障，能够扩大社会保障的覆盖面。与此同时，具有产品灵活多样、选择范围广等特点的商业保险还能为社会提供更多层次的保障服务，提高社会保障的水平，减轻了政府在社会保障方面的压力。

相关案例

2015 年 12 月 24 日天刚刚亮，云南省大理白族自治州永平县杉阳镇金河村大坪子村民小组因地震受灾的 10 户农户领到了首批农房地震巨灾理赔款。此举表明中国首个农房地震巨灾保险实现赔款到户，标志着中国首个农房地震巨灾保险试点大理模式取得成功。

据介绍，2015 年 10 月 30 日，云南省保山市昌宁县发生 5.1 级地震，地震波及大理州永平县，造成该县民房直接经济损失 4 480 万元。11 月 16 日，云南省地震局向诚泰财产保险股份有限公司（以下简称"诚泰保险公司"）提交了地震灾害直接经济损失评估结果的报告，诚泰保险公司迅速完成理赔和资金调拨，于 11 月 17 日将 753.76 万元理赔款全额转入大理州民政局指定赔款账户。

大理州民政局救灾科科长陈乙荣告诉记者："该笔保险赔款是'10·30'地震后首笔到达的用于民房恢复重建的资金。从地震发生到完成赔付仅用时 18 天，占永平县全部民房直接经济损失4 480万元的16.83%,该笔赔款可让327户重建和626户修复加固农户受益。在完成三榜公示后,民政部门将具体负责把理赔款发放到户。”

中国保监会云南监管局负责人表示,云南是我国地震最多、震灾最重的省份之一,全省防震减灾形势极为严峻。云南约50%以上的农房为土木结构,往往小震大灾、大震巨灾,农村、农民是最需要地震保险保障的地区和群体。2012年起,云南保监局会同地震、民政、财政、住建等部门积极探索地震保险制度,应对地震巨灾风险。2015年8月20日,全国首个农房地震保险试点在大理州启动,大理州人民政府与诚泰保险等6家保险公司签署合作协议和农房地震保险试点协议,试点期间的保费由省、州、县三级政府财政全额负担。

资料来源:http://yn.people.com.cn/n2/2024/0301/c400543-40762273.html。

五、保险的作用

保险的作用是指保险在国民经济中履行其职能时所产生的社会效应。由于在不同的社会发展时期保险所处的经济条件不同,因此保险的作用也不完全相同。保险的作用主要表现在以下几个方面:

(一)保险在宏观经济中的作用

保险在宏观经济中的作用是指对于全社会和国民经济总体,发挥保险职能所产生的经济效应。具体表现在以下几个方面:

1. 保障社会再生产的正常进行

社会再生产的物质流和价值流在生产、分配、交换和消费这四个环节中运动,时间上连续,空间上分布均衡。但是,由于遭遇的各种灾害事故,再生产过程的这种连续性和均衡性就会被迫中断和失衡。而保险的经济补偿职能能迅速地和及时地修补这种中断和失衡,进而保证了社会再生产的稳定性和连续性。

2. 推动商品的流通和消费

在推动商品的流通和消费方面,保险的作用是不可低估的。商品通过流通和交换才能进入生产消费和生活消费,在交换过程中存在着产品质量风险和交易双方的资信风险,保险为克服这些风险提供了便利。

3. 推动科学技术向现实生产力转化

在经济生活中,采用新技术显然具有更高的劳动生产率。当代商品竞争越来越趋向于高新的科学技术的竞争。但是,对于一些经济主体来说,已经熟悉了原有的高新技术,采用新技术意味着新风险。而保险可以对这些风险提供保障,促进先进技术的运用和推广。

4. 有利于财政和信贷收支平衡的顺利实现

国民经济宏观调控的两大资金调控计划是信贷收支计划和财政收支计划。每次发生意外事故和自然灾害时,所造成的破坏都会或多或少地影响财政收入和银行贷款归流,同时增加信贷支出和财政支出,给国家宏观经济调控带来困难。但在生产单位参加保险的前提下,保险为恢复生产经营提供了资金保障,也就保证了财政收支的基本稳定,银行贷款也可以获得及时的清偿和重新获得物质保障。

5. 增加外汇收入,增强国际支付能力

按照国际惯例,进出口贸易必须办理保险。保费、商品成本和运费是进出口商品价格的三要素。一国出口商品时争取到岸价格可减少保险外汇支出。除此之外,一国进入世界保险市场参与再保险业务时应保持保险外汇收支平衡，力争保险外汇顺差。

6. 动员国际范围内的保险基金

动员国际范围内的保险基金的一种主要形式是国际再保险。保险市场上的一些彼此独立的保险基金被再保险机制联结成一体，一起承担某一特定的风险，这种行为超越了国界，实现了国际范围内的风险分散。

(二)保险在微观经济中的作用

1. 有利于受灾企业及时恢复生产

自然灾害和意外事故是客观存在的，企业会面临各种不可避免的风险。有些意外事故的发生使企业损失惨重，甚至会丧失连续生产经营的能力。通过购买具有经济补偿职能的保险，投保企业一旦遭受灾害事故，就能按照合同约定的条件及时地得到保险补偿，生产经营得到恢复。

2. 有利于企业之间的公平竞争

企业在经营过程中会面临各种风险，而企业的经营者对风险是有着不同的偏好的，风险偏好低的经营者会畏惧风险，而使某些产业被风险偏好高的经营者垄断。同样，在同一产业内，各种经营遭遇的风险损害也是不同的，因此以经营效率为基础开展的公平竞争是很困难的。保险能够消除很多不确定的因素，使得企业之间的竞争趋于合理与公平。

3. 有利于个人和家庭的生活稳定

自然灾害和意外事故对于个人和家庭同样是不可避免的，家庭风险管理的有效手段也是参加保险。家庭财产保险可以使受害家庭恢复原有物质生活条件。当家庭成员遭遇必然的或者意外的事件时，人身保险将会对家庭的正常经济生活起到保障作用。

相关案例

法国航空公司一架从里约热内卢飞往巴黎的447号航班空客A330客机失事，216名乘客和12名机组人员全部遇难。其中一名中国公民，某年在中国人民保险公司购买了畅享人生年金保险产品，保险金额为24万元。根据条款规定，如客户发生航空意外，将可以获得40倍保险金额的赔付。

资料来源：https://travel.sina.com.cn/air/2009-06-09/095788501.shtml。

4. 有利于个人和家庭的消费均衡

保险基金特别是人身保险基金的形成，不是补偿已经存在的社会财富的损失，而是将过去生产的财富用于未来生活的需要。这种用过去的财富来满足未来的需要，是均衡了人的一生所需的消费。因为在青壮年时一个人的收入是最高的，而人的一生都需要消费，为了保证年老时个人和家庭的消费不会因为收入的减少而受到影响，就有必要参加各种养老及健康保险，也就是在青壮年时期将收入的一部分缴纳保费，而在年老或伤残、疾病时从保险公司领取保险金或获得保险补偿，从而实现个人和家庭的消费均衡。

第三节 保险的分类

对保险进行分类具有重要意义，微观层面可以更好地认识各类保险的个性特征，宏观层面可以把握各类保险的共性,有利于认识和掌握保险业务发展变化的规律,加强对保险业的法律管理,改进保险业务经营。

一、以保险经营目的为标准分类

以保险经营目的为标准分类,保险可分为营利性保险和非营利性保险。营利性保险是商业保险,非营利性保险包括社会保险、政策性保险和互助合作保险。

(一)商业保险

商业保险是指由专门的保险公司经营的通过订立保险合同,以营利为目的的保险形式。商业保险关系是由当事人自愿缔结的合同关系,投保人根据合同约定,向保险公司支付保费;保险公司根据合同约定,当发生事故时对其所造成的财产损失承担赔偿保险金责任,或者当被保险人死亡、伤残、疾病或达到约定的年龄、期限时承担给付保险金责任。例如,投保人购买的车损险、货物运输保险、家庭财产保险等都属于商业保险。

(二)社会保险

社会保险是一种为丧失劳动能力、暂时失去劳动岗位或因健康原因造成损失的人口提供收入或补偿的社会保障制度。不以营利为目的的社会保险,通过国家立法手段强制实施,由国家、雇主和个人三方面共同负担保费,根据国家的法律规定标准、个人的贡献和社会的经济发展水平共同来确定保险待遇。在满足一定条件的情况下,被保险人可从基金获得固定的收入或损失的补偿。这种再分配制度的目标是保证物质及劳动力的再生产和社会的稳定。社会保险的主要项目包括社会养老保险、社会医疗保险、失业保险、工伤保险、生育保险等。

(三)政策性保险

政策性保险是为了国家推行的某种政策而配套的保险。例如,国家为了鼓励出口贸易而开设的出口信用保险,为了支持农业发展而开设的农业保险,为了妥善处理交通事故而开设的机动车交通事故责任强制保险等。政策性保险的业务既可以通过建立专门的机构进行办理,也可以委托商业保险机构、互助合作保险机构等办理。

(四)互助合作保险

互助合作保险是由民间举办的非营利性的保险,这是一种最古老的保险形式,在各种行业组织、民间团体中存在较多。例如职工互助会、农产品保险协会等。

二、以保险标的为标准分类

以保险标的为标准分类是保险人在经营保险业务时常用的分类方法,按该种标准可以将保险分为财产保险和人身保险两类。

(一)财产保险

财产保险是指投保人根据合同约定,向保险人交付保费,保险人按保险合同的约定,当自然灾害或意外事故发生时,对所承保的财产及其有关利益因其造成的损失承担赔偿责任的保险。广义的财产保险,包括财产损失保险、责任保险、信用保险、保证保险等以财产或利益为保险标的的各种保险。狭义的财产保险只包括财产损失保险。

1. 财产损失保险

以物质形态的财产及其相关利益作为保险标的的,通常称为财产损失保险。例如,飞机、卫星、电厂、大型工程、汽车、船舶、厂房、设备以及家庭财产保险等。

相关案例

据报道，2017 年 7 月 17 日，武汉经济技术开发区（汉南区）公安分局接到段某报警称，他停放在某大型商场地下车库的黑色奔驰轿车被人划伤车门及保险杠。神龙派出所出警调查，被划伤的黑色奔驰轿车价值 140 万元，车门及保险杠被锐器划了 1 米长的划痕。

经鉴定，车辆被划伤部位的修复费在 5 000 元左右，超过法律规定的 3 000 元的刑事立案标准，民警遂立案开展调查。经视频追踪、信息比对，锁定肇事者为陈某，43 岁，江西人，在武汉工作。

2017 年 7 月 28 日，民警将陈某抓获。陈某承认，当天，他驾车到商场购物，停车准备上楼时，一时手贱，掏出钥匙在一辆黑色轿车上划了几下。得知自己的行为构成犯罪后，陈某后悔不已。陈某因涉嫌寻衅滋事被警方刑事拘留。

奔驰车无缘无故被划伤，修复费 5 000 元，是很多人一个月的工资。如果被划奔驰车购买了划痕险，就可以向保险公司报案，补漆、修复等相关费用由保险公司进行赔偿。

资料来源：http://www.china-insurance.com/news-center/newslist.asp? id=279008。

2. 责任保险

责任保险是以被保险人对第三者依法应负的赔偿责任为保险标的的保险，包括公众责任保险、产品责任保险、雇主责任保险等。

相关案例

食女士是一家食品加工厂的负责人，该厂的营业范围主要是蔬菜腌制、农副产品加工及销售。2015 年 12 月，食女士为自己的雇员在保险公司投保了雇主责任险。合同约定，当被保险人的工作人员在工作时致残或死亡，依法应由被保险人承担经济赔偿责任时，保险人负责赔偿。2016 年 11 月 26 日，食女士的雇员之一黄先生在为食女士的丈夫建先生的建筑工地进行钢管卸货的过程中，被正在作业的挖掘机碾压身亡。该起事故经当地政府鉴定为一起安全生产事故，责任人为建先生（其公司经营范围为建筑安装工程等）。同时，政府相关部门给予了建先生 20 万元的行政处罚。事故发生后三天，建先生以食女士的名义与死者家属签订了赔偿协议，约定由食女士向死者家属赔偿各项损失 85 万元，并从食女士账上交易完毕。由此食女士承担了 85 万元的经济赔偿责任，于是向其购买雇主责任险的保险公司要求理赔责任险额，遭到保险公司的拒赔。食女士不服，向当地人民法院提起诉讼。

该案的争议焦点在于：食女士作为雇主，依照法律是否应当对死者承担经济赔偿责任？

该案经过两次开庭审理，在双方提供证据材料的基础上，法院认定因食女士和建先生为夫妻关系，实质上两家公司股东同一、控制主体同一。而食女士的工厂生产经营有季节性特点，死者黄先生及部分工人长时间同时为建先生提供劳务。事故发生时，黄先生是应建先生的要求进行工作，接受建先生的指挥和管理，为建先生提供劳务，应当由建先生承担赔偿责任。食女士为食品加工企业，投保时经营范围为低风险的食品加工、蔬菜腌制，但部分工人从事高风险的建筑行业行为，未告知保险公司，是一种不诚信的投保行为，该行为不利于社会法治诚信体系建设。综上,判决驳回食女士的诉求。

资料来源:http://www.sohu.com/a/210033719_99968471。

3. 信用保险

信用保险是保险人根据权利人的要求担保被保证人的信用的保险。其由债权人投保,保险标的为债务人的信用,一旦债务人不能履行债务清偿时,就由保险人向债权人提供风险保障。例如,出口信用保险、投资风险保险等。

相关案例

记者2005年11月8日从中国出口信用保险公司温州办事处获悉,该公司已决定向温州市冠盛汽车零部件制造有限公司支付出口信用保险赔款68.7万美元。

日前,冠盛公司向美国一家汽车配件销售有限公司出口了一批价值七十多万美元的货物,结果该美国公司被另一家公司兼并,买方趁机赖账,冠盛公司无法得到货款。由于该公司办理了出口信用保险,因此得到了巨额赔付,避免了贸易风险。

资料来源:http://news.sina.com.cn/0/2005-11-08/10147387823s.shtml。

4. 保证保险

保证保险是被保证人根据权利人的要求,要求保险人向权利人担保被保证人自己信用的保险。其是由债务人投保,保险标的为自身信用,由保险人向债权人提供风险保障。

相关案例

46岁的孙女士,原本有一个幸福的家庭。丈夫邹某是某矿业集团的合伙人之一,拥有千万身家。孙女士则是一名全职太太,安心抚养两个孩子。2003年,邹某购买了一套房子,房屋总价250万元。在支付了78万元后,邹某向银行抵押贷款172万元,借款期限为60个月,到2008年4月止。

2005年5月,邹某到包头市谈一笔重要生意,孰料生意未成,遭人恶意报复,被杀害。丈夫死后,孙女士承担了还贷责任,到2008年1月,她将全部贷款本息清偿。银行在孙女士还清贷款后,退还了一份保单。孙女士感到莫名其妙,自己从来不知道丈夫生前购买过保险。原来,当初邹某在向银行抵押贷款的同时,与某保险公司签订了一份个人抵押住房综合保险合同,保费五千余元,保险金额172万元。合同约定,当被保险人意外死亡、丧失还贷能力时,保险公司将按保险金额100%的偿付比例进行赔付。因此,孙女士诉至法院,要求该保险公司承担还贷保证保险的责任,赔付其108.5万元。

资料来源:https://lawyers.66law.cn/s2d08346160c14_i189165.aspx。

但是,并非所有的财产及其相关利益都可以作为财产保险的保险标的。只有根据法律规定,符合财产保险合同要求的财产及其相关利益,才能成为财产保险的保险标的。

(二)人身保险

人身保险,是以人的寿命和身体为保险标的的一种保险。根据保险合同的约定,当人们遭受不幸事故或因疾病、年老以致丧失工作能力、伤残、死亡或年老退休时,保险人对被保险人或受益人给付保险金,以解决其因病、残、老、死所造成的经济困难。根据不同的保障范围,人身保险可以划分为人寿保险、意外伤害保险和健康保险。

相关案例

某年8月26日下午,被保险人梁女士乘坐其儿子驾驶的电动车经过某一路口的时候与一辆半挂车相撞,梁女士当场被碾压致死。接到客户家属报案后,某人寿河北分公司运营部立即启动重大突发事件应急预案处理机制。理赔人员第一时间与客户家属取得联系,前往客户家中慰问,同时迅速展开了案件调查。

经核实,被保险人梁女士在当年2月27日购买两全保险,趸缴保费100万元,基本保额100万元。10月20日,保险公司一次性签收了受益人提交的理赔申请资料,仅用了5个工作日就完成了理赔核查等各项工作。按照保险合同约定,给付理赔款超过178万元。

资料来源:https://news.vobao.com/article/904058946200053070.shtml。

三、以保险的实施方式为标准分类

按照保险实施的方式和形式,可将保险划分为自愿保险和强制保险。

(一)自愿保险

自愿保险也称任意保险,是指保险双方当事人通过签订保险合同,或是需要保险保障的人自愿组合、实施的一种保险。自愿保险的保险关系,是当事人之间自愿决定后所成立的合同关系。投保人可以自行决定是否投保、向谁投保、中途退保等,也可以自由选择保障范围、保障程度和保险期限等。保险人也可以根据情况自愿决定是否承保、怎样承保,并且自由选择保险标的,选择设定投保条件等。

(二)强制保险

强制保险,又称法定保险,是指根据国家的有关法律法规,针对某些特殊群体或行业,不管当事人意愿如何,都必须参加的规定的保险。比如,世界各国一般都将机动车第三者责任保险规定为强制保险的险种。从某种意义上来说,强制保险表现为国家对个人意愿的干预,所以强制保险的范围被严格限制。《保险法》规定,除法律、行政法规规定必须保险的以外,保险公司和其他任何单位不得强制他人订立保险合同。目前在我国,养老保险、工伤保险、医疗保险、失业保险、生育保险等社会保险是被规定的强制保险。此外,机动车第三者责任保险也是强制保险。

四、以保险的承保方式为标准分类

按照保险的承保方式,可将保险划分为原保险、再保险、重复保险、共同保险。

(一)原保险

原保险又称第一次保险,是指被保险人因保险事故所致的损失由保险人直接承担原始赔偿责任的保险。原保险是保险人与投保人之间直接签订保险合同而建立保险关系的一种保险。在原保险关系中，保险需求者将其风险转嫁给保险人，当保险标的遭受保险责任范围内的损失时，保险人直接对被保险人承担赔偿责任。

(二)再保险

再保险也称“分保”，是在原保险合同的基础上，保险人通过签订分保合同，将其所承保的部分风险和责任向其他保险人进行保险的行为。原保险是再保险的基础，再保险的产生是由于原保险人需要分散经营中的风险。在再保险交易中，原保险人或分出公司是指分出业务的公司，再保险人或分保接受人或分保公司是指接受业务的公司。原保险人通过再保险转嫁风险责任而需要支付的保费称分保费或再保费；在招揽业务的过程中，原保险人支出了一定的费用，由再保险人支付给原保险人的费用报酬称分保佣金或分保手续费。再保险可分为比例再保险和非比例再保险。比例再保险是原保险人与再保险人之间订立再保险合同，按照保险金额，约定比例，分担责任。原保险人有义务及时分出约定比例内的保险业务，再保险人有接受的义务，双方都无选择权。比例再保险分为成数再保险、溢额再保险、成数和溢额混合再保险。非比例再保险分为超额赔款再保险和超过赔付率再保险。

(三)重复保险

重复保险是指对同一保险标的、同一保险利益、同一保险事故，投保人在同一保险时期分别向两个或两个以上的保险人订立保险合同，且(或)保险金额总和超过保险价值的保险(各国的保险法对重复保险有不同的定义，实际上此定义只是定义了重复保险是否为超额保险)。保险金额之和未超过保险价值，属于复合保险。重复保险的界定、构成要件和重复保险人责任分配方式的选择对保护被保险人的利益和实现保险人之间的责任公平具有重要意义。

例如：投保人李某将其价值 150 万元的家庭财产分别向保险公司甲、乙投保，甲公司承保金额为 80 万元，乙公司承保金额为 120 万元。依据上述规定，当李某发生全损时，甲、乙公司赔偿的总额仍以 150 万元为限，甲公司赔偿 60 万元，乙公司赔偿 90 万元。此外，在重复保险时，投保人应将重复保险的情况通知各保险公司。

(四)共同保险

共同保险简称“共保”，是指两个或两个以上保险人联合承保同一笔保险业务或共同分担同一笔损失的保险行为。共同保险总金额不超过保险标的的实际价值。若被保险人投保保险金额低于实际价值，其不足额部分应视作被保险人自保。在共同保险中，由各保险人与投保人共同商定保险费率、保险期限、保险责任等。一旦保险标的发生损失，各保险人就按各自承保的比例分摊损失。

共同保险和重复保险的区别在于：共同保险中，投保人与保险人之间签订的是一份保险合同，其赔偿金额不会超过保险价值；重复保险中，各保险人之间没有互相沟通，投保人与每个保险人均签订了一份合同，很可能使被保险人获得超额利益。

五、以保险的保障对象为标准分类

按照保险的保障对象不同，可将保险分为团体保险和个人保险。

(一)团体保险

团体保险一般用于人身保险，它是用一份总的保险合同，向同一团体中的众多成员提供人身保障的保险。在团体保险中，“团体组织”，如机关、企事业单位等单位组织是投保人，团体中的在职人员是被保险人。团体保险包括团体人寿保险、团体年金保险、团体人身意外伤害保险、团体健康保险等。

(二)个人保险

个人保险是为了满足个人和家庭的需要，以个人作为投保人的保险，如家庭财产保险、汽车保险、个人健康保险、人寿保险等。

六、以保险标的的价值确定与否为标准分类

按照保险标的的价值确定与否为标准，可将保险分为定值保险与不定值保险。在认识这个险种之前，先介绍两个相关的概念，即保险金额和保险价值。

保险金额，是指投保人对保险标的的实际投保金额，是保险人承担赔偿责任的最高限额，也是保险公司收取保费的计算基础。保险金额的确定是以保险标的的价值为基础的。

保险价值，又称保险价额，是指投保人与保险人签订合同时投保人对保险标的所享有的保险利益在经济上的以货币计算的价值额，是确定保险金额的基础。简单地说，保险价值就是保险标的的价值。从本质上来讲，保险价值是一个变量。从保险合同订立到保险事故发生的时间段内，由于市场供求的变化、科学技术的进步、固定资产的折旧等原因，保险标的的价值总是处于变化之中。因此，投保人在投保时、保险人在理赔时就要确定保险价值。保险价值的确定有三种方式：一是在投保时，投保人和保险人就要约定保险价值并载明于合同中，以避免日后估价的麻烦；二是在订立合同时没有确定保险价值的，在保险事故发生时按当时当地的市价确定保险价值，作为计算赔款的依据；三是仅适用于海上保险合同的法定保险价值。海上保险的保险标的价值更具有不确定性，由于时空跨度大，保险标的的价值在起运港、中间港和目的港很可能不一致，为避免保险事故发生时合同双方当事人对保险标的的价值争议，于是法律直接规定了保险价值的确定依据，以保险责任开始时的保险标的的价值作为保险价值。

(一)定值保险

定值保险是指保险当事人双方在订立保险合同时，就已经确定了保险标的的保险价值，并将其在保险合同中载明的保险。对于定值保险而言，一旦发生保险事故，无论保险标的的实际价值是否随时间发生变化，保险人给付保险赔偿金的计算依据均为保险合同双方事先约定的保险价值。如果保险事故造成保险标的灭失或价值全部损失，则无论该保险标的的实际价值如何，保险人都应按保险合同约定的保险金额全额支付，不必重新估价；如果保险事故仅造成保险标的部分损失，则只需确定损失的比例，该比例与保险合同约定的保险金额的乘积，就是保险人应支付的赔偿金额。其计算公式为：

$$\text{保险赔偿额}=\text{保险金额}\times\text{损失比例}$$

$$\text{损失比例}=\frac{\text{保险标的实际价值}-\text{保险标的残值}}{\text{保险标的实际价值}}$$

定值保险多适用于某些保险标的的价值不易确定的财产保险合同，如古玩、字画、船舶等。在货物运输保险中，尤其是海上货物运输保险中，由于运输货物的价值在不同的时间、地点可能差别很大，为了避免出险后在计算保险标的的价值时引发争议，这些合同的当事人也往往采用定值保险的形式。

相关案例

某外贸企业于2019年5月8日将一批出口货物向保险公司投保货物运输保险，合同载

明保险价值为 500 万元,起运港为上海,目的港为伦敦,保险金额为 500 万元。6 月 23 日货轮在新加坡沉没,如果:

(1)货物全部损失,即损失比例为 100%,且货物在出险时的当地市价为 420 万元,则保险人应当赔偿的金额是多少?如果货物在出险时的当地市价为 600 万元,则保险人应当赔偿的金额又是多少?

(2)货物部分损失,损失比例为 80%,且货物在出险时的当地市价为 450 万元,则保险人应当赔偿的金额是多少?

在此案例中,由于在合同中载明了保险价值,属于定值保险,因此不论该保险标的在当地的实际价值为多少,在情况(1)下,保险人应对保险金额全额赔付,即赔付 500 万元。在情况(2)下,损失比例为 80%,部分赔付,保险人应赔付 500 万元×80%=400(万元)。

(二)不定值保险

不定值保险是指保险当事人双方在订立保险合同时不预先确定保险标的的保险价值,仅载明在事故发生后再估价和确定损失与赔偿的保险。对于不定值保险而言,保险当事人双方事先仅约定了保险人最高赔偿限额即保险金额,而将保险标的实际价值的估算留待保险事故发生后,需要确定赔偿金额时进行。一般的财产保险,都采用不定值保险的形式。不定值保险的特点在于保险标的的损失额以保险事故发生时保险标的的实际价值为计算依据,而保险标的的实际价值通常是根据保险事故发生时当地同类财产的市场价格来确定的。但无论保险标的的实际价值如何变化,保险人应支付的赔偿金额都不得超过保险合同约定的保险金额。如果实际损失小于保险金额,保险人仅赔偿实际损失;如果实际损失大于保险金额,保险人的赔偿额以保险金额为限。例如,某保险标的因保险事故造成了全部损失,若该保险标的发生保险事故前的市场价格已低于订立保险时约定的保险金额,则保险人有权按该标的的全部实际损失(该标的发生事故前的实际价值,低于保险金额)赔偿;若该标的当时的市场价格高于约定的保险金额,则保险人按约定的保险金额赔偿。其计算公式为:

$$\text{保险赔偿额}=\text{损失额}\times\text{保障程度}$$

$$\text{损失额}=\text{损失当时保险标的的完好的实际价值}-\text{残值}$$

$$\text{保障程度}=\frac{\text{保险金额}}{\text{损失当时保险标的的完好的实际价值}}$$

相关案例

某企业于 2019 年 12 月 1 日向保险公司投保企业财产保险,保险期限自 2020 年 1 月 1 日至 12 月 31 日,保险金额为 100 万元。2020 年 4 月 23 日企业遭受水灾。经核查,该企业在出险时保险财产的保险价值为 120 万元,实际遭受损失为 30 万元,问:保险人应当如何赔偿?

此案例中,在合同中没有载明保险价值,属于不定值保险。因此,保险赔偿额=30 万元×100 万元÷120 万元=25(万元)。

定值保险与不定值保险的最大区别就是在订立合同时前者预先确定保险价值,而后者并不确定保险价值,仅约定保险金额,而将保险标的的价值留待保险事故发生时再估算。

相关案例

2012 年 4 月 9 日，固立建材公司为其所有的渝 A26667 号混凝土搅拌运输车在保险公司投保了机动车损失保险等险种。保险单上载明车辆已使用 6 年，新车购置价为 41.66 万元，保险期间为 2012 年 4 月 30 日至 2013 年 4 月 29 日，车辆的损失险保险金额为 41.66 万元。同年 6 月 19 日，韩磊驾驶该车因操作不当致使车辆翻覆，造成车辆受损的事故。保险公司的工作人员于当日到达现场查勘，并于 8 月 14 日出具了机动车辆保险车辆损失情况确认书，确认车辆损失定损为 13.5 万元。但固立建材公司对此不予认可，拒绝在确认书上签章。后双方对保险赔付金额等费用产生较大争议，固立建材公司诉至法院，请求判令保险公司支付给其车辆损失 41.6 万元及其他损失共计 53.36 万元。根据鉴定机构出具的车辆损失司法鉴定意见书，渝 A26667 号车辆的市场价值为 156 540 元。维修费用超过其市场价值，已不具备维修价值。

在本案中，原被告签订的保险合同系双方当事人的真实意思表示，依法成立，合法有效。保险标的渝 A26667 号车辆出险后，经法院依法委托鉴定，维修费用已超过车辆市场价值，已不具备维修价值，可推定全损处理。保险合同中有“保险车辆按新车购置价确定保险金额的，发生全部损失时，根据新车购置价减去折旧金额后的价格确定实际价值，保险金额高于该实际价值的，按实际价值赔偿”的约定。故该保险合同是不定值保险合同，投保人和保险人未约定保险标的即渝 A26667 号车辆的保险价值，仅约定了机动车损失保险的保险金额责任限额为 41.66 万元。故渝 A26667 号车辆发生全部损失时，应以保险事故发生时车辆的实际价值为赔偿计算标准。在本案中，根据鉴定机构出具的司法鉴定意见，渝 A26667 号车辆的市场价值为 156 540 元，故保险人应当赔偿给投保人车辆全损损失 156 540 元。

资料来源：http://www.110.com/ziliao/article-521267.html。

本章小结

<table>
<tr><td rowspan="3">保险概述</td><td>保险的起源与发展</td><td>西方古代保险思想和保险的原始形态产生于公元前 4500 年的古埃及。中国各个朝代也都有储粮备荒、以赈灾民的传统制度，但没有产生商业性的保险
近代商业保险从海上保险发展起来。火灾保险是财产保险的前身，近代火灾保险起源于英国。随着海上保险的发展，出现了人寿保险，工业革命之后，人寿保险得到了极大的发展。随着科技的进步、社会文明的发展，相继出现了责任保险、信用保险、保证保险、社会保险</td></tr>
<tr><td>保险的概念、要素、特征、职能与作用</td><td>保险是指投保人根据合同约定，向保险人支付保费，保险人对于合同约定的可能发生的事故因其发生所造成的财产损失承担赔偿保险金责任，或者当被保险人死亡、伤残、疾病或者达到合同约定的年龄、期限等条件时承担给付保险金责任的商业保险行为
现代商业保险要素包括：可保风险的存在、面临相同风险的众多经济单位、保险机构、保险合同、保险费率的厘定、保险基金
保险具有互助性、法律性、经济性、商品性和科学性的特征
现代保险具有经济补偿、资金融通和社会管理三大职能
保险在宏观经济和微观经济中都具有十分重要的作用</td></tr>
<tr><td>保险的分类</td><td>以经营目的分类，保险可分为商业保险、社会保险、政策性保险和互助合作保险
以保险标的分类，保险可以分为财产保险和人身保险两类
以保险实施的方式和形式分类，保险可分为自愿保险和强制保险
以承保方式分类，保险可分为原保险、再保险、重复保险、共同保险
以保障对象分类，保险分为团体保险和个人保险
以保险标的价值确定与否分类，保险可分为定值保险与不定值保险</td></tr>
</table>

本章练习题

一、单项选择题

1.《保险法》规范的是(　　)。

A. 社会保险　　B. 商业保险　　C. 政策性保险　　D. 劳动保险

2.《保险法》中关于保险的定义和根本特征的描述,目的在于说明保险是(　　)。

A. 法律行为和商业行为　　B. 商业行为与民事行为

C. 民事行为与合同行为　　D. 商业行为与合同行为

3. 从法学角度看,保险是一种(　　)行为。

A. 契约　　B. 合同　　C. 自由　　D. 民主

4. 保险的(　　)是指投保人缴纳保费,保险人据此建立保险基金,并对少数遭受保险损失的被保险人提供补偿或给付。

A. 合同性　　B. 科学性　　C. 经济性　　D. 互助性

5. 刘某买了一辆价值 50 万元的新车,向 A 保险公司投保 45 万元车身险附加第三者责任保险,向 B 保险公司投保了 20 万元车身险附加第三者责任保险。从承保方式看,这种保险属于(　　)。

A. 共同保险　　B. 人身保险　　C. 重复保险　　D. 再保险

6. 再保险和共同保险都是在不同的保险人之间进行风险分摊,但从分摊的方式看,共同保险是(　　)。

A. 风险的横向分摊　　B. 风险的纵向分摊

C. 风险的二次分摊　　D. 风险的直接分摊

7. 下列关于保险的说法中,错误的是(　　)。

A. 保险可以使少数不幸的被保险人的损失由未发生损失的被保险人分摊

B.《保险法》将保险定义为商业保险行为

C. 保险是社会保障制度的重要组成部分

D. 保险是风险管理的一种方法

8. 保险基金是通过商业手段建立起来的后备基金,主要来源于(　　)。

A. 保险投资盈利　　B. 保险人的公积金

C. 保险人的资本金　　D. 投保人缴纳的保费

9. 商业保险的运行须具备一定的基本条件,这些条件即商业保险的要素。商业保险的要素之一是(　　)。

A. 可保风险的存在　　B. 可保损失的存在

C. 投机风险的存在　　D. 遭受重大损失的必然性的存在

10. 按照实施方式,保险可分为(　　)。

A. 原保险、再保险　　B. 共同保险、重复保险

C. 强制保险、自愿保险　　D. 财产保险、人身保险

11. 强制保险是由国家(政府)通过法律或行政手段强制实施的一种保险。(　　)属于强制保险的险种。

A. 人身意外伤害险　　B. 机动车交通事故责任强制保险

C. 家庭财产损失险　　D. 人寿保险

12. 保险资金中闲置的部分重新投入社会再生产过程中发挥的职能为(　　)。

A. 社会管理职能　B. 社会保障职能　C. 经济补偿职能　D. 资金融通职能

13. 在市场经济条件下,保险职能在具体社会和经济实践中所表现出的效果称为保险作用。保险作用的具体表现形式是(　　)。

A. 宏观作用和微观作用　　B. 主观作用和客观作用

C. 补偿作用和给付作用　　D. 法定作用和自发作用

二、多项选择题

1. 保险风险集合与分散的前提条件有(　　)。

A. 少量风险的集合体　　B. 异质风险的集合体

C. 同质风险的集合体　　D. 大量风险的集合体

E. 少量同质风险的集合体

2. 按照保险业务的承保方式来分类时,可以将保险划分为(　　)。

A. 重复保险　B. 再保险　C. 原保险　D. 综合保险

E. 共同保险

3. 人身保险以人的生命和身体为保险标的,它的主要险种包括(　　)。

A. 人身伤害责任保险　　B. 人身意外伤害保险

C. 健康保险　　D. 人寿保险

E. 劳动保险

4. 关于社会保险与商业保险,下列说法中不正确的有(　　)。

A. 社会保险行为是依合同实施的契约行为,属于司法范畴;商业保险行为是依法实施的政府行为,属于公共范畴

B. 社会保险资金来源于各级政府财政、企事业单位和劳动者个人三个渠道,是集政府、企事业单位、个人等社会各方面的力量来保障劳动者的基本生活权利;而商业保险的资金只能来源于投保人所交的保费,保费不仅是建立商业保险基金的源泉,而且是维持保险公司日常管理和业务费用开支的主要来源

C. 社会保险讲求权利平等和公平分配,能在一定程度上缩小社会成员之间的贫富差距;而商业保险则只按投保人的投保金额和保险事故造成的损失金额来决定赔偿额

D. 社会保险的保险人和被保险人的权利和义务关系建立在合同的关系上,而商业保险的保险人与被保险人的权利与义务建立在劳动管理的基础上

E. 社会保险是国家职责,有多方筹资和政府财政做后盾,其收费和待遇可根据社会经济的发展而不断调整,安全可靠性强;而商业保险的收支却取决于保险公司对损失率、死亡率、疾病发生率的预测是否准确,资金运用是否成功等多种因素

三、判断题

1. 保险交换是不等价交换。(　　)

2. 责任保险所承保的法律责任主要是刑事责任。(　　)

3. 再保险接受人对原保险的被保险人负有给付保险金的责任。(　　)

4. 被保证人根据权利人的要求,请求保险人担保自己的信用的保险是信用保险。 ( )

5. 生死合险又称两全保险,是生存保险与死亡保险的混合险种。 ( )

6. 广义财产保险包括财产损失保险、责任保险和保证保险。 ( )

7. 投保人与两个以上保险人之间,就同一保险利益共同缔结保险合同的保险是重复保险。 ( )

8. 保险的基本职能中,分散风险是前提条件,补偿损失是分散风险的目的。 ( )

9. 社会保险是政府为了政策上的目的,运用普通保险的技术而开办的一种保险。 ( )

10. 保险的保障功能,在财产保险中体现为社会管理功能。 ( )

四、名词解释

1. 保险　2. 社会保险　3. 再保险　4. 共同保险　5. 责任保险
6. 经济补偿职能　7. 资金融通职能

五、简答题

1. 简述保险的分类。
2. 简述原保险与再保险的区别。
3. 简述保险的职能。
4. 简述保险的宏观作用。
5. 简述保险的微观作用。

本章练习题参考答案

第三章

保险精算

本章知识结构

- 保险精算概述及其基本原理
  - 保险精算的定义
  - 保险精算的产生与发展
  - 保险精算中的费率厘定
    - 保费和保险费率
    - 保险费率厘定的原则
    - 保险费率厘定的一般方法
  - 保险精算的数理基础
    - 概率与概率分布
    - 数字特征
    - 大数定律
  - 保险精算的基本原理
- 寿险精算的基本原理
  - 利息基础
  - 生命表
    - 生命表的概念
    - 中国人身保险业经验生命表
  - 人寿保险趸缴纯保费的计算
  - 年金的精算现值的计算
    - 确定年金
    - 生存年金
  - 人寿保险年缴纯保费的计算
  - 人寿保险总保费的计算
    - 固定比例法
    - 比例常数法
    - 三元素法
- 非寿险精算的基本原理
  - 纯费率的确定
    - 保额损失率的确定
    - 计算均方差
    - 计算稳定系数
    - 确定纯费率
  - 附加费率的确定
  - 保险费率的确定

教学目标

知识目标

1. 了解保险精算的概念及基本原理，理解保险费率的概念和厘定的原则。
2. 掌握保险费率厘定的数理基础及寿险和非寿险的费率厘定方法。

能力目标

1. 掌握保险精算、寿险精算、非寿险精算的基本原理。

2. 掌握寿险和非寿险的费率厘定方法、保费计算方法以及实践能力。

素质目标

1. 通过保险精算基本原理、数理基础、费率厘定的教授,培养学生科学的思维方式和方法论。

2. 能够认识到保险精算的重要性和社会责任,从而树立正确的职业道德和价值观念。

本章寄语

保险精算为保险公司每一张保单的设计、销售、核保、理赔乃至最终的利润结算提供了可推算的数字化风险,在实现客户保障最优的同时实现了公司利益最大化。

案例引入

2018 年 5 月 25 日,酝酿近半年的"车险定价全面放开"这一新政靴子终于落地,试点地区部分车主保费或可降一半。

《证券时报·券商中国》记者昨日独家获悉,覆盖广西、陕西、青海三地的商业车险基准费率方案已在近日下发到了中保信、车险经营公司以及三地行业协会。这意味着商业车险定价经历了"从铁板一块到有限放开"的逐步过渡后,真正由市场主导商业车险价格的时代逐渐到来。

2018 年,车主张和为自用车投保商业车险,虽然保额没变,但保费减少了 343~2 582 元。自我国 2015 年启动商业车险费率改革以来,不少类似张和这样的车主享受到了车险费率改革的红利。广西、陕西、青海三地车险定价全面放开后,车主享受到的折扣力度将进一步加大。

商业车险保费主要看两大因子:第一看基准保费,第二看费率调整系数。二者相乘就是车主要交的保费。在广西、陕西、青海三个地区,这两大系数都会下降。

费率调整系数主要受自主核保系数、自主渠道系数、无赔款优待系数和交通违法系数四个系数影响。其中,无赔款优待系数根据投保车辆历史出险情况确定,主要来自行业数据;交通违法系数根据当地监管及保险行业协会规定;自主核保和自主渠道两个系数由公司根据赔付成本和渠道成本测算确定,是反映保险公司个体差异最大的两个因子,也是保险公司调节商业车险费率的关键手段。

资料来源:https://epaper.stcn.com/col/201805/25/node_A008.html。

精算学是一门集交叉性与实践性于一身的学科。精算学作为一门交叉性的学科,主要体现在精算学的理论和实践研究中到处都有保险学、数学和统计学等学科的身影;同时,精算学本身是一门应用性学科,它的存在离不开实际部门的应用。精算学主要应用于保险领域。因此,本章从保险领域的角度,主要介绍有关保险精算的一些基本知识及保险费率厘定的基本方法。

第一节　保险精算概述及其基本原理

一、保险精算的定义

保险精算是一门运用数学、统计学和保险学的理论和方法，对保险经营中的计算问题做定量分析，以保证保险经营的稳定性和安全性的学科。它解决的问题包括人口死亡率（生存率）的测定、生命表的编制、保险条款的设计、费率的厘定、准备金的计提、盈余的分配、险种的创新、投资等。保险精算主要分为寿险精算和非寿险精算。

二、保险精算的产生与发展

保险精算是为适应寿险业发展的需要而产生和发展起来的。1693 年，哈雷彗星的发现者、英国天文学家哈雷发表的世界上第一张完整的生命表标志着寿险精算的产生。哈雷根据西里西亚的布雷斯洛市的人口死亡记录，按不同年龄和性别分类统计出了人口的死亡率和生存率，编制了这张生命表。它揭示了死亡率随着年龄变化的规律，为随后寿险精算的诞生奠定了科学基础。

1755 年，英国数学家陶德森在总结前人成果的基础上，提出了编制更精确的生命表的计算思想。他提出了保费和投保人年龄以及预期寿命的关系，创立了"均衡保费法"理论，并意识到寿险需要设立准备金。这些新思想被认为是寿险精算的雏形。1762 年创立的伦敦公平人寿保险公司采纳了这些思想。经历了两百多年的发展，寿险精算的发展已相当成熟和完备。

进入 20 世纪后非寿险领域的精算问题逐渐增多。在第二次世界大战后，非寿险精算理论日益完善。到 20 世纪 70 年代，非寿险精算发展成为一个独立的分支学科。但在计算技术和理论完备上，与寿险精算相比仍存在差距。

20 世纪 80 年代末 90 年代初，保险精算开始进入我国，保险精算在我国虽然起步较晚，但在开始引进时就与国际接轨，通过"派出去，请进来"的直接学习方式，国际上最权威的原版教材被直接使用，吸收国际上的最新成果，与国外学者进行直接交流。经过多年的不懈努力，我国保险精算学术水平已接近世界先进水平。同我国保险业的发展势头一样，保险精算的发展势头也日趋强劲。

三、保险精算中的费率厘定

（一）保费和保险费率

1. 保费

保费是投保人为了转移风险、取得保险人在约定的责任范围内所承担的赔偿（或给付）责任而交付的费用；也就是为承担约定的保险责任，保险人向投保人收取的费用。保费是保险基金的主要来源，当被保险人遭受合同规定的灾害损失时，保险人就用保险基金来支付赔款或给付保险金，实现保险的经济补偿职能。

纯保费和附加保费两部分共同构成了保费。纯保费是保险人用于赔付给被保险人或受益人的保险金，也称净保费。用于保险人的各项业务开支和预期利润的费用是附加保费，主要包括职工的工资、业务费、企业管理费、代理手续费、税金、利润等。

2. 保险费率

保险费率又称保险价格,是保险人按单位保险金额向投保人收取保费的标准,即单位保险金额应缴纳的保费。保险费率和保费之间存在着以下的关系:

$$保费=保险金额\times保险费率$$

$$保险费率=\frac{保费}{保险金额}$$

通常以每百元或每千元保险金额所对应的保费来表示保险费率,其也由纯费率和附加费率两部分组成。纯费率和附加费率相加而得到的保险费率被称为毛费率。

纯费率也称净费率,是纯保费与保险金额的比率,是用于保险事故发生后进行赔付的保险金的费率。不同的险种纯费率的计算方法也不同,非寿险纯费率的计算主要是依据过去多年的该类保险中财产的损失率,其等于保险损失率加上均方差;寿险纯费率的计算主要是依据不同的投保人群的死亡率、生存率、某种疾病的发病率或意外事故的发生率。

附加费率是附加保费与保险金额的比率,是以保险人的营业费用为基础计算的。

(二)保险费率厘定的原则

保险费率厘定的原则包括:充分性原则、公平合理原则、稳定灵活原则、促进防灾防损原则。

1. 充分性原则

充分性原则是指按照保险费率保险人向投保人收取的保费,要能够满足保险金赔付支出、合理的营业费用、税收后有一定的利润。充分性原则要求厘定的保险费率要满足保险人的偿付需求,费率过低将导致保险公司缺乏偿付能力,被保险人最终将因得不到保障而利益受损。

2. 公平合理原则

公平是相对保险人和投保人两方面来说的。对保险人来说,收取的保费应与预期的赔付支出相当;对投保人来说,缴纳的保费应与获得的保险保障相一致。保险的种类、保险的期限、保险的金额、被保险人的年龄与性别等因素影响缴纳保费的多少。投保人的风险性质相同就承担相同的保险费率,被保险人的风险性质不同就承担不同的保险费率。合理是指厘定的保险费率要尽可能合理,保险人不能厘定过高的保险费率以追求超额的利润。

3. 稳定灵活原则

稳定灵活原则是指在一定的时期内保险费率应当保持稳定,以确保保险公司的信誉。经常波动的费率会导致投保人难以确定保费预算,增加对保险公司的反感,引起保险公司业务量的减少。但是,费率的稳定也是相对的,随着社会经济的发展、技术的进步、保险责任的变化等因素的变化,也要根据实际情况调整费率,因此保险费率也具有一定的灵活性。

4. 促进防灾防损原则

促进防灾防损原则是指厘定的保险费率要有利于促进被保险人加强防灾防损。可以降低重视防灾防损的被保险人的保险费率,提高忽视防灾防损的被保险人的保险费率。

(三)保险费率厘定的一般方法

1. 判断法

判断法又称观察法或个别法,是在具体的承保过程中,核保人员根据每笔业务的保险标的和过去的经验,主观直接判断出风险频率和损失率,确定合适的费率。采取判断法确定费率,是由于只有较少的保险标的,难以用不充分的统计资料确定保险费率。

由于判断法手续烦琐，核保人员的水平和被保险人的信用都对费率的厘定有较大影响，因此并不十分科学。一般在海上保险、航空保险等险种上使用判断法。例如，采用新技术制造的客机首次进行飞行购买人寿保险时，因为没有相应的统计资料，只好采取判断法确定保险费率。另外，一些新的保险险种，开始时缺乏统计资料，没有可类比的情况，只能使用判断法厘定保险费率。

2. 分类法

分类法是将具有类似特征的风险并入同一级别，根据同一级别的风险单位的共同损失概率，定出相同的保险费率。分类的适当性和各种类别中所包含的风险单位的数量都影响分类法的准确性。该方法是费率厘定中最常用的方法，通常被人寿保险、火灾保险以及大多数意外伤害保险所采用。

分类法采取的假设条件是，被保险人未来的损失在很大程度上由一些相同的因素决定。因此，各类别中各单位的所有风险因素的性质完全一致是最理想的条件，这就能使各单位的预期损失及费用完全相同。但现实中的保险标的很难符合这一条件，只能是近似于符合这一条件。

3. 增减法

增减法又称为修正法，是指在同一费率类别中，给予被保险人变动的费率，其变动幅度或基于保险期间的实际损失经验，或基于其预想的损失经验，或同时以二者为基础。增减法的假设条件是，在同一费率类别中，各个被保险人的损失经验数据与其他被保险人的损失经验数据是有差异的。增减法兼具了判断法的灵活性和分类法的优点，是一种科学合理的费率厘定方法。

四、保险精算的数理基础

（一）概率与概率分布

1. 概率

保险是转移风险的一种方法，对于单个的投保人来说，风险的发生是不确定的、无规律的，可以看作一种随机事件。但通过大量的观察和实验发现，这些随机事件会呈现某种规律性。对这种规律性的定量描述，就是概率。也就是说，概率是衡量随机事件出现的可能性大小的一个数量指标。概率越大，与风险相应的随机事件越容易发生；否则，越不容易发生。

2. 概率分布

对风险事件的观察可以看作随机实验，随机实验的结果具有不确定性，例如，火灾被看作一种风险事件，火灾的结果以损失额来衡量，有多种可能性。在每次火灾发生前，事先是无法确定火灾的损失额的。这种取值依赖于某个随机实验的结果，并由实验结果完全确定的变量称为随机变量。而概率分布就是描述各种随机变量及其对应概率的。以上面的火灾损失为例，火灾损失的概率分布就是研究火灾损失的可能金额及其每个损失金额对应的概率或是火灾损失在某个数额范围之间的概率。

（二）数字特征

随机变量的概率分布，能够完整地描述随机变量的统计规律。但往往实践中很难获得随机变量的真实分布，一般是通过保险公司的历史数据来拟合随机变量的分布，并且在处理一些问题时，保险公司更关心随机变量的某些特征，如数学期望、方差等。这些数字特征的计算都需要用到随机变量的概率分布，如前所述，真实分布是很难获得的。因此，在这一部分主要介绍利用历史数据计算数学期望、方差等数字特征的替代值的统计方法。

1. 样本均值

数学期望也称均值,反映了随机变量的平均值。样本均值是利用历史数据计算的样本数据的均值,在样本数据足够多的情况下,根据大数定律,样本均值是收敛于数学期望的,也就是说,可以用样本均值的数值来代替数学期望。假设随机变量的可能值为 $X_1,X_2,\cdots,X_n$,则样本均值为$\overline{X}=\frac{1}{n}\sum_{i=1}^{n}X_i$ 。在保险实务中,随机变量的取值通常是损失的各种不同数额,随机变量的样本均值就是损失的期望值,即未来危险事故产生损失的平均值。

2. 样本方差

样本方差反映了随机变量的可能值与平均值之间的偏离程度。样本方差越大,表示可能值与平均值之间偏离得越大。假设随机变量的可能值为 $X_1,X_2,\cdots,X_n$,样本方差用 S^2 表示,则

$$S^2=\frac{1}{n-1}\sum_{i=1}^{n}(X-\overline{X})^2 \quad 或 \quad S^2=\frac{1}{n}\sum_{i=1}^{n}(X-\overline{X})^2$$

标准差也称均方差,是样本方差的平方根。

(三)大数定律

大数定律是概率论中的一个重要的定律。大数定律是用来说明大量随机现象由于偶然性的相互抵消所呈现的必然的数量规律的一系列定理的统称。像其中的切比雪夫大数定律、贝努利大数定律、辛钦大数定律等,就反映了当实验次数足够多的情况下,样本均值依概率收敛于数学期望的均值,观察到的频率依概率收敛于事件发生的概率。例如,把一枚硬币抛掷一次,其正面向上的概率要么是 0,要么是 1;随着实验次数的增加,正面向上的概率会发生变化,可能是 20%、30%等,但当实验次数足够多,趋于无穷大时,会发现正面向上的概率稳定在 50%左右,在 50%附近波动的幅度非常小。而我们知道,正面向上的概率实际上就是 50%。

大数定律对于保险的意义在于,它使得保险费率的厘定有了数理基础,因为在掌握了大量的保险风险单位的经验数据的情况下,就能比较准确地估计保险标的损失概率或被保险人群的死亡率,进而合理地厘定保险费率。另外,大数定律也是保险能够稳定经营的数理依据,当被保险的保险单位足够多时,保险风险就能够在较大的范围内分散,从而保证了保险公司财务运行的稳定性。

五、保险精算的基本原理

起源于保险业的精算,是保险公司经营必不可少的核心技术之一。精算包括认识未来不确定事件(风险)的发生规律、评价风险带来的损失、分析损失分摊方案等。保险精算具体研究保险领域的风险分析、产品的设计和定价、负债评估、资产与负债管理、偿付能力评价、盈利能力分析等问题。在用精算模型评估问题时,主要应用收支相等理论、大数定律等基本原理。下面用一个 1 年期的定期寿险为例来说明保险精算的基本原理。

1 年期定期寿险的基本规定有被保险人缴纳保费购买保单后,从保单生效之日起,若被保险人在 1 年内死亡,则保险人向保单的受益人给付保单规定的保险金额;否则,合同在 1 年后自动失效,被保险人得不到任何赔付。假定保险公司出售了 10 000 份条件相同(这里指保险金额相同,假定都等于 100 000 元,被保险人的投保年龄相同,假设都等于 50 岁,保费都采

取一次缴清的方式,死亡给付假设在保单年度末进行)的保单,一个封闭的保单组被构成。

把保单生效日定为时间的起点,即 0 时刻,单位时间长度为 1 年。在 0 时刻,保险人要制定这份保单的价格,即保费。保险人制定的保费中要包含 1 年末返还给出险保单的受益人的保险金,这部分保费可以称为净保费或纯保费或者给付保费。同时,保险人制定的保费中还要包括经营费用以及部分利润。假定 50 岁的人在 1 年内的死亡概率为 0.004 3,对保险金额为 100 000 元的保单来说,每个投保人的期望损失为 100 000×0.004 3=430(元),即在不考虑保险公司的费用、投资收益、利润的情况下,每个投保人需缴纳的保费为 430 元。那么,对于每一个投保人来说,期初 0 时刻缴纳了 430 元保费,在 1 年内若出险则获得 100 000 元保险给付,否则没有任何赔付,这似乎并不符合收支相等的原理。这是因为保险精算所运用的收支相等原理计算的保费,不是建立在单个投保人的基础上的,而是建立在整个保单组合的基础上的,依据大数定律计算出的保费符合收支相等原理。

在前面的假定条件下,每个投保人缴纳了 430 元的保费,如果保险公司在 0 时刻出售了 10 000 张保单,则纯保费收入总额为 430×10 000=4 300 000(元)。假设实际死亡率与预期死亡率相等,在 1 年内的死亡人数为 10 000×0.004 3=43(人),则 1 年内发生死亡事故的总赔付额为 43×100 000=4 300 000(元),与收取的保费相同,符合收支相等原理。

对于单个的投保人来说,是用目前的一个小额的确定性支出,即 430 元的纯保费,换取一个对未来的高额不确定的保障,即 100 000 元的保额。经过 1 年,所有的不确定性都消失了。对于没有发生索赔的保单,投保人所缴的保费没有任何返还;对于发生索赔的保单,受益人可以获得一定的赔偿。保费通过保险人在保单所有人之间发生了转移。

对于整个保单组来说,由大数定律可以确定,保单组在未来 1 年内一定会有若干保单的被保险人去世从而获得死亡给付。可以预期,保险人在 0 时刻收取的保费总额,在 1 年内大部分会返还给发生事故的保单。保险公司收取的保费要包括保险公司的运营成本等,所以保险公司实际收取的保费要高于纯保费。

第二节　寿险精算的基本原理

一、利息基础

(一)利息的定义

利息,是指在一定的时间内,资金的持有者将资金的使用权转让给借款人后所得到的报酬。利率是衡量资金生息水平的指标,它表示了单位本金在单位时间所获得的利息。本金的数量、利率的高低、本金存放时间的长短等决定了利息的多少。本金数额越大,利率越高,存放的时间越长,则获得的利息越多。

(二)单利和复利

计算利息的方法有单利和复利两种,单利只在本金上计算利息,而对本金产生的利息不再计息。

设期初的本金为 A,利率为 i,计息周期为 n,利息为 I,S 为期末的本利和,则在单利条件下的计算公式为:

$$I=A\cdot i\cdot n\quad S=A+I=A(1+ni)$$

而复利不光在本金上计息,本金产生的利息一并加入本金,一起计算利息,则在复利条件下的计算公式为：

$$S=A(1+i)^n \quad I=S-A=A[(1+i)^n-1]$$

在实践中，一般采取复利计息的方式，因此在本章中都采用复利计息的方式计算利息。

(三)终值和现值的计算

终值是指本金在一定的利率下存放一定时期后所获得的本利和。设期初的本金为 A，利率为 i，计息周期为 n，则终值 S 为：

$$S=A(1+i)^n$$

现值与终值正好是相反的概念。现值是将未来的本利和折算到现在的价值，相当于本金，也就是期末的终值以相应的利率折算到期初的价值，则现值 V 为：

$$V=\frac{S}{(1+i)^n}=S\left(\frac{1}{1+i}\right)^n=Sv^n$$

其中，$v=\frac{1}{1+i}$称为贴现因子，表示1年之后的1元在现阶段的价值；v^n 是 n 年后1元在现阶段的价值。

[例3-1] 计算2020年1月1日10 000元在5%的年利率下，2018年1月1日的现值。

解：

$$V=\frac{S}{(1+i)^n}=10\ 000\times\left(\frac{1}{1+5\%}\right)^2=9\ 070.29(\text{元})$$

二、生命表

(一)生命表的概念

生命表又称死亡表，是根据一定时期内的特定的国家(地区)或特定的人口群体的相关生存资料，按照整数年龄编制的用来反映相应的人口群体的生死规律的统计表。每个年龄的死亡率是生命表中最重要的部分。年龄、性别、职业、习惯、既往病史、种族等都是死亡率的影响因素。通常，在设计生命表时，主要是考虑年龄和性别。

(二)中国人身保险业经验生命表

投保人缴纳保费的多少是与不同年龄、不同性别的被保险人群的死亡率有关的。由于每一个年龄人群的死亡率都不相同，因此同一保额的死亡保险对应的纯保费一定是不同的。为了准确地把握每个年龄的被保险人的死亡率，保险公司都编制了死亡表。中国人民保险公司在20世纪90年代初编制了我国的第一张经验生命表。但近年来，随着人民生活水平、医疗水平的显著提高，保险公司核保制度的逐步建立，未来保险消费者群体的寿命呈现延长的趋势，原有的生命表已经不能适应行业发展的要求。基于各方面的考虑，在中国保监会的领导和组织下，2014年正式启动了第三套生命表的编制项目。新生命表编制完成后，于2016年发布。据悉，第四套生命表或将于2025年内发布并投入使用。

"中国人身保险业经验生命表"(2010—2013年)(见本书附录)列出了0～105岁所有的整数年龄分性别分业务的死亡率。从该表可以看出投保养老类业务的人群的死亡率是低于投保非养老类业务的。

三、人寿保险趸缴纯保费的计算

趸缴纯保费，是指在保单签发日投保人或被保险人一次缴清的纯保费。这里的纯保费是理论保费，即以预定死亡率和预定利率为基础计算的一种保费，用于未来保险金的给付。人寿保险的纯保费的制定依据是:纯保费收入的现值等于未来支付保险金的现值。

趸缴纯保费是一次性缴清的,因此,趸缴纯保费等于保险合同规定的保险人在整个保险期内的给付义务的现值。假设(x)表示x岁开始投保的人,q_x为x岁的人在1年内的死亡率,p_x为x岁的人在1年内的生存率。$_{t|}q_x$表示x岁的人活过t年在1年内的死亡率,即x岁的人在$x+t \sim x+t+1$年内死亡的概率,$_tp_x$为x岁的人活过t年的概率。各年利率均为i,贴现因子$v=\frac{1}{1+i}$,死亡赔付在死亡年年末进行,赔付金额1单位元。

(x)的1单位元的死亡年年末赔付的n年定期寿险,其精算现值即纯保费以$A^1_{x:\overline{n}|}$表示,则其计算公式为:

$$A^1_{x:\overline{n}|}=v\times q_x+v^2\times {}_{1|}q_x+\cdots+v^n{}_{n-1|}q_x=\sum_{k=1}^{n-1}v^{k+1}{}_{k|}q_x$$

其中,$_{t|}q_x={}_tp_x\times q_{x+t}$,$_tp_x=p_x\times p_{x+1}\times\cdots\times p_{x+t-1}$。

[**例3-2**] 某男性投保人在40岁时投保了3年期10 000元定期寿险,保险金于死亡年年末赔付。以"中国人身保险业经验生命表"(2010—2013年)和利率5%,计算趸缴纯保费。

解: 趸缴纯保费$=10\,000\times A^1_{40:\overline{3}|}$

$$=10\,000\times(v\times q_{40}+v^2\times{}_{1|}q_{40}+v^3{}_{2|}q_{40})$$

$$=10\,000\times(v\times q_{40}+v^2\times p_{40}q_{41}+v^3{}_2p_{40}q_{42})$$

$$=10\,000\times\frac{0.001\,651}{1.05}+\frac{(1-0.001\,651)\times0.001\,804}{1.05^2}+\frac{(1-0.001\,651)\times(1-0.001\,804)\times0.001\,978}{1.05^3}$$

$$\approx 49.09(\text{元})$$

(x)的1单位元的死亡年年末赔付的终身寿险,其精算现值即纯保费以A_x表示,则其计算公式为:

$$A_x=v\times q_x+v^2\times{}_{1|}q_x+\cdots+v^n{}_{n-1|}q_x+\cdots=\sum_{k=1}^{\infty}v^{k+1}{}_{k|}q_x$$

四、年金的精算现值的计算

年金是按照相等的时间间隔在一定时期内给予支付的一系列款项。按照支付条件的不同,年金可以分为确定年金和生存年金。按照每个支付期支付的时点不同,年金可以分为期初付年金和期末付年金。

(一)确定年金

确定年金是按时间间隔年金的给付必须发生,也就是无论被保险人是否死亡,在一定的时间内年金都按期给付。假设每期的支付金额为1单位元,支付的期限为n,每期的实际利率为i,贴现因子$v=\frac{1}{1+i}$。

期初付年金是指在每期的期初支付年金。期初付年金的精算现值用$\ddot{a}_{\overline{n}|}$表示,则其计算公式为:

$$\ddot{a}_{\overline{n}|}=1+v+v^2+\cdots+v^{n-1}=\frac{1-v^n}{1-v}=\frac{1-v^n}{iv}$$

期末付年金是指在每期的期末支付年金。期末付年金的精算现值用$a_{\overline{n}|}$表示,则其计算公式为:

$$a_{\overline{n}|}=v+v^2+\cdots+v^n=\frac{v(1-v^n)}{1-v}=\frac{1-v^n}{i}$$

(二)生存年金

生存年金是以被保险人的生存为给付条件的年金。若被保险人在规定的时期内存活，则给付年金；否则，停止给付。终身和定期寿险的缴费通常是采取生存年金的方式，在被保险人的生存期内缴付保费，一旦被保险人死亡，则停止缴费。由于保费的缴纳都是在保单签订日执行，因此在这里就简要介绍期初付生存年金的精算现值。

生存年金包括终身生存年金、定期生存年金等。终身生存年金是指在没有预先规定的期限内，只要被保险人生存，就能够获得年金的给付。定期生存年金是在确定的时期内以被保险人生存为给付条件的年金。

(x)的1单位元的期初给付的终身生存年金，其精算现值以$\ddot{a}_x$表示，则其计算公式为：

$$\ddot{a}_x = 1 + v \times p_x + v^2 \times {}_2p_x + \cdots + v^n \times {}_np_x + \cdots = \sum_{k=0}^{\infty} v^k \times {}_kp_x$$

(x)的1单位元的期初给付的n年定期生存年金，其精算现值以$\ddot{a}_{x:\overline{n}|}$表示，则其计算公式为：

$$\ddot{a}_{x:\overline{n}|} = 1 + v \times p_x + v^2 \times {}_2p_x + \cdots + v^{n-1} \times {}_{n-1}p_x + \cdots = \sum_{k=0}^{n-1} v^k \times {}_kp_x$$

五、人寿保险年缴纯保费的计算

寿险合同通常是长期合同，投保人通常难以承受数额较大的趸缴纯保费。因此，保险公司一般允许投保人在购买保险时，采用分期缴付的方式缴纳保费。最为普遍的方式是一年缴纳一次，在保费缴付期内，每隔一年缴付相等数额的保费。按年缴付的保费，是以被保险人生存为条件的，实际上它是一个生存年金。纯保费是用来满足未来保险给付的保费，无论是一次性缴付还是按年缴付，投保人缴纳的保费的现值都应该是相等的，即年缴纯保费的现值与趸缴纯保费的现值是相等的。人寿保险的年缴纯保费可以利用此恒等关系计算出来。

对于(x)的1单位元的死亡年年末赔付的n年定期寿险，其趸缴纯保费为$A^1_{x:\overline{n}|}$，如果保费在t年内每年的年初缴付一次，每年缴纳的纯保费表示为${}_tP^1_{x:\overline{n}|}$，则按照相等的原则，有公式为：

$$A^1_{x:\overline{n}|} = {}_tP^1_{x:\overline{n}|} \times \ddot{a}_{x:\overline{t}|}$$

则定期寿险的年缴纯保费为：

$${}_tP^1_{x:\overline{n}|} = \frac{A^1_{x:\overline{n}|}}{\ddot{a}_{x:\overline{t}|}}$$

[例3-3] 某男性投保人在40岁时投保了3年期10 000元定期寿险，保险金在死亡年年末赔付，保费在两年内每年缴纳一次，以“中国人身保险业经验生命表”(2010—2013年)和利率5%，计算年缴纯保费。

解：由例3—2知：

趸缴纯保费$=10\,000 \times A^1_{40:\overline{3}|} = 49.09$(元)

$\ddot{a}_{40:\overline{2}|} = 1 + v \times p_{40} = 1 + \frac{1}{1.05} \times (1 - 0.001\,651) = 1.95$(元)

$10\,000 \times P^2_{40:\overline{3}|} = \frac{10\,000 A^1_{40:\overline{3}|}}{\ddot{a}_{40:\overline{2}|}} = \frac{49.09}{1.95} = 25.17$(元)

对于(x)的1单位元的死亡年年末赔付的终身寿险，其趸缴纯保费为A_x，如果保费每年的年初缴付一次，终身缴付，每年缴纳的纯保费表示为P_x，则按照相等的原则，有公式为：

$$A_x = P_x \times \ddot{a}_x$$

则终身寿险的年缴纯保费为：

$$P_x=\frac{A_x}{\ddot{a}_x}$$

对于(x)的1单位元的死亡年年末赔付的终身寿险，其趸缴纯保费为A_x，如果保费在n年内每年的年初缴付一次，每年缴纳的纯保费表示为${}_nP_x$，则终身寿险的年缴纯保费为：

$$_nP_x=\frac{A_x}{\ddot{a}_{x:\overline{n|}}}$$

六、人寿保险总保费的计算

在保险精算中，传统的总保费的计算方法是纯保费加成法，其方法规定总保费等于纯保费加上附加保费。依据附加保费的不同形式，纯保费加成法可以分为固定比例法、比例常数法和三元素法等几种。

（一）固定比例法

最简单的保费加成法是固定比例法，就是按照总保费的一定比例作为附加费用。要根据以往的业务管理的经验去确定这个比例。假设P表示纯保费，G表示总保费，e表示附加费用的比例，则总保费为：

$$G=P+eG$$

$$G=\frac{P}{1-e}$$

［例3-4］ 假设某年龄投保10 000元终身寿险的纯保费为1 700元，如果附加保费占总保费的40%，求该投保人缴纳的总保费。

解：

$$G=\frac{P}{1-e}=\frac{1\ 700}{1-0.4}=2\ 833(\text{元})$$

计算简便是固定比例法的优点，但其缺点是设置的附加保费的比例不尽合理，没有考虑到各年费用的差异和各项费用性质的差异。一般对年期短、保费低的险种，附加费用就可能少于实际的需要；对于年期长、保费高的险种，附加费用可能多于实际的需要。

（二）比例常数法

比例常数法把附加保费分为两部分，依据每张保单的平均保险金额推算出每单位保额需承担的固定费用，是一个固定常数，用c表示；总保费的一定比例作为其余部分的附加保费，用e表示，则：

$$G=P+eG+c$$

$$G=\frac{P+c}{1-e}$$

对于保额大的险种，比例常数法增加了一定量的附加费用，但对于年期短、保费低的险种，附加费仍少于实际的需要。

［例3-5］ 某现年35岁的投保人，投保了一份定期10年的人寿保险，保险金额为100 000元。已知此类业务，每万元保额需要支出固定费用100元，且该合同的年缴纯保费为7 246元。每年投保人还需要按总保费的7%承担其余部分的附加费用。求该保单的年缴总保费。

解：

$$G=\frac{P+c}{1-e}=\frac{7\ 246+100\times 10}{1-7\%}=8\ 867(\text{元})$$

(三)三元素法

在传统的定价方法中,最典型的方法是三元素法。这种方法按照每张保单在保险期内的不同阶段和不同用途,附加费用被分为新契约费用、管理费用和收费费用三种。保险公司签订的新契约与第一年所需支付的费用,如签单费、体检的费用等是新契约费用,它们是一次性的费用并且在签订保单的当年支出,要按保额的固定比例计算。管理费用,自契约开始到契约终止,是整个保险期内契约维持所必需支付的费用,一般分摊在整个缴费期,按总保费的一定的比例计算。保险公司员工工资、营业场所租金等属于收费费用,也是分摊在整个缴费期,按总保费的一定比例计算。

三元素法考虑了保单的不同阶段和不同用途,但没有区分理赔和给付费用等,没有考虑到第二年后的各年费用的差异,如代理人佣金。

第三节 非寿险精算的基本原理

一、纯费率的确定

财产保险的纯费率是保险赔偿总额与总保险金额之比,因此又称财产损失率或保险金额损失率。纯费率的确定,一般要经过以下几个步骤。

(一)保额损失率的确定

保额损失率是赔偿金额与保险金额的比率。它的计算公式为:

$$\text{保额损失率}=\frac{\text{赔偿金额}}{\text{保险金额}}\times 100\%$$

财产保险一般是一年期的保险,保险事故发生与否是不确定的、是随机的,根据大数定律,只有在较长的时间内才会趋于稳定。因此,纯费率的计算要求有较长时期的历史资料,至少是5~10年。若是新业务,缺乏历史数据,则可以用相应的社会财产损失资料近似替代。利用过去各年的保额损失率,计算其平均保额损失率,用其近似地估计未来的保额损失率,即纯费率。平均保额损失率的计算公式为:

$$\overline{X}=\frac{1}{n}\sum_{i=1}^{n}X_i$$

其中,X_i 为第 i 年的保额损失率。

(二)计算均方差

纯费率是一段较长的时间内(样本期间)保额损失率的数学期望,用保额损失率的算术平均数近似替代。但就其中的具体的某一年而言,这一年的实际的保额损失率与这一算术平均数一般并不相等。对保险人来说,选取的样本期间的各年度的实际的保额损失率对其均值的背离程度的大小有十分重要的作用。采用均方差考察背离程度,均方差越大,背离程度越大,保险人的经营风险也越大。保额损失率的均方差的计算公式为:

$$S=\sqrt{\frac{1}{n}\sum_{i=1}^{n}(X-\overline{X})^2}$$

保险人在计算保险纯费率时,要在保额损失率的均值的基础上增加一个或两个均方差,以提高对保额损失率,即纯费率的预测的可靠性。

(三)计算稳定系数

稳定系数就是均方差和平均保额损失率的比值。稳定系数衡量了保额损失率的均值与每年的实际保额损失率的密切程度,即实际保额损失率是否比较稳定,可以由平均保额损失率来代表。稳定系数的大小,代表了保险经营的稳定性。稳定系数越小,保险经营的稳定性越高。一般认为,稳定系数为10%～20%是合适的。稳定系数的计算公式为:

$$V_S=\frac{S}{\overline{X}}$$

(四)确定纯费率

通过计算稳定系数,可以确定保额损失率的稳定性。对于保额损失率比较稳定的险种,计算纯费率的时候,可以在保额损失率的均值的基础上附加一个均方差;对于保额损失率不够稳定的险种,可以在保额损失率的均值的基础上附加两个均方差。其公式为:

$$纯费率=\overline{X}+S=\overline{X}(1+V_S)\quad 或\quad 纯费率=\overline{X}+2S=\overline{X}(1+2V_S)$$

二、附加费率的确定

附加费率是以保险公司的经营管理费为基础的,在一般情况下是一个常数,可以用占纯费率的一定百分比来计算。例如,附加费率是纯费率的20%,则附加费率的计算公式为:

$$附加费率=纯费率\times 20\%$$

附加费率的另一种计算方法是依据经验规定其在保险费率中占有的比例。例如,规定附加费率占保险费率的10%,则计算公式为:

$$保险费率=纯费率\times\frac{100}{90}$$

$$附加费率=保险费率\times 10\%=纯费率\times\frac{1}{9}$$

三、保险费率的确定

保额损失率是厘定财产保险的费率的基础,首先计算保额损失率和均方差以求出纯费率,然后计算附加费率,最后将纯费率加上附加费率即得到保险费率。即:

$$保险费率=纯费率+附加费率$$

[例3-6]　某保险公司某类保险业务过去5年间各年的保额损失率为0.30%、0.25%、0.26%、0.24%、0.20%,若附加费率按纯费率的20%计算,请计算该类保险的保险费率。

解:

(1)计算过去5年的平均保额损失率

$$\overline{X}=\frac{\sum_{i=1}^{5}X_i}{5}=\frac{0.003+0.002\,5+0.002\,6+0.002\,4+0.002}{5}=0.002\,5$$

(2)计算均方差

$$S=\sqrt{\frac{1}{5}\sum_{i=1}^{5}(X-\overline{X})^2}=\sqrt{\frac{(0.003-0.002\,5)^2+\cdots+(0.002-0.002\,5)^2}{5}}=0.032\%$$

(3)计算稳定系数

$$V_S=\frac{S}{\overline{X}}=\frac{0.032\%}{0.25\%}=12.8\%$$

(4)计算纯费率

稳定系数为12.8%,说明此类保险业务比较稳定,因此,考虑在平均保额损失率的基础上加上一个标准差,即纯费率=0.25%+0.032%=0.282%。

(5)计算附加费率

附加费率=纯费率×20%=0.282%×20%=0.056 4%

(6)计算保险费率

保险费率=纯费率+附加费率=0.282%+0.056 4%=0.338 4%

本章小结

<table>
<tr><td rowspan="3">保险精算</td><td>保险精算概述及其基本原理</td><td>保险精算是一门运用数学、统计学和保险学的理论和方法,对保险经营中的计算问题做定量分析,以保证保险经营的稳定性和安全性的学科
保险精算是为适应寿险业发展的需要而产生和发展起来的
保费是保险人为承担约定的保险责任而向投保人收取的费用。保险费率是单位保险金额应缴纳的保费。保险费率厘定的原则包括:充分性原则、公平合理原则、稳定灵活原则、促进防灾防损原则,保险费率厘定的一般方法有判断法、分类法和增减法
保险精算以事件发生的概率和概率分布、随机变量的数字特征以及大数定律作为数理基础
在保险精算中主要应用收支相等理论、大数定律等基本原理</td></tr>
<tr><td>寿险精算的基本原理</td><td>利息是在一定的时间内,资金的持有者将资金的使用权转让给借款人后所得到的报酬。复利条件下,终值 S 为:$S=A(1+i)^n$;现值 V 为:$V=\frac{S}{(1+i)^n}=S\left(\frac{1}{1+i}\right)^n=Sv^n$
生命表是根据一定时期内的特定的国家(地区)或特点的人口群体的相关生存资料,按照整数年龄编制的用来反映相应的人口群体的生死规律的统计表
趸缴纯保费指投保人或被保险人在保单签发日一次缴清的纯保费。其精算现值
$$A^1_{x:\overline{n}|}=v\times q_x+v^2\times{}_{1|}q_x+\cdots+v^n_{n-1}q_x=\sum_{k=1}^{n-1}v^{k+1}_{k|}q_x$$
年金是按照相等的时间间隔在一定时期内给予支付的一系列款项。确定年金是在一定的时间内,无论被保险人是否死亡都按期给付。生存年金是以被保险人的生存为给付条件的年金。期初给付的终身生存年金 $\ddot{a}_x=\sum_{k=0}^{\infty}v^k\times{}_kp_x$。期初给付的 n 年定期生存年金 $\ddot{a}_{x:\overline{n}|}=\sum_{k=0}^{n-1}v^k\times{}_kp_x$
对于(x)的1单位元的死亡年年末赔付的 n 年定期寿险,如果保费在 t 年内每年的年初缴付一次,则定期寿险的年缴纯保费为:
$${}_tP^1_{x:\overline{n}|}=\frac{A^1_{x:\overline{n}|}}{\ddot{a}_{x:\overline{t}|}}$$
对于(x)的1单位元的死亡年年末赔付的终身寿险,如果保费每年的年初缴付一次,终身缴付,则终身寿险的年缴纯保费为:
$$P_x=\frac{A_x}{\ddot{a}_x}$$
对于(x)的1单位元的死亡年年末赔付的终身寿险,如果保费在 n 年内每年的年初缴付一次,则终身寿险的年缴纯保费为:
$${}_nP_x=\frac{A_x}{\ddot{a}_{x:\overline{n}|}}$$
依据附加保费的不同形式,人寿保险总保费的计算可以分为固定比例法、比例常数法和三元素法等几种</td></tr>
<tr><td>非寿险精算的基本原理</td><td>财产保险的纯费率是保险赔偿总额与总保险金额之比。纯费率的确定,一般要经过以下几个步骤:保额损失率的确定、计算均方差、计算稳定系数和确定纯费率
附加费率是以保险公司的经营管理费为基础的。在一般情况下,其是一个常数,可以用占纯费率的一定百分比来计算
财产保险的费率厘定是以保额损失概率为基础的,首先计算保额损失率和均方差以求出纯费率,然后计算附加费率,最后将纯费率加上附加费率即得到保险费率</td></tr>
</table>

本章练习题

一、单项选择题

1. 保险精算起源于(　　)。

A. 保险业　　B. 证券业　　C. 银行业　　D. 以上三者都不是

2. 保险精算产生的标志是(　　)。

A. 英国天文学家哈雷在1693年发表的世界上第一张生命表

B. 辛普森根据哈雷的生命表,制作出依照死亡率增加而递增的费率表

C. 荷兰的政治家维德倡导了一种终身年金现值的计算方法

D. 陶德森依据年龄之差等因素而找出计算保费的方法

3. 一件事情重复的次数很多时,其发生的概率就会接近真实的情形指的是(　　)。

A. 危险分散　　B. 大数法则　　C. 公平合理　　D. 收支平衡

4. 稳定系数的一般合理值有(　　)。

A. 8%　　B. 15%　　C. 21%　　D. 22%

5. (　　)是一定时期内按照相等的时间间隔给予支付的一系列款项。

A. 保险金额　　B. 保险赔付　　C. 保费　　D. 年金

6. 按照总保费的一定比例作为附加费用,这种确定人寿保险附加费用的方法是(　　)。

A. 固定比例法　　B. 比例常数法　　C. 三元素法　　D. 判断法

7. 某保险公司过去10年某类财产保险业务保险金额损失率分别为0.64%、0.63%、0.62%、0.60%、0.61%、0.59%、0.57%、0.58%、0.57%、0.59%,则此保险业务的平均保额损失率为(　　)。

A. 0.58%　　B. 0.59%　　C. 0.60%　　D. 0.61%

8. 在第7题中,均方差为(　　)。

A. 0.020%　　B. 0.023%　　C. 0.026%　　D. 0.031%

9. 在第7题中,稳定系数为(　　)。

A. 3.83%　　B. 4.25%　　C. 4.52%　　D. 4.83%

10. 某30岁的人投保金额为10 000元的终身寿险,死亡给付在死亡年年末,缴费采用终身年缴的方式在每年年初缴纳纯保费55.28元,根据保险公司的经验,附加费用占总保费的30%,则投保人每年缴纳的总保费为(　　)元。

A. 56.32　　B. 65.21　　C. 78.97　　D. 80.02

二、多项选择题

1. 保险精算的基本原理包括(　　)。

A. 危险分散　　B. 大数法则　　C. 公平合理　　D. 收支平衡

2. 保险费率厘定的原则包括(　　)。

A. 充分性原则　　B. 公平合理原则

C. 稳定灵活原则　　D. 促进防灾防损原则

3. 下列说法中,正确的有(　　)。

A. 保险费率是投保人为了转移风险、取得保险人在约定的责任范围内所承担的赔偿(或

给付)责任而交付的费用

B. 纯费率是纯保费与保险金额的比率,是用于保险事故发生后进行赔付的保险金的费率

C. 保险费率等于纯费率加上附加费率

D. 以上说法都不对

4. 关于人寿保险纯保费的说法中,正确的有(　　)。

A. 趸缴纯保费是指投保人或被保险人在保单签发日一次缴清的纯保费

B. 人寿保险的纯保费收入的现值等于未来支付的保险金

C. 人寿保险年缴纯保费的现值与趸缴纯保费的现值是相等的

D. 投保人缴纳纯保费的多少是与不同年龄不同性别的被保险人群的死亡率有关的

5. 人寿保险总保费的计算方法主要有(　　)。

A. 固定比例法　　B. 比例常数法　　C. 三元素法　　D. 增减法

三、判断题

1. 保险精算学的产生是以哈雷彗星的发现者,英国天文学家哈雷在1693年发表的世界上第一张生命表为标志。(　　)

2. 精算起源于保险业,是保险公司经营不可或缺的核心技术之一。(　　)

3. 收支相等原理指的是纯保费收入的现值等于保险金支出的终值。(　　)

4. 稳定系数是均方差与保险损失额之比。(　　)

5. 比例常数法将附加费用分为新契约费用、管理费用和收费费用。(　　)

四、名词解释

1. 保费　　2. 保险费率　　3. 纯费率　　4. 保险损失率

五、简答题

1. 如何理解保费和保险费率?

2. 简要概括保险费率厘定的原则。

3. 简述财产保险费率厘定的过程。

4. 简述人寿保险总保费的计算方法。

本章练习题参考答案

第四章

保险合同

本章知识结构

- 保险合同概述
  - 保险合同的概念
  - 保险合同的特征
    - 射幸合同
    - 最大诚信合同
    - 双务合同
    - 附和性合同
    - 有偿合同
  - 保险合同的种类
    - 人身保险合同和财产保险合同
    - 补偿性保险合同和给付性保险合同
    - 指定险(单一险、综合险)保险合同和一切险保险合同
    - 单个保险合同、集合保险合同和综合保险合同
    - 原保险合同与再保险合同
    - 有效合同、可撤销合同与无效合同
- 保险合同的要素
  - 保险合同的主体
  - 保险合同的客体
  - 保险合同的内容
- 保险合同的订立、生效与履行
  - 保险合同的订立
  - 保险合同的成立与生效
  - 保险合同的有效与无效
  - 保险合同的履行
- 保险合同的变更、解除、中止与终止
- 保险合同的解释与争议处理

教学目标

知识目标

1. 了解保险合同的概念、特征和要素。
2. 掌握保险合同订立、生效、履行、变更、终止的过程。
3. 了解保险合同的解释原则与争议处理方式。

能力目标

1. 掌握保险合同订立办法和生效条件，提升保险合同履行、变更、终止的业务实践能力。
2. 能够运用保险合同的解释原则与争议处理方式去解决保险纠纷。

素质目标

1. 增强学生的法律意识和契约精神，树立权利和义务意识，了解保险相关法律知识，让学生能够坚持诚信订立合同，同时依法办事。
2. 融入平等、公正、法制、诚信的社会主义核心价值观，帮助学生树立正确的“三观”，加深学生对人人平等、司法公正的认识和体会。

本章寄语

保险合同的形成意味着法律效力的产生，将保障落实到文字上，合同的存在赋予保险保障这一虚拟化的东西以现实存在的真实性。

案例引入

2020年5月21日，王刚向某财产保险公司的保险代理人赵军购买了一份家庭财产综合保险，附加盗抢保险、家用电器用电安全保险，保险总金额为58万元，保险期限为1年。王刚在填好投保单以后，当即支付给赵军保险费。由于当日(5月21日)和第二天(5月22日)是双休日，赵军在收下保费后，口头答应在5月23日下午将保险单送给王刚，王刚表示同意。然而，就在5月23日上午，王刚所居住的地区突然下大雨，电闪雷鸣，雷击造成王刚家中的电器损坏，损失达3 500元。随即，王刚以被保险人的身份向投保的保险公司报了案，并要求该保险公司赔偿他投保的家用电器所遭受的损失。请思考王刚在还没有拿到正式保险单之前，他的损失能否得到保险公司的赔偿。

分析本案关键是要看王刚所买的保险合同是否生效，本章来介绍保险合同的相关内容。

保险自产生以来发展至今，已经逐步形成了较完整的规范化的体系。商业保险活动就是在一定的法律规范下通过保险合同而进行的。各国保险制度都是依靠保险合同这一法律形式而运转起来的。保险合同是保险关系得以产生的依据，是联系保险人与投保人及被保险人之间权利义务关系的纽带。

第一节 保险合同概述

一、保险合同的概念

保险合同又称保险契约，是指保险双方当事人订立的具有法律约束力的协议。根据《中华人民共和国民法典》(以下简称《民法典》)第二条规定：“民法调整平等主体的自然人、法人和非法人组织之间的人身关系和财产关系。”《保险法》第十条规定：“保险合同是投保人与保险人约定保险权利义务关系的协议。”该定义包括三层含义：一是合同性质，它属于协议；二是当事人，包括投保人和保险人；三是合同内容，即保险权利义务关系。

保险合同属于民商合同的一种，其设立、变更、终止的权利义务关系是具有保险内容的民事法律关系，因此，保险合同不仅适用《保险法》，而且适用《民法典》。

二、保险合同的特征

保险合同作为一种经济合同和特殊的民商合同，除具有一般合同都具有的法律特征外，还具有下列独有的法律特征：

（一）保险合同是射幸合同

射幸是指事件发生的偶然性或者侥幸性，直白地说就是碰运气、赶机会。所谓“射幸合同”，就是合同双方当事人以不确定的事件为基础来取得利益或者在一方遭受损失时另一方进行赔偿而达成的协议。在民法中，与射幸合同相对应的是交换合同。交换合同有一个基本的特点，就是当事人所得到的报酬应与所付出的费用具有相等的价值，即交换合同是等价交换合同。作为一种与交换合同相对应的合同，在射幸合同中，当事人的付出与所得报酬不具备等价交换的特点。保险合同即这样一种合同，在保险合同中，投保人所缴纳的保费只相当于他可能获得的必须补偿金额的很小的比例。保险合同的射幸性是由风险事故发生的不确定性所决定的，这在财产保险中表现得尤为明显，而在人身保险特别是长期的寿险业务中，由于保险人给付保险金的义务是确定的，并带有一定的储蓄性，因此其射幸性较弱。

（二）保险合同是最大诚信合同

任何合同的签订和履行都应当遵守诚实守信的原则，保险合同在这方面的要求更甚于其他合同，故称为最大诚信合同。在保险合同中，信息不对称问题很明显。保险人承保的风险很大程度上依赖于投保人或被保险人的诚实、信用程度，因为保险标的始终在被保险人的控制下，所以保险人无法控制保险标的的风险。一方面，在订立合同时，投保人应如实回答保险人的询问，在保险标的的危险增加时及时通知保险人。另一方面，保险人应向投保人逐一说明保险合同的内容；在约定的保险事故发生时，保险人履行赔偿义务等。

（三）保险合同是双务合同

双务合同是指合同双方当事人相互享有权利、承担义务的合同。与双务合同相对应的是单务合同，即合同的一方承担义务，而另一方享有权利。保险合同是双务合同，因为在保险合同中，保险合同的双方都对对方承担义务，而且双方的义务是相对应的，是互为因果的。保险合同的双务性特征主要表现在，投保人按合同约定负有交付保费的义务，而保险人则负有当发生保险事故或者出现合同约定情况时进行赔偿给付的义务。

（四）保险合同是附和性合同

合同可以分为协商性合同和附和性合同，从合同的签署过程来看，协商性合同是双方经过充分的讨价还价、经过多次协商，取得一致后才签订的。所以在其签订的过程中，双方可以把自己的意见和想法充分地表达出来，合同的条款内容也是在双方协商的基础上由双方共同拟定的。而保险合同与此不同，保险合同在签订的过程中，由保险人提出保险合同的主要内容和合同条款，事先印制好投保单和保险单，投保人依照该条款，或同意接受，或不愿投保，但无权修改合同的条款，如果有必要修改和变更合同的某项内容，也只能是经保险人同意后采用保险人事先准备的附加条款或附属保险单，而不能按照自己的意思规定保险单的内容。

（五）保险合同是有偿合同

有偿合同是与无偿合同相对而言的。订立保险合同是双方当事人有偿的法律行为。有偿合同是指因为享有一定的权利而必须偿付一定对价的合同。保险合同以投保人支付保费作为对价换取保险人对风险的保障。投保人与保险人的对价是相互的,投保人的对价是向保险人支付保费,保险人的对价是承担投保人转移的风险。

三、保险合同的种类

保险合同可以依据不同的标准进行多种划分,主要有以下几种:

(一)按保险标的划分,可分为人身保险合同和财产保险合同

人身保险合同是以人的身体和寿命为保险标的的保险合同。人身保险合同按保障范围的不同,又可以分为人寿保险合同、人身意外伤害保险合同和健康保险合同。

财产保险合同是以财产及其有关利益为保险标的的保险合同。财产保险合同按合同承保的保险标的和保险风险不同,又可以具体分为企业财产保险合同、家庭财产保险合同、机动车辆保险合同、货物运输保险合同、农业保险合同等。

(二)按合同经济性质划分,可分为补偿性保险合同和给付性保险合同

补偿性保险合同是指保险人根据保险标的所遭受的实际损失进行经济补偿的合同。在补偿性保险合同下,保险人的赔偿金额不能超过实际损失、保险金额和保险利益。通常,财产保险合同和医疗保险合同属于此类合同。

给付性保险合同又称非补偿性保险合同,是指保险合同约定的特定事件出现或者保险期届满,保险人就必须按照保险双方事先约定的保险金额支付保险金的合同。人身保险合同一般属于此类合同,其保险金额根据被保险人的需要和支付保费的能力来确定。

(三)按承保危险划分,可分为指定险(单一险、综合险)保险合同和一切险保险合同

指定险保险合同是指保险人承保一种或几种风险的保险合同。指定险保险合同的保险人一般在保险条款中都明确列举出所承保的风险。仅承保一种风险的保险合同,为单一风险保险合同;承保数种风险的保险合同,为多种风险保险合同。在实践中,指定险保险合同居多,但单一风险合同的数量已日趋减少。

一切险保险合同是指保险人承保的风险是合同中列明的除外不保风险之外的一切风险的保险合同。由此可见,所谓"一切险保险合同",并非意味着保险人承保一切风险,即保险人承保的风险仍然是有限制的,只不过这种限制采用的是列明除外不保风险的方式。在一切险保险合同中,保险人并不列举规定承保的具体风险,而是以"责任免除"条款确定其不承保的风险。也就是说,凡未列入责任免除条款中的风险均属于保险人承保的范围。

(四)按标的数量及性质划分,可分为单个保险合同、集合保险合同和综合保险合同

单个保险合同是指投保人就同一保险标的、同一保险利益与一个保险人订立的保险合同。一般保险合同都是单个保险合同。

集合保险合同是指投保人将多数性质相似的保险标的,向保险人订立一个合同,每个标的按照价额或者约定确定具体的保险金额,于出险时保险人分别按照损失程度承担责任的一种保险合同。

综合保险合同是指保险人对承保的多数保险标的仅确定一个总的保险金额,而不分别规定保险金额的保险合同。其特点是,被保险人或被保险财产常常面临同一风险因素。

(五)按危险转嫁层次划分,可分为原保险合同与再保险合同

原保险合同是指投保人直接与保险人订立的保险合同。如果保险标的发生损失,就由保险人直接向被保险人或受益人承担赔偿或给付责任。

再保险合同是指一个保险人(再保险分出人)分出一定的保费给另一个保险人(再保险接受人),再保险接受人对再保险分出人由原保险合同所引起的赔付成本及其他相关费用进行补偿的保险合同。

(六)按合同法律效力划分,可分为有效合同、可撤销合同与无效合同

有效合同是指具备了合同的生效要件,能够产生合同当事人预期法律效果的合同。《民法典》并未明确规定合同的生效要件,但根据《民法典》第一百四十三条关于民事法律行为生效要件的规定,可以归纳出合同的生效要件:(1)行为人具有相应的民事行为能力;(2)意思表示真实;(3)不违反法律、行政法规的强制性规定,不违背公序良俗。

可撤销合同是民法中可变更和可撤销的民事行为的一种。可撤销合同主要是意思表示不真实的合同。可撤销合同的效力取决于当事人的意志,它是一种相对无效的合同,但又不同于绝对无效的无效合同。

无效合同是指合同虽然已经成立,但因其严重欠缺有效要件,在法律上不按当事人之间的合意赋予其法律效力。

第二节　保险合同的要素

任何一项民事法律关系都包括主体、客体和内容三个要素,保险合同的民事法律关系也是由这三个要素组成的。

一、保险合同的主体

依照有关法律的规定,民事法律关系的主体是民事法律关系中享有权利和承担义务的人。在保险合同中,保险合同的主体是与保险合同的签订和履行有着各种各样关系的人,他们既可以是法人,也可以是自然人,具体来说,包括当事人、关系人及辅助人。

(一)保险合同的当事人

保险合同的当事人是直接参与保险合同签订的人,保险合同是经他们协商一致、签字同意后成立的。保险合同的当事人包括保险人和投保人。

1. 保险人

保险人也称承保人,是与投保人订立保险合同,并根据保险合同收取保费,在保险事故发生时承担赔偿或者给付保险金责任的人。保险人是合同的一方当事人,是有法定资格经营保险业务的人。

保险人的组织形式如下:

股份有限公司:我国绝大部分保险公司基本上采用这一形式。

国有独资公司:中国人民保险公司于 2003 年 11 月 6 日在中国香港上市,中国人寿保险公司于 2003 年 12 月 18 日在中国香港及纽约上市,以此为标志,国内保险公司基本上不再有国有独资公司形式存在。

劳合社:主要存在于英国。

2. 投保人

投保人也称要保人,是与保险人订立保险合同并按照保险合同负有支付保费义务的人。投保人通常要具备以下三个条件:

第一,投保人要具有完全的民事权利能力和民事行为能力(18 岁以上;16～18 岁以自己的劳动收入为主要生活来源的人),否则所订立的保险合同不发生法律效力。

第二,投保人对保险标的必须具有保险利益,即对保险标的具有法律上承认的利益,否则投保人不能与保险人订立保险合同。若保险人在不知情的情况下与不具有保险利益的投保人签订了保险合同,该保险合同无效。

第三,投保人应承担缴纳保费的义务,不论投保人为自己利益还是为他人利益订立保险合同,均应承担缴纳保费的义务。

(二)保险合同的关系人

在一般的民事合同中,由于当事人订立合同的目的是实现自己的某种经济利益,因此这样的合同只对当事人产生约束力。而保险合同却不完全如此,在有些保险合同中,投保人是以他人(被保险人)的财产或人身而投保的(当然需要经被保险人同意),也有的是为第三人(受益人)的利益而投保的。在上述情况下,合同的法律效力就不仅仅约束当事人的行为和利益,而且对被保险人和受益人同样产生效力。在这里,被保险人和受益人就是保险合同的关系人,他们在当事人之外,但对于保险合同所规定的利益享有独立请求权。

1. 被保险人

被保险人是其财产或者人身受保险合同保障、享有保险金请求权的人。

投保人与被保险人的关系:(1)同一人;(2)不是同一人。

被保险人成立的两个条件为:(1)财产或生命受保障;(2)享有保险金请求权。

被保险人的保险金请求权为:在财产保险合同中,保险事故发生后,未造成被保险人死亡,保险金请求权由被保险人本人行使;造成被保险人死亡,保险金请求权由其继承人依《民法典》继承。

在人身保险合同中,保险事故或事件发生后,被保险人仍然生存的,保险金请求要由被保险人本人行使;被保险人死亡后,由受益人行使;未指定受益人的,保险金请求权由被保险人的继承人行使。

2. 受益人

受益人是由被保险人或投保人在保险合同中指定的享有保险金请求权的人。

相关案例

2021年4月,女儿田某为母亲李某投保了终身寿险,经母亲同意,受益人为田某自己。田某有一个弟弟田海,在外地打工。2022年10月,田某因病去世。同年11月,田某母亲在家做饭时,不料因煤气泄漏,中毒身亡。田海得知消息后,赶回家办了丧事。当他知道母亲投保后,认为自己是母亲的亲生儿子,是法定继承人,有权领取保险金,于是向保险公司提出申请,而此时,田某的丈夫作为受益人的法定继承人也向保险公司提出了受领保险金的申请,两人发生争议。问:保险公司应如何处理?

根据受益权的特点,如果受益人先于被保险人死亡时,由被保险人的法定继承人领取保险金,并作为遗产处理。在本案例中受益人田某在被保险人李某中毒死亡前一个月已经病故。因此,保险金只能由李某的继承人即她的儿子田亮作为遗产领取。

受益人的受益权具有以下特点:

(1)受益人由被保险人或投保人指定，但投保人指定受益人必须征得被保险人同意。

(2)受益人本身具有不确定性，也就是说，保险合同中的受益人不一定能领到保险金。一般来说，被保险人本身就拥有受益权，只要被保险人生存，则被保险人为保险金的请求权人，只有在被保险人死亡的情况下，受益人才能行使受益权。另外，被保险人如果变更受益人，保险合同原来的受益人就会丧失受益权。再有就是如果受益人先于被保险人死亡，受益人也无法享有保险金。

(3)受益人享受的受益权是一种期得利益，只有在被保险人死亡后才能享受，所以在国外又称等待权。

(4)受益权不能继承，受益人可以放弃受益权但不能行使出售、转让等任何处分的权利。这是由受益权的不确定性决定的。

(5)被保险人或投保人可变更受益人，但投保人变更受益人须征得被保险人同意而无须征得保险人同意，只要通知保险人即可。

(6)受益权只能由受益人独享，具有排他性，其他人都无权剥夺或分享受益人的受益权。受益人领取的保险金不是遗产，无须交遗产税，不用抵偿被保险人生前债务。

(7)当受益人先于被保险人死亡、受益人放弃受益权或丧失受益权时，由被保险人的法定继承人领取保险金，并作为遗产处理。

相关案例

王先生在一家企业工作，家有妻子和年迈的父母。2020 年 6 月，他为自己投保了某保险公司终身寿险及附加住院补贴医疗保险。其中寿险保额 20 万元，身故受益人是妻子，附加住院补贴为 200 元/天，受益人是自己。2021 年 7 月，王先生突感腹痛难忍并伴恶心呕吐，送至医院被诊断为急性坏死性胰腺炎。虽经抢救，但最终因医治无效而于 12 天后不幸去世。王先生的妻子向保险公司提出了理赔申请。经过理赔审核，保险公司向她支付了 20 万元身故理赔金。此外，王先生的妻子对住院补贴理赔金发放产生了疑问：为什么此笔赔偿不像身故理赔金那样，均归自己所有？

根据王先生购买的保险产品终身寿险及其受益权的规定，王先生的妻子作为受益人理所当然应领取 20 万元身故理赔金。但是，王先生购买的终身寿险的附加住院补贴医疗保险，在分配时要注意，这份保险受益人是被保险人王某本人，而本案被保险人因病身故，因此，这份保险金即住院补贴理赔金 1 200 元应该分配给被保险人的法定继承人，王某的法定继承人有其妻子和王某的父母亲，所以保险公司要向王先生的父母亲及妻子，分别支付 400 元住院补贴理赔金。

受益权消失的情况包括以下几种：(1)受益人故意造成被保险人死亡或者伤残，或者故意杀害被保险人未遂；(2)受益人先于被保险人死亡；(3)受益人依法丧失受益权；(4)受益人放弃受益权。

相关案例

2019年5月,赵先生为自己向保险公司投保了一份终身寿险,保险金额为50万元。在填写投保单时,作为被保险人的赵先生在投保单上的受益人一栏内只填写了"妻子"两个字。2021年6月,赵先生回家乡探亲途中遇车祸死亡。保险事故发生后,由谁来领取50万元保险金在被保险人的两个"妻子"之间产生了争执。

被保险人赵先生怎么会有两个妻子?保险公司的理赔人员通过了解方知原委:原来,2019年5月赵先生在向保险公司投保时,其妻为李梅;一年以后赵先生与李梅离婚,2021年春节,赵先生又与郑艺结为夫妻。正是由于被保险人赵先生在投保单上的受益人栏内只注明"妻子",而未具体写上名字,故而他的两个"妻子"李梅和郑艺各持己见,认为自己才是有权提出申领保险金请求的那个"妻子"。李梅认为,在前夫赵先生投保时,她与赵先生还未离婚,夫妻关系并未解除,投保单上的"妻子"当然指的是她;而郑艺却认为赵先生死亡时,"妻子"已不再是李梅,她才是赵先生名正言顺的妻子。不仅如此,郑艺在提出索赔时还向保险公司提供了被保险人赵先生生前交给她的保险单正本和其他有关材料。

保险公司的理赔人员面对被保险人两个"妻子"各自以受益人身份提出领取保险金的申请挠起了头皮:该付给谁呢?

思考:

(1)人身保险合同中的受益人应具备哪些要件?什么人可以成为受益人?受益人具有什么样的法律地位?

(2)受益人有哪几种类型?

(3)受益人的确定方式有哪些?为了避免在合同的受益人问题上产生争议,确定受益人时应当遵循哪些基本原则?

(4)你认为,本案的被保险人赵先生的两个"妻子",究竟谁才应该是他在投保时指定的受益人?

(三)保险合同的辅助人

保险合同的订立和履行是一个非常复杂的过程,在这个过程中涉及方方面面的知识和问题。与此同时,大多数的投保人和被保险人又缺乏这方面的知识和经验,因此在保险合同的签订和履行过程中,就需要一些介于保险人和被保险人(或投保人)之间的中介人向投保人或被保险人提供这方面的帮助。这些人就是保险市场的中介机构,是保险合同的辅助人。具体来说,有以下几种:保险代理人、保险经纪人、保险公估人等。

1. 保险代理人

保险代理人是根据保险代理合同或授权书,向保险人收取保险代理手续费,并以保险人的名义代为办理保险业务的人。对保险代理人的含义可理解为:(1)保险代理人既可以是法人,也可以是自然人。(2)要有保险人的委托授权,其授权形式一般采用书面授权即委托授权书的形式。(3)以保险人的名义办理保险业务,而不是以自己的名义。(4)向保险人收取代理手续费。(5)代理行为所产生的权利和义务的后果直接由保险人承担。

2. 保险经纪人

保险经纪人是基于投保人的利益,为投保人与保险人订立保险合同提供中介服务,并依法收取佣金的人。保险经纪人是投保人的代理人。谁委托谁付佣金。

3. 保险公估人

保险公估人是指依照法律规定设立，受保险人、投保人或被保险人委托，向委托人收取酬金，办理保险标的的查勘、鉴定、估损以及赔款的理算并给予证明的单位或个人。

相关案例

某研究所实验室突然爆炸，向保险公司报案索赔 385 万元。保险公司确认此次事故属于保险责任，初步估损为 200 万元左右，并当即预付赔款 50 万元。由于当事人双方估损反差甚大且互不让步，因此在争执不下的情况下，保险公司建议聘请某公估行的专家到现场对损失程度进行分析鉴定，此提议得到研究所的同意。公估行最后确定全部损失金额为 242.5 万元，属于财产保险范围内应赔付的损失金额为 28.8 万元，比研究所索赔金额少 157 万元。最后公估行专家制定出一份正式的专业评估报告交双方当事人审核。由于评估报告做得科学、细致、规范，因此使当事人双方都心悦诚服地予以接受。保险公司对鉴定期间花费的交通费、食宿费、测试费、电报电话费、鉴定费共 2.4 万元全部承保，使该案得到较为圆满的解决。

资料来源：https://www.docin.com/p-1006405725.html。

二、保险合同的客体

保险合同的客体是指保险法律关系的客体，即保险合同当事人权利义务所指向的对象。

保险合同的客体不是保险标的本身，而是投保人或保险人对保险标的的保险利益。这主要是因为保险合同保障的不是保险标的本身的安全，而是保险标的受损后投保人或被保险人、受益人的经济利益。当保险事故发生后，保险人依据合同，只能对保险标的的损失进行赔偿，而不可能赔偿原有的保险标的。因此，保险合同中规定的权利义务所指的对象是投保人或被保险人对保险标的所具有的保险利益，即保险合同的客体是保险利益。

三、保险合同的内容

（一）保险合同内容的构成

1. 主要内容

保险合同的主要内容，也就是保险合同双方当事人在保险合同的签订和履行过程中所具有的权利和义务，主要包括三部分：

（1）主体部分，包括保险人、投保人、被保险人、受益人的名称及住所，有多个受益人的须标出受益顺序及份额。

（2）客体部分，即明确保险利益的部分，主要载明保险标的、保险价值和保险金额。

（3）权利义务部分，包括保险责任、除外责任、保费及其支付方式、保险金赔偿或给付方式、保险期限和保险责任开始时间、违约责任等。

2. 其他申明事项

一般来说，双方的权利和义务在保险合同中是以保险条款的形式表现出来的。根据《保险法》第十八条的规定，保险合同的主要内容为：“保险合同应当包括下列事项：（一）保险人的名称和住所;(二)投保人、被保险人的姓名或者名称、住所,以及人身保险的受益人的姓名或者名称、住所;(三)保险标的;(四)保险责任和责任免除;(五)保险期间和保险责任开始时间;(六)保险金额;(七)保费以及支付办法;(八)保险金赔偿或给付办法;(九)违约责任和争议处理;(十)订立合同的年、月、日。"除此之外,"投保人和保险人在前条规定的保险合同事项外,可以就与保险合同有关的其他事项作出约定"。(见《保险法》第二十条)在这里,所说的保险合同有关的其他事项,是指为使保险合同中与保险标的有关的事项得到更充分的保障,避免因保险而产生消极因素,在保险合同所规定的当事人双方必须遵守的义务。这些事项,一般包括:(1)关于加强防灾的规定;(2)关于积极施救、抢救,以及减少物资损失的规定;(3)事故发生后,被保险人应尽快通知保险人的规定;(4)关于第三者责任追偿的规定。

(二)保险合同的基本条款

1. 保险标的

保险标的是指投保人申请投保的财产及其有关利益或者人的寿命和身体。明确保险标的可以明确保险人承担保险责任的对象,可以查明投保人对保险标的是否具有保险利益,特别是可以查明保险标的是否为法律所禁止投保的。保险标的如为财产及其有关利益,就应包括该标的的具体坐落地点,有的还应包括利益关系;保险标的如为人的寿命和身体,就应包括被保险人的年龄,有的还应包括被保险人的职业、健康状况,视具体险种而定。

2. 保险责任

保险责任是指保险合同中载明的保险人所承保的风险及应承担的经济赔偿或给付责任。保险人并不对保险标的的所有风险承担责任,而仅对与投保人约定的特定风险承担责任,风险不同,保险责任也不相同。因此,承保风险与承担的经济赔偿责任均应在保险条款中予以列明。

3. 责任免除

责任免除是指保险人对风险责任的限制,明确保险人不承保的风险及保险人不承担赔偿责任的情况。其主要是指传统上的责任免除及约定的责任免除条件。保险人要把上述责任免除事项加以明确说明,使投保人投保时予以重视。免除责任分为三类:一类是不承保的风险,即损失原因免除,如地震风险,现行财产保险责任中未将其列入责任范围,因此,由地震所引起的损失,保险人不承担赔偿责任。第二类是不承担赔偿责任的损失,即损失免除,如正常维修、保养等引起的费用及间接损失,保险人不承担赔偿责任。第三类是不承保标的,一些特殊的无法估价、易丢失而风险责任太大、无法鉴定的标的是保险人所不能承保的。它又分为两种:一种是可约定承保的财产,如金银、珠宝、牲畜等,此种财产虽无法估价或易丢失,但经特别约定保险人可予以承保;另一种是绝对不承保的财产,如土地、矿藏、现金等。

4. 保险期限

保险期限是保险人按保险合同约定为被保险人提供保险保障的有效期间。它可以按自然日期计算,如年、月、日,也可以按一个运行期、一个工程期或一个生长期计算。保险责任开始时间是保险责任期限的起点时间,往往以某年、某月、某日、某时表示。

5. 保险价值

保险价值是指保险标的在某一特定时期内以金钱估计的价值总额,是确定保险金额和确定损失赔偿的计算基础。在财产保险合同中,保险价值的确定有两种方式:一种是定值保险,一种是不定值保险。在人身保险合同中,由于人的身体和寿命无法用金钱衡量,不存在保险价值的问题,因此只需在保险合同中约定一个保险金额。

6. 保险金额

保险金额是指保险人承担赔偿或者给付保险金的最高限额。在财产保险中，保险金额不得超过保险标的的实际价值，超过保险价值的，超过部分无效。在人身保险中，保险金额由双方当事人自行约定。

7. 保费

保费是投保人为取得保险保障而交付给保险人的费用。保费是保险基金的来源，是建立保险基金的基础。

保费包括纯保费和附加保费两部分。纯保费是保险人将自己承担的风险的出险概率、以往的赔付率等多方面进行综合并科学计算而产生的；附加保费是指保险人自己的营业费用、管理费用等各项费用。财产保险的保费的计算与人身保险的保费的计算有很大区别。

8. 保费的支付办法

保费的支付办法是指约定的支付时间、支付地点、支付方式。支付方式包括采用现金支付还是转账付款，一次付清还是分期付费。

9. 保险金赔偿或给付办法

保险金赔偿或给付办法是指当保险标的遭遇保险事故致使经济损失或人身保险合同约定的事故或年龄、期限到来时，被保险人依合同约定向保险人提出索赔，保险人依法律或约定的方式、标准或数额进行理赔并向被保险人支付保险金的方法。它是实现保险经济补偿和保障职能的途径。

10. 保险合同订立后即产生相应的法律效力

保险合同订立后即产生相应的法律效力，双方当事人应按合同规定的内容，完全地、全面地履行合同。没有按照合同的约定完全地、全面地履行合同，应当承担相应的法律后果和违约责任。

保险合同发生争议的，应首先通过友好协商解决。协商不成时，通过仲裁、诉讼方式解决。至于协商、仲裁、诉讼方式的使用由双方当事人自主决定，但应注意的是，没有仲裁协议的，任何一方都可向人民法院提起诉讼。而已经申请仲裁的或已达成仲裁协议的，则不能再提起诉讼，人民法院也不受理。另外，根据《中华人民共和国仲裁法》规定，我国的仲裁实行“一裁终局”，仲裁书生效后，双方当事人必须执行，没有第二仲裁程序，也不能向法院起诉。

11. 订立合同的年、月、日

订立合同的年、月、日，通常是指合同的订约时间。订约时间对证明保险利益是否存在、保险危险是否已经发生等具有重要的意义。

12. 投保方

投保方是指投保人、被保险人、受益人的总称。基本义务是指无论财产保险还是人身保险都应遵守的义务。基本权利与义务是对等的，可以说，投保方的基本义务就是保险人的基本权利，而保险人的基本义务也是投保方的基本权利。

13. 如实告知义务

如实告知义务是指投保人有义务如实回答保险人对保险标的情况的有关询问。这是保险合同应遵循最大诚信原则所决定的。在保险合同订立前，投保人是否将保险标的存在的主要危险情况如实告知保险人影响着保险人是否承保，影响着保险人正确测定评估危险、正确计算费率。在合同履行中也关系到保险人对保险标的防灾、防损，准确地履行保险赔偿或给付责任。投保人或被保险人违反如实告知义务，保险人有权解除保险合同或不承担赔偿或给付责任。

保险合同订立后,投保人应按合同约定数额、方式,在合同约定的时间、地点向保险人缴纳保费。投保人无论为谁的利益投保,都负有缴纳保费的义务。投保人如不尽缴纳保费的义务,保险人就可以解除保险合同,并有权要求补缴自保险合同成立之日起至保险合同解除之日的保费。

在保险事故发生后,投保人、被保险人或者受益人有义务及时通知保险人。强调投保人、被保险人或受益人及时履行通知义务的原因是:

(1)便于保险人得以迅速调查事实真相,不致拖延时间而丧失证据,影响责任的确定。

(2)为保险人准备赔偿金提供必要的时间。

关于保险事故发生后多长时间通知保险人,《保险法》规定是"及时通知",也就是说,投保方应在保险事故发生后立即通知保险人,即使客观原因导致其不能立即通知,也应在一段合理的时间内通知保险人。由于险种多样、情况复杂,因此法律中没有规定具体期限,需要在订立保险合同时另行约定。

(三)保险合同的形式

保险合同属非即时结清合同,其有效期往往比较长,而且保险合同的内容又比较细致复杂,因此,保险合同应当采用书面形式。世界上大多数国家不承认口头保险合同的法律效力,而必须以书面形式订立保险合同。在采用书面形式的基础上,保险合同的具体形式可以多种多样,目前我国的保险合同主要有以下几种:

1. 投保单

投保单又称要保书或投保申请书,它是投保人申请投保时填写的书面要约。为准确迅速处理保险业务,投保单的格式和项目都由保险人设计,并以规范的形式提出。投保单主要包含以下内容:被保险人名称、地址、保险标的名称、投保险别、保险金额和保险责任起讫日期等。在人身保险的投保单中,还必须列入被保险人的年龄、职业、健康状况和受益人等,作为投保单的附件。这些详细具体的情况是保险人了解投保人的保险要求,决定是否承保以及保险的险别、保险条件和保险费率等的重要依据。在保险人出立正式保险单后,投保单成为保险合同的组成部分。

2. 暂保单

暂保单又称"临时保险书",是指保险单或保险凭证签发之前,保险人发出的临时单证。暂保单的内容较为简单,仅表明投保人已经办理了保险手续,并等待保险人出立正式保险单。暂保单不是订立保险合同的必经程序,使用暂保单一般有以下三种情况:(1)保险代理人在争取到业务时,还未向保险人办妥保险单手续之前,给被保险人的一种证明;(2)保险公司的分支机构,在接受投保后,还未获得总公司的批准之前,先出立的保障证明;(3)在洽订或续订保险合同时,订约双方还有一些条件需商讨,在没有完全谈妥之前,先由保险人出具给被保险人的一种保障证明。

暂保单具有与正式保险单同等的法律效力,但一般暂保单的有效期不长,通常不超过30天。当正式保险单出立后,暂保单就自动失效。当保险人最后考虑不出立保险单时,也可以终止暂保单的效力,但必须提前通知投保人。

财产保险的暂保单,又称暂保条;人身保险的暂保单,则称为暂保收据。目前,财产保险的暂保单有被保险双方滥用的现象。就被保险人而言,由于保费可在出立保险单时支付,而暂保单又与保险单效力相同,这等于享受了免费保险。而保险人为争取客户,依赖暂保单自动失效的特点从而放松了对投保人的选择,往往由此产生纠纷。保费收据可视同暂保单。

3. 保险单

保险单是由保险人向投保人签发的书面凭证,是最基本的保险合同形式。保险单应力求订得完整、明确。保险单的记载内容必须符合法定要求。保险单的主要内容包括:声明事项、保险事项、除外事项、条件事项等。

4. 保险凭证

这是保险单以外的一些保险合同书面凭证,是一种简化的保险单。其内容仅包括保险金额、保险费率、险别、投保人、被保险人、保险期限等。保险凭证中未列入的内容,以同类正式保险单为准,如果正式保险单与保险凭证的内容有抵触或者保险凭证另有特定条款,则应以保险凭证为准。保险凭证通常在货物运输保险、机动车辆保险等业务中采用。

5. 预约保险合同

预约保险合同是一种为了简化手续而签发的长期性保险合同的凭证,在我国主要表现为货物运输保险。预约保险合同载明了承保货物的范围、险别以及每批货物的最高保险金额和保费结算办法等。

6. 批改单

批改单简称批单或背书,是保险人应投保人或被保险人的要求出立的修订或更改保险单内容的证明文件。

7. 其他书面协议形式

这是指除上述六种形式外,保险合同还可以采用其他的书面协议形式,如附加保险条款和批单,也构成保险合同的一部分。在保险合同生效后,如果保险标的、风险程度有变动,就需要在保险合同中增加新的内容或对部分合同内容进行修改。因此,保险人在保险合同之外出具批单,以注明保险单的变动事项,或者在保险合同上记载附加条款,以增加原保险合同的内容,批单和附加保险条款的法律效力都先于原保险单的同类款目。

新型保险合同形式:电子保单。电子保单是指保险公司借助遵循公开密钥(Public Key Infrastructure,PKI)体系的数字签名软件和企业数字证书为客户签发的具有保险公司电子签名的电子化保单。

第三节 保险合同的订立、生效与履行

一、保险合同的订立

保险合同订立是指投保人与保险人之间基于意思一致而进行的法律行为。《保险法》第十三条规定:“投保人提出保险要求,经保险人同意承保,保险合同成立。”保险合同作为合同的一种,其订立的过程与一般合同的订立程序一样,需经过要约和承诺两个步骤。

(一)要约

要约是合同当事人一方向表示愿与其订立合同的建议,只表示订立合同的愿望。要约具有一定的法律意义。要约生效后,要约人不得撤回或变更其要约,因为受要约人可能已为履行合同做了某些准备,如要约人随意撤回或变更其要约,受要约人可能因此而蒙受损失。要约生效后,受约人即获得承诺的权力,但没有必须承诺的义务。

构成有效的要约的条件有以下几点:

(1)要约人有愿意订立合同的明确意思表示；

(2)要约必须向特定的人发出；

(3)要约应当是要约人对于合同主要内容的完整的意思表示；

(4)要约应当有要求另一方做出答复的期限。

在订立保险合同的过程中，一般由投保人向保险人提出投保的要求即向保险人发出要约，投保人即要约人，保险人为受要约人。

投保人在投保时，首先应考虑自己需要何种保障，可能面临的风险有哪些，进而通过咨询等方式，明确所要投保的保险险种；其次，选择经营稳健、有良好信誉的保险人，询问其是否可提供所需的保险险种，并尽量索取有关条款或资料进行认真研究；最后，提出投保要求，并按照保险人的要求如实告知保险标的的主要危险情况及所需的风险保障。同时可要求保险人提供有关保险条款，并对其主要内容进行详细而明确的说明。

在保险合同的签订过程中，要约是投保人的行为。《民法典》第四百七十二条指出："要约是希望与他人订立合同的意思表示，该意思表示应当符合下列规定：(一)内容具体确定；(二)表明经受要约人承诺，要约人即受该意思表示约束。"投保人必须在投保单上签字。

(二)承诺

承诺即接受提议，是指受约人在收到要约后，对要约的全部内容表示同意并做出愿意订立合同的意思表示。承诺的人可称为承诺人，承诺人一定是受要约人，但受要约人不一定是承诺人。

承诺一般要具备以下条件：

(1)承诺必须由受要约人本人或有订立合同的代理权人向要约人做出；

(2)承诺的内容应当与要约的内容完全一致；

(3)承诺必须在要约规定的期限内做出；

(4)承诺必须以要约要求的形式予以承诺。

在投保人提出投保要约后，首先，保险人应审查保险标的是否符合投保要求及其主要危险情况，并向投保人提出询问，投保人应如实回答；其次，应审核要约是否符合该险种保险条款的内容，是否有特别约定内容；再次，应约定缴纳保险费的具体时间、地点、数额等；最后，做出承保承诺，保险人签发保险单，保险合同成立。保险单是保险人保险的承诺，不需要投保人的签字。

合同的订立一般不是要约与承诺一个来回便可完成的，往往要经过要约人与受要约人之间多次互换角色。需注意的是，要约可以反复多次地进行，只要有新的意见提出，就可视为新要约。但承诺只有一次，一经承诺，合同便告成立。也就是说，要约是可以变的，它是合同双方协商过程的体现，而承诺是结果，是双方达成的协议。

对保险合同来说，保险人也会提出新的承保条件，成为要约人，投保人则成为受要约人。但无论要约人与受要约人如何变化，投保人都应是最先提出要约的人，而决定是否承保的人或承诺人只能是保险人。

二、保险合同的成立与生效

投保人和保险人就保险合同条款达成协议，保险合同即告成立。保险合同的成立不一定标志着保险合同的生效。因此，在合同成立后但生效前发生的保险事故，保险人不承担保险责任。保险合同的生效是指保险合同对当事人双方发生约束力，即合同条款发生法律效力。

达成协议即告成立，对价后方告生效，也可以双方约定成立即生效。合同成立的时间有时即生效的时间，有时不是。例如，财产保险以保险双方约定缴付保费的时间和方式为生效条件，也称"零时起保制"。人身保险以投保人缴付首期保费为生效条件。

当然，保险人和投保人也可以在保险合同中约定，合同一经成立立即生效。保险合同生效后，合同当事人均受合同条款约束。

三、保险合同的有效与无效

（一）有效保险合同

保险合同的有效是指保险合同由当事人双方依法订立，并受国家法律保护，具有法律效力。保险合同的有效应满足以下条件：

（1）保险合同主题必须具备合同资格，即投保方和保险方都必须具备法律所规定的主体资格。

（2）当事人意思表示一致。这就要求当事人意思表示真实，能够明确自己行为的后果，有能力承担相应的法律责任。若保险合同的订立不是出于当事人的自愿而是受到胁迫或是欺骗，则保险合同无效。

（3）合同内容合法。《保险法》明确规定："从事保险活动必须遵守法律、行政法规，尊重社会公德，不得损害社会公共利益。"只有合法的保险合同才能受到法律的保护。

正确认识保险合同的有效和无效在保险合同的履行中具有十分重要的意义，对于无效合同，保险人及被保险人无须履行合同中规定的任何义务。

（二）无效保险合同

无效保险合同是指虽经订立，但不具有法律效力，国家不予保护的保险合同。

下列情况下，保险合同无效：

（1）投保人以欺诈手段订立的保险合同；

（2）恶意的重复保险；

（3）人身险种未经被保险人签字的有死亡责任的保险；

（4）人身险种被保险人的年龄超过了合同规定的年龄限制的。

四、保险合同的履行

保险合同的履行是指双方当事人依法全面完成合同约定的行为。保险合同是双方当事人为实现一定经济目的而订立的明确相互权利义务的协议。保险合同的当事人在享有权利的同时，也承担相应的义务。而且，当事人权利的实现，又以双方履行相应的义务为前提。

（一）投保人或被保险人权利义务的履行

1. 如实告知的义务

如实告知是指投保人在订立保险合同时，将保险标的的重要事实以口头或书面形式向保险人做真实陈述。所谓重要事实，是指影响保险人决定是否承保及保险费率厘定的事实。投保人履行如实告知义务是由最大诚信原则决定的。保险人只有在投保人如实告知后，才能正确决定是否承保和厘定保险费率。因此，如实告知是投保人必须履行的基本义务，也是保险人实现其权利的必要条件。我国实行的是询问告知的原则，即投保人只要如实回答了保险人的询问，就履行了如实告知义务。

2. 缴纳保费的义务

缴纳保费是投保方的法定义务。投保人必须按照约定的时间、地点和方式缴纳保费。保费通常由投保人缴纳,也可以由有利害关系的第三人缴纳,无利害关系的第三人也可以代投保人缴纳保费,但他们并不因此而享有保险合同上的利益。

3. 通知的义务

通知义务的目的在于使保险人得以迅速调查事实真相、确定责任、采取措施处理保险事故,从而使损失不致扩大,并使保险人有准备赔付保险金的必要时间;同时,履行该业务也是被保险人或受益人获得保险赔付的必要程序。提供单证是指向保险人索赔时应当提供与确认保险事故的性质、原因、损失程度等有关的证明和资料,这些证明和资料既是保险金请求权利人向保险人索赔的依据,也是保险人判断责任范围和赔付保险金额的依据。

(二)投保人或被保险人的权利

1. 索赔

保险索赔是指当被保险人的货物遭受承保责任范围内的风险损失时,被保险人向保险人提出的索赔要求。在国际贸易中,如由卖方办理投保,卖方在交货后即将保险单背书转让给买方或其收货代理人,当货物抵达目的港(地),发现残损时,买方或其收货代理人作为保险单的合法受让人,应就地向保险人或其代理人要求赔偿。

2. 了解条款真实情况

投保人有权要求保险人或其代理人说明保险责任和责任免除条款的具体内容等。

(三)保险人义务的履行

1. 履行赔偿或给付保险金的义务

投保人订立保险合同、交付保险费的目的在于保险事故或事件发生后,能够从保险人处获得保险赔偿或给付。因此,该义务是保险人依照法律规定和合同约定所应承担的最重要、最基本的义务。

2. 说明义务

这主要指订立保险合同时,保险人应就保险合同的条款内容向投保人做书面或口头陈述,其中特别是对免责条款的说明。保险人承担说明义务的原因是保险人熟悉保险业务,精通保险合同条款,并且保险合同条款大多由保险人制定,而投保人则常常受到专业知识的限制,对保险业务和保险合同都不太熟悉,加之其对合同条款内容的理解也可能存在偏差、误解,均可能导致被保险人、受益人在保险事故或事件发生后得不到预期的保险保障。因此,订立保险合同时,保险人应按最大诚信原则对保险合同条款做出说明,使投保人正确理解合同内容,自愿投保。对免责条款的说明是保险人履行说明义务的两项重要内容之一。由于免责条款是当事人双方约定的免除保险人责任的条款,直接影响投保人、被保险人在事故发生后得不到预期的保险保障,因此,保险人在订立保险合同时,必须向投保人明确说明。

3. 及时签发保险单证

《保险法》规定,保险合同成立后,保险人应当及时向投保人签发保险单或者其他保险凭证,并在保险单或者其他保险凭证中载明当事人双方约定的合同内容。保险合同成立后,及时签发保险单证是保险人的法定义务。

4. 对客户资料进行保密

保险人或者再保险接受人在办理保险业务中,对投保人、被保险人或者再保险分出人的业务和财产情况负有保密的义务。为投保人、被保险人或者再保险分出人保密是保险人或者再保险接受人的一项法定义务。

(四)保险人的权利

1. 收取保费

保费是经济补偿和给付保险金的前提,也是保险市场存在的基础,保费和保险费率的合理制定与收取对保险市场的健康发展有重要作用。

2. 防损建议权

防损建议权是保险合同赋予保险人的权利,因此,实践中保险人行使建议权是进行防灾防损工作的主要形式。

3. 代赔付权

代赔付权是指被保险物品发生保险责任范围内的由第三者责任造成的损失,保险人向被保险人履行损失赔偿责任后,保险人有权在其已经赔付金额的限度内取得被保险人在该项损失中向第三责任方要求赔偿的权利。保险人取得该项权利后,即可取代被保险人的地位向第三责任方索赔。

(五)索赔时效的规定

索赔时效是指法律规定的被保险人和受益人享有的向保险公司提出赔偿或给付保险金权利的期间。最为常见的为人寿保险的索赔时效于自被保险人或受益人知道保险事故发生之日起 5 年,人寿保险以外的索赔时效为自被保险人或受益人知道保险事故发生之日起 2 年。

第四节 保险合同的变更、解除、中止与终止

一、保险合同的变更

保险合同的变更是指保险合同存续期间,因为法律规定的事由或者保险合同约定的事由发生变化,或者投保人与保险人协商同意,致使保险合同的主体、内容等发生变更的现象。对于变更了的保险合同,应当由保险人在原保险单或者其他保险凭证上批注或者附贴批单,或者由投保人和保险人订立变更的书面协议。

(一)保险合同主体的变更

保险合同的主体包括保险当事人以及保险关系人,即投保人、被保险人或受益人。保险合同的主体不同,变更所涉及的法律程序规定也不相同。

投保人的变更属于合同的转让或者保险单的转让,如在转移财产所有权或者经营管理权的同时将保险合同一并转让给新的财产受让人。《保险法》第四十九条规定,保险标的转让的,被保险人或者受让人应当及时通知保险人,但货物运输保险合同和另有约定的合同除外。

被保险人的变更只能发生在财产保险合同中。在人身保险合同中,保险标的即被保险人的生命或身体,这是保险关系确立的基础,是不能变更的。在财产保险合同中,保险标的变更实际上意味着投保人的变更,因为投保人对保险标的所具有的保险利益因保险标的的转移而消灭了,但是保险利益仍然存在,为受让人所有。

受益人的变更,根据《保险法》第四十一条的规定,被保险人或者投保人可以变更受益人并书面通知保险人。保险人收到变更受益人的书面通知后,应当在保险单或者其他保险凭证上批注或者附贴批单。投保人变更受益人时须经被保险人同意。

(二)保险合同的客体变更

保险合同客体变更的原因主要是保险标的的价值增减变化,从而引起保险利益发生变化。保险合同客体的变更,通常是由投保人或被保险人提出,经保险人同意,批准后生效。保险人往往根据变更后的保险合同客体调整保险费率,从而导致保险合同的权利义务的变更。此外,保险利益的丧失也属于保险合同客体的变更。例如,在人身保险中,投保人与配偶有保险利益关系,如果离婚,那么保险利益就不再存在。

相关案例

某年 4 月 15 日晚,孙女士驾车与一辆捷达车追尾,交通事故责任认定为孙女士负全责,并赔偿了对方 3 500 元。出事后,孙女士立即通知保险公司,但是,保险公司认为,根据保险条款,原车主投保时,保险公司已将保险单和保险条款一起交付,车虽过户到孙女士名下,但保险单变更前的这段时间是中止时段,保险公司不能赔偿。因为保险公司在保险单的重要提示一栏及保险条款中均写明:保险车辆转让应书面通知保险人并办理批改手续,否则保险人不承担赔偿责任。而孙女士在取得被保险车辆所有权后未及时到保险公司办理批改手续,因此保险公司不承担保险责任。

资料来源:http://finance.ce.cn/insurance/scroll-news/200608/10/t20060810_8080847.shtml。

(三)保险合同的内容变更

保险合同的内容变更是指保险合同主体的权利和义务的变更,通常表现为保险标的数量的增减,品种、价值或存放地点的变化,或货物运输保险合同中的航程变更、船期变化,以及保险期限、保险金额的变更,保险双方权利义务的修改及补充说明等。保险合同内容的变更一般由投保人提出。

投保人变更保险合同的情形有两种:一是投保人根据实际需要提出变更保险合同内容,例如,延长或缩短保险期限,增加或减少保险金额等。在这种情况下,保险合同内容的变更主要取决于投保人、被保险人的主观意志。二是投保人根据法律规定提出变更保险合同内容。在保险合同的履行过程中,由于某些法定事由的出现,因此投保人必须根据法律规定及时通知保险人。在这种情况下,变更保险合同的内容不取决于投保人的主观意志,而取决于法律的规定。

保险合同内容的变更要遵从一定的程序。首先,由投保人向保险人提出申请;其次,保险人对变更申请进行审核;最后,如果保险人同意变更,则签发批单或附加条款。

相关案例

李先生在一场车祸中不幸意外身故,李先生身前曾投保 20 万元的人寿保险,保险单上受益人一栏写着李先生前妻刘女士的名字,但因 5 年前,李先生与其第一任妻子刘女士离婚,李先生向保险人发出变更受益人的申请,保险人在旁批注了“受益人更改为张女士(第二任妻子)”。你认为李先生的前妻刘女士、第二任妻子张女士以及李先生的父亲,谁有权利领取这笔保险金?

(四)保险合同变更的程序及方式

保险合同变更有通知变更和协议变更两种。通知变更是指保险合同的变更不需要征得保险人的同意,只要通知保险人即发生合同变更的效力,如货物运输保险合同的转让等。协议变更是指保险合同的变更须经投保人与保险人双方协商一致后,才能发生合同变更的效力。其中,保险合同的转让,除货物运输保险合同外,其他保险合同均须征得保险人的同意。

二、保险合同的解除

(一)保险合同解除的形式

保险合同的解除是指在保险合同有效期限尚未届满前,当事人双方依照法律或合同约定解除原有的法律关系的行为。保险合同解除的后果是指解除保险合同的行为对原保险合同的权利、义务的溯及力。保险合同解除的形式有两种:法定解除和协议解除。

1. 法定解除

法定解除是法律赋予合同当事人的一种单方解除权。《保险法》第十五条规定:“除本法另有规定或者保险合同另有约定外,保险合同成立后,投保人可以解除合同,保险人不得解除合同。”投保人提出解除保险合同主要是因为主客观情况发生变化,投保人感到保险合同的履行已无必要。但是,投保人解除保险合同具有两种情况的限制:货物运输保险合同和运输工具航程保险合同,保险责任开始后,合同不得解除;当事人通过保险合同约定,对投保人的合同解除权做出限制的,投保人不得解除保险合同。

以下几种情况保险人有权解除保险合同:(1)投保人故意或过失未履行如实告知义务,足以影响保险人决定是否承保或者以何种保险价格承保时;(2)投保人、被保险人未履行维护保险标的的义务;(3)被保险人未履行危险增加通知义务。

在人身保险合同中,投保人申报的被保险人的年龄不真实,并且其真实年龄不符合合同约定的年龄限制的,保险人可以解除合同,并在扣除手续费后,向投保人退还保费,但是自合同成立之日起逾两年的除外。

分期支付保费的保险合同,投保人在支付了首期保费后,未按约定或法定期限支付当期保费的,合同效力中止。合同效力中止后两年内双方未就恢复保险合同效力事宜达成协议的,保险人有权解除保险合同。

保险欺诈行为发生后,下述两种情形保险人有权解除保险合同:其一是被保险人或受益人在未发生保险事故的情况下,谎称发生了保险事故,向保险人提出赔偿或者给付保险金的请求;其二是投保人、被保险人或者受益人故意制造保险事故。但是,人身保险合同的投保人缴足两年以上保费的,保险人应当按照合同的约定向其他享有权利的受益人退还保险单的现金价值。保险合同的法定解除关系到双方的重大利益,故应当采取书面的形式。

2. 协议解除

协议解除又称约定解除,是指当事人双方经协商同意解除保险合同的一种法律行为。一般对保险人提出解除合同的,需要先发出解除通知,经过一段时间后合同才终止,保险合同的协议解除要采取书面的形式。保险合同的协议解除要注意两个问题:(1)不得损害国家和社会公共利益;(2)货物运输保险合同和运输工具航程保险合同的保险责任开始后,在一般情况下当事人不得解除该保险合同。

(二)保险合同解除的后果

保险合同解除的后果是指解除保险合同的行为对原有保险合同的权利义务的溯及力。按照《保险法》的规定,保险合同对以下情形不具有溯及力:(1)投保人故意不履行如实告知义务,保险人不退还保费;(2)投保人、被保险人或受益人因欺诈行为而被解除保险合同的,保险人不退还保险费;(3)投保人要求解除保险合同的,保险责任开始后,保险人收取的自合同生效至合同解除期间的保费不予退还。

三、保险合同的中止

保险合同的中止是指保险合同成立和生效后,由于某种原因致使保险合同的法律效力处于暂时失效或停止的状态,即保险合同失效。在保险合同中止期间,保险标的发生保险事故时,保险人不负保险责任,不支付保险金,原因如下:

(1)在分期付款的长期人身保险合同中,除合同另有约定以外,投保人支付首期保费后,投保人没有按照约定支付当期保费,超过规定期限的,合同效力中止;或者由保险人按照约定的条件减少保险金额。

(2)在财产保险合同中,被保险人由于故意或者过失使保险标的的危险增加的,保险人享有请求被保险人更正其故意或过失行为的权利。在被保险人更正其行为之前,保险合同效力中止。

对于投保方因中止缴费导致合同效力中止,在中止后一定期间(寿险一般有两年复效期)内,补缴保费及利息,且继续缴纳保费,保险合同的效力可以复效。对于投保方违反保证条款或危险增加而未履行及时告知义务的,保险人可解除合同,也可中止承担相应责任。

四、保险合同的终止

(一)保险合同终止的含义

保险合同终止是指某种法定或约定事由的出现,致使保险合同当事人双方的权利义务归于消灭。保险合同终止的主要原因有合同的期限届满、履行完毕、主体消灭等法定或约定事由,其结果是合同权利义务的消灭。

保险合同终止与保险合同解除、保险合同效力中止的区别见表4-1和表4-2。

表4-1 保险合同终止与保险合同解除的区别

区别点	保险合同终止	保险合同解除
直接原因不同	合同期限届满、履行完毕、主体一方死亡或消灭等法定或约定事由的发生	当事人一方的意思表示或解除合同的协议
履行程度和效力不同	合同期限届满,合同终止,也称作自然终止	合同并未履行完毕,期限也未届满,而将生效的保险合同提前终止
法律后果不同	不存在溯及既往	存在溯及既往

表4-2 保险合同终止与保险合同效力中止的区别

区别点	保险合同终止	保险合同效力中止
发生的原因不同	是合同的自然消灭	因投保人违约造成

续表

区别点	保险合同终止	保险合同效力中止
产生的后果不同	合同权利、义务的消灭,不存在恢复效力的问题	合同可能恢复效力,也可能被解除

(二)保险合同终止的原因

保险合同的终止,除因合同被解除外,还包括下述原因:

(1)保险合同因期限届满而终止。保险合同终止的最常见的、最普遍的原因,就是保险合同的期限届满。

(2)保险合同因履行而终止。所谓保险合同因履行而终止,即保险合同有效期间发生保险事故后,合同因保险人按照约定履行了全部保险金额赔偿或给付义务而消灭。

(3)财产保险合同因保险标的灭失而终止,这里所说的保险标的灭失是指由保险事故以外的原因造成的保险标的的灭失或丧失。如果保险标的非因保险事故而灭失,投保人就不再具有保险利益,保险合同也就因客体的消灭而终止。

(4)人身保险合同因被保险人的死亡而终止。人身保险合同以被保险人的生命或健康为保险标的,其保险利益是投保人对被保险人的生命或健康所具有的法律上承认的利益。被保险人如果非因保险事故或事件而死亡,则投保人于该保险合同就不再有保险利益,保险合同也就随之而灭失。

(5)财产保险合同因保险标的发生部分损失,保险人履行赔偿义务而终止。《保险法》规定:"保险标的发生部分损失的,在保险人赔偿后 30 日内,投保人可以终止合同;除合同约定不得终止以外,保险人也可以终止合同。保险人终止合同的,应当提前 15 日通知投保人,并将保险标的未受损失部分的保险费,扣除自保险责任开始之日起至合同终止之日止期间的应收部分后,退还投保人。"

第五节 保险合同的解释与争议处理

一、保险合同的解释及其原则

保险合同的解释是指对保险合同条款的理解和说明。在实践中,由于各种原因会导致保险合同双方当事人对合同条款的理解和认识产生分歧,这就要求依据法律规定的方式或其他方法对保险合同的内容给予确定和说明。对保险合同条款的解释和说明应遵循以下原则:

(一)文义解释原则

文义解释是按照保险合同条款所使用文句的通常含义和保险法律、法规及保险习惯,并结合合同的整体内容对保险合同条款所做的解释,即从文义上对保险合同进行解释。保险合同的所有条款,由语言文字所构成。保险合同所用语言文字的文义最能表达当事人的意愿和目的,故欲准确把握或者理解保险条款的意义,必须先了解其所用的词句的含义。文义解释原则是解释保险合同条款的首要基本原则。运用文义解释,应当尊重保险合同条款所用词句的文义,若保险合同的条款所用文字并无歧义,就不应当通过解释扩大或者缩小保险合同所用词句的可能文义。进行文义解释应当注意三点:第一,保险合同所用文字,应当按其所具有的通俗语义进行解释,不得局限于保险合同用语的哲学或者科学上的语义。第二,除非有强有力的理由做其他解释,保险合同用语应当按其表面语义或者自然语义进行解释。第三,保险合同所使用的法律术语或者其他专用术语,应当按照该类术语所特有的意义进行解释。

(二)意图解释原则

意图解释即按保险合同当事人订立保险合同的真实意思,对合同条款所做的解释。保险合同内容含义不明确,解释时应当首先考虑适用合同解释的一般原则。合同解释的一般原则为意图解释,即合同解释应当探求缔约当事人共同的真实意思,而不拘泥于合同所用文字。如果当事人双方缔约目的确实很难探究或目的完全不同,那只能通过理性第三人对合同目的的理解来确定。

(三)专业解释原则

专业解释是指对保险合同使用的专业术语,应按照其所属专业的特定含义解释。例如,《健康保险管理办法》规定:"保险公司在健康保险产品条款中约定的疾病诊断标准应当符合通行的医学诊断标准,并考虑到医疗技术条件发展的趋势。健康保险合同生效后,被保险人根据通行的医学诊断标准被确诊疾病的,保险公司不得以该诊断标准与保险合同约定不符为理由拒绝给付保险金。"

相关案例

某年,彭先生向某保险公司购买了人寿保险,附加重疾险,保险期限为终身。在重大疾病中关于"主动脉手术"约定为:"因治疗主动脉疾病,经开胸或剖腹手术而进行的胸、腹部主动脉(不包括其分支血管)切除手术或移植术。外伤所致的主动脉受损的手术除外。"

5年后,彭先生得病,需做开胸手术。因传统开胸手术复杂,而新的微创治疗风险低,疗效更好,因此,彭先生就医的东莞市人民医院为他进行了主动脉夹层腔内隔绝术,并为他出具了关于新旧手术方法的治疗说明。

同年7月,保险公司向彭先生出具"理赔决定通知书",认为主动脉夹层腔内隔绝术不符合合同条款中的主动脉手术的释义,也不符合由中国保险行业协会与中国医师协会于2007年共同制定的关于重大疾病保险疾病定义中主动脉手术的定义,即彭先生所做的手术,与合同所述的手术方式不同,因此拒绝理赔。

彭先生认为,保险公司的拒赔行为损害其合法权益,故向东莞市第一人民法院提起诉讼。

一审中,东莞市人民医院心胸外科出具了一份"关于胸主动脉夹层治疗的说明",证明胸主动脉急性夹层属于极高危疾病,传统手术治疗风险高,手术复杂,且手术死亡率高。目前在国际、国内医院,随着医学科学技术的进步,已逐步被微创技术所替代。一审法院认为,彭先生确实患有主动脉疾病。由于新技术的发展,主动脉疾病仅需要做微创手术,此替代是医学进步所致。若仍要求彭先生接受开胸或剖腹,无异于剥夺了彭先生对更为安全、廉价的手术方式的选择,实为严苛,且不利于新技术的推广运用。法院还认为,新的手术方式没有增大保险成本,且有利于病人。在这种情况下,仅限制以"开胸或剖腹"条件才认可理赔,剥夺了病人的权益。据此,法院判令保险公司立即支付给彭先生保险金12万元。保险公司不服,上诉至东莞市中级人民法院。二审维持了一审的判决。

资料来源:根据 https://finance. sina. com. cn/money/insurance/bxal/20110420/10049721354. shtml 案例整理而得。

(四)有利于被保险人和受益人解释原则

由于保险合同属于附和合同,保险合同的条款都是保险人事先草拟或印就的,因此投保人只能表示接受或拒绝。为体现公平互利原则,在解释保险合同内容时,就要充分考虑被保险人的利益和尊重被保险人的理解,使被保险人的权益得到保障。这是一种在国际上被广泛适用的解释原则。因此,《保险法》第三十条规定:"采用保险人提供的格式条款订立的保险合同,保险人与投保人、被保险人或者受益人对合同条款有争议的,应当按照通常理解予以解释。对合同条款有两种以上解释的,人民法院或者仲裁机构应当作出有利于被保险人和受益人的解释。"

二、保险合同条款的解释效力

对于保险合同条款的解释,依据解释者身份的不同,可以分为有权解释和无权解释。

(一)有权解释

有权解释是指具有法律约束力的解释,其解释可以作为处理保险合同条款争议的依据。对保险条款有权解释的机关主要包括全国人大及其工作机关、人民法院、仲裁机构和保险监督管理部门。有权解释可以分为立法解释、司法解释、行政解释和仲裁解释。

1. 立法解释

立法解释是指国家最高权力机关的常设机关——全国人大常委会对《保险法》的解释。全国人民代表大会是我国的最高权力机关,也是最高立法机关,因此,只有全国人大常委会对《保险法》的解释才是最具有法律效力的解释,其他解释都不能与此相冲突,否则无效。

2. 司法解释

司法解释是指国家最高司法机关在适用法律的过程中对于具体应用法律问题所做的解释。国家最高司法机关是最高人民法院。对于保险合同条款中有关《保险法》的内容,在适用法律时,必须遵守司法解释。

3. 行政解释

行政解释是指国家最高行政机关及其主管部门对自己根据宪法和法律所制定的行政法规及部门规章所做的解释。国家金融监督管理总局是中国保险业的最高行政主管机关,其有权解释保险合同条款中有关规章类或视同规章的部分,有权解释由国家金融监督管理总局审批的保险条款。这些解释虽对法院的判决具有重要影响,但不具有必须执行的强制力。

4. 仲裁解释

仲裁解释是指保险合同争议的双方当事人达成协议把争议提交仲裁机构仲裁后,仲裁机构对保险合同条款的解释。仲裁机构对保险合同条款的解释同样具有约束力。当一方当事人不执行时,另一方当事人可以申请人民法院强制执行。

(二)无权解释

无权解释是指不具有法律约束力的解释。除有权解释外,其他单位和个人对保险条款的解释均为无权解释。保险合同争议的当事人双方均可对保险条款做出自己的理解和解释。对于这些解释,法院在判决时可以参考,但不具有法律上的约束力。一般社会团体、专家学者等均可对保险条款提出自己的理解和解释。对于这部分的解释,一般称为学理解释。学理解释同样只能作为仲裁、审判过程中的参考,不具有法律效力。

三、保险合同的争议处理

保险合同订立以后,当事人在履行合同过程中会在保险责任的归属、赔款的计算等问题上产生争议,这时需要采取合理的方式予以解决,以维护双方当事人的权益。保险合同的争议处理一般有以下四种方法:

(一)协商解决

协商是指在争议发生后,双方当事人在自愿、平等、互相谅解的基础上对争议事项进行协商,取得共识,以解决纠纷。这种方法是解决争议最常用、最基本的方法。这种方法具有较大的灵活性,操作简便,并且可以增进双方的进一步合作与信任,有利于合同的继续履行。

(二)调解解决

调解是指在协商无效的情况下,由双方接受的第三者出面从事的促使双方相互谅解、进行协商、自愿达成协议以解决纠纷的活动,从而使合同继续履行。根据第三者的身份不同,调解可分为行政调解、仲裁调解和法院调解。除行政调解外,后二者均具有法律强制执行效力,当事人不得就同一争议事项同时要求仲裁和诉讼。

(三)仲裁

仲裁是指当事人对双方约定的事项产生争议时,自愿将彼此的争议交由双方共同信任、法律认可的仲裁机构来裁决,并在裁决后双方有义务执行的一种处理争议的方式。这种方式的选择依据相关的仲裁法律进行,具有一裁终局、与法院裁决效力等同的特点。

仲裁必须遵循双方自愿的原则。当事人如果想采用仲裁的方式解决纠纷,就应当取得对方的同意,并且双方达成仲裁协议,递交仲裁委员会。在双方自愿的基础上,才能采用仲裁的方式。如果没有仲裁协议,仲裁委员会将不予受理。仲裁应当独立进行,不受行政机关、社会团体和个人的干预,仲裁委员会之间也没有隶属的关系。仲裁的裁决书下达之后,实行的是一裁终局的制度。当裁决书下达之后,当事人就同一纠纷再次申请仲裁或者向人民法院提起诉讼,仲裁委员会或者人民法院将不予受理。仲裁不公开审理,也不采用开庭的制度,但当事人协议公开进行时,可以公开进行。

仲裁协议独立存在,合同的变更、解除、终止或者无效,不影响仲裁协议的效力。仲裁协议对申请仲裁的双方同时具有约束力。对于保险合同的关系人,因为仲裁协议是保险合同的当事人就合同创设和生效的条件以及合同的具体内容达成的协议,被保险人和受益人根据保险合同获取利益,而这种利益受到原来合同的约束,因此仲裁协议对于被保险人和受益人也同样具有一定的约束力。

(四)诉讼

诉讼是指保险合同的一方当事人按有关法律程序,通过国家审判机关——人民法院进行裁决的一种方式:由一方当事人通过法院对另一方提出权益主张,并要求法院通过审判给予法律保护。诉讼是一种最极端的方式,这种方式实行二审终审制度,并且当事人应当于法律规定的诉讼时效内提起诉讼。

本章小结

保险合同	保险合同概述	保险合同又称保险契约，是指保险双方当事人订立的具有法律约束力的协议 保险合同是射幸合同、最大诚信合同、双务合同、附和性合同及有偿合同 保险合同可以依据不同的标准进行多种划分
	保险合同的要素	保险合同的主体即合同的当事人，他们在合同关系中享有权利并承担相应的义务 保险合同的客体是指保险法律关系的客体 保险合同的内容包括合同当事人的权利及义务，主要通过保险条款加以明确
	保险合同的订立、生效与履行	保险合同的订立须经过要约与承诺两个步骤，又称投保和承保 保险合同的生效是指保险合同对当事人双方发生约束力，即合同条款发生法律效力 保险合同的履行是指保险合同当事人双方依法全面完成合同约定义务的行为
	保险合同的变更、解除、中止与终止	保险合同变更是指保险合同存续期间，因为法律规定的事由或者保险合同约定的事由发生变化，或者投保人与保险人协商同意，致使保险合同主体、内容等发生变更的现象 保险合同解除的形式有两种：法定解除与协议解除 保险合同的中止是指保险合同成立和生效后，由于某种原因致使保险合同的法律效力暂时失效或停止的状态，即保险合同失效 保险合同终止是指某种法定或约定事由的出现，致使保险合同当事人双方的权利与义务归于消灭
	保险合同的解释与争议处理	保险合同的解释是指对保险合同条款的理解和说明。保险合同的解释原则有文义解释原则、意图解释原则、专业解释原则、有利于被保险人和受益人解释原则 对保险业务中发生的争议，可采取协商、调解、仲裁和诉讼四种方式来处理

本章练习题

一、单项选择题

1. 保险合同是（　　）约定保险权利义务关系的协议。

A. 投保人与被保险人　　B. 投保人与保险人

C. 保险人与被保险人　　D. 保险人与受益人

2.《保险法》规定，投保以死亡为给付保险金条件的保险时，必须经（　　）书面同意并认可保险金额。

A. 受益人　　B. 投保人　　C. 保险人　　D. 被保险人

3. 保险代理人是根据保险人的委托，向（　　）收取佣金。

A. 受益人　　B. 投保人　　C. 被保险人　　D. 保险人

4. 在人身保险合同中，由被保险人或者投保人指定的享有保险金请求权的人是（　　）。

A. 受益人　　B. 保险经纪人　　C. 保险人　　D. 投保人

5. 保险经纪人基于（　　）的利益，为投保人与保险人订立保险合同提供中介服务，并依法收取佣金。

A. 保险公估人　　B. 保险代理人　　C. 保险人　　D. 投保人

6. 人身保险合同的被保险人不可以是(　　)。

A. 投保人　B. 受益人　C. 自然人　D. 法人

7. 保险合同的订立要经过(　　)两个法定程序。

A. 申请与订约　B. 要约与承诺　C. 公开与公平　D. 要约与协议

8. 投保人提出保险要求,保险人同意承保,保险人的这种行为,属于(　　)行为。

A. 要约　B. 反要约　C. 承诺　D. 受约

9. 保险合同当事人按照订立保险合同时的真实意图对保险条款进行解释,这说明保险合同当事人遵循的解释原则是(　　)。

A. 文义解释原则　B. 有利于被保险人原则

C. 专业解释原则　D. 意图解释原则

10.(　　)是站在第三者的立场依法为保险合同当事人办理保险标的的查勘、鉴定、估损及理算业务,并给予证明的人。

A. 保险中介人　B. 保险经纪人　C. 保险公估人　D. 保险代理人

11. 在保险合同中,投保人申请投保的财产及其有关利益或者人的寿命和身体,均称为(　　)。

A. 保险标的　B. 保险风险　C. 保险利益　D. 保险主体

12. 暂保单的有效期通常不超过(　　)。

A. 10天　B. 20天　C. 30天　D. 60天

二、多项选择题

1. 投保人必须具备的基本要件有(　　)。

A. 对保险标的具有保险利益　B. 具有相应的民事权利能力和民事行为能力

C. 须经国家金融监管部门批准　D. 具有足够的资信

2. 保险中介人包括(　　)。

A. 保险代理人　B. 保险经纪公司　C. 保险公估行　D. 保险学会

3. 保险代理有(　　)等几种形式。

A. 专业代理　B. 兼业代理　C. 个人代理　D. 联合代理

4. 导致保险合同无效的原因有(　　)。

A. 违反法律和行政法规　B. 违反国家利益和社会公众利益

C. 采用欺诈、胁迫手段签订　D. 投保人对保险标的不具有保险利益

5. 保险合同的书面形式通常有(　　)。

A. 保险单　B. 保险凭证　C. 暂保单　D. 批单

6. 保险合同的当事人包括(　　)。

A. 受益人　B. 保险人　C. 投保人　D. 被保险人

7. 造成不足额保险合同的原因有(　　)。

A. 促使保险人注意风险的防范

B. 由于被保险人的自愿,可以节省保费

C. 由于财产价值的上涨,使财产的实际价值高于保险金额

D. 被保险人错误估计了自己财产的价值

8. 保险合同的变更主要是指(　　)。

A. 费率变更　　B. 主体变更　　C. 内容变更　　D. 风险变更

三、名词解释

1. 保险合同　　2. 投保人　　3. 受益人　　4. 保险公估人　　5. 保险价值

四、简答题

1. 保险合同的基本内容有哪些?
2. 简述保险合同的基本特征。
3. 如何确定保险合同是否有效?保险合同无效的原因有哪些?
4. 保险合同的形式有哪些?
5. 保险合同终止的原因有哪些?

五、案例分析题

1. 某年3月2日,甲无线电厂与乙保险公司签订了一份财产保险合同。保险期限1年,自某年3月3日0时到次年3月2日24时。无线电厂在投保单上注明其投保的财产项目及相应的保险金额为:固定资产保险金额600万元;流动资产保险金额120万元,其中,原材料、燃料、低值易耗品各40万元。保险公司同意承保,经办人员在投保单上签字并开具了保单。由于经办人员疏忽,因此在保险单流动资产一栏中未详细列明原材料、燃料、低值易耗品三个项目。当年12月24日,无线电厂发生火灾,烧毁财产价值100万元,其中固定资产60万元,原材料10万元,产成品30万元。无线电厂为扑灭火灾、减少损失,支出灭火费1万元。事故发生后,无线电厂以保险单及其他单据为凭向保险公司索赔全部损失以及灭火费用共101万元。保险公司以产成品不属于保险范围内规定的流动资产为由,只同意赔偿71万元。双方争执不下,遂诉讼至法院。

请问:法院该如何判决呢?

2. 2019年4月1日,某工贸公司为其一辆汽车向保险公司投保了汽车保险,保险期1年,从2019年4月2日0时起到2020年4月1日24时止,保险金额为15万元。在2020年1月,工贸公司将该汽车卖给了个体运输户王某,为图省事,公司未到保险公司办理该车的保险合同过户批改手续,也未办理汽车过户手续。当月,王某找到他在保险公司的熟人刘某,帮助其办理保险合同的转证手续。不久,刘某找到该车的保单存根,未请示领导,擅自给王某办了保险证。同年3月15日,王某驾驶该车长途运输与外地汽车相撞,致使对方车辆严重损坏,事故属于王某违章开车所致,王某应赔偿12.1万元。王某当时向保险公司报案,并以办理了保险证为由向保险公司索赔,保险公司以王某未正常办理保险过户手续为由拒付保险金,王某向法院起诉。

请问:法院将如何判决?

3. 李某有两个儿子,大儿子李甲已婚,小儿子李乙因为残疾一直未婚。大儿子李甲在征求父母同意后为其父亲办理了人寿保险,被保险人李某指定小儿子李乙为受益人,保险期限5年,李某死亡后保险公司将一次性给付100万元人民币。不久,被保险人李某因病住院,为筹集住院费用,大儿子李甲未经被保险人同意将保险单交给邻居吴某做抵押,借款5万元。但是被保险人因医治无效在保险期内死亡。吴某找大儿子李甲要求归还借款未果,于是吴某拿着保险单找到保险公司要求给付保险金。保险公司审查认为,吴某不是受益人,无权领取保险金。同时保险公司通知李某的小儿子李乙，要求他持保险单前来保险公司领取保险金。李乙向吴某索取保险单，吴某以保险单为抵押物为由拒绝返还。于是李乙向法院提起诉讼，要求吴某归还保险单，吴某称若要归还保险单，需先用保险金归还借款。而此时李甲也认为自己拥有合法继承权，所以也应享有保险金的请求权。

请问：法院如何判决才妥当？

本章练习题参考答案

第五章

保险的基本原则

本章知识结构

- 保险利益原则与应用
  - 保险利益及保险利益原则的含义
  - 保险利益构成的条件
  - 保险利益的种类
  - 保险利益原则的应用
- 最大诚信原则与应用
  - 最大诚信原则的含义
  - 遵循最大诚信原则的原因
  - 最大诚信原则的内容及应用
- 近因原则与应用
  - 近因及近因原则的含义
  - 近因认定的方法
  - 近因原则的应用
- 损失补偿原则与应用
  - 损失补偿原则的含义
  - 损失补偿原则的应用
  - 损失补偿原则的派生原则及应用

教学目标

知识目标

1. 掌握保险利益原则、最大诚信原则、近因原则、损失补偿原则及其派生原则的基本概念与适用场景。

2. 理解各类保险利益(如所有权、占有权、使用权等)的合法性、确定性和经济性要求。

能力目标

1. 能够分析判断某一利益是否构成保险利益,以及保险利益在保险合同中的重要性。

2. 能够运用保险基本原则分析具体案例,解决保险活动中的实际问题。

素质目标

1. 培养学生的诚信意识,理解并践行最大诚信原则在保险业务中的核心地位。

2. 强化学生的社会责任感,认识到保险基本原则在维护社会公正、促进和谐社会建设中的重要作用。

本章寄语

保险的基本原则是作为一名合格的保险人应该遵循的职业操守，它指导了保险经营的环节，保障了保险业的健康发展。

保险的基本原则是在保险发展的过程中逐渐形成并被人们公认的基本原则。这些原则是保险合同当事人双方在订立、变更和履行合同的过程中必须遵守的准则，始终贯穿于整个保险业务。坚持这些基本原则有利于维护保险双方的合法权益，更好地发挥保险的职能和作用，有利于保障人们的生活安定、社会进步。保险的基本原则有保险利益原则、最大诚信原则、近因原则、损失补偿原则及其派生原则。

案例引入

2024年1月1日，杜金将其某品牌轿车向保险公司投保车辆损失保险和第三者责任保险，保险期限1年，保险金额30万元。2024年4月9日，被保险人将该车出卖给张光并转移占有。买卖合同约定：张光当日向杜金支付20万元，待过户手续办理完毕时再补足余款。张光迟迟未办理过户手续，2024年4月23日保险车辆与他车相撞，损失15万元。张光向保险公司提出索赔，保险公司以张光不是被保险人从而没有保险利益为由拒赔。杜金遂以被保险人名义向法院起诉，要求保险公司承担赔偿责任。请问：保险利益是什么意思？保险公司应如何处理本案？

第一节　保险利益原则与应用

案例引入

小明在购买汽车保险时，隐瞒了自己曾经发生过多次交通事故的情况，后来发生了一起交通事故，保险公司拒绝赔偿。

根据保险利益原则，投保人在订立保险合同时应当如实告知有关情况，小明隐瞒了自己的交通事故情况，违反了保险利益原则，保险公司有权拒绝赔偿。小明隐瞒交通事故记录的行为，直接违反了诚信原则。诚信是社会主义核心价值观的重要组成部分，是个人品德和社会公德的基础。在保险领域，诚信更是保险合同的基石。

一、保险利益及保险利益原则的含义

(一)保险利益的含义

保险利益是指投保人或被保险人对保险标的所具有的法律上承认的经济利害关系的权益，即投保人或被保险人因保险标的的损害或丧失而遭受经济上的损失及因保险事故的不发生使保险标的安全而受益。保险合同的成立，以投保人具有保险利益为前提条件。规定保险利益原则的意义在于遏制赌博行为，防止道德风险的发生，以及限制赔偿或给付保险金的最

高额度。

(二)保险利益原则的含义

保险利益原则是保险运行中的基本原则，它的本质内容是投保人以其所具有保险利益的标的投保，否则，保险人可单方面宣布合同无效；当保险合同生效后，投保人或被保险人失去了对保险标的的保险利益，则保险合同随之失效；当发生保险责任事故后，被保险人不得因保险而获得保险利益额度以外的利益。

相关案例

于老师是一名热心肠的老师，出于对学生的爱护，于老师想给他家庭困难的学生张峰购买一份人身意外伤害保险，请问：保险公司是否能予以承保？

二、保险利益构成的条件

投保人或被保险人对保险标的所拥有的利益并非都可成为保险利益，保险利益的构成必须具备一定的条件。

(一)保险利益必须是合法的利益

保险利益必须是被法律认可并受到法律保护的利益，它必须符合法律规定，与社会公共利益相一致。保险利益产生于国家制定的相关法律、法规以及法律所承认的有效合同。具体而言，投保人对保险标的的所有权、占有权、使用权、收益权、维护标的安全责任等必须是依法或依有法律效力的合同而合法取得、合法享有、合法承担的，凡是违法或损害社会公共利益而产生的利益都是非法利益，不能作为保险利益。

(二)保险利益必须是确定的利益

确定的利益是客观存在的、可实现的利益，而不是凭主观臆测、推断可能获得的利益，包括现有利益和期待利益。已经拥有的利益或者利害关系为现有利益，如投保人或者被保险人对已经拥有的财产的所有权、占有权、使用权等而享有的利益为现有利益。尚未拥有但可以确定的利益或利害关系为期待利益，这种利益必须建立在客观物质基础上，而不是主观臆断、凭空想象的利益。例如，预期的营业利润、预期的租金等属于合理的期待利益，可以作为保险利益。

(三)保险利益必须是经济上的利益

所谓“经济利益”，是指投保人或被保险人对保险标的的利益必须是可通过货币计量的利益。由于保险的经济保障和补偿职能是通过货币支付的形式来实现的，也就是说，投保人的保险利益必须是用货币来衡量的，否则就无法实施真正的经济保障和补偿，因此，无法用货币计量的利益不能成为保险利益。

相关案例

张先生购买了一套价值200万元的住宅，并计划为其购买房屋火灾保险。在购买保险时，张先生向保险公司提供了购房合同、产权证明等文件，以证明自己对房屋的所有权。保险公司审核后,为张先生提供了房屋火灾保险,保险金额为200万元。

合法性。张先生作为房屋的合法所有者,拥有对房屋的所有权,这是受到法律认可并保护的利益。张先生购买房屋火灾保险的行为,符合保险利益必须为合法利益的要求。

确定性。张先生对房屋的所有权是确定的,即已经拥有的利益,这种利益是客观存在的、可实现的。张先生可以明确知道自己拥有该房屋,并享有其带来的各种权益。

经济性。张先生对房屋的利益是经济上的利益,因为房屋的价值可以用货币来衡量,即200万元。如果房屋发生火灾,张先生所遭受的经济损失也可以通过货币来计量,并获得保险公司的相应赔偿。

在保险期间,张先生的房屋不幸发生火灾,造成重大损失。张先生及时向保险公司报案,并提供了相关证明材料。保险公司经过调查核实后,认定火灾属于保险责任范围,并按照保险合同的约定,向张先生支付了200万元的保险赔偿金。

党的二十大精神强调要坚持以人民为中心的发展思想,不断满足人民日益增长的美好生活需要。张先生购买房屋火灾保险,正是对自己财产安全的一种保障,也是对家庭生活质量的一种提升。

拓展阅读

国外古代保险思想

三、保险利益的种类

无论财产保险或者人身保险,投保人或被保险人都必须对保险标的具有可保利益,但这两大类保险所承担的风险不同,产生保险利益的原因不一样,构成保险利益的内容也有区别,因此这两大类保险的保险利益是不同的。

(一)财产保险的保险利益

财产保险的保险利益是指被保险人对保险标的所具有的某种合法的经济利益。凡因财产及其相关利益而遭受损失的被保险人,对其财产及相关利益都具有保险利益。财产保险的保险利益有多种形态,构成了财产保险利益的基本内容。

1. 基于不同利益相关者的分类

(1)所有权人对所拥有的财产具有保险利益

财产的所有权人,由于其所拥有的财产一旦遭受损失就会给自己带来经济损失,因此其对该财产具有保险利益,可以为该项财产进行投保。例如,房屋所有权人可以为其房屋投保家庭财产险,货物所有人可以为其货物投保运输保险等。所有权是最常见的财产保险的保险利益。

相关案例

2006 年 5 月 24 日，原告陈某和被告中国太平洋保险股份有限公司珠海中心公司（以下简称“太保珠海分公司”）签订合同，太保珠海分公司向陈某出具的“神行车保系列产品保险单”载明：被保险人和索赔权益人为陈某，行驶证车主为南方工贸珠海实业公司；投保险种包括车辆损失险、第三方责任险等险种；保险期至 2007 年 5 月 29 日。2007 年 3 月 16 日，陈某驾驶的该投保车辆被盗，于是向太保珠海分公司索赔。保险公司认为，陈某并非保险车辆的行驶证车主，不存在保险利益，因此保险合同无效，双方遂诉至法院。陈某主张涉案车辆系其本人购买，挂靠在南方工贸珠海实业公司名下，一直由他使用，具有保险利益。

法院在判决中认为，虽然案件中的保险车辆的登记车主为南方工贸珠海实业公司，但车是陈某出钱购买，一直由陈某使用，陈某没有证据证明该车是挂靠在南方工贸实业公司名下，太保珠海分公司对此也未能提出相反证据。保险单记载的行驶证车主为南方工贸珠海实业公司，表明双方订立保险合同时太保珠海分公司是知晓这一情况的。为此，该院认为，陈某基于对保险车辆的合法使用权而产生的经济利益具有保险利益。陈某和太保珠海分公司双方建立的保险合同关系是双方的真实意思表示，没有违反法律和行政法规的强制性规定，为有效合同，双方均应全面履行。

在本案中，陈某和太保珠海分公司都应当遵循诚实守信的原则。陈某在购买保险时如实告知了车辆的情况和用途，太保珠海分公司也在保险单中明确记载了相关信息。虽然双方在保险利益问题上存在争议，但双方都应遵循诚实守信的原则，如实陈述事实，提供证据以支持自己的主张。

资料来源：https://mp.weixin.qq.com/s/aMBwAs4pBP3JA5lc1T8oMQ。

（2）抵押权人、质押权人对抵押、出质的财产具有保险利益

抵押与出质都是债权的一种担保，当债权不能获得清偿时，抵押权人或质押权人具有从抵押或出质的财产价值中优先受偿的权利，因而对抵押、出质的财产具有保险利益，可以作为被保险人存在。就银行抵押贷款的抵押物而言，在贷款未还清之前，抵押物如果遭受损失，会使银行蒙受经济上的损失，因而银行对抵押物具有保险利益；在借款人还清款项之后，银行对抵押物的抵押权消失，其保险利益也随之消失。

相关案例

某银行向某企业发放了一笔为期三年的抵押贷款，贷款总额为 1 亿元，抵押物为企业名下的厂房和设备。为了保障贷款安全，银行要求企业为抵押物购买财产保险，并在保险合同中指定银行为第一受益人。在保险期间，抵押的厂房因火灾受到严重损失。企业及时向保险公司报案，并提供了相关证明材料。保险公司经过调查核实后，认定火灾属于保险责任范围，并按照保险合同的约定，向银行支付了相应的赔偿金额。由于银行是第一受益人，因此这笔赔偿金额被直接用于冲抵企业的贷款本金，减轻了企业的还款压力。

在党的二十大精神的指引下，银行和企业都更加重视风险管理和金融服务实体经济的重

要性。银行通过要求企业购买财产保险，不仅保障了自身贷款安全，而且促进了企业风险管理能力的提升。同时，企业购买保险也体现了其积极应对风险、保障资产安全的决心，有助于增强企业的竞争力和稳定性。

相关案例

李某从刘某处借款，将自己的轿车作为抵押，双方到保险公司投保了车损险。为了方便，投保人和被保险人栏中都写了刘某的名字。在保险期内李某在驾车途中因驾驶不慎发生翻车，车辆遭到严重损坏，几乎报废。得知事故后，刘某向保险公司提出了索赔。保险公司认为该保险事故属于保险责任，但是刘某对于车辆没有保险利益，所以拒绝赔付。刘某遂向法院提出了诉讼。法院经过审理认为，刘某作为债权人，抵押车辆是否完整关系到债权能否得到清偿。因此，发生保险事故后，刘某对车辆拥有保险利益，保险公司应当进行赔偿。

(3)财产受托人或保管人对所保管的财产具有保险利益

货物的承运人、各种承包人、承租人等对其保管、占用、使用的财产在负有经济责任的条件下具有保险利益。例如，洗衣店对于顾客已经洗完的衣物，在顾客还没有取走之前，对衣物负有保管的责任，衣物损坏是需要进行赔偿的，因而，其对那些被保管的衣物具有保险利益。再如，承运人对托运的货物、承建商对在建工程的财物、汽车修理厂对维修的车辆等都具有保险利益。

相关案例

某物流公司作为专业的货物承运人，承担着大量的货物运输任务。为了确保货物的安全，公司与一家保险公司签订了货物运输保险合同。在一次长途运输过程中，由于天气原因，货车发生了交通事故，导致部分货物受损。由于物流公司已经为这批货物购买了保险，因此保险公司迅速进行了理赔，减轻了物流公司的经济损失。

本案例表明，财产受托人或保管人对其所保管的财产具有保险利益，是确保财产安全、降低经济风险的重要措施。同时，它也体现了在党的二十大精神指导下，加强和创新社会治理、完善公共安全体系、推动公共安全治理模式向事前预防转型的具体实践。因此，我们应该进一步推广和应用这一做法，为社会稳定和经济发展提供有力保障。

(4)经营管理人对其经营管理的财产具有保险利益

财产的经营管理人，因其经营管理的财产一旦遭受损失就会给自己带来经济损失而对该财产具有保险利益，可以为该项财产投保，即企业的经营者，对其预期的合法利润收入和运费收入等具有可保利益，可以为其经营的财产投保企业财产险。比如房屋所有人对出租房屋的租金收入有保险利益，因为如果房屋遭受损失，房屋所有人的租金收入就会受到影响。

2. 基于财产保险的保险利益存在形式的分类

(1)现有利益

现有利益是积极的期待利益，是投保人或被保险人对财产已享有且继续可享有的利益，如投保人已购买的汽车、现有的机器设备等。所有权人对所拥有的财产具有保险利益，比如所拥有的财产遭受损失就会给自己带来经济损失，因此其对该财产具有保险利益，可以为该项财产进行投保。

相关案例

某制造业企业拥有一批高精度的生产设备，这些设备对企业的生产效率和质量至关重要。为确保这些设备的安全，企业为其购买了企业财产险。在一次突发的火灾中，部分生产设备受到严重损坏。由于企业已经为这些设备购买了保险，因此保险公司迅速进行了理赔，帮助企业及时修复了设备，恢复了生产。

企业对这批生产设备拥有现有利益，即已购买并持续使用的利益。火灾导致的设备损失直接影响了企业的生产效率和经济效益，因此企业具有对这些设备的保险利益。

该案例体现了党的二十大精神中“完善公共安全体系”的要求。通过购买企业财产险，企业能够有效应对突发风险，保障生产安全，为经济发展提供有力支撑。

(2)期待利益

期待利益是因财产的现有利益而存在，并因法律或合同在未来一定时期可获得的利益。例如，出租房屋而预期可以获得的租金收入。再如，因发生保险事故导致停产、减产或停业所造成的利润损失和营业中断期间所需支付的必要费用等间接经济损失，也具有保险利益。但是，只有在投保人投保了企业财产保险的情况下，才能投保利润损失保险。

相关案例

一家大型购物中心将其部分商铺出租给商户，并预期从租金收入中获得稳定的收益。为确保租金收入的稳定，购物中心为这些商铺购买了财产保险。

一场严重的自然灾害使购物中心的部分商铺受到严重破坏，导致商户无法正常经营，租金收入受到影响。由于购物中心已经为商铺购买了保险，因此保险公司对损失进行了理赔，确保了购物中心租金收入的稳定。

购物中心对商铺的租金收入具有期待利益，即因商铺的现有利益而存在，预期可以获得的租金收入。自然灾害导致的商铺损失影响了租金收入，因此购物中心对这些商铺具有保险利益。该案例体现了党的二十大精神中“加强和创新社会治理”的要求。通过购买财产保险，购物中心能够有效应对自然灾害等风险，保障租金收入的稳定，为社会经济发展做出贡献。

(3)责任利益

投保人或被保险人对具有利害关系的财产的损失负有责任利益，这是消极的利益，是指投保人或被保险人因违约、侵权行为、意外事故或其他外来原因而造成财产的损毁，对此应负赔偿责任。

相关案例

某建筑公司承接了一项大型工程项目,负责施工和管理。为了确保项目顺利进行,建筑公司为工程项目投保了责任险。在施工过程中,由于施工不慎导致建筑物部分结构受损,给项目业主带来了损失。项目业主向建筑公司提出赔偿要求,建筑公司联系保险公司,并提供相关证据和申请材料。保险公司调查后认定建筑公司对此次损失负有责任,并根据保险合同进行了赔偿。这样,建筑公司能够承担责任并避免了经济损失,体现了保险的责任利益。

该案例体现了责任利益的保险利益。建筑公司作为工程项目承包方,对施工过程中发生的意外事故承担赔偿责任。通过投保工程险,建筑公司可以将因事故造成的赔偿责任转嫁给保险公司,避免自身承担巨额经济损失。

该案例体现了"法治社会"的建设目标,建筑公司通过投保工程险,体现了其对法律法规的尊重,也为其履行合同责任提供了保障,促进了社会公平正义。

(4)偶然利益

投保人或被保险人对特定财产可能具有利益关系,这种不确定的利益称为偶然利益。

相关案例

某人将自己的珍贵艺术品借给博物馆展览,并为其艺术品投保了艺术品险。在展览期间,由于突发火灾等意外事件,艺术品受到损坏或灭失。由于已经投保了艺术品险,因此艺术品所有者可以向保险公司提出索赔申请,获得相应的赔偿,从而减少了因不可预测的意外事件而带来的巨大经济损失。

(二)人身保险的保险利益

人身保险的保险利益,是指投保人对于被保险人的寿命和身体所具有的利害关系。只有当投保人对被保险人的生命或身体具有某种经济利益关系时,投保人才能对被保险人具有保险利益。但是,这种利害关系,与财产保险的保险利益中的那种单纯经济利害关系是有区别的。人身保险的保险利益实际并不直接体现为投保人对保险标的的利害关系,而更多体现为投保人与被保险人之间的人身依附关系或者信赖关系。因此,这种关系有时虽须顾及经济上的利益但并不单纯以金钱所能估计的利益为限。如果投保人与被保险人之间具有法律上认可的某种关系,即视为有保险利益,至于实际上的利害关系如何准确计算,则不予考虑。

人身保险的可保利益,根据《保险法》的规定,投保人对下列人员具有保险利益:(1)本人;(2)配偶、子女、父母;(3)前项以外与投保人有抚养、赡养或者扶养关系的家庭其他成员、近亲属;(4)前款以外与投保人之间存在某种法律关系,并同意投保人为其投保的人。具体来说如下:

1. 本人对自己的生命和身体的保险利益

任何人对自己的生命和身体都具有无限的保险利益,这是各国法律都承认的一条原则。因此,任何人都可以为自己投保任何保险责任的人身保险合同,保险金额则一般根据投保人的交费能力以及其实际需要确定。

思考题：

吴大妈和刘大爷是三十几年的邻居，两家关系甚好。2014 年 8 月，某保险公司业务员向刘大爷推荐该公司的一份保险，并告诉他如果今后不幸罹患癌症，保险公司将赔付癌症确诊保险金、住院津贴保险金以及癌症手术保险金等。刘大爷一听，觉得这份保险产品靠谱，于是不仅给自己买了一份，而且电话告诉了吴大妈。在得到吴大妈肯定回复后，刘大爷也顺带帮吴大妈投保了一份。2016 年 2 月，吴大妈在体检的过程中，被查出胃癌，为治疗癌症，吴大妈花费了很大一笔钱。出院后，她向保险公司申请理赔。问：保险公司该如何处理？

2. 投保人对配偶、子女、父母的生命和身体的保险利益

因为配偶之间、父母与子女之间具有法律规定的扶养、抚养或赡养义务，被保险人的死亡或伤残会造成投保人的经济损失，所以投保人对其配偶、父母、子女具有保险利益，可以作为投保人为他们投保，但是也需要被保险人同意。如果子女是未成年人，则可以不需要被保险人本人签字。

相关案例

2017 年 8 月，王某为丈夫投保了 5 万元人寿保险，受益人是王某的儿子，2019 年 3 月，王某与丈夫因感情破裂离婚，经法院判决，儿子由王某抚养。离婚后，王某与前夫各自成立了新的家庭。2020 年 12 月，王某的前夫因意外事故去世，王某得知后向保险公司提出了给付保险金的申请。问：保险公司该如何处理？

保险公司应按照保险合同的约定处理。由于王某的前夫已去世，王某是保险合同的投保人，保险受益人是王某的儿子，因此王某有权代表其子提出保险金给付申请。保险公司应核实事故情况，确认符合保险条款的赔付条件后，将保险金支付给指定的受益人，即王某的儿子。如王某的儿子未成年，则保险金应由王某作为监护人代为管理。

相关案例

小明和小莉是大学同学，两人确立了恋爱关系。小明的生日快要到了，为了给他一个惊喜，小莉悄悄为他投保了一份人寿保单，准备作为生日礼物送给他。谁知天有不测风云，当小明从外地赶往小莉所在的城市时发生了翻车事故，小明当场死亡。小莉悲痛之余想到为小明投保的保单，于是向保险公司索赔。问：保险公司该如何处理？

保险公司应拒绝小莉的索赔请求。因为小莉为小明投保时，小明对小莉的投保行为并不知情，这构成了未经被保险人同意的投保。

3. 投保人对家庭其他成员、近亲属承担法定义务的人的保险利益

与投保人具有抚养、赡养或者扶养关系的家庭成员、近亲属的伤亡，可能给投保人带来经济上的损失，因此，投保人对他们具有保险利益，可以为他们投保，但是，需要被保险人本人同意。例如，父母对于领养的孩子，就有保险利益。

4. 对有合同关系或其他债务关系的人具有可保利益

被保险人同意投保人为其订立合同的,视为投保人对被保险人具有保险利益。这主要限于投保人的合伙人、债务人以及雇员等。例如,对于合伙经营,一旦一方合伙人死亡,就可能导致合伙经营的事业难以为继,使另一方合伙人遭受损失,因此合伙人之间互有保险利益。

相关案例

某年 5 月,某策划公司为推动高考辅导书籍的销售,向保险公司投保了人身意外伤害险,对每购买一套书籍的顾客赠送一份保额为 10 万元的保险。同年 12 月,获赠保险的顾客中有 10 名被保险人发生意外事故死亡,受益人到保险公司要求赔付保险金。问:保险公司该如何处理?

相关案例

孙莉 2 岁时因母亲去世而随外公外婆在沈阳生活。3 岁时上幼儿园,她的日常所需费用由其父亲承担。4 岁时,孙莉的父亲再婚,把孙莉接回丹东与其父亲和继母一起生活,并将其学籍从沈阳的幼儿园转至丹东的幼儿园。在孙莉离开沈阳时,其外公为她买了一份少儿平安险,并指定自己为受益人。孙莉到丹东后不久,在一次游玩中发生意外溺水死亡。事发后,孙莉的外公及时向保险公司报案,要求给付保险金。

保险公司认为,孙莉的外公虽是孙莉的近亲属,但是依据《保险法》第三十一条可知,作为近亲属的外公并不必然对外孙女具有可保利益,只有二者之间形成抚养关系时才具有可保利益。本案中,孙莉的外公与孙莉之间不具有可保利益,保险公司不用给付保险金。

四、保险利益原则的应用

案例引入

李先生拥有一栋位于市区的三层小楼,出于风险防范的考虑,他为自己的房屋购买了一份财产保险。在签订保险合同时,保险公司明确告知了李先生关于保险利益原则的重要性,并要求他如实告知房屋的相关情况。

然而,李先生为了节省保费,隐瞒了房屋存在电路老化且未进行及时更新改造的问题。他认为这只是一个小问题,不太可能导致重大损失。然而,不久后,由于电路老化引发火灾,李先生的房屋遭受了严重损坏。

上述案例中,李先生的行为直接违反了保险利益原则。根据保险利益原则,投保人在订立保险合同时应当如实告知与保险标的有关的重要情况。李先生隐瞒了房屋电路老化的问题,这直接影响了保险公司对风险的评估和保费的确定。

保险利益原则强调投保人或被保险人对保险标的必须具有法律上承认的经济利害关系,这一原则与社会主义核心价值观中的"公正"和"法治"精神高度契合。它体现了在保险交易过程中，双方必须基于真实、合法的利益关系进行合同订立，避免了虚假交易和欺诈行为，维护了社会公正和法治秩序。

(一)保险利益原则在财产保险中的应用

1. 财产保险利益时效

一般情况下，财产保险的保险利益必须在保险合同订立时到损失发生时的全过程中存在。

2. 保险利益与赔偿支付的关系

保险利益不仅在损失发生时必须存在，而且被保险人所能得到赔偿的额度是受保险利益限制的。

3. 财产保险合同中保险利益的变更

(1)让与：保险利益应随保险标的的转让而同时转移。

(2)继承：投保人或被保险人死亡，其继承人自动获得继承财产的保险利益。

(3)破产：投保人的破产对人身保险合同没有什么影响。不过，对某些人身保险，如被保险人为投保人的债权人或抚养人，则当被保险人破产时，根据保险责任范围，可能发生保险金的给付责任。

相关案例

张先生是一家小型企业的所有者，为企业的财产投保了一份财产保险合同。随着企业经营的扩大，张先生决定将企业的部分设备转让给李先生，并告知了保险公司。不久，张先生因意外去世，其独生子小张继承了父亲的财产和保险合同。张先生在将设备转让给李先生时，根据财产保险合同的原则，该设备的保险利益应随设备的转让而同时转移给李先生。保险公司应及时更新合同信息，确保李先生作为新的保险利益人享有相应的保险权益。张先生去世后，其独生子小张作为唯一继承人，自动获得了包括保险合同在内的遗产。因此，小张继承了其父亲与保险公司签订的财产保险合同，并成为新的被保险人。

以上案例中，张先生的保险利益变更不仅体现了保险合同的法律原则，而且反映了社会公平正义和诚信原则。在保险交易中，各方应遵守合同规定，诚实守信，确保交易的公平性和透明度。同时，保险公司作为金融服务的提供者，应积极响应国家政策，为经济发展和社会稳定提供有力支持。

4. 保险利益的灭失

这是指投保人或被保险人失去保险利益。在财产保险合同方面，保险标的消失，则保险利益灭失。

(二)保险利益原则在人身保险中的应用

1. 人身保险利益时效

在保险合同订立时，要求投保人对被保险人必须具有投保利益，而发生保险事故时，则不追究是否具有保险利益。

2. 人身保险的变更

(1)继承：被保险人死亡，且该死亡属于保险责任范围，保险人即应承担保险金给付责任，并在给付保险金后,保险合同终止;如属其他人身保险合同且被保险人的死亡并非由保险事故导致,或被保险人死亡是因保险合同中规定的免除责任情形,导致保险标的的消失,保险公司终止其责任,不存在保险利益的转移问题。

(2)让与:人身保险不存在因保险标的转让而发生的保险利益转移问题。

(3)破产:投保人的破产对人身保险合同没有什么影响。不过,对某些人身保险,如被保险人为投保人的债权人或抚养人,则当被保险人破产时,根据保险责任范围,可能发生保险金的给付责任。

拓展阅读

人身保险的产生

3. 人身保险利益的灭失

被保险人因人身保险合同规定的责任除外的原因死亡,即构成保险利益的灭失。

相关案例

某保险公司接到一份特殊的索赔申请:刘某于 2002 年 2 月为其妻王某投保了一份养老保险,并经妻子同意将受益人确定为自己。2003 年 12 月,刘某与王某离婚。离婚后刘某仍然按期缴纳这笔保费。

2004 年 3 月,王某因车祸意外身亡。王某的父亲和刘某在得知这一消息后都向保险公司提出了领取保险金的申请。保险公司在收到两份申请后,对到底该给付给谁一时决定不下。

于是,刘某、王父分别将保险公司告上法庭,要求保险公司给付死亡保险金。刘某认为自己是保险合同唯一的指定受益人,依法应由其受领保险金。王父则认为刘某与其女早已离婚,刘某对王某没有保险利益,无权领取保险金,自己是王某唯一的继承人,故保险金应由其受领。一审法院将两案并案审理后,判决保险公司支付刘某 18 万元保险金,驳回了王父的诉讼请求。

法院为何做出这样的判决?依据是什么?就此案,上海市大道律师事务所张洪波律师发表了以下看法:人寿保险合同是定额给付性质合同,一旦发生保险责任范围内的保险事故,保险公司就应当按照合同的约定履行给付责任。上述案件中,刘某在投保时对被保险人王某显然具有保险利益;尽管刘某与王某离婚了,但保险合同在订立时显然是有效的,离婚后,王某没有及时变更受益人,且刘某仍然按期缴纳保费,因此,保险合同效力并未因离婚而丧失。这样一来,刘某便成为这笔保险金的唯一受益人。

针对此案情况,张律师还指出两个主要问题。

其一,人身保险合同中受益人的指定问题。《保险法》第四十条明确规定:“被保险人或者投保人可以指定一人或者数人为受益人。”投保人或被保险人既可以在订立合同时就确定受益人，也可以在合同成立后指定受益人，对所指定的受益人，无须事先征得其本人或保险人的同意，只需在保险单上注明。法律明确规定只有对被保险人有保险利益的人，才可成为受益人，无保险利益的人即使被指定为受益人，也无权请求给付保险金。

其二，人身保险合同中投保人指定的受益人与被保险人离婚后是否丧失受益权。根据《保险法》第十八条的规定："受益人是指人身保险合同中由被保险人或者投保人指定的享有保险金请求权的人。投保人、被保险人可以为受益人。"也就是说，受益人是根据投保人或被保险人的意思指定的，体现着指定人的意志。但同时，根据《保险法》第四十一条规定："被保险人或者投保人可以变更受益人并书面通知保险人。保险人收到变更受益人的书面通知后，应当在保险单或其他保险凭证上批注或者附贴批单。投保人变更受益人时须经被保险人同意。"也就是说，指定人在保险事故发生前的任何时间都可以随时变更受益人，这也同样应是指定人的自由意志。以此为对照，可以发现，在人身保险合同中，当刘某与王某离婚后，王某完全有"自由意志"予以变更受益人，从而使离婚后的刘某不再成为保单的受益人。但事实上王某并没有这样做，而仍保留了受益人为刘某。因此，保险公司依据法规规定应将保险金支付给刘某。

另外，张律师认为，此个案从事发，到诉讼，再到判决，给投保人以重要提醒和警示：由于寿险保单大多是长期契约合同，随着时间的变迁，家庭结构会发生巨大变化。如果被保险人均未做受益人变更，投保时指定的受益人在保险金兑现时，可能与被保险人的意愿相悖。《保险法》中规定的受益权问题体现和尊重当事人的"意思自治"。故张律师郑重提醒保民，投保人、被保险人如果在投保后发生情况变化，应及时向保险公司申请变更受益人。

资料来源：https://finance.sina.com.cn/money/insurance/bxal/20050617/16281697496.shtml。

拓展阅读

2022—2023年中国保险行业发展情况

第二节　最大诚信原则与应用

案例引入

2013年3月1日，李某将自己的汽车与某保险公司签订机动车辆保险合同，险种包括交强险、车损险、第三者责任险及全车盗抢险，合同中明确规定"保险标的的转让应当通知保险人"。2013年8月5日，李某与张某签订车辆买卖协议，其中约定：张某一次性付给李某购车款的60%，余款3个月内付清并办理过户手续；首次付款后3个月内一切费用及事宜由张某负责，与李某无关。协议签订后张某向李某支付购车款的60%，李某将车辆交张某实际占有、使用。在张某使用期间，车辆被盗。李某持车辆保险合同向保险公司索赔，要求保险公司赔偿车辆被盗导致的实际损失 10 万元。保险公司调查后得知李某已将车辆转让,未按照保险合同约定将转让事宜通知保险公司并办理相应批改手续,按照法律和保险合同的约定,保险公司不应承担赔偿责任。双方协商不成,遂诉至法院。

上述案例中,李某未按照保险合同约定事先书面通知保险公司并办理批改手续,违背了最大诚信原则。那什么是最大诚信原则呢?现在我们就来介绍最大诚信原则的相关内容。

一、最大诚信原则的含义

保险双方当事人在订立合同及合同的有效期内,应当自愿向对方真实准确地提供全部重要事实,依法履行义务,同时信守合同约定;否则,受到损害的一方,可以认定合同无效。诚信是中华民族的优良品质,各行各业都需要诚信,由于保险行业的特殊性,因此要求双方当事人以最大的诚信来对待。

拓展阅读

诚信原则的来历

二、遵循最大诚信原则的原因

最大诚信原则起源于早期的海上保险。在早期的海上保险中,海上保险合同的签订地通常距离船舶和货物所在地较远。保险人只能根据投保人的告知来决定是否承保并确定保险费率。投保人对保险标的的风险等情况是否如实告知,对保险人来说有重大的影响。保险人无法得知关于保险标的的相关情况。若投保人欺骗或隐瞒相关的重要信息,必然损害保险人的利益。1906 年的英国《海上保险法》确定了最大诚信原则。该法第十七条规定:“海上保险是建立在最大诚信原则基础上的契约,如果任何一方不遵守最大诚信原则,他方可以宣告契约无效。”

(一)保险信息的不对称性

投保人对保险理论知识了解甚少,并且保险标的是复杂的,投保人往往没有时间对保险标的进行系统的调查。而保险人对保险标的的相关情况更加清楚,拥有专业信息优势。所以投保人只能根据保险人的相关介绍来做出决定。这就要求双方当事人应当根据最大诚信原则依法告知相关的保险标的的重要事实。

(二)保险合同的射幸性

保险本身是射幸行为,事故发生具有不确定性,保险人并不必然履行赔付义务,以不确定性事项为合同标的,也就是人们所说的撞大运,以此容易激发人们的投机心理,带来道德风险。所以需要最大诚信原则来约束保险合同双方,保证保险业稳定、健康发展。

相关案例

原审原告孙某于 2020 年 3 月 27 日向某人寿保险公司投保重疾险，保额 30 万元。7 月 31 日，孙某到吉林大学中日联谊医院入院治疗，出院诊断为甲状腺癌(双叶)、甲状腺癌颈部淋巴结转移癌、结节性甲状腺肿。某人寿保险公司白城支公司查明孙某在投保时隐瞒了 2019 年 10 月 29 日在白城中心医院彩色多普勒超声诊断甲状腺左叶结节，甲状腺右叶肿物的检查结果。2020 年 9 月 21 日，某人寿保险公司白城支公司解除合同并出具了理赔拒付通知书，原因为投保人故意隐瞒需告知的情况。二审法院认为，保险人行使合同解除权并拒赔的行为并无不当，驳回了上诉人的上诉请求。

法院裁判观点：

(1)保险合同为射幸合同，保险人进行承保决策，取决于保险人对保险标的危险程度的分析与判断，而投保人对相关事项的如实告知，是保险人正确确定保险风险并采取控制措施的重要基础。

(2)原告在与保险公司签订保险合同时，隐瞒投保前病史，违反《保险法》相关规定，保险公司有权解除合同。

(3)根据投保单、投保提示书以及对孙某的回访电话录音等证据，可以认定孙某隐瞒了 2019 年 10 月 29 日的白城中心医院彩色多普勒超声诊断甲状腺左叶结节，甲状腺右叶肿物的检查结果，做出了与事实明显不符的答复，违反了《保险法》第十六条第二款的规定，故某寿险公司行使合同解除权并无不当，一审法院据此认定孙某未履行如实告知义务，并无不当。

资料来源：https://zhuanlan.zhihu.com/p/616572039。

(三)保险经营的特殊性

现代保险的经营是依据大数法则开展的，保险人所收缴的保费形成了用于赔偿的保险基金。这个基金是所有被保险人所共有的，如同公共财产，任何人不得随意占有、使用，所以任何一个被保险人因为不诚信的行为要求保险人赔偿，不仅损害保险人的利益，而且直接影响每一位被保险人的利益。《保险法》第五条规定："保险活动当事人行使权利、履行义务应当遵循诚实守信原则。"

相关案例

某保险公司与客户李先生签订了一份健康保险合同，合同中约定了保险公司在李先生罹患特定疾病时支付保险金的条款。一年后，李先生因患合同中约定的疾病向保险公司提出理赔申请。

保险公司在收到理赔申请后，按照程序对李先生的病情进行了核实。在核实过程中，保险公司发现李先生在投保时隐瞒了曾经患有类似疾病的病史，这一信息对于保险公司评估风险和确定保费具有重要影响。

面对李先生的理赔申请，保险公司面临一个重要的道德和法律抉择。根据最大诚信原则，保险双方当事人在订立合同及合同有效期内，应当自愿向对方真实准确地提供全部重要事实。由于李先生在投保时未如实告知重要病史,违反了最大诚信原则,因此保险公司有权拒绝理赔申请。

在综合考虑案情和最大诚信原则后,保险公司决定拒绝李先生的理赔申请,并告知其拒绝的原因。同时,保险公司也向李先生解释了最大诚信原则的重要性,并提醒他今后在签订保险合同时要如实告知相关信息。

以上案例体现了最大诚信原则在保险行业中的重要作用。诚信是中华民族的传统美德,也是市场经济活动的基本原则之一。在保险行业中,最大诚信原则不仅要求保险公司在销售保险产品时真实准确地披露信息,而且要求投保人在投保时如实告知相关信息。这种双向的诚信要求有助于维护保险市场的公平、公正和透明,保护消费者和保险公司的合法权益。

三、最大诚信原则的内容及应用

(一)告知

1. 告知的含义

告知分成广义告知和狭义告知。广义告知是指在保险合同订立时,投保人应当把保险标的相关重要事实告知保险人,在保险合同有效期内,如果保险标的有变化,就应当及时把相应的变化告知保险人,以便保险人做出正确的承保、管理、理赔决策,减少错误发生的概率。狭义告知仅指投保人在订立保险合同时将保险标的的相关重要事实如实告知。

何为重要事实?重要事实即影响保险人做出是否订立保险合同、是否继续履约、是否变更费率以及是否在保险合同增加特别约定条款等的每项事实。

2. 告知的形式

(1)无限告知是指投保人应当将保险标的的有关重要事实全部主动告知保险人。

(2)询问回答告知,又称主观告知,是指投保人只对保险人询问的问题如实告知。询问告知对投保人而言更合理。《保险法》第十六条规定:"订立保险合同,保险人就保险标的或者被保险人的有关情况提出询问的,投保人应当如实告知。"

3. 告知的内容

(1)投保人应告知的内容

在保险合同订立时,要求投保人应将那些足以影响保险人决定是否承保和确定费率的重要事实如实告知保险人。

①保险合同订立时,投保人应当将已知的与保险标的有关的重要事实如实主动地告知保险人。

②涉及投保人或被保险人的一些事实。例如,将财产保险中保险标的的价值、品质、风险状况等如实告知保险人;将人身保险中被保险人的年龄、性别、健康状况、既往病史、家族遗传史、职业、居住环境、嗜好等如实告知保险人。

③在保险合同期间,如果保险标的的风险增加,就应当及时通知保险人。

④发生保险事故后应及时通知保险人。

⑤若投保人有重复保险,就应当将有关重复保险的情况告知保险人。

⑥若保险标的转让,就应当通知保险人,并取得保险人的同意。

(2)保险人说明的内容

①保险合同订立时,保险人应及时告知保险合同条款的内容,特别是免责条款的相关

规定。

②发生保险事故时或者满足保险合同约定的条件时，保险人应当及时理赔。若符合拒赔条件，则应当向投保人说明情况并发送拒赔通知书。

4. 违反告知的后果

《保险法》第十六条规定："投保人故意或者因重大过失未履行前款规定的如实告知义务，足以影响保险人决定是否同意承保或者提高保险费率的，保险人有权解除合同。"

投保人故意不履行如实告知义务，对保险事故的发生有严重影响的，保险人对于合同解除前发生的保险事故，不承担赔偿或者给付保险金的责任，并且不退还保费。

投保人因重大过失未履行如实告知义务，对保险事故的发生有严重影响的，保险人对于合同解除前发生的保险事故，不承担赔偿或者给付保险金的责任，但应当退还保费。

保险人在合同订立时已经知道投保人未如实告知的情况的，保险人不得解除合同；发生保险事故的，保险人应当承担赔偿或者给付保险金的责任。

拓展阅读

法律对告知义务的规定

相关案例

李某向保险公司投保保险金额为10万元的机动车辆保险。保险公司采用书面方式询问李某的婚姻状况。李某在投保时实际上已经结婚了，但不知怎么的，却在投保书上填写未婚。不久后李某机动车被偷盗，保险公司是否需要履行支付保险金的义务？

保险公司需要履行支付保险金的义务。李某在投保时故意填写了虚假信息，违反了保险合同的诚实信用原则。然而，由于这种虚假信息与保险风险无直接关联，因此保险公司无法直接以保险欺诈为由拒绝支付保险金。

（二）保证

思考题：

张先生为自己购买了一份健康保险，合同中有一条明示保证条款，要求投保人确认并保证在投保时未患有任何重大疾病。在填写投保单时，张先生勾选了"否"的选项，承诺自己未患过重大疾病。几年后，张先生因心脏病发作住院治疗，并向保险公司申请理赔。保险公司在审核过程中发现，张先生曾在购买保险前一年内因心脏问题接受过治疗，并在医院的记录中有所体现。这一信息与张先生投保时的承诺保证相矛盾。张先生能够得到理赔吗？他可能面临什么样的后果？

1. 保证的含义

保证义务起源于英美保险法。1906年的英国《海上保险法》第三十三条规定："保证是指承诺性保证,即被保证人保证为或不为特定事项,或履行某些条件,或肯定或否定某些事实的特定状态。保险人为了控制风险,要求投保人或者被保险人在保险期限内对某一事项的作为或不作为,某种状态的存在或不存在做出承诺。”

2. 保证的形式

(1)根据保险存在的形式分类,保证的形式可分为:

①明示保证,是指以条款形式载明于保险合同中,与保险活动有关的明确保证。以条款形式在保险合同中载明,明示保证是保证的重要表现形式。

②默示保证,是指未以文字形式记载,但从习惯或社会公认的角度,被保险人对某项事件的作为或者不作为做出的保证。

默示保证与明示保证具有同等的法律效力,被保险人都必须严格遵守。默示保证的内容往往是以往法院判决的结果,是保险实践的总结。

(2)根据保证事项是否已经存在,保证的形式可分为:

①承诺保证,是指投保人承诺对未来某一特定事项的作为或不作为。承诺保证的保证事项包括现在和未来,不包括过去。例如,某人在投保家庭财产保险时,投保人或被保险人保证不得在家中放置危险物品。

②确认保证,是指投保人或被保险人对过去或现在某一特定事项的存在或不存在的保证。确认保证的保证事项包括过去和现在。例如,某人在投保人身保险时,投保人确定他从未得过重病,表明他确定以前和现在未得过重病,并不涉及今后他是否得重病。

相关案例

2014 年 8 月,张某投保了保险金额为 10 万元、期限为 20 年的人寿保险,但投保时隐瞒了自己患有高血压。2015 年 3 月,张某病情发作,不幸去世。张某的丈夫请求保险公司给付保险金。问:保险公司是否应该履行给付保险金的义务?

不应该履行给付保险金的义务。投保人违反了依法告知的义务,隐瞒了病情,所以保险公司不承担给付保险金的责任。

3. 违反保证的后果

《最高人民法院关于审理保险纠纷案件若干问题的解释》第十二条专门对违反保证的后果做出规定:保险合同的当事人可以根据《保险法》第五条和第二十条的规定,在保险合同中规定,被保险人违反保险合同中的保证条款时,保险人可以自被保险人违反保证条款之时解除保险合同,也可以要求修改承保条件,增加保费,或者免除保险责任或者减轻保险责任。

被保险人为无民事行为能力人和限制民事行为能力人的,不受该保险合同中保证条款约束。但是,被保险人的监护人有过错的,应当免除或者减轻保险责任。

相关案例

某公司向保险公司投保财产保险附加盗窃险,在投保单上写明“保证全天 24 小时有人值班”，保险公司同意承保，并要求以此条作为减免费用的条件。一个月后，公司被盗，经调查某日 24 小时内有一个小时无人看守。问：保险公司是否需要承担赔偿责任？

投保人或被保险人违反保证的事项，保险合同即刻失效，保险人不承担赔偿或给付保险金的责任。在本案例中，保险公司不需要承担赔偿责任。

（三）弃权与禁止反言

1. 弃权与禁止反言的含义

弃权是指保险合同的当事人主张放弃某项权利的行为，通常是保险人放弃保险合同的解除权与抗辩权。禁止反言是指保险合同当事人对已经放弃的权利，将来不得再行使此项权利。在保险实践中，禁止反言主要用于约束保险人。

弃权与禁止反言在人寿保险中的特殊时间规定为：保险人只能在合同订立之后一定期限内（通常为 2 年）以被保险人告知不实或隐瞒为由解除合同。超过规定期限没有解除合同的视为保险人已经放弃该权利，不得再以此为由解除合同。弃权与禁止反言的规定可以约束保险人的行为，也维护了被保险人的权益，有利于保险双方权利义务关系的平衡。

2. 构成保险人弃权的条件

（1）保险人应当有弃权的意思表示。可以是明示的，也可以是默示的。

（2）保险人必须知道权利的存在。

3. 违反弃权与禁止反言的后果

《最高人民法院关于适用〈中华人民共和国保险法〉若干问题的解释（二）》第七条规定："保险人在保险合同成立后知道或者应当知道投保人未履行如实告知义务，仍然收取保险费，又依照《保险法》第十六条规定主张解除合同的，人民法院不予支持。"

相关案例

2013 年 6 月，张某为其所有的拖拉机在某保险公司投保了第三者责任险，保险金额为 20 万元。投保时，张某未填写机动车驾驶证号码，保险公司审核后也未提出异议。2014 年 2 月，李某驾驶小轿车与张某驾驶的拖拉机相撞，造成人员受伤、车辆受损。交警认定后认为，李某负主要责任，张某驾驶与驾驶证载明的准驾车型不符的拖拉机，负次要责任。发生事故后，李某把张某告上法庭，法院判处张某赔偿李某 20 万元。张某在支付 3 万元后，起诉至人民法院，要求保险公司理赔 20 万元。

张某在与保险公司订立保险合同时，保险公司未要求张某填写驾驶证，保险公司放弃了自己对投保人询问相关情况的权利。保险公司不得对自己已经放弃的权利反悔，不得拒绝履行保险合同。

相关案例

2011 年，陈某因间断性的手、腕关节肿胀及疼痛，到医院就诊，医院按照早期类风湿性关节炎的方向进行用药，进行过一段时间的连续治疗。2011 年 7 月，陈某在保险公司处投保健康险附加重大疾病保险。在保险公司及体检医师询问是否有或曾有免疫系统及结缔组织疾病,例如系统性红斑狼疮、风湿病、类风湿病、干燥综合征或其他免疫系统及结构组织疾病时,陈某均回答“否”。2011年8月,陈某与保险公司签订保险合同。“重大疾病保险条款”第二条约定,等待期为90天,如被保险人在等待期后首次确诊患有任何一项符合保险人第六条约定的保障范围及定义的重大疾病,保险人将向被保险人提前给付身故保险金,同时合同效力终止。第六条约定重大疾病保障范围及定义,被保险人发生符合本合同约定的疾病定义所述条件的疾病,应当由专科医生明确诊断。其中类风湿性关节炎的定义是,以关节滑膜炎为特征的慢性全身性自身免疫性疾病,其诊断必须由免疫专科医师根据美国风湿病学会类风湿性关节炎的确诊依据确诊。合同签订后,陈某按期缴纳了保费。2014年11月4日,陈某到医院类风湿科就诊,病历内容显示:考虑类风湿性关节炎可能。进一步检查后,医院出具疾病证明书,证明陈某于2014年11月18日到诊,临床诊断为类风湿性关节炎。2014年12月31日,陈某向保险公司递交索赔申请。2015年1月20日,保险公司向陈某发出理赔决定通知书,称被保险人本次疾病在保单投保前已存在,不属于本合同保险责任范围。2015年6月23日,陈某再次到医院就诊,病历显示:患者确诊类风湿性关节炎,先后累及双手多个掌指关节、近端指间关节、腕关节、伴关节肿,抽血抗ccp超标,双手X光照片已出现关节破坏并脱位,符合美国风湿病学会的诊断标准。由于保险公司拒赔,因此陈某提起仲裁。

争议焦点:第一,陈某患类风湿性关节炎是否属于“重大疾病保险条款”第二条约定的保险责任范围。双方的分歧主要在于对“首次确诊”的理解不同。保险公司认为,陈某在投保前已经患类风湿性关节炎。而陈某认为,保险条款明确约定了类风湿性关节炎的诊断标准,其是在2014年11月才首次被诊断为类风湿性关节炎。

第二,保险公司以陈某未履行如实告知义务为拒赔的理由是否成立。保险公司认为,陈某属于带病投保,对于“确定”风险的投保行为不符合《保险法》规定,不受《保险法》的保护。陈某认为,根据《保险法》第十六条第三款的规定,双方之间保险合同已成立超过两年,保险公司不得解除合同;发生保险事故的,保险公司应当承担赔偿或者给付保险金的责任。

(1)确诊时间。陈某出现关节肿痛的症状后,已经到医院寻求治疗,经过连续的治疗,主治医生并未确诊陈某患有类风湿性关节炎。在现实生活中,有些疾病的症状是很相似的,在未经最终确诊的情况下,不能由于患者有相似症状就直接推断与某种疾病相关联。2014年11月18日,主治医生才提出陈某考虑类风湿性关节炎可能。经进一步检查之后,医院出具疾病证明书,认为其症状符合美国风湿病学会的诊断标准,确诊陈某患类风湿性关节炎。因此,类风湿性关节炎首次确诊时间在合同生效起90天等待期之后,属于约定保险事故。

(2)保险公司未解除合同。从陈某就诊选择医院科室以及病历记载情况来看,陈某应当知晓其可能患有风湿病(或类风湿病),投保之时,保险公司向陈某发出询问,陈某却未如实回答。但陈某违反了如实告知义务,不能导致保险公司免除责任。

陈某于2014年12月31日向保险公司申请理赔时,已经提交相关病历,保险公司此时已知晓陈某没有履行实如告知义务,但保险公司至今未提出解除合同,只是于2015年1月20日发出拒赔通知书。

参照《最高人民法院关于适用〈中华人民共和国保险法〉若干问题的解释(二)》第八条规定,保险人未行使合同解除权,直接以存在《保险法》第十六条第四款、第五款规定的情形为由拒绝赔偿的,人民法院不予支持。但当事人就拒绝赔偿事宜及保险合同存续另行达成一致的情况除外。

因此，保险公司拒赔的理由不能成立。

资料来源：https://mp.weixin.qq.com/s?__biz=MzA4MTU1MTQyMw==&mid=2650364903&idx=2&sn=83a593a925ae401f9a92897f821c64e9&chksm=879eb2b7b0e93ba1506a2ce40eb0b9a2f34b5dbf376a9f6c8183b989f82a9df50c7b3b6e87e6&scene=27。

第三节　近因原则与应用

案例引入

一英国居民投保了意外伤害保险。他在森林中打猎时不小心从树上跌下受了重伤，他不得不爬到公路边等待救助，由于夜间天冷，他染上肺炎死亡。问：保险公司是否承担给付责任？

一、近因及近因原则的含义

（一）近因的含义

近因是指造成保险标的损失的最直接、最有效、起决定性作用的原因，而不是指时间或空间上最接近损失的原因。

（二）近因原则的含义

近因原则是指在多个原因导致保险标的损失的情况下，只有导致保险标的损失的近因在保险责任范围之内，保险人才对保险标的负赔偿责任；如果近因在保险责任之外，那么保险人对保险标的的损失不负赔偿责任。

相关案例

李女士在2021年6月买了意外伤害险。同年11月她被一辆中速行驶的轿车轻微碰擦了一下，顿觉胸闷头晕，在送往医院途中病情加重，最后在医院不治身亡。医院的死亡证明书指出死亡原因是心肌梗死。家人拿着有效保单及死亡证明等资料，向保险公司索赔，但保险公司以导致死亡的事故为非保险事故，不属于意外伤害，因此不予理赔。保险公司在理赔过程中认为李女士被汽车轻微碰擦，发生在一般健康人身上，是不会导致死亡的；李女士身故的直接原因是心脏病所致。虽然车辆碰擦是意外，但不是导致其死亡的近因，所以保险公司不予赔偿。

二、近因认定的方法

思考题：

大树遭雷击而折断，并压坏了房屋，房屋中的电器因房屋的倒塌而毁坏，则电器损失的近因是什么？

（一）顺推法

从最初事件出发，按照逻辑推理，分析判断下一个事件可能是什么；再从下一个事件出发,分析判断再下一个事件可能是什么,导致最终事件,则最初事件是最终事件的近因。若其中两个环节无明显联系或出现中断,则其他事件为致损原因。

(二)逆推法

从损失开始,自后向前推,问为什么会发生这样的情况。若追溯到最初事件且序列完整,则最初事件为近因。若逆推中出现事件中断,则其他原因为致损原因。

思考题:

2021 年夏,王女士驾车行驶在马路上,突然路旁大树被雷击中砸在路中央,王女士紧急刹车,汽车安全气囊弹出导致王女士手臂骨折,则王女士手臂骨折的近因是什么?

相关案例

孙先生在为客户送货上楼途中,不小心摔倒在地。送到医院后,孙先生被诊断为脑出血,并最终导致瘫痪。悲痛之余,孙先生想到自己曾投保了综合意外伤害保险,于是要求保险公司赔付。在理赔过程中,保险公司认为孙先生摔倒只是诱因,瘫痪的直接原因是脑出血。根据近因原则,保险事故的近因不属于意外事故,因此拒绝赔偿。

三、近因原则的应用

(一)单一原则造成的损失

当造成财产损失或人身伤害的原因只有一种时,这个原因就是近因。

例如,船舶航行在海上,遭遇恶劣天气,狂风巨浪损坏了船壳和船舵,若船东投保了船舶全损险,因属于部分损失,保险人不赔;如果投保人投保了船舶一切险,保险人应给予赔偿。

某人投保了家庭财产保险并附加盗窃险,某日家中被盗,保险人应给予赔偿;如果他家只投保家财险,未附加盗窃险,被盗为近因,则保险人不予以赔偿。

相关案例

2015 年 9 月 1 日,原告佛山市三水区宏威运输有限公司(以下简称"宏威公司")以其自有的营业货车向被告中国太平洋财产保险股份有限公司南海中心支公司(以下简称"太平洋财险公司")投保车辆损失险,保险期间为 2015 年 9 月 2 日 0 时起至 2016 年 9 月 1 日 24 时。2016 年 4 月 24 日,宏威公司员工孔某某在驾驶涉保车辆过程中撞到护栏,造成涉保车辆受损。宏威公司向太平洋财险公司申请理赔,太平洋财险公司以驾驶员孔某某未持有有效的道路运输从业资格证为由拒绝赔付。根据法院查明的事实,驾驶员孔某某初领道路运输从业资格证日期是 2009 年 4 月 17 日,有效期为 6 年,发生案涉交通事故时证件已经过期,后于 2016 年 8 月 15 日再次申领道路运输从业资格证。一审法院认为驾驶员孔某某未取得道路运输从业资格与车辆受损没有关系,太平洋财险公司抗辩理由不成立,故判决太平洋财险公司承担保险责任。二审法院驳回了太平洋财险公司的上诉请求并维持原判。

资料来源:https://mp.weixin.qq.com/s/aMBwAs4pBP3JA5lc1T8oMQ。

(二)多种原因造成的损失

1. 多种原因同时发生

所谓“同时发生”,是指致损的各个原因之间没有或者无法区别因果关系,无法区别在时间上的先后顺序,它们都对损失具有决定作用,那么这些原因都是致损近因。

有两种情况:一是同时发生的原因都是承保风险,没有除外风险或未保风险介入,保险人应付全部赔偿责任;二是同时发生的原因中,既有保险风险,也有不保险风险,保险人只负责赔偿保险风险所造成的损失,对非保险责任近因造成的损失不赔偿。

2. 多种原因连续发生

两个及两个以上原因连续发生,各原因之间的因果关系未被中断,即后因是前因的自然的、直接的结果。保险人的赔偿责任分为以下四种情况:

(1)各原因均为保险风险,保险人负赔偿责任;

(2)前因和后因均为不保风险,保险人不负责任;

(3)前因为不保风险,后因为承保风险,保险人不负责任;

(4)前因为保险风险,后因为不保风险,保险人负赔偿责任。

相关案例

高先生于 2023 年 6 月为自己购买了意外险,2024 年高先生在某市场买菜时,因价格问题与摊主发生口角,进而产生冲突。由于刚下过雨地面湿滑,在发生口角的过程中,高先生滑倒在地,头部碰到钝物导致死亡。经公安机关认定,两人之间的争吵打架并不属于恶意的斗殴事件,因此保险公司赔付 10 万元保险金额。

3. 多种原因间断发生

所谓“间断发生”,是指各原因之间相互独立,不存在任何因果关系,或者其中因果关系中断。间断发生的原因都是保险风险,没有除外风险或未保风险介入,保险人对发生的各项损失均负赔偿责任;如果近因不属于保险责任,则保险人不予以赔偿。

相关案例

某单位由于工作地点比较偏僻,便为离家较远的员工配备了面包车作为通勤班车。某天上班途中在城郊的省道上发生了车祸,载着所有乘客的面包车与迎面而来的大货车相撞,坐在前面的员工甲和员工乙受了重伤。由于员工甲所坐的驾驶副座就是与大货车冲撞的直接碰撞部位,因此他当场死亡。而员工乙坐在他后面,失去了一条大腿,失血很多,被送往医院抢救,急救中因心肌梗死,于第二天死亡。

员工甲和员工乙的单位为他们购买了人身意外伤害保险,保险金额均为 10 万元,意外发生后,该单位立即向保险公司报案,并提出理赔申请。保险公司经过调查了解到:员工甲死亡时 27 岁,身体一向非常健康;而员工乙 52 岁,患有心脏病多年。

处理结果:保险公司赔付员工甲的受益人意外伤害身故保险金 10 万元;赔付员工乙的受

益人意外伤害伤残保险金5万元。

(1)员工甲死亡的直接原因是意外伤害，属于人身意外伤害保险中给付死亡保险金的责任范围，因此能够得到死亡保险金10万元。

(2)员工乙死亡的直接原因是心肌梗死，心肌梗死不属于外来伤害，意外伤害(车祸)与心肌梗死(疾病)没有必然的因果关系，故属于新介入的独立原因，根据近因原则可知，被保险人的死亡不属于意外伤害险中死亡保险金的责任范围，保险公司有权拒绝向员工乙给付死亡保险金，但是保险公司应向员工乙给付伤残保险金5万元，即保额的50%，因为员工乙在车祸事故中失去一条大腿，其丧失大腿的近因是车祸，属于意外伤害保险中给付伤残保险金的责任范围。

第四节　损失补偿原则与应用

案例引入

某车主投保机动车辆保险，保额为40万元。在保险期内先后发生数次保险事故，第一次车辆受损15万元，第二次受损20万元，第三次受损8万元，第四次受损45万元，第五次受损6万元。问：保险公司应如何赔偿车主的几次事故损失？

损失补偿是保险的基本职能，对补偿性合同而言是理赔的首要原则，关系到保险人的赔偿责任和被保险人获得补偿的限度，体现了保险的宗旨，但对定额给付性的人身保险合同在实务中不适用，损失补偿原则主要适用于财产保险合同、健康保险合同。

一、损失补偿原则的含义

损失补偿原则是指被保险人发生损失时，保险人必须在保险责任范围内对被保险人所遭受的损失进行补偿，以恢复被保险人在遭受保险事故前的经济状况为准，不允许被保险人因损失而获得额外的利益，当然，无损失则无补偿。由此可见，损失补偿原则有两层含义：一是有损失有赔偿，即被保险人因保险事故造成的经济损失，依照保险合同，在一定条件下有权获得全部的、充分的补偿，以此保护被保险人的利益；二是损失多少赔偿多少，即保险人对被保险人的赔偿数额，仅以被保险人的保险标的遭受的实际损失为限。被保险人遭受的实际损失，主要包括保险事故发生时保险标的的实际损失、合理费用和其他费用。一般来说，投保人与保险人之间签订的是足额的保险合同即保险金额等于财产价值的财产保险合同，如果保险标的全部受损，则保险人按保险金额全额赔付；如果保险标的部分受损，则保险人按实际损失赔偿。超过保险价值的，超过部分无效；保险金额低于保险价值的，除合同规定以外，保险人应按照保险金额与保险价值的比例承担赔偿保证金的责任。

损失补偿原则的意义在于维护保险双方权益，当被保险人在保险期内发生保险责任事故时，保险人要发挥对被保险人的经济补偿职能，让被保险人得到合理的赔偿，与此同时要防止被保险人通过赔偿获得额外利益，以此防止发生道德风险。

二、损失补偿原则的应用

(一)损失补偿原则的限制

根据损失补偿原则,在保险责任范围内致使保险标的受损的部分,保险人必须承担赔偿责任。但是,保险人在进行赔偿时必须根据实际情况将给予被保险人的赔偿金额控制在合理的范围内。保险人在履行损失补偿原则时通常以实际损失、保险金额、可保利益三者作为限制,并且以这三者中最低的为限。

1. 以实际损失为限

被保险人遭受损失后,保险人对其保险赔偿应以保险标的的实际损失为限,不论保单约定的保险金额为多少。例如,某保单约定保险金额为 10 万元,发生保险事故后保险标的实际损失为 5 万元,那么被保险人可获得的保险赔偿为 5 万元。再如,一辆汽车投保时按市价确定保险金额为 18 万元,发生保险事故时的市价为 16 万元,则保险人只赔偿 16 万元。

相关案例

刘某为自己投保了医疗费用报销保险,由于生病住院花去医疗费用 5 000 元,刘某在社会医疗保险和其他报销机构已经报销了 2 600 元,随后刘某又向保险公司申请报销全部的医疗费用 5 000 元,保险公司按照损失补偿原则,赔付刘某 2 400 元。

为什么保险公司只赔付 2 400 元而不是 5 000 元?因为不能违背保险的基本原则之一——损失补偿原则。损失补偿原则是指保险合同生效后,当保险标的发生保险责任范围内的损失时,通过保险赔偿,使保险人恢复到受灾害前的经济状况,但不能因损失而获得额外收益。这条原则包含两层含义:一是补偿以保险责任范围内损失的发生为前提,二是补偿以被保险人的实际损失为限。在本案例中,被保险人已在社会医疗保险和其他报销机构报销 2 600 元,若保险公司赔偿刘某 5 000 元,那么刘某就重复获利 2 600 元,便因保险而“赚钱”了,这样就有违保险的“损失补偿原则”。因此保险公司只需要赔付 2 400 元就足以弥补刘某的损失。

在保险活动中严格遵循损失补偿原则,有利于真正发挥保险的经济补偿职能,避免将保险演变成赌博行为,防止道德风险的发生。保险的目的是降低风险、补偿损失,因此投保人和被保险人不能通过保险来“盈利”。如果投保人和被保险人通过保险来获利,便违背了保险的损失补偿原则,将诱发道德风险:损失越大获利越多、事故越多获利越多,被保险人为了获利可能制造保险事故,对社会安定造成严重影响。人们应理解和遵循保险的损失补偿原则,在保险理赔时不要走进误区,最终获得满意的赔付,让保险在生活中起到更好的保障作用。

资料来源:https://www.renrendoc.com/paper/188606749.html。

2. 以保险金额为限

保险金额是保险人对被保险人赔偿的最高限额,所以,保险人的赔偿金额在任何情况下均不能超过保险金额,只能低于或等于保险金额。例如,某保单约定保险金额为 10 万元,发生保险事故后保险标的实际损失为 11 万元,那么被保险人可获得的保险赔偿为 10 万元。保险金额低于损失价值通常发生在投保人不足额投保或通货膨胀的情况下。再如,某一房屋投保时按市场价值确立保险金额为 60 万元,发生保险事故全损,全损时的市场价值为 65 万元,被保险人的实际损失虽然为 65 万元,但保险人只能按保险金额 60 万元赔偿。

相关案例

李先生为自家的汽车购买了一份汽车保险,保险金额为 50 万元。一年后,李先生的汽车因意外事故全损,当时的市场价值为 60 万元。李先生向保险公司提出理赔申请,要求按照车辆的实际价值 60 万元进行赔偿。

根据保险合同的约定,保险金额是保险公司对被保险人赔偿的最高限额。在此案例中,保险金额为 50 万元,因此保险公司对李先生的赔偿金额不能超过这一限额。保险公司按照保险合同的约定,向李先生支付了 50 万元的赔偿款。

3. 以保险利益为限

保险利益是被保险人需要保险人提供保险保障的实际利益,因此,保险人对被保险人的赔付是以被保险人对投保标的具有保险利益为条件,包括发生保险事故时,如果被保险人对保险标的没有保险利益,被保险人就丧失了被赔偿的资格,所以保险人的赔付对象只限于被保险人具有的保险利益。例如,某企业以价值 300 万元的厂房作抵押贷款 230 万元,发生保险事故厂房全损,保险人给银行的最高赔偿金额只能是 230 万元,因为银行对厂房的保险利益为 230 万元。若银行已经收回企业贷款,则以银行名义投保的保险合同无效,银行无权索赔。

相关案例

2020 年 3 月 7 日,李某与某保险公司签订了一份人身保险合同,主险为某保险公司“康泰终身保险”,附加险为“住院医疗、安心、意外伤害及意外医疗”,年保费逾 2 700 元。2021 年、2022 年原告均按时办理了续保手续,缴纳了保费,合同有效期至 2023 年 3 月 7 日。2023 年 2 月 12 日,李某因上呼吸道感染住院,花去医疗费逾 1 800 元,原告以现金支付 1 979 元,社会医疗统筹支付 824 元。出院后原告要求保险公司按照保险合同给付保险金。3 月 19 日,某保险公司进行了理赔,但在理赔款中减去了“医保”支付的 824 元,其理由是该笔费用不是原告实际支付的。为此,双方发生纠纷,诉至法院。

争议焦点:本案争议的焦点在于保险公司对公费医疗、社会保险机构可报销的费用和第三者承担赔偿责任的部分是否还应承担保险金责任,也就是说,商业医疗费用报销型保险是否适用损失补偿原则。

商业医疗费用报销型保险是否具有补偿性质,在理论界和实务界存在两种观点:

一种观点主张:适用损失补偿原则,即保险公司仅对公费医疗、社会保险机构报销和第三者承担赔偿责任后剩余的费用承担给付保险金责任。

另一种观点主张:不能适用损失补偿原则,保险公司对公费医疗、社会保险机构可报销的费用和第三者承担赔偿责任的部分也不能免责。

法理分析：保险代位权不适用于人身保险合同。

从我国现行《保险法》的规定来看，财产保险合同属于补偿性合同，适用损失补偿原则。适用损失补偿原则的保险合同，必然和保险人的代位求偿权联系在一起。从《保险法》把保险代位权规定在财产保险合同一节，就可以得到印证。《保险法》第六十条规定："因第三者对保险标的的损害而造成保险事故的，保险人自向被保险人赔偿保险金之日起，在赔偿金额范围内代位行使被保险人对第三者请求赔偿的权利。前款规定的保险事故发生后，被保险人已经从第三者取得损害赔偿的，保险人赔偿保险金时，可以相应扣减被保险人从第三者已取得的赔偿金额。保险人依照本条第一款行使代位请求赔偿的权利，不影响被保险人就未取得赔偿的部分向第三者请求赔偿的权利。"

《保险法》第六十一条规定："保险事故发生后，保险人未赔偿保险金之前，被保险人放弃对第三者请求赔偿的权利的，保险人不承担赔偿保险金的责任。保险人向被保险人赔偿保险金后，被保险人未经保险人同意放弃对第三者请求赔偿的权利的，该行为无效。被保险人故意或因重大过失致使保险人不能行使代位请求赔偿的权利的，保险人可以扣减或者要求返还相应的保险金。"

而人身保险合同，包括人寿保险、意外伤害保险和健康保险等保险业务，属于定额保险合同，不适用损失补偿原则。

从《保险法》的现行规定来看，保险代位权不适用于人身保险合同。对于这一点，从《保险法》第四十六条的规定中可以得到证明。

《保险法》第四十六条规定："被保险人因第三者的行为而发生死亡、伤残或者疾病等保险事故的，保险人向被保险人或者受益人给付保险金后，不享有向第三者追偿的权利。但被保险人或者受益人仍有权向第三者请求赔偿。"该条增加了"被保险人或受益人仍有权追偿"的规定，强化了被保险人和受益人享有的对第三者的追偿权，使被保险人和受益人享有的向第三者的追偿权更加明确。

资料来源：www.renrendoc.com/p-10324282.html。

(二)损失补偿的方法及赔偿方式

1. 损失补偿的方法

(1)现金赔付。在大多数情况下，保险人采用现金赔付方式，这样既可以减少很多麻烦，也符合大多数被保险人的意愿。

(2)修理。在某些有形财产保险中，当保险标的发生部分损失或部分零部件的损残时，保险人便可以委托有关修理部门，对受损的保险标的物予以修复，其费用由保险人承担。例如汽车保险。

(3)更换。因保险责任事故发生，致使被保险标的损失，保险人采用替代、更换的方法对损失标的进行赔偿。

(4)重置。对被保险人的财产损毁或灭失，保险人负责重新购置与所保标的等价的标的，以恢复被保险人财产的原来面目。这种方式多用于不动产保险。

损失补偿的这四种方法所需费用一致时，可以由被保险人征得保险人同意后选择其中的一种。因为保险人承担的是经济赔偿责任，当用这四种方法确定赔偿损失的方法之后，最后都是以货币补偿给被保险人。

2. 损失补偿的赔偿方式

(1)比例赔偿方式

比例赔偿方式包括定值保险中的比例赔偿和不定值保险中的比例赔偿。

在定值保险的情况下,保险赔偿金额按照保险财产受损程度的比例计算。

发生全损时:

$$\text{赔偿金额}=\text{保险金额}$$

发生部分损失时:

$$\text{保险赔偿额}=\text{保险金额}\times\frac{\text{保险标的实际价值}-\text{残值}}{\text{保险标的实际价值}}$$

在不定值保险的情况下,保险赔偿金额按照保险保障程度计算,即根据保险金额与损失当时保险财产的实际价值的比例计算赔偿金额。

$$\text{保障程度}=\frac{\text{保险金额}}{\text{损失当时保险财产的实际价值}}$$

$$\text{赔偿金额}=\text{损失金额}\times\text{保障程度}$$

《保险法》规定:不定值保险的保险标的发生损失时,以事故发生时保险标的的实际价值为赔偿计算标准,保险金额不得超过保险价值。超过保险价值的,超过部分无效,保险人应当退回相应的保费;保险金额低于保险价值的,除合同另有约定外,保险人按照保险金额与保险价值的比例承担赔偿保险金的责任。因此,保险程度不能超过 1。在足额投保时,保障程度等于 1,赔偿金额等于损失金额。在不足额投保时,保障程度小于 1,被保险人不能得到十足补偿。在超额投保的情况下,保障程度为 1,保险人按照足额投保处理。

相关案例

2023 年 8 月,王某为自己投保了医疗费用报销保险,2024 年 10 月,王某由于生病住院花去医疗费 15 000 元,王某在社会医疗保险和其他报销机构已经报销了 13 000 元,随后王某又向保险公司申请报销全部医疗费 15 000 元,保险公司按照损失补偿原则赔付王某 2 000 元。

在本案例中,被保险人已经在社会医疗保险和其他报销机构报销了 13 000 元,如果保险公司赔付李某 15 000 元,则王某获利 13 000 元,这样就违背了保险的损失补偿原则,因此保险公司只需要赔付 2 000 元。

(2)第一损失赔偿方式

该方式是指保险人在承保时将保险责任或损失分为两部分:一部分是小于或等于保险金额的损失,也称第一损失;另一部分是大于保险金额的损失,也称第二损失。保险人仅对第一部分的损失承担赔偿责任,第二损失不在保险责任范围内。

采用此方式,当损失金额小于或等于保险金额时,保险人支付的赔偿金额等于损失金额;当损失大于保险金额时,赔偿金额等于保险金额。这种赔偿方式多用于家庭财产保险。由于保险人只对第一部分价值损失承担赔偿责任,因此被称为第一损失赔偿方式。

相关案例

某家庭财产保险单，保险金额为 50 万元，在保险期间发生火灾，造成家庭财产实际损失 18 万元。保险公司应赔付多少？假如火灾造成家庭财产损失 55 万元，保险公司又应赔偿多少？为什么？

①第一危险赔偿方式是按保险金额范围内的损失均予以赔偿的方式。该保险金额范围内的损失为 18 万元，所以保险公司应当赔偿 18 万元。

②保险公司应当赔偿 50 万元。超过保险金额 50 万元的部分为第二损失，保险公司对第二损失不负责赔偿。

(3)限额责任赔偿方式

保险双方当事人在订立保险合同时，便约定一个赔偿限额作为赔偿的依据，使保险人只承担事先约定的损失额以内的赔偿，超过损失限额部分，保险人不负赔偿责任。这种方式多用于农作物保险。

拓展阅读

三大粮食作物两种农业保险政策2024年起在全国全面实施

(4)免赔额(率)赔偿方法

该方法是指对免赔额(率)以内的损失，保险人不予负责，而在损失超过免赔额(率)时才能承担责任。

①采取绝对免赔额(率)

这是指保险人扣除免赔额(率)后对超过部分负赔偿责任。其计算公式为：

$$赔偿金额＝保险金额×(损失率－免赔率)$$

相关案例

张先生为自己的车辆购买了一份汽车保险，其中包含了一个绝对免赔额为 2 000 元的条款。某日，张先生的车辆发生了事故，经评估，车辆损失为 15 000 元。

赔偿金额计算：由于绝对免赔额为 2 000 元，保险公司只对超过免赔额的部分负责赔偿，因此，赔偿金额＝15 000 元(损失总额)－2 000 元(免赔额)＝13 000(元)。

这个案例体现了保险合同中免赔额条款的合理性，旨在鼓励被保险人在日常生活中更加注意风险防范和事故控制；同时，也强调了合同双方应当遵循公平交易、诚实信用的原则，按照合同条款进行赔付和索赔。

②采用相对免赔额(率)

这是指当保险财产受损程度超过免赔额(率)时,保险人按全部损失赔偿,不做任何扣除。其计算公式为:

赔偿金额=保险金额×损失率

相关案例

李先生为自家房屋购买了一份财产保险,合同中约定了相对免赔率为10%。某日,由于暴雨导致房屋受损,经评估,房屋损失率为25%,保险金额为100万元。

由于采用了相对免赔率,当损失率超过免赔率时,保险公司将按照全部损失进行赔偿,因此,赔偿金额=100万元(保险金额)×25%(损失率)=25(万元)(不扣除免赔额)。

这个案例体现了相对免赔率条款在财产保险中的应用,旨在保障被保险人在遭受重大损失时能够获得全额赔偿;同时,也强调了保险合同中的免赔条款并非旨在减轻保险公司的赔偿责任,而是基于公平原则,合理分配风险。通过诚信合作和遵守合同条款,双方可以共同维护保险市场的稳定和健康发展。

(三)损失补偿原则的例外

1. 定值保险

定值保险的保险价值是由投保人和保险人约定并在合同中载明,合同双方根据约定的保险价值确定保险金额。在定值保险中,发生损失时,不论保险标的价值如何变化,保险人仍按保险合同上所约定的保险金额计算赔款。从以赔偿实际损失为本质的损失补偿原则的角度来看,该保险是一种例外。

思考题:

某艺术品收藏家为一件价值难以确定的古董瓷器购买了一份定值保险。双方约定该古董瓷器的保险价值为100万元,并据此确定了保险金额。

以下两种情况分别该如何赔偿?

情况一:在一次火灾中,该古董瓷器被完全烧毁。

情况二:该古董瓷器在运输过程中不幸摔碎一角,经评估损失比例为20%。

2. 重置价值保险

重置价值保险又称重置成本保险,是指以被保险人重置或重建的需要,保险人允许投保人按超过保险标的实际价值的重置或重建价值投保,发生损失时,按重置费用或成本赔付。这样就可以在出现保险赔款大于实际损失的情况时按照重置价值确定损失额。一般的财产保险只保障保险标的当时的实际价值,而不承保重置价值。所以,对于损失补偿原则来说,这也是一种例外。

3. 人身保险

人身保险合同不是补偿性合同,人身价值难以用货币衡量,人身保险中的保险金额是由投保人或被保险人自行决定的,当发生保险事故时若持有多份保单,被保险人或受益人可获得多重赔付。因此,损失补偿原则对于人身保险也是一种例外,但人身保险中的医疗费用健康保险仍然适用损失补偿原则。

4. 施救费用的补偿

保险合同通常规定，当保险事故发生时，被保险人有义务积极抢救保险标的，防止损失进一步扩大。被保险人抢救保险标的所支出的合理费用由保险人负责赔偿。《保险法》第五十七条规定："保险事故发生时，被保险人应当尽力采取必要的措施，防止或减少损失。保险事故发生后，被保险人为防止或减少保险标的的损失所支付的必要的、合理的费用，由保险人承担；保险人所承担的费用数额在保险标的损失赔偿金额以外另行计算，最高不要超过保险金额的数额。"这样保险人实际承担了两个保险金额的补偿责任，显然扩大了损失补偿原则的范围与额度，这也是损失补偿原则的例外。

相关案例

某年 9 月 23 日，某保洁公司为包括张某在内的 140 名员工向某保险公司投保了团体意外伤害保险、附加团体意外伤害医疗保险，保险期限一年。投保后不到两个月，11 月 6 日，张某在路边工作时被金某驾车撞伤，后张某住院治疗，用去医疗费 15 225.50 元。因肇事车辆在某农业保险公司投保了交强险及商业第三者责任险，所以某农业保险公司在保险限额内履行了赔偿义务。后张某向某人寿保险公司提出赔偿要求。保险公司认为，张某就医疗费用获得充分赔偿，按照保险合同的约定，保险公司不应再赔偿其医疗费用。张某对保险公司的拒赔决定不服，遂诉至法庭。

资料来源：http://www.bpic.com.cn/xfzfxts/44239.jhtml。

三、损失补偿原则的派生原则及应用

(一)代位求偿原则

案例引入

近日，关先生向记者爆料，其妻子沈女士骑电动车在路上与一辆阿斯顿马丁轿车碰撞，妻子还受了伤，事发后被交警认定承担交通事故次要责任。事发两年后，他们突然收到法院传票：保险公司起诉其赔偿车辆损失费及利息共计 5 万多元。记者注意到，该案原告为中国人民财产保险股份有限公司某市分公司，因轿车车主在原告处购买了车辆损失险，保险公司进行了赔偿，所以保险公司向被告沈女士行使代位追偿权。该记者分别联系阿斯顿马丁售后服务中心经理和某市人保公司代理律师得知，受损车辆价格昂贵，维修费用高，不仅包括保险杠费用，而且包括其他辅材费用、人工费等。售后服务中心经理称："汽车维修所需的零件均由英国运回。这个车有很多配置是只能换不能修的。"律师认为，保险公司起诉沈女士的流程没有问题，并没有超过代位求偿的 3 年诉讼期，而沈女士作为交通事故的次责方，有权反诉，索赔自己因车祸受伤的相关损失。

资料来源：https://baijiahao.baidu.com/s?id=1730045270292037506&wfr=spider&for=pc。

1. 代位求偿原则的含义

代位意指取代他人的某种地位。保险中的代位，是指保险人取代被保险人对第三者的追偿权或对标的的所有权。

所谓"代位原则",是指保险人依照法律或保险合同约定,对被保险人所遭受的损失进行赔偿后,依法取得向对财产损失负有责任的第三者进行追偿的权利或取得被保险人对保险标的的所有权。代位原则包括两个部分:权利代位和物上代位。

代位求偿原则是损失补偿原则的派生原则,是对损失补偿原则的补充和完善,所以代位求偿原则与损失补偿原则同样只适用于各种财产保险,而不适用于人身保险。

人身保险的保险标的是无法估价的人的生命和身体机能,因而不存在由于第三者的赔偿而使被保险人或受益人获得额外利益的问题,因此,如果发生第三者侵权行为导致的人身伤害,被保险人就可以获得多方面的赔偿而无须权益转让,保险人也无权代位求偿。

2. 权利代位

权利代位即追偿权的代位,是指在财产保险中,保险标的由于第三者责任导致保险损失,保险人向被保险人支付保险赔款后,依法取得对第三者的索赔权。

(1)代位追偿权产生的条件

①损害事故发生的原因、受损的标的,都属于保险责任范围;

②保险事故的发生是由第三者的责任造成的,第三者依法应对被保险人承担民事损害赔偿责任,这样被保险人才有权向第三者请求赔偿,并在取得保险赔款后将向第三者请求赔偿权转移给保险人,从而使保险人获得向第三者代位求偿的权利;

③保险人只有按合同的规定对被保险人履行赔偿义务之后,才有权取得代位追偿权。

(2)保险人在代位追偿中的权益范围

保险人在代位追偿中享有的权益以其对被保险人赔付的金额为限,如果保险人从第三者责任方追偿的金额大于其对被保险人的赔偿,则超出的部分应归被保险人所有。

当第三者造成的损失大于保险人支付的赔偿金额时,被保险人有权就未取得赔偿部分对第三者请求赔偿。《保险法》第六十条第三款规定:"保险人依照本条第一款规定行使代位请求赔偿的权利,不影响被保险人就未取得赔偿的部分向第三者请求赔偿的权利。"

相关案例

小徐(化名)是灯塔市西马峰镇中学的学生。2020年6月9日,小徐在学校内上体育课期间不慎摔伤。受伤后小徐于当日被送至辽阳骨科医院治疗,被诊断为左肱骨踝上骨折、左桡骨小头骨折。

小徐在校期间曾在中国人寿保险股份有限公司灯塔市支公司(下文简称"人寿保险灯塔支公司")投保,因此受伤后理赔了4 454.52元。然而小徐因受伤产生的医疗等各项费用一共4万多元,在赔偿上未与学校和人寿保险灯塔支公司达成一致,因此他将两家单位告上法庭。

学校表示尊重法庭的判决,人寿保险灯塔支公司认为公司已按保险合同履行了支付保险金义务,小徐要求的其他损失均与自己无关。

法院认为,小徐为限制行为能力人,其在学校学习、生活期间受到人身损害,受伤时间为体育课上课期间,教师未在场,视为学校未尽到教育、管理职责,应当承担责任。小徐在人寿保险灯塔支公司投保了"国寿附加学生儿童意外伤害费用补偿医疗保险(A款)""国寿附加学生儿童住院费用补偿医疗保险(A款)”,双方构成保险合同关系,对小徐的合理损失,应由人寿保险灯塔支公司在保险限额内予以赔偿,超出部分由学校承担赔偿责任。

经法院认定,小徐的各项损失共计 47 259.76 元。最终法院一审判决,灯塔市西马峰镇中学赔付小徐 21 416.22 元,中国人寿保险股份有限公司灯塔市支公司赔付小徐 21 569.02 元。

资料来源:(2021)辽 1081 民初 1307 号民事判决书。

(3)保险人取得代位追偿权的方式

一是法定方式,即权益的取得无须经过任何人的确认。《保险法》规定,保险人代位求偿权的取得基于法律的规定,无须经过被保险人的确认。只要保险人向被保险人履行了赔偿责任,就自然取得了向责任方追偿的权利。

二是约定方式,即权益的取得必须经过当事人的磋商、确认。《保险法》第六十条的规定属于此种方式。

(4)代位追偿的对象与限制

代位追偿的对象是对保险事故的发生和保险标的的损失负有民事赔偿责任的第三者,它可以是法人,也可以是自然人。

通常保险人就如下情况赔偿被保险人损失后,依法取得对第三者的代位追偿权:第三者对被保险人的侵权行为,导致保险标的遭受损失,依法应承担损害赔偿责任;第三者不履行合同规定的义务,造成保险标的的损失,根据合同的规定,第三者应对保险标的的损失承担赔偿责任;第三者不当得利行为,造成保险标的的损失,依法应承担赔偿责任;其他依据法律规定,第三者应承担的赔偿责任,如共同海损的受益人对共同海损负有分摊损失的责任。

3. 物上代位

物上代位是指保险标的遭受保险责任范围内的损失,保险人按保险金额全数赔付后,依法取得该标的的所有权,即代位取得该标的的权利和义务。

(1)物上代位的基础

物上代位通常产生于对保险标的作推定全损的处理。所谓推定全损,是指保险标的遭受保险事故尚未达到完全损毁或完全灭失的状态,但实际全损已不可避免;或者修复和施救费用将超过保险价值;或者失踪达一定时间,保险人按照全损处理的一种推定性的损失。

(2)物上代位权的取得

保险人通过委付取得物上代位权。所谓委付,是指保险标的发生推定全损时,投保人或被保险人将保险标的的一切权益转移给保险人,而请求保险人按保险金额全数赔付的行为。委付是一种放弃物权的法律行为,在海上保险中经常采用。

拓展阅读

海上保险的产生与发展

(3)委付的成立必须具备的条件

委付必须由被保险人向保险人提出,委付应针对保险标的的全部,委付不得附有条件,委付必须经过保险人的同意。

由于保险标的的保障程度不同,因此保险人在物上代位中所享有的权益也有所不同。

《保险法》第六十一条的规定表明:保险事故发生后,保险人未赔偿保险金之前,被保险人放弃对第三者请求赔偿的权利的,保险人不承担赔偿保险金的责任。保险人向被保险人赔偿保险金后,被保险人未经保险人同意放弃对第三者请求赔偿的权利的,该行为无效。被保险人故意或者因重大过失致使保险人不能行使代位请求赔偿的权利的,保险人可以扣减或者要求返还相应的保险金。

相关案例

第二次世界大战期间,英国某保险人承保了一船黄金。船舶在航行中遇难,黄金沉入海底无法打捞,构成实际全损,保险人按全额赔偿。几十年后,保险人利用先进技术将沉船上的黄金打捞上来,其价值已是过去的几十倍。问:保险人应如何处理?

因为物上代位的保险人取得了保险标的的所有权,所以本案例中打捞上来的黄金全部归保险人所有。

(二)重复保险分摊原则

1. 损失分摊原则的含义

所谓"重复保险",是指投保人以同一保险标的、同一保险利益,同时向两个或两个以上的保险人投保同一危险,保险金额总和超过保险标的的价值。重复保险必须具备的条件:一是同一保险标的及同一保险利益;二是同一保险期间;三是同一保险危害;四是与数个保险人订立数个保险合同,且保险金额总和超过保险标的的价值。

损失分摊原则是指在重复保险的情况下,当保险事故发生时,各保险人应采取适当的分摊方法分配赔偿责任,使被保险人既能得到充分的补偿,又不会超过其实际损失而获得额外的利益。

2. 损失分摊方法

(1)比例责任分摊方式

比例责任分摊方式又称保险金额比例分摊制(比例责任制),即各保险人按其所承保的保险金额与总保险金额的比例分摊保险赔偿责任。其计算公式为:

$$\text{该保险人应分摊损失额}=\frac{\text{该保险人的保险金额}}{\text{所有保险人的保险金额之和}}\times\text{损失总额}$$

[例5-1] 某项财产的保险价值为120万元,投保人与A、B保险人分别签订相同的保险合同,保险金额分别是80万元和60万元。若保险事故造成的实际损失是80万元,根据这种分摊方式,保险人的分摊金额分别为:

A保险人应分摊:80×80÷140=45.71(万元)

B保险人应分摊:80×60÷140=34.29(万元)

（2）限额责任分摊方式

限额责任分摊方式是指在没有重复保险的情况下，各保险人依其承保的保险金额而应负的赔偿限额与各保险人应负赔偿限额总和的比例承担损失赔偿责任。

$$\text{该保险人应承担的赔付额}=\frac{\text{该保险人的赔偿限额}}{\text{所有保险人的赔偿限额总和}}\times\text{损失总额}$$

［例 5－2］　A、B 两家保险公司承保同一财产，A 公司承保 4 万元，B 公司承保 6 万元，实际损失 5 万元。A 公司在无 B 公司的情况下应赔付 4 万元，B 公司在无 A 公司的情况下应赔付 5 万元。在重复保险的情况下，如以限额责任的方式来分摊，则：

A 公司应赔付：$5\times4\div9=2.22$（万元）

B 公司应赔付：$5\times5\div9=2.78$（万元）

（3）顺序责任制

顺序责任制是指由先出单的保险人首先负责赔偿，后出单的保险人只有在承保的标的损失超过前一保险人承保的保额时，才依次承担超出的部分。

由于顺序责任制有失公平，因此各国在保险实务中已不采用，因为在顺序责任分摊方式下，各承保公司承担的责任不公平。

相关案例

2015 年，张先生在国家扩大内需政策的鼓舞下，购买了一辆价值 10 万元的小轿车。深知交通事故风险的张先生找到甲财产险公司为其爱车投保了一份保险金额为 5 万元的财产险。投保后不久，张先生感觉投保金额太低，于是他又找到乙、丙财产险公司为其爱车投保了财产险，保险金额分别为 10 万元和 15 万元，这样张先生才放心。假如张先生的爱车发生事故，损失 6 万元，按照顺序责任制的赔偿方式，甲、乙、丙财产保险公司应如何赔偿？

顺序责任分摊方式是指由先出单的保险人首先负责赔偿，后出单的保险人只有在承保的标的损失超过前一保险人承保的保额时，才依次承担超出的部分。所以甲财产保险公司赔偿 5 万元，剩余 1 万元损失由乙公司赔偿，丙财产保险公司不负担赔偿责任。

拓展阅读

中国保险业发展实况

本章小结

保险的基本原则	保险利益原则	保险利益原则是指在订立和履行保险合同的过程中,投保人或被保险人对保险标的必须具有保险利益,如果投保人对保险标的不具有保险利益,则签订的合同无效;或者保险合同生效后,投保人或被保险人失去了对保险标的的保险利益,保险合同随之失效
	最大诚信原则	最大诚信原则是指在保险合同订立及在有效期内,应依法向对方提供影响对方决定是否缔结合同的全部实质性重要事实;同时,绝对信守合同订立的约定与承诺 最大诚信原则的内容主要包括告知、保证、弃权与禁止反言
	近因原则	近因是造成保险标的损失的最直接、最有效、起决定性作用的原因,而不是指时间或空间上最接近损失的原因 确定近因的最基本的方法有两个:一是顺推法,二是逆推法
	损失补偿原则及其派生原则	损失补偿原则是指在保险事故发生时被保险人遭受损失时,保险人必须在保险责任范围内对被保险人所遭受的损失进行补偿 损失补偿原则的派生原则有代位求偿原则、重复保险分摊原则

本章练习题

一、单项选择题

1. 我国的保险立法采用(　　)的形式要求投保人履行告知义务。

A. 无限告知　B. 客观告知　C. 询问回答告知　D. 明确说明

2. 默示保证主要表现在(　　)中。

A. 海上保险　B. 人身保险　C. 火灾保险　D. 健康保险

3. 在最大诚信原则中,弃权与禁止反言的主要约束对象为(　　)。

A. 投保人　B. 保险人

C. 保险代理人　D. 投保人与保险代理人

4. 保险利益从本质上说是某种(　　)。

A. 经济利益　B. 物质利益　C. 精神利益　D. 财产利益

5. 根据国际惯例,在投保时可以不具有保险利益,但是在索赔时被保险人对保险标的必须具有保险利益的财产保险险种是(　　)。

A. 海上货物运输保险　B. 信用保险

C. 责任保险　D. 第三者责任保险

6. 保险利益是保险合同成立的前提。某人欲将新近购买的一辆走私车向保险公司投保机动车辆保险,而被保险公司拒保。这说明投保人对保险标的所具有的保险利益必须是(　　)。

A. 确定的利益　B. 合法的利益

C. 具有利害关系的利益　D. 保险公司认可的利益

7. 近因原则是判断风险事故与保险标的损失之间的因果关系,确定保险赔偿责任的一项基本原则。这里的近因指的是(　　)。

A. 导致损失的时间上最近的原因　B. 导致损失的第一个原因

C. 导致损失的最后一个原因　D. 导致损失最直接、最有效的原因

8.(　　)是指保险人依照法律或保险合同约定，对被保险人所遭受的损失进行赔偿后，依法取得向对财产损失负有责任的第三者进行求偿(或追偿)的权利或取得对保险标的的所有权。

A. 保险利益原则　B. 保险代位原则　C. 最大诚信原则　D. 损失分摊原则

9. 保险代位原则是财产保险合同的一项重要原则，是由(　　)派生出来的。

A. 保险利益原则　B. 最大诚信原则　C. 损失补偿原则　D. 损失分摊原则

10. 导致保险事故发生的责任方是(　　)是代位追偿权利产生的条件之一。

A. 被保险人　B. 第三方　C. 保险人　D. 投保人

11. 陈某为自己价值 15 万元的财产投保了家财保险，保险金额为 10 万元。在保险期间陈某家发生火灾导致室内财产损失 12 万元，则保险公司最多赔偿(　　)万元。

A. 10　B. 12　C. 15　D. 20

12. 损失补偿原则的基本含义不包括(　　)。

A. 只有保险事故发生造成保险标的毁损致使被保险人遭受经济损失时，保险人才承担损失补偿的责任

B. 如果被保险人由于保险事故遭受的经济损失不能得到补偿，就违背了保险的宗旨

C. 被保险人可获得的补偿量仅以其保险标的遭受的实际损失为限

D. 即使在保险期限内发生了保险事故，但被保险人没有遭受损失，就无权要求保险人赔偿

13.(　　)是履行财产保险合同的首要原则。

A. 损失补偿原则　B. 最大诚信原则　C. 保险代位原则　D. 损失分摊原则

14. 损失补偿原则的主要适用对象是(　　)。

A. 人寿保险　B. 年金保险　C. 万能保险　D. 财产保险

15. 损失补偿原则的主要适用对象是(　　)。

A. 人寿保险　B. 年金保险　C. 万能保险　D. 财产保险

16. 下列选项中，(　　)是保险人在履行损失补偿义务过程中考虑的主要因素。

A. 实际损失、标的市价、保险利益和赔偿方法

B. 实际损失、保险责任、保险利益和赔偿方法

C. 实际损失、保险范围、保险利益和赔偿方法

D. 实际损失、保险金额、保险利益和赔偿方法

17.(　　)原则规定，在保险活动中，保险人应对被保险人遭受的保险事故损失按合同规定条件给予赔偿，且又防止被保险人通过赔偿而得到额外利益。

A. 最大诚信　B. 保险利益　C. 损失补偿　D. 近因

二、多项选择题

1. 最大诚信原则的内容中，错误的说法有(　　)。

A. 告知、保证、确认、禁止反言　B. 告知、诚信、弃权、禁止反言

C. 告知、保证、弃权、禁止反言　D. 告知、诚信、确认、禁止反言

2. 根据保证事项是否存在划分，保证的种类包括(　　)。

A. 确认保证　B. 承诺保证　C. 明示保证　D. 默示保证

3. 投保人的告知主要有(　　)。

A. 无限告知　　B. 有限告知　　C. 自觉告知　　D. 询问回答告知

4. 人身保险合同有(　　)概念。

A. 保险金额　　B. 保险利益　　C. 重复保险　　D. 保险期限

5. 下列原则中,适用于人身保险合同的有(　　)。

A. 保险利益原则　　B. 最大诚信原则　　C. 代位求偿原则　　D. 近因原则

6. 确定保险利益的原则意义在于(　　)。

A. 提供合理补偿　　B. 防止赌博

C. 防止道德风险　　D. 保护被保险人利益

7. 损失补偿原则的实施要点不正确的有(　　)。

①以实际损失为限　②以保险金额为限　③以保险标的净值为限　④以可保险利益为限　⑤以保险期限为限

A. ①②③　　B. ①②④　　C. ①②⑤　　D. ①②③④⑤

三、填空题

1. 投保人投保时必须具有保险利益,但在索赔时保险人不追究其有无保险利益的险种是________。

2. 损失补偿原则的派生原则包括________和________。

3. 最大诚信原则的根本内容包括________、________、________。

4. 保证根据存在的形式划分,可以分为________和________。

5. 当保险标的遭受保险责任范围内的损失,保险人按保险金额全额赔付后,依法取得的该项保险标的的所有权被称为________。

6. 最大诚信原则根本内容中的弃权与禁止反言的主要约束对象是________。

四、判断题

1. 保险利益原则要求保险合同的成立必须以投保人具有保险利益为前提条件。(　　)

2. 投保人或被保险人对保险标的的所有权、占有权、使用权等必须是通过合法手段获得的。(　　)

3. 在保险合同中,只要投保人或被保险人拥有对保险标的的期待利益,就可以构成保险利益。(　　)

五、名词解释

1. 最大诚信原则　2. 告知　3. 保证　4. 弃权　5. 禁止反言　6. 代位求偿　7. 委付　8. 重复保险　9. 分摊原则　10. 近因原则

六、简答题

1. 什么是最大诚信原则? 为什么要规定这一原则?

2. 最大诚信原则的内容是什么?

3. 保险利益原则在一般财产保险、海上货物运输保险以及人身保险中的适用时限是如何规定的?

七、计算题

1. 2011 年 12 月，A 公司从 B 公司购入一批用于员工福利的水果，共计 5 000 箱，价值 90 000 元。为了保障货物的安全运输，A 公司选择了铁路运输，并为此投保了货物运输综合险，C 保险公司出具了保险单，并将其中的 25%分给另一保险公司 D。在到达目的地后，收货人发现一节车厢被撬开，货物丢失 100 箱，同时由于保温棉被掀开，另有 200 箱被冻坏，直接损失 7 000 元。此案中何为近因？应如何理赔？

2. 投保人将保险价值为 150 万元的财产同时向甲、乙两家保险公司投保财产保险综合险，保险金额分别为 50 万元和 150 万元。若一次保险事故造成实际损失为 80 万元，则按照限额责任分摊方式，甲、乙两家保险公司应分别承担的赔款是多少？

3. 某企业积极响应党的二十大精神中关于企业风险管理的号召，将价值为 120 万元的财产同时在甲、乙两家保险公司投保财产保险综合险，甲公司保险金额为 50 万元，乙公司保险金额为 100 万元。期内发生火灾，损失 60 万元。企业能得到多少赔偿金？

八、案例分析题

1. 某汽车运输公司于 2014 年 1 月 5 日与某保险公司签订机动车辆保险合同，合同约定，运输公司投保东风牌自卸汽车 12 辆，险种为车辆损失险和第三者责任险，保险期限为 2014 年 1 月 5 日—2015 年 1 月 5 日。合同签订后，运输公司依约支付保费。2014 年 3 月 25 日，运输公司一辆投保汽车在行驶过程中，与他人摩托车相撞，造成损失。事故发生后，运输公司向保险公司提出索赔，但保险公司依据交警部门出具的道路交警事故责任认定书，以事故车辆制动和灯光不合格为由提出拒赔。于是运输公司向法院起诉。法院经审理查明，2014 年 3 月 25 日，运输公司的司机驾驶东风牌自卸汽车，与第三方发生交通事故。事故发生后，该肇事汽车被交警扣留。2014 年 3 月 30 日，该车经市机动车检测站检测，结论为制动和灯光不合格。同年 6 月，市公安交通警察以道路交通事故责任认定书的形式认定，原告司机驾驶制动和灯光不合格的东风牌自卸车，遇情况采取措施不当，驶入逆道造成事故，负事故主要责任。

请问：应如何分析该案例？

2. 2023 年 4 月，A 公司为其车辆在一家保险公司购买了车辆损失险、第三者责任险、盗窃险，保险期限 1 年。同年 11 月，A 公司将该车转让给个体户 B 某，并同时在车辆管理所办理了过户手续。2024 年 2 月。B 某在驾驶该车过程中与一辆车相撞。经汽车修理厂评估，两车的修理费分别为 3.5 万元和 4.2 万元，交警部门认定，B 某应对该起事故负全部责任。2024 年 5 月，A 公司和 B 某一起向保险公司提出索赔申请，并向保险公司出具了该车在车管所过户的证明。

保险公司以保险车辆已过户转让但未申请办理保险批改手续为由拒赔。双方为此引起诉讼。

请问：法院应如何判决？

3. 某贸易公司委托一家钢材公司向某五金制品公司出售 10 000 吨钢材。合同约定货物于港口装运，卸货港为该五金制品公司当地港口，货物由买方投保。根据该合同，该五金公司向保险公司为这批货物投保了海运货物险并支付了保费。货船在开往港口途中因货舱进水而沉没，货物因此全损。该五金公司向保险公司索赔，保险公司以该五金公司并非核定的钢材进口公司，也没有申请领取进口许可证因此没有可保利益为由拒赔。该五金公司不服，向法院诉讼要求赔偿。法院判决该五金公司签订的合同确认为无效,驳回了被保险人的诉讼。

请问:法院为什么驳回诉讼?

4. 新婚夫妇刘某和李某参加旅行团去桂林旅游,途中他们乘坐的旅游大巴与一辆大货车相撞,夫妻双双受了重伤被送往医院急救。李某因颅内受到重度损伤且失血过多,抢救无效,于几个小时后死亡。刘某在车祸中丧失了左肢,在急救中因心梗死亡。在此之前,两人均购买了人身意外伤害保险,每人的保险金额均为 10 万元。保险公司接到报案后立即着手调查,了解到李某一向身体健康,而刘某婚前有心脏病史。最后保险公司赔偿李某 10 万元,赔偿刘某 5 万元。

请问:保险公司为什么会赔偿各异?

5. 2016 年 6 月 10 日,李某将家庭财产向所在地 A 保险公司投保了家庭财产保险及附加盗窃险,保险金额为 100 000 元,保单有效期为 1 年。同年 10 月 10 日,李某所在单位为全体职工在 B 保险公司投保了家庭财产保险及附加盗窃险,李某的保险金额为 50 000 元,保单有效期为 1 年。次年 2 月,李某家被盗。李某发现后立即向公安机关报案并告知保险公司。经现场查勘,李某家两道门锁被撬开,丢失财物共计 30 000 元。3 个月后公安机关未能破案,投保人李某先后向 A、B 两家保险公司索赔。采用比例责任方式,A 与 B 保险公司应如何进行赔付?

本章练习题参考答案

第六章

财产保险

本章知识结构

- 财产保险概述
  - 财产保险的概念
  - 财产保险的特征
  - 财产保险的种类
  - 财产保险的可保风险与不可保风险
  - 财产保险理赔的规定
  - 财产保险的职能与作用
- 企业财产保险
  - 企业财产保险的保险标的
  - 企业财产保险的保险责任与附加险
  - 企业财产保险的承保
  - 企业财产保险的赔偿处理
  - 企业财产保险的特别附加条款
- 家庭财产保险
  - 家庭财产保险的含义及特点
  - 家庭财产综合保险
  - 家庭财产两全保险
  - 家庭财产保险附加险
- 机动车辆保险
  - 机动车辆保险概述
  - 机动车综合商业保险
  - 机动车交通事故责任强制保险
- 其他物质损失保险
  - 货物运输保险
  - 工程保险
- 责任保险
- 信用保险与保证保险

教学目标

知识目标

1. 掌握财产保险的基本概念、种类及特征，理解财产保险在社会经济中的作用。

2. 熟悉企业财产保险、家庭财产保险、机动车辆保险等具体险种的保险标的、险种类型及保险责任。

能力目标

1. 能够分析财产保险合同中的保险责任、除外责任、保险金额及赔偿计算等关键条款。

2. 能够运用所学知识对财产保险案例进行初步分析和评估，提出合理的风险防控建议。

素质目标

1. 培养学生的社会责任感和风险意识,理解保险在维护社会稳定和经济发展中的重要作用。

2. 提升学生的道德素质和诚信意识,使他们在保险实践中遵守职业道德和法律法规,维护行业声誉。

本章寄语

随着社会财富的积累,人们对大量剩余产品的重视度的增加,财产保险应运而生,对满足当前社会需求、促进经济发展起到了至关重要的作用。

案例引入

2016年1月9日,宁波某控股有限公司租用的两个仓库发生火灾,过火面积近2万平方米,消防动用二十余辆消防车连续作业7个小时才将火扑灭,火灾造成大量存货服装被烧毁。接到报案后,保险公司第一时间赶到现场开展查勘工作,使用无人机记录了燃烧过程及消防作业过程,为下一步施救及清点工作的开展提供了支持;同时,组织人员夜以继日开展清点工作持续14天,救回四十余万件价值5 000万元的货物,挽回大量损失。本案发生后不到1个月,保险公司即向企业预付2 000万元,在案件处理过程中再次预付1 000万元,最终总计赔付6 850万元完成结案。

本案是火灾重大损失的典型案例,在新技术运用及施救工作的有效开展上具有很强的参考价值和推广意义。火灾是企业财产保险中最典型的保险事故,在本次事故中启用无人机进行查勘是保险机构运用新技术手段进行准确查勘定损、科学高效理赔的成功探索,极大地提高了对事故现场的查勘工作效率。有效施救、及时预付赔付,帮助企业灾后快速恢复正常的运转,避免大量人员失业,体现了保险承担社会责任的积极作为。

资料来源:https://mp.weixin.qq.com/s/CSNQSQShFh6D6XKKKe6Csw。

第一节　财产保险概述

财产保险起源于意大利的海上保险,早在中世纪的海事法规中就已含有规章性条款,16世纪以后,在其他西欧国家迅速发展起来,当时买卖保险契约行为已相当普遍。随着海上贸易中心的转移,到17世纪,英国伦敦成为世界上最主要的海上保险市场。1666年9月2日,伦敦发生历史上最严重的火灾,第二年,有人开始承保房屋的火灾风险。此后,依照海上保险的做法,对陆上财产的承保财产保险范围逐步扩大到几乎一切自然灾害和意外事故风险,保险标的从房屋扩大到任何有形财产,最后发展到许多无形财产,以至于因财产而产生的利益也可以承保。

一、财产保险的概念

财产保险是指以各种财产物资和有关利益为保险标的,以补偿投保人或被保险人的经济损失为基本目的的一种社会化经济补偿制度。

根据财产保险经营业务的范围，可将财产保险分为广义的财产保险和狭义的财产保险。广义的财产保险的保险标的既包括各种有形的物质财产，也包括在物质财产基础上派生出的财产相关利益、责任和信用等业务在内的一切非人身保险业务。狭义的财产保险则仅指各种财产损失保险，它强调保险标的是各种具体的财产物资，如火灾保险、运输工具保险、货物运输保险、工程保险等。

财产保险经营业务的范围涵盖了无形财产和有形财产。无形财产包括各种费用、产权、预期利润、信用、责任等。有形财产包括动产、不动产、固定的/流动的财产以及在制的或制成的财产，如厂房、机器设备、原材料、成品、半成品汽车、船舶、货物、家电等。

相关案例

某公司是一家注重社会责任和长期发展的工业用品生产厂商，其产品质量优良，深受市场欢迎。由于产品特性，因此该公司需要一个大型仓库来存储产品。为了回馈社会，该公司不仅关注自身的发展，而且致力于通过购买财产保险等措施来确保供应链的稳定，以保障客户利益不受损害。

2018 年初，一场突如其来的地震引发了该公司附近仓库的火灾。火势迅速蔓延，导致该公司存储在仓库中的大量商品被烧毁，造成了巨大的经济损失。然而，在灾难面前，该公司并未陷入绝望，而是凭借之前购买的财产保险，及时启动了理赔程序。

仓库负责存储企业主要的货物和产品，对于企业来说，除了保持仓库的安全外，也要加强仓库的保险意识，随时进行保险订购。这可以提高企业的安全性，避免因没有保险而造成不必要的损失。

购买财产保险不仅是公司自我保护的一种手段，更是对社会责任的担当。通过购买保险，公司能够在面对不可预测的风险时，减少自身损失，同时保障了供应链的稳定性，维护了客户的利益。这体现了公司对社会负责、对客户负责的态度。

拓展阅读

全球商业财产险市场趋势及四大挑战

二、财产保险的特征

（一）财产保险以财产及其有关利益为保险标的

《保险法》第十二条规定："财产保险是以财产及其有关利益为保险标的的保险。"

(二)保险标的必须是可以用货币衡量其价值的财产或利益

财产保险具备社会属性,要以用货币衡量的财产和利益作为财产保险的标的,如房屋、机器设备、产品等。而无法用货币衡量价值的财产或利益,如土地、矿藏、江河、政府信用、人的寿命和身体等,不能成为财产保险的保险标的。

(三)财产保险对于保险标的的保障功能表现为经济补偿

财产保险是用经济手段对自然灾害和意外事故造成保险标的的损失给予经济补偿。保险人经营各种类别的财产保险业务,意味着其承担了对保险客户保险利益损失的赔偿责任。在购买财产保险的时候,与财产有关的利益都有确定的价值,发生事故后,保险公司来评定被保险人的实际损失,给予保险赔偿金。而财产保险费率的制定,需要以投保财产或有关利益的损失率为计算依据;财产保险基金的筹建与积累,也需要以能够补偿所有保险客户的保险利益损失为前提。因此,财产保险合同是补偿性合同。它是对保险人因为保险事故遭受的经济损失给予补偿的一种合同。

(四)财产保险属于社会商业活动的组成部分

财产保险属于商业活动的范畴,符合商品经营的一般原则。财产保险作为独立经济实体的商业活动而存在,揭示了财产保险社会属性的又一项重要内容。

(五)财产保险保险金额的确定有客观依据

财产保险保险金额的确定一般参照保险标的的实际价值,或者根据投保人的实际需要参照最大可能损失、最大可预期损失确定其所购买的财产保险的保险金额。确定保险金额的依据即保险价值,保险人和投保人在保险价值限度以内,按照投保人对该保险标的存在的保险利益程度来确定保险金额,作为保险人承担赔偿责任的最高限额。

相关案例

受 2013 年 11 月“海燕”强台风的袭击,海南橡胶集团所属立才、保国、山荣等 25 家基地分公司的橡胶树严重受损,橡胶树报废损失株数 137 万株,当年干胶损失约 6 500 吨。人保财险海南省分公司启动大灾预案,紧急与海南橡胶集团联合成立“保险理赔处理工作组”赶赴出险地区,积极与海南橡胶集团协商赔偿事宜。2014 年 4 月 2 日,人保财险海南省分公司向海南橡胶集团支付了 1.541 2 亿元的橡胶树综合保险赔款。

橡胶产业是海南省的重要支柱产业之一,对于推动当地经济发展具有重要意义。在此次灾害后,海南橡胶集团和人保财险海南省分公司共同推动橡胶产业的绿色发展,通过保险理赔等方式支持受灾橡胶树的复种和养护,助力橡胶产业的可持续发展。

在此次灾害中,人保财险海南省分公司积极发挥保险作用,为海南橡胶集团提供了有效的风险保障。同时,他们也加强了对自然灾害等风险的预警和防控工作,提高了企业和社会的风险管理能力。

资料来源:www.hkwb.net/news/content/2014-04/03/content_2191957.htm。

(六)财产保险保险期限的特殊性

财产保险的保险期限较短。普通财产保险的保险期限通常为 1 年或者 1 年以内,并且保险期限就是保险人实际承担保险责任的期限。在保险单到期前,保险人应通知被保险人办理续保手续。一般根据保险登记簿填制“到期通知单”送交被保险人，以便到期办理续保手段，避免保险中断。但也存在一些特殊情况，例如，在工程保险中，尽管在保险单上列明了保险期限，但保险人实际承担保险责任的起止点往往要根据工程的具体情况确定，即受到承保风险的期间限制。保险责任的起止点可以向前追溯至运输期和制造期，向后延至试车期、保证期和潜在缺陷保证期。这就是说，工程保险的保险期限实际上包括了制造期、运输期、主工期、试车期、保证期和潜在缺陷保证期。

拓展阅读

财产保险的索赔时效

（七）财产保险经营内容具有复杂性

1. 投保对象与承保标的复杂

财产保险的投保人既可以是单个或多个法人团体和保险客户，也可以是居民家庭和个人。其标的从财产物资到高科技产品或大型土木工程，从有实体的各种物资到无实体的法律、信用责任乃至政治、军事风险等，不同的标的往往具有不同的形态与不同的风险。

2. 承保过程与承保技术复杂

承保前风险检查、承保时严格核保、保险期间的防灾防损以及保险事故发生后的理赔查勘等，承保过程程序多、环节多。

3. 风险管理复杂

在风险管理方面，财产保险主要强调对物资及有关利益的管理，对保险对象的危险高度集中的保险业务，保险人通常要采用分保或再保险的方式来进一步分散危险。

相关案例

某大型跨国建筑公司A，承接了国内一项标志性的超高层建筑项目B。由于项目B的复杂性、高风险性及其重大的社会影响，因此A公司决定为其购买一份全面的财产保险，以确保项目在遭遇自然灾害、意外事故等风险时能够得到及时的经济补偿，保证项目的顺利进行。

投保对象与承保标的的复杂性：A公司作为项目的承建方，是财产保险的投保人。承保的标的则是项目B这一大型土木工程，包括其所有建筑材料、施工设备、临时设施以及在建的建筑物本身。由于项目B的特殊性，其标的物不仅具有实体形态，而且涉及工程技术、建筑设计等多方面的专业知识。此外，项目B的保险标的还包括了施工过程中可能产生的第三方责任风险，如施工导致的周边建筑物损坏、人员伤亡等。

承保过程与承保技术的复杂性：在承保前，保险公司对项目B进行了详细的风险评估，包括现场勘查、技术评估、风险评估等多个环节。在承保过程中，保险公司对A公司提交的投保资料进行了严格的核保，确保所有信息真实、准确、完整。保险期间，保险公司还提供了防灾防损的咨询服务,协助 A 公司制订风险管理计划,降低潜在风险。一旦发生保险事故,保险公司就迅速启动理赔程序,进行查勘定损,确保 A 公司能够及时获得经济补偿。

风险管理的复杂性:由于项目 B 的风险高度集中,因此保险公司采用了分保和再保险的方式来分散风险。通过与多家保险公司合作,共同承担项目 B 的保险责任,确保在发生大额赔付时能够有足够的资金支付赔款。同时,保险公司还加强了对项目 B 的风险监控和预警,及时发现潜在风险并采取有效措施进行防范和化解。

A 公司作为一家跨国建筑公司,深知其承担的社会责任。购买全面的财产保险不仅是为了保障自身利益,更是为了保障项目 B 的顺利进行,为社会和经济发展做出贡献。这种对社会责任的担当体现了企业的公民意识和社会责任感。保险公司与 A 公司之间的合作体现了合作共赢的理念。通过共同承担风险、分享利益,双方实现了互利共赢的目标。这种合作不仅有助于企业的稳健发展,而且有助于推动整个社会的和谐发展。

三、财产保险的种类

《保险法》第九十五条第二款规定:财产保险业务包括财产损失保险、责任保险、信用保险、保证保险等保险业务;保险人不得兼营人身保险业务和财产保险业务。但是,经营财产保险业务的保险公司经国务院保险监督管理机构批准,可以经营短期健康保险业务和意外伤害保险业务。保险公司应当在国务院保险监督管理机构依法批准的业务范围内从事保险经营活动。

常见的财产保险有以下几类:

(一)企业财产保险

企业财产保险是以企业的固定资产和流动资产为保险标的,以企业存放在固定地点的财产为对象的保险业务,即保险财产的存放地点相对固定且处于相对静止的状态。企业财产保险是我国财产保险业务中的主要险种之一,其适用范围很广,一切工商、建筑、交通、服务企业,国家机关,社会团体等均可投保企业财产保险,即对一切独立核算的法人单位均适用。

相关案例

某年 6 月,某地盲残人福利综合加工厂失火,该厂在 4 天前投保了财产火灾损失保险的财产受损严重。在接到该厂厂长的报案后,当地公安和保险公司赶赴现场。经勘查,发现仓库门被撬,地上有一只汽油桶,从而断定这是一起人为纵火案。后调查发现,该厂厂长经营不善,无力偿还贷款,希望用保险赔款支付赊欠的货款。在火灾发生前 4 天,厂长亲自将价值仅有 15 万元的财产谎报为 21 万元向某保险公司投保了团体火灾保险,并在投保后指使该厂一业务员放火烧毁被保险财产。问:保险公司将如何理赔?

上述案件发生后,由于该厂厂长和放火的业务员罪行严重,因此分别被判处无期徒刑和有期徒刑 15 年。在对保险公司是否负责该厂经济损失的赔偿问题上,虽有两种看法,但都主张赔付。

不同观点:(1)保险公司应该赔。理由是厂长及犯罪业务员的行为只能代表个人,而不能代表全厂,仓库失火对全厂职工来说仍是意外的,如果不赔,该厂职工的利益及集体财产就没有得到保险保障,这显然是与保险关系的平等原则不相适的。

(2)保险公司应通融赔付。理由是厂长及犯罪的业务员已受法律制裁，该厂职工并未有过错，况且该厂职工均系盲残人，社会主义国家的保险应讲求社会效益，体现保险的社会功能。因此，保险公司应通融赔付。

(二)家庭财产保险

家庭财产保险简称家财险，是以城乡居民的有形财产为保险标的的一种保险，是个人和家庭投保的最主要险种之一。

凡存放、坐落在保险单列明的地址，属于被保险人自有的家庭财产，都可以向保险人投保家庭财产保险。家庭财产保险的投保范围一般包括房屋及房屋装修、衣服、卧具、家具、燃气用具、厨具、乐器、体育器械、家用电器等；其附加险有盗窃、抢劫和金银首饰、钞票、债券保险以及第三者责任保险等。

相关案例

2006 年 2 月 3 日 16 时，黄某发现家中被盗，投保的保险财产丢失，包括裘皮大衣 5 件、项链 2 条、床罩 1 套、纪念币 20 张、手表 1 块等。黄某报案后，公安局出现场并予刑事立案。案件发生后，黄某向保险公司申请理赔，保险公司以丢失的财物没有发票及证明为由不予理赔，无奈，黄某将保险公司诉至人民法院。

本案经过两次法庭审理，最后双方达成了调解协议，保险公司一次性给付黄某赔偿金 40 万元，双方再无其他纠纷。

案件特色：保险公司拒绝理赔的主要原因是丢失的财物没有发票及证明。在财产保险理赔中，证据是判断损失和确定赔偿金额的重要依据。本案中，由于证据缺失，保险公司和黄某之间产生了争议。

专家点评：在财产保险中，被保险人需要提供足够的证据来证明损失的发生和损失的大小。因此，投保人在日常生活中应当妥善保管与保险财产相关的发票、收据等证明文件，以便在发生损失时能够及时向保险公司申请理赔。本案也提醒我们，应当加强对公众的法律宣传和教育，提高公众对保险法律制度的认识和理解。只有让公众了解并遵守保险法律制度，才能有效减少保险纠纷的发生，维护社会的公平正义。

(三)运输工具保险

运输工具保险是承保因自然灾害和意外事故造成运输工具的损失及被保险人在使用运输工具过程中产生的对第三者的民事损害赔偿责任的一种财产保险。我国常见的运输工具保险险种有机动车辆保险、船舶保险和飞机保险等。

相关案例

2015 年 9 月 16 日，接到船东报案，称标的船舶在海上捕捞作业时船员生活区起火。保险公司立即展开事故前期应急处理工作并即刻安排船员及被保险船舶的救助工作。9 月 18

日由于持续燃烧,该轮发生爆炸缓慢沉入太平洋。由于标的轮已发生实际全损,因此保险公司马上将工作重点转移至事故调查。经过详尽分析和推断,合理推论出起火点、起火原因、助燃物,进一步还原了事故经过。

本案中保险人,协调国内外辅助人、各利益方,准确判断、充分沟通、决策果断,在不到 4 个月的时间内进行结案处理,最终赔付被保险人 1 118 万美元。

案件特色:船舶海上事故现场留存难、处理难,需要保险机构具有丰富的经验和专业的技术能力,本案对此有很好的体现。

专家点评:本次涉及的是船舶海上出险事故,因此事故第一现场极难留存,保险机构借助丰富的风险管理、事故处理经验,及时反应,借助海外检验代理人的力量,合理制订处置方案,并在核实事故事实、赔款支付等方面取得了客户的信任和赞誉,真正践行了保险业"守信用、担风险、重服务、合规范"的核心价值。

资料来源:https://news.vobao.com/article/877103995859316400.shtml。

(四)货物运输保险

货物运输保险是以运输途中的货物作为保险标的,保险人对由自然灾害和意外事故造成的货物损失负赔偿责任的保险。保险条款按运输方式来分,有海洋、陆上、航空和邮包运输保险条款四大类;对某些特殊商品,还配备有海运冷藏货物、陆运冷藏货物、海运散装桐油及活牲畜、家禽的海陆空运输保险条款。

思考题:

我国某进出口公司甲与德国客商乙签订合同出口大豆一批。货物在中国某保险公司投保并由中国商检局出具品质、质量检验证书。货物运抵目的地时,客商来电称货物品质不符合合同规定,货物已变质。我方经调查推定货物变质可能是在运输途中发生的,并催其向承运人或保险公司提出交涉。德国保险查勘代理公司称检验机构出具的检验报告直寄保险公司,要求迅速给出处理意见。10 个月后,客商由于保险公司迟迟不肯做出决定,改变主意把责任推向我方出口公司,称大豆在装运前是有缺陷的。

问题一:我方出口公司是否应该承担责任?

问题二:你认为最终该案应当如何解决?

(五)工程保险

工程保险是承保建筑安装工程期间一切意外物质损失和对第三人经济赔偿责任的保险,包括建筑工程一切险与安装工程一切险,属综合性保险。保险标的为工程项目主体、工程用的机械设备以及第三者责任,此外尚有些附带项目。保险责任为工程期间因洪水、暴雨、地震等自然灾害而造成的损失;火灾;爆炸、飞行物体坠落等意外事故损失;盗窃、恶意行为等人为损失;原材料缺陷、工艺缺陷等工程事故损失以及对第三人的赔偿责任。工程保险规定有免赔额与赔偿限额。

与传统的财产保险相比较,工程保险具有如下特征:承保风险责任广泛而集中、涉及较多的利益关系人、不同工程保险险种的内容相互交叉、工程保险承担的主要是技术风险。

相关案例

2015年8月8日，超强台风“苏迪罗”在福建莆田市秀屿区沿海登陆，超强台风将某特大跨海大桥29#平台钢套箱围堰整体摧毁，部分海上栈桥发生倒塌。事故发生后，保险公司立即启动应急预案，抽调全国理赔骨干组建查勘小组，总分联动迅速开展查勘定损工作，30天内完成现场查勘。为帮助被保险人尽快恢复生产、减少损失，出险后4个月内平安产险紧急预赔990万元，1年即完成2 697万元人民币赔款的支付，有效缓解了被保险人的资金压力。

案件特色：本案是海上工程保险的典型案例，展现了海上工程风险的特征和灾前风险防范措施的独特性，为同类工程灾前风险防控工作带来了新的思考。

专家点评：随着工程建设地域逐步向近海拓展，跨海大桥的建设俨然成为中国沿海经济发展的重要通道。本案中保险机构在灾害来临前及时向被保险人推送防灾预警信息，提醒被保险人做好人员、材料转移，安排专人驻场协助灾前防控，较大程度地降低了灾后损失，充分体现了保险的风险管理职能，为海上工程保险灾前防控提供了借鉴。

资料来源：xw. cbimc. cn/2015-08/11/content_165584. htm。

拓展阅读

火灾保险的诞生

(六)特殊风险保险

特殊风险是指为特殊行业设计的各种保险，主要指航天保险、核电站保险和海洋石油开发保险。其特征是高价值、高风险、高技术(其中高技术是指特殊风险保险承保、理赔的技术含量较高)；再保险和共保必不可少；保险险种国际化；承保条件与国际市场同步；原保险人与再保险人共同处理赔案。

相关案例

航空业作为特殊行业，面临着包括飞机碰撞在内的种种风险。2014年马来西亚航空公司一架载有239人的航班MH370失联，引起全球关注。根据航空保险合同的规定，保险公司将根据事故原因、飞机价值等综合因素来决定赔偿金额。因飞机始终没有找到，保险公司最终进行了大额赔偿。

保险赔付金额：由于航班已经消失，因此责任无法确定，保险公司支付了约7.5亿美元的保险赔付。

保险赔付类型：在这种情况下，赔付主要来自保险公司所承担的航空意外险部分。对于每一位旅客来说，是否购买航空意外险是自愿的，但这类保险的保障范围广，通常包括航空意外险,保额在 40 万～60 万元。

国外赔偿流程:在国外空难中,赔偿通常分为两步。第一步支付首笔“道义赔偿”,通常约为 5 万美元,可以理解为丧葬费。第二步在事故责任认定之后,即“正式赔偿”。正式赔偿的金额并无统一标准,发达国家通常赔偿较多,其他国家则较少。

(七)农业保险

农业保险是指保险机构根据农业保险合同,对被保险人在种植业、林业、畜牧业和渔业生产中因保险标的遭受约定的自然灾害、意外事故、疫病、疾病等保险事故所造成的财产损失,承担赔偿保险金责任的保险活动。

相关案例

受 2014 年 7 月 18 日超强台风“威马逊”的袭击,文昌南某瓜菜种植专业合作社大棚骨架与覆盖物被损毁,大棚钢结构零部件变形,薄膜被大风刮破。经双方实测核定损失为:大棚损失 347.78 亩,薄膜损失 333.83 亩,瓜菜损失 60 亩。2014 年 9 月 5 日,保险公司向被保险人支付赔款 1 271 万元。

案件特色:本案中,文昌南某瓜菜种植专业合作社通过购买农业保险,在遭受自然灾害后得到了及时的经济补偿。这充分体现了农业保险在农业生产中的重要作用,能够有效减轻农户的经济负担,保障农业生产的稳定进行。

专家点评:从本案可以看出,农业保险在农业生产中发挥着重要作用。一方面,它能够有效减轻自然灾害对农户造成的经济损失,保障农业生产的稳定进行;另一方面,它也能够提高农户抵御自然灾害风险的能力,增强他们的生产信心。

资料来源:https://hews.vobao.com/article/100620727515423474.shtml。

(八)责任保险

责任保险是以被保险人对第三者依法应负的赔偿责任作为保险标的的保险。它是保险人对被保险人由于过失等行为造成他人的财产损失或人身伤亡,根据法律或合同的规定,应对受害者承担的赔偿责任提供经济赔偿。

相关案例

某化工厂在生产过程中,由于设备故障导致大量有毒废水未经处理直接排入附近河流,严重破坏河流生态系统,周边居民饮用水源受到污染,多人出现健康问题。事故发生后,当地环保部门对化工厂进行了调查,并认定其为事故责任方。事故发生后,化工厂立即向保险公司报案,并提供了相关证据材料。保险公司经过调查核实,确认事故属于保险责任范围,并与化工厂、受害者代表进行了多轮协商,最终确定了赔偿金额和赔偿方式。保险公司迅速支付了赔偿款项,帮助受害者及时修复了受损设施,并对河流生态系统进行了修复。

案件特色:事故责任方明确,即该化工厂因过失行为导致环境污染,依法应对受害者承担赔偿责任。化工厂在事故发生前购买了环境污染责任保险，使得受害者能够及时获得经济赔偿，有助于减轻其损失。

专家点评：责任保险在现代社会中发挥着越来越重要的作用，尤其是在处理环境污染等复杂问题时，其重要性更加凸显。本案中，化工厂通过购买环境污染责任保险，不仅为自身提供了风险保障，而且为受害者提供了及时的经济赔偿，有助于减轻其损失。同时，这也体现了企业的社会责任意识，对于推动环境保护和社会可持续发展具有重要意义。

企业作为社会的一员，应当承担起相应的社会责任，通过购买责任保险等方式，为可能发生的损害提供经济赔偿，保障受害者的合法权益。同时，这也提醒我们要增强环保意识，积极参与环境保护行动，共同维护我们美好的家园。

（九）信用保证保险

信用保证保险分为信用保险和保证保险，信用保险（credit insurance）是保险人根据权利人的要求担保义务人（被保证人）信用的保险；保证保险（guarantee insurance）是义务人（被保证人）根据权利人的要求，要求保险人向权利人担保义务人自己信用的保险。信用保险和保证保险都是保险人对义务人（被保证人）的作为或不作为致使权利人遭受损失负赔偿责任的保险，即保险人对义务人信用的担保。但二者的对象和投保人均不同，前者是权利人要求保险人担保义务人（被保证人）的信用，后者是义务人（被保证人）要求保险人向权利人担保自己的信用；前者由权利人投保，后者由义务人（被保证人）投保。

相关案例

某中小企业（简称“A 公司”）因扩大生产规模，急需一笔流动资金。在向银行申请贷款时，银行要求 A 公司提供相应的担保措施。由于 A 公司没有足够的抵押物，因此它选择了购买信用保证保险作为担保方式。A 公司与 B 保险公司（以下简称“B 公司”）签订了信用保证保险合同，约定在 A 公司无法按时偿还银行贷款时，由 B 公司承担赔付责任。贷款发放后，A 公司因市场变化及内部管理问题，导致经营陷入困境，无法按期偿还银行贷款。银行根据与 A 公司签订的贷款合同及与 B 公司签订的信用保证保险合同，要求 B 公司履行赔付责任。B 公司在接到银行的赔付要求后，经过调查核实，确认 A 公司确实无法偿还贷款，于是按照合同约定向银行支付了相应的赔付款项。

案件特色：本案例中，A 公司采用信用保证保险作为贷款担保方式，既解决了抵押物不足的问题，又降低了融资成本。信用保证保险合同明确了各方的权利与义务，使保险公司在发生保险事故时能够迅速做出反应，承担赔付责任。通过信用保证保险，银行与保险公司共同分担了贷款风险，提高了银行对中小企业的贷款意愿。

专家点评：本案例充分展示了信用保证保险在中小企业融资中的重要作用。信用保证保险作为一种创新的担保方式，不仅能够解决中小企业融资难的问题，而且能够降低银行的贷款风险，促进金融市场的稳定发展。同时，本案例也体现了保险行业在支持实体经济发展、服务社会民生方面的积极作用。

四、财产保险的可保风险与不可保风险

(一)财产保险的可保风险

可保风险是指符合承保人承保条件的特定风险。尽管保险是人们处理风险的一种方式,它能为人们在遭受损失时提供经济补偿,但并不是所有破坏物质财富或威胁人身安全的风险,保险人都承保。

可保风险的范围如下:(1)被保险人寻求保障而保险人又愿意提供保障的风险;(2)火灾、爆炸、雷电、飓风、台风、龙卷风、暴雨、洪水、冰雹;(3)地崩、山崩、雪崩、火山爆发、地面下陷下沉;(4)飞机坠毁、飞机部件或飞行物体坠落;(5)水箱、水管爆裂;(6)货物的被盗,现金的损失或被盗;(7)玻璃破碎;(8)机器的意外损失。

相关案例

某市遭遇罕见暴雨,大量房屋受到不同程度的损害。市民张先生家的房屋屋顶在暴雨中被破坏,导致室内严重漏水,家具、电器等物品受损。张先生之前为该房屋购买了财产保险,于是向保险公司提出了理赔申请。

本案中,张先生通过购买财产保险,体现了对个人财产安全的重视和对保险功能的信任。同时,这也体现了社会保障体系中商业保险的重要作用,即通过市场机制为人们提供风险保障,增强社会的稳定性和抗风险能力。

(二)财产保险的不可保风险

不可保风险是指属于该类风险的人有极高的死亡概率,以致承保人无法按照正常的大数法则分散风险,只能拒保的风险。通常认为,不可保风险有三种。(1)非法获得的财产;(2)用于非法用途的财产;(3)由于下列原因造成的损失:①延误、政府命令或任何公共当局的没收、征用、销毁或毁坏;②自然磨损或贬值;③清洁、修理或维护中;④虫蛀、虫咬;⑤大气、土地、水污染;⑥任何其他渐变原因。

相关案例

李先生购买了一批非法进口的电子产品,存放在自己的仓库中。某日,仓库被盗,这批非法电子产品全部丢失。李先生曾为该仓库购买财产保险,但向保险公司提出理赔申请时,被保险公司拒绝。

本案中,保险公司拒绝为非法用途的财产提供保险保障,体现了保险公司在遵守法律、维护社会公共利益方面的积极作用。同时,这也提醒我们,在日常生活中应遵守法律法规,不从事非法活动,以免遭受不必要的损失。

五、财产保险理赔的规定

（一）理赔规则

《保险法》第五十五条规定了理赔规则："投保人和保险人约定保险标的的保险价值并在合同中载明的，保险标的发生损失时，以约定的保险价值为赔偿计算标准。投保人和保险人未约定保险标的的保险价值的，保险标的发生损失时，以保险事故发生时保险标的的实际价值为赔偿计算标准。保险金额不得超过保险价值。超过保险价值的，超过部分无效，保险人应当退还相应的保险费。保险金额低于保险价值的，除合同另有约定外，保险人按照保险金额与保险价值的比例承担赔偿保险金的责任。"

（二）理赔后解除合同的规定

《保险法》第五十八条规定："保险标的发生部分损失的，自保险人赔偿之日起三十日内，投保人可以解除合同；除合同另有约定外，保险人也可以解除合同，但应当提前十五日通知投保人。合同解除的，保险人应当将保险标的未受损失部分的保险费，按照合同约定扣除自保险责任开始之日起至合同解除之日止应收的部分后，退还投保人。"

相关案例

李女士为其家庭财产投保了综合保险。在一次火灾中，部分家具被烧毁。保险公司按照实际损失向李女士支付了赔偿金。在收到赔偿金后，李女士考虑将未受损的家具重新布置或购买新家具，因此决定解除与保险公司的保险合同。保险公司按照合同规定，在扣除已承担风险的保费后，将剩余保费退还给了李女士。在保险合同中，投保人享有在保险事故发生时获得赔偿的权利，同时承担着支付保费、如实告知等义务。在解除合同的过程中，保险公司和投保人都应遵守合同约定，保障各自的权益。

（三）受损保险标的的权利处置

《保险法》第五十九条规定："保险事故发生后，保险人已支付了全部保险金额，并且保险金额等于保险价值的，受损保险标的的全部权利归于保险人；保险金额低于保险价值的，保险人按照保险金额与保险价值的比例取得受损保险标的的部分权利。"

（四）关于重复保险的规定

重复保险是指投保人对同一保险标的、同一保险利益、同一保险事故分别与两个以上保险人订立保险合同，且保险金额总和超过保险价值的保险。

《保险法》第五十六条要求："重复保险的投保人应当将重复保险的有关情况通知各保险人。重复保险的各保险人赔偿保险金的总和不得超过保险价值。除合同另有约定外，各保险人按照其保险金额与保险金额总和的比例承担赔偿保险金的责任。重复保险的投保人可以就保险金额总和超过保险价值的部分，请求各保险人按比例返还保险费。"

相关案例

赵先生为其价值200万元的房屋在两家保险公司分别投保了150万元和120万元的保险金额。某日,房屋因火灾受损,两家保险公司均接到了赵先生的理赔申请。赵先生为同一保险标的在两家保险公司分别投保了保险,且保险金额总和超过了保险价值,属于重复保险。两家保险公司按照各自保险金额与保险金额总和的比例,即150÷(150+120)和120÷(150+120),分别承担了相应的赔偿责任。

此案例体现了法律对重复保险的处理原则和公平责任分担的精神。同时,也提醒消费者在投保时要注意避免重复保险,以免造成不必要的经济损失和纠纷。

六、财产保险的职能与作用

案例引入

某大型制造业企业(以下简称"A企业")位于我国东部沿海城市,主要从事精密机械制造业务。由于企业规模庞大,生产设备价值昂贵,且地处台风、暴雨等自然灾害频发地区,因此A企业面临着较高的风险。为确保企业的稳健运营和财产安全,A企业决定投保一份财产保险。A企业经过对多家保险公司的比较,最终选择了一家信誉良好、服务优质的保险公司B。双方签订了财产保险合同,约定了保险金额、保险期限、保险责任等条款。A企业按照合同约定支付了保费,保险公司B则开始为A企业提供财产保险服务。某年夏季,A企业所在地区遭受了罕见的强台风袭击。台风带来了强降雨和狂风,导致A企业的厂房受损,部分生产设备被淹,造成了巨大的经济损失。事故发生后,A企业立即向保险公司B报案。保险公司B迅速启动理赔程序,组织专业人员对损失进行评估。经过评估,保险公司B认定A企业的损失属于保险责任范围,并按照保险合同的约定,向A企业支付了相应的赔偿金。

这笔赔偿金及时到位,帮助A企业迅速恢复了生产,减少了因灾害造成的停产损失。同时,A企业利用赔偿金对受损的厂房和设备进行了修复和升级,提高了企业的抗灾能力和生产效率。

本案例体现了财产保险在现代社会中的重要作用,即通过经济补偿职能,帮助受灾企业及时恢复生产,保障经济的稳定发展。同时,也体现了保险行业在社会责任方面的担当和贡献。保险公司通过为企业提供财产保险服务,不仅保护了企业的财产安全,而且为社会的稳定和繁荣做出了积极贡献。

(一)财产保险的职能

财产保险的职能是多重的,不仅具有组织经济补偿职能、筹集资金职能,而且有分散风险、防灾防损、融通资金、稳定社会等职能。财产保险的职能主要分为基本职能和派生职能。

1. 财产保险的基本职能

财产保险的基本职能是经济补偿职能。经济补偿职能是指财产保险承保人通过各种保险业务的开办来筹集保险资金,用以在发生保险事故造成被保险客户保险利益损失时,根据保险合同,按所保标的的实际损失数额给予赔偿。财产保险的产生是因为社会需要有专门的行业来承担组织经济补偿的责任,财产保险承保人筹集资金是为了组织经济补偿。

财产保险具有积聚资金组织补偿、防灾防损等多种职能。但其基本职能就是用分散危险、分摊损失的方法,建立集中的保险基金,补偿因自然灾害、意外事故所造成的经济损失。简言之,即筹集保险基金,组织经济补偿。筹集保险基金和组织经济补偿是财产保险内在机制不可分割的两个方面。如单言筹集资金的职能,则储蓄也有此职能;如单言经济补偿职能,则财政、民政也有此职能。财产保险的特色是用建立保险基金的办法来组织经济补偿,筹集保险基金是经济补偿的手段和条件。没有保险基金的筹集,就无法进行经济补偿,而经济补偿是财产保险的目的和效果,二者相依相存,是一个完整的整体。

因此,财产保险在当代社会对各国都是一种必要的经济补偿机制。建立和发展财产保险制度,就可以通过保险人的工作,对遭受损失的被保险人进行及时的经济补偿,受灾单位或个人就能够及时恢复受损的财产或利益,从而保障生产和经营持续不间断地进行。因此,经济补偿是财产保险的基本职能。

2. 财产保险的派生职能

财产保险的派生职能是在基本职能的基础上产生的职能,是伴随着保险分配关系的发展而产生的,包括防灾防损职能、融资职能。财产保险防灾防损工作的最大特点就在于需要投保人积极主动地参与、配合其他防灾防损主管部门开展防灾防损工作。主要体现在:从承保到理赔履行社会责任;增加财产保险经营的收益;促进投保人的风险管理意识,从而促使其加强防灾防损工作。财产保险的融资职能是财产保险公司参与社会资金融通的职能,财产保险公司可以通过积聚保险基金和融通资金来稳定企业财务并应付巨灾事故的发生。其融资职能体现在两个方面:一方面具有筹资职能,另一方面通过银行存款等投资方式体现投资职能。

相关案例

某市位于河流下游,每年夏季都面临着洪水威胁。近年来,随着气候变化的影响,洪水灾害频发,给当地居民和企业带来了巨大的经济损失。为了减轻灾害带来的损失,市政府积极推动财产保险的普及,并与多家保险公司合作,为市民和企业提供洪水保险服务。2023 年夏季,该市再次遭遇罕见的大洪水。洪水泛滥,许多居民住宅和企业厂房被淹,财产损失惨重。灾后,市政府迅速启动灾后重建工作,同时要求各保险公司尽快开展理赔工作,帮助受灾群众和企业渡过难关。在灾后重建中,财产保险发挥了重要作用。某大型保险公司迅速组织理赔团队,深入灾区进行现场勘查和定损工作。他们通过无人机航拍、现场测量等手段,快速准确地评估了受损财产的价值和损失程度。随后,保险公司根据保险合同和损失评估结果,及时向受灾客户支付了赔付款项。在理赔过程中,保险公司还积极与政府、社区等各方协调,为受灾客户提供全方位的服务。他们为受灾客户提供了临时住所、生活救助等帮助,同时协助客户联系维修队伍,尽快修复受损财产。这些举措不仅减轻了受灾客户的经济负担,而且增强了他们战胜灾害的信心和决心。

案例特色:保险公司迅速组织理赔团队深入灾区进行现场勘查和定损工作,展现了高效应对灾害的能力,不仅提供经济补偿服务,而且积极协调各方资源为受灾客户提供全方位的服务和帮助。利用无人机航拍等现代科技手段进行损失评估,提高了理赔工作的准确性和效率。

专家点评:本案例充分展示了财产保险在灾害应对和灾后重建中的重要作用和价值。通过购买财产保险并充分利用其经济补偿职能,可以有效减轻自然灾害等不可抗力带来的经济损失和社会影响。同时,保险公司在理赔过程中积极履行社会责任并展现人文关怀精神值得肯定和推广。这些做法不仅有助于灾后重建工作的顺利进行,而且有助于促进社会和谐稳定与发展进步。

(二)财产保险的作用

1. 财产保险的宏观作用

(1)有利于国民经济持续稳定发展。由于财产保险具有经济补偿职能,因此任何单位只要缴纳了保费,一旦发生保险事故,便可获得一定的经济补偿,消除自然灾害和意外事故造成经济损失引起的企业破产,有利于国民经济持续稳定发展。

(2)有助于财政收支计划和信贷收支计划的顺利实现。

(3)有利于对外贸易和国际交往。

(4)有利于提高整个社会的防灾减损意识,使各种灾害事故的发生及其危害后果得到有效控制。

(5)有利于创造公平的竞争环境,维护市场经济的正常运行。

(6)促进国际收支平衡。

(7)有利于科学技术的推广应用。

2. 财产保险的微观作用

(1)有助于企业及时恢复经营,稳定收入。

(2)有利于企业加强经济核算。

(3)能促进企业加强风险管理。

(4)有利于安定人民生活。

(5)能提高企业和个人的信用。

拓展阅读

美国政府财产与责任保险的起源与发展

第二节 企业财产保险

案例引入

2016 年 7 月 6 日的暴雨,导致武汉某平价超市所辖的中南路店和珞珈山店商品财产严重受损。在该案发生后的第一时间,保险公司迅速派员赶赴现场组织施救和查勘,并预付赔款 200 万元,帮助企业恢复经营。经多次理赔调查和损失最终评估认定,支付其“财产一切险"赔款996万元。

资料来源：http://m.toutiao.china.com.cn/article-market/wanneng/finance/4135805.html#。

企业财产保险是承保企业、事业单位、机关团体的固定资产、流动资产及与其企业经济利益相关的财产、因火灾及其他自然灾害、意外事故而遭受直接损失的财产损失。企业财产保险是在传统火灾保险的基础上演变和发展而来的。企业财产保险的保险期限一般是1年。

企业财产保险又可分为财产基本险、综合险和财产一切险。

一、企业财产保险的保险标的

企业财产保险的保险标的包括可保财产和特约可保财产以及不可保财产。

(一)可保财产

可保财产是指投保人可以直接向保险人投保的财产，主要有：(1)属于被保险人所有或与他人共有而由被保险人负责的财产；(2)由被保险人经营管理或替他人保管的财产；(3)其他具有法律上承认的与被保险人有经济利害关系的财产。

这类财产通常可用两种不同的方式加以反映：第一，用会计科目来反映。例如，固定资产、流动资产、专用基金开支、专项物资和工程支出、账外财产。第二，以企业财产项目类别来反映。例如，房屋、建筑物和装修设备、机器及附属设备、交通运输工具、通信设备和器材、仪器仪表、器具、工具、用具和家具、成品、半成品、在制品、原材料等。

(二)特约可保财产

特约可保财产是指那些价值不易确定，或指经保险双方特别约定后，在保险单中载明品名和金额的，保险人可以承保的财产。特约可保财产又可分为不提高费率的特约可保财产和需提高费率的特约可保财产。有些特约可保财产不提高费率的原因有两个：其一是这些财产的市场价格变化较大或无固定的价格，例如金银、首饰、珠宝、古玩、古画、古书、邮票、艺术品、稀有金属和其他珍贵财物；其二是受某些风险的影响较小，例如堤堰、水闸、铁路、道路、涵洞、桥梁、码头。有些特约可保财产需提高费率的主要原因是适应或满足部分行业的特殊需要，例如矿井、矿坑内的设备和物资。

特约可保财产分为以下几个种类：

(1)市场价格变化较大，保险金额难以确定的财产。如金银、珠宝、钻石、玉器、首饰、古币、古玩、古书、古画、邮票、艺术品、稀有金属等财产，投保时须经双方特别约定。但对经营上述财产为主业的团体，则只要保险双方协商投保，并就承保事宜签订正式保险合同即可，无须再行特约。

(2)价值高、风险较特别的财产。如堤堰、水闸、铁路、道路、涵洞、桥梁、码头等，这些标的价值较高，虽不易发生火灾，但有洪水、地震等风险。若投保人要求投保此类财产，保险人就应对其安全状况进行实地查勘，一经同意承保，就必须在保单上特别注明，并把保险金额逐项填写清楚。

(3)风险较大，需提高费率的财产。如矿井、矿坑内的设备和物资。承保此类财产，主要是为了满足某些行业的特殊需要。承保时，必须经保险双方特别约定，在保险单及明细表上载明，并视风险状况加收保费。

相关案例

一家知名的珠宝店因电路短路引发火灾,店内大量珠宝、首饰、钻石等珍贵财物遭受损失。由于这些财物价值昂贵且难以准确估价,因此珠宝店在之前与保险公司签订了特约可保财产保险合同,明确列出了珠宝的品名和保险金额。火灾发生后,珠宝店立即向保险公司报案,并提供了火灾现场的照片、视频以及详细的损失清单。保险公司迅速启动理赔程序,并派遣了专业的鉴定团队前往火灾现场进行勘查和损失评估。鉴定团队对火灾现场进行了详细的勘查,仔细核对了损失清单中列出的珠宝品名和数量。由于珠宝的价值难以直接通过市场价格确定,因此鉴定团队采用了多种评估方法,包括参考同类珠宝的市场价格,评估珠宝的材质、工艺和重量等因素,最终确定了损失金额。在理赔过程中,保险公司与珠宝店保持了密切的沟通,及时解答了珠宝店在理赔过程中的疑问,并提供了专业的法律咨询和风险管理建议。最终,保险公司根据特约可保财产保险合同的约定,向珠宝店支付了相应的保险赔偿金。

本案例充分展示了特约可保财产保险在保障珍贵财物安全方面的重要性和有效性。通过签订特约可保财产保险合同,珠宝店能够在遭受意外损失时得到及时的经济补偿,减轻了经营压力。保险公司在理赔过程中展现出的专业性和责任感也值得称赞。这种保险意识和风险管理意识的提升,对于促进社会和谐稳定发展具有重要意义。

(三)不可保财产

凡是特别列明不予以承保的财产,都不能在企业财产保险中承保。有的不予承保的原因有:

(1)不属于一般性的生产资料或商品的财产,该类要么不遭受损失,要么风险极大,如土地、矿藏、矿井、矿坑、森林、水产资源及未经收割和收割后尚未入库的农作物等;

(2)价值难以确定的财产,如货币、票证、文件、账册、图表、技术资料、电脑资料、枪支弹药及其他无法确定价值的财产;

(3)与政府有关法律法规相抵触的财产,如非法占用的财产、违章建筑等;

(4)必然发生危险的财产,如危险建筑;

(5)应该投保其他险种的财产,如运输过程中的物资、领取执照正常运行的机动车辆、畜禽等。

思考题:

企业财产保险是不是只保企业的财产?只要是企业的财产都能投保企业财产保险吗?

拓展阅读

外资财产保险

二、企业财产保险的保险责任与附加险

(一)企业财产保险的保险责任

1. 企业财产保险基本险

(1)保险责任

我国的企业财产保险基本险采用风险列明的方式承保,即保险标的只有遭受保险单中列明的自然灾害、意外事故造成损失时,保险人才负责赔偿。在企业财产基本险中,保险单上列明的风险有以下几项:

①因火灾、爆炸、雷击、飞行物体及其他空中运行物体坠落所致损失。

②被保险人拥有财产所有权的自用供电、供水、供气设备因保险事故遭受损坏,引起停电、停水、停气以致造成保险标的的直接损失。

③发生保险事故时,为了抢救保险标的或防止灾害蔓延,采取合理必要的措施而造成保险财产的损失及发生的合理的施救费用。

(2)除外责任

其他自然灾害或意外事故;政治责任,政策因素;被保险人故意;任何间接损失,标的物本身缺陷;其他不属于保险责任的损失和费用等。

基本险的责任免除由以下两部分组成:

一是由于下列原因造成保险标的损失,保险人不负责赔偿:

①战争、类似战争行为、敌对行动、军事行动、武装冲突、罢工、骚乱、暴动、政变、谋反、恐怖活动。

②投保人、被保险人及其代表的故意或重大过失行为。故意行为是指明知自己的行为会导致灾难性的结果仍希望或放纵这种结果发生的行为。它是一种可预见的道德危险,不是意外事故。

③行政行为或司法行为。行政行为或司法行为是指各级政府部门、执法机关或依法履行公共管理、社会管理职能的机构下令破坏、征用、罚没保险标的的行为。

④地震、海啸及其次生灾害。

⑤核辐射、核裂变、核聚变、核污染及其他放射性污染。

⑥大气污染、土地污染、水污染及其他非放射性污染。

⑦保险标的的内在或潜在缺陷、自然磨损、自然损耗,大气(气候或气温)变化、正常水位变化或其他渐变原因,物质本身变化、霉烂、受潮、鼠咬、虫蛀、鸟啄、氧化、锈蚀、渗漏、自燃、烘焙。

⑧暴雨、洪水、暴风、龙卷风、雹灾、台风、飓风、暴雪、冰凌、沙尘暴、突发性滑坡、崩塌、泥石流、地面突然下陷下沉。

⑨水箱、水管爆裂。

⑩盗窃、抢劫。

二是保险人对下列损失也不负责赔偿:

①保险标的遭受保险事故引起的各种间接损失。

②广告牌、天线、霓虹灯、太阳能装置等建筑物外部附属设施,存放于露天或简易建筑物内部的保险标的以及简易建筑本身,由于雷击而造成的损失。

③锅炉及压力容器爆炸造成其本身的损失。

④任何原因导致供电、供水、供气及其他能源供应中断造成的损失和费用。

⑤保险合同中载明的免赔额或按保险合同中载明的免赔率计算的免赔额。

⑥其他不属于本保险合同责任范围内的损失和费用。

2. 企业财产保险综合险

(1)保险责任

企业财产保险综合险的保险责任是在基本险的基础上另约定承保 10 种自然灾害。

①暴雨。暴雨是指每小时降雨量达到 16 毫米以上,或连续 12 小时降雨量达到 30 毫米以上,或连续 24 小时降雨量达到 50 毫米以上。

②洪水。山洪暴发、江河泛滥、潮水上岸及倒灌致使保险标的遭受浸泡、冲散、冲毁等损失都属于洪水责任。规律性的涨潮、自动灭火设施漏水以及在常年水位以下或地下渗水,水管爆裂造成保险标的损失不属于洪水责任。

③台风、飓风。台风是指中心附近最大平均风力 12 级或以上,即风速在 32.7 米/秒以上的热带气旋;飓风是一种与台风性质相同但出现的位置区域不同的热带气旋,台风主要出现在西北太平洋海域,而飓风主要出现在大西洋及东北太平洋部分海域。

④暴风、龙卷风。台风是指风速在 28.3 米/秒,即风力等级表中的 11 级风。本保险条款的暴风责任扩大至 8 级风,风速在 17.2 米/秒以上即构成暴风责任;龙卷风是一种范围小、时间短的猛烈旋风,陆地上平均最大风速一般在 79～103 米/秒,极端最大风速一般在 100 米/秒以上,是否构成龙卷风以当地气象站的认定为准。

⑤雹灾。雹灾是指因雹子降落造成的灾害。

⑥冰凌。冰凌即气象部门所称的凌汛,春季江河解冻期,冰块漂浮遏阻,堆积成坝,堵塞江道,造成水位急剧上升,以致冰凌、江水溢出江道,蔓延成灾。陆地上有些地区,如山谷风口或酷寒致使雨雪灾害令物体上结成冰块,呈下垂形状,越结越厚,重量增加,由下垂的拉力致使物体毁坏,也属冰凌责任。至于一般冰冻损失,如露天砖坯冻裂、水管冻裂等都不属于冰凌责任。

⑦暴雪。暴雪是指连续 12 小时的降雪量大于或等于 10 毫米的降雪现象。

⑧泥石流。泥石流是指由于雨水、冰雪融化等水源激发的,含有大量泥沙石块的特殊洪流。

⑨崩塌、突发性滑坡。崩塌即石崖、土崖、岩石受自然风化、雨蚀造成崩溃下塌以及大量积雪在重力作用下从高处突然崩塌滚落;突发性滑坡即斜坡上不稳的岩体、土体或人为堆积物在重力作用下突然整体向下滑动。

⑩地面突然下陷下沉。地面突然下陷下沉是指地壳因为自然变异、地层收缩而发生突然塌陷。对于因海潮、河流、大雨侵蚀或在建筑房屋前没有掌握地层情况,地下有孔穴、矿穴,以致地面突然下陷下沉的损失,也在保险责任范围以内。但未按建筑施工要求导致建筑地基下沉、裂缝、倒塌等,不在此列。

相关案例

某事业单位向一家保险公司投保财产综合险,承保房屋建筑与附属机器设备等设施。保险期间内,被保险人向保险公司报案,表示投保设备中有一部电梯线路起火,造成配电柜起火使两部进口电梯受损，索赔金额超过100万元。接报案后保险公司对事故现场进行查勘。该单位独立在大厦办公，办公大楼使用一年左右，到现场查勘时已看不到火灾的情景，只是在空气中有较重的胶皮气味，对损失标的检查后发现线路有烧焦痕迹，电梯配电柜多处有熏黑的痕迹，经检测该配电柜多处受损，需更换。案件发生后，被保险人认为属火灾责任，提出索赔，承保公司根据观察情况，并咨询电梯的重置价，经认真展开案件分析、讨论后认为：该案件属意外发生的事故，有燃烧的现象，但没有形成火灾责任，同时受损的真正原因也不在综合险承保责任范围内，应予拒赔。

案件特色：本案的责任认定较为复杂，为了严谨起见，承保公司对事故发生的原因需做仔细的调查和推证。

专家点评：目前保险市场正处在高速发展时期，市场竞争激烈，市场行为有待进一步规范，保险理赔工作对保险人品牌形象的树立很重要。在保险理赔过程中，既要大胆设想，更要严密推证，保险理赔工作的开展要以诚信为主题，以事实为依据，以技术与逻辑分析为手段。

(2)除外责任

①地震造成的一切损失；

②堆放在露天或罩棚下的保险标的，以及罩棚本身因暴风、暴雨造成的损失；

③其他除外责任与基本险相同。

拓展阅读

综合保险学

3. 企业财产一切险

(1)保险责任

保险单明细表中列明的保险财产因除责任免除以外的自然灾害或意外事故造成的直接物质损坏或灭失，保险公司都负责赔偿。

(2)除外责任

财产一切险的责任免除只有以下四个方面与财产保险基本险不同：

①设计错误、原材料缺陷或工艺不善造成保险标的本身的损失；

②非外力造成的机械或电气设备本身的损失；

③被保险人及其雇员的操作不当、技术缺陷造成被操作的机械或电气设备的损失；

④盘点时发现的短缺。

(二)企业财产保险的附加险

附加责任又称"特约责任"，是指责任免除中本来不需要承担的保险责任，经双方协商同意后保险人可予以承担的保险责任。特约责任一般采用附加特约条款方式承保，也可采用附加险的方式承保。

1. 基本险的附加险

基本险的附加险主要包括:暴风、暴雨、洪水保险,盗抢保险,雪灾、冰冻保险,泥石流、崖崩、突发性滑坡保险,雹灾保险,水暖管爆裂保险,破坏性地震保险等。

2. 综合险的附加险

综合险的附加险主要包括:矿下财产保险、露天堆放财产保险、盗窃险、橱窗玻璃破碎险、机器损坏险、营业中断险、破坏性地震保险等。

相关案例

辽宁某石化科技有限公司投保财产基本险及附加险,2016年4月,该企业白土精制车间由于检修突发火灾。火灾造成被保险人机器设备、厂房等财产严重损毁。事故发生后保险公司第一时间建立专项理赔小组赶赴现场进行查勘工作,火灾后房屋顶棚已经全部坍塌,查勘人员冒着危险进入现场对受损财产进行清点。经了解,该公司事故发生后资金周转困难,保险公司现场查勘确定损失后,先行预付100万元赔款,该笔赔款对该企业来说无疑是雪中送炭,保证了企业的正常运营。在企业提供完整索赔材料后,保险公司共计支付赔款400万元。

三、企业财产保险的承保

(一)保险金额与保险价值

1. 固定资产保险金额与保险价值的确定

固定资产的保险价值是按出险时的重置价值确定的。固定资产保险金额的确定方式有:

(1)原值法,即按照账面原值确定。账面原值是指在建造或购置固定资产时所支出的货币总额。

(2)原值加成法,即按照账面原值加成数确定。账面原值加成数即在固定资产账面原值基础上再附加一定成数,使其趋近于重置价值。

(3)重置价格法,即按照重置价值确定。重置价值即重新购置或重建某项财产所需支付的全部费用。

(4)按投保双方约定的金额确定,包括被保险人依据估价或评估后的市价确定其保险金额。

2. 流动资产保险金额和保险价值的确定

我国保险公司在承保国内企业财产中的流动资产时,主要采取两种方式确定保险金额:

(1)按照流动资产最近12个月的平均余额确定保险金额;

(2)按照流动资产最近账目余额确定保险金额。

另外,还可由被保险人自行确定。

3. 账外资产和代保管财产保险金额和保险价值的确定

账外资产和代保管财产可以由被保险人自行估价或按重置价值确定保险金额。

账外资产和代保管财产的保险价值是出险时的重置价值或账面余额。账外资产和代保管财产应在保险单上分项列明。

(二)企业财产保险的费率

影响企业财产保险费率的主要因素有:

1. 投保险种

目前,可供投保人选择的有基本险、综合险和一切险三个险种。每个险种的费率水平因其责任范围不同而有所不同。险种的责任范围越大,费率水平越高;反之,其责任范围越小,费率水平越低。附加了增大责任范围条款的,应考虑提高费率;附加了限制责任范围的,应考虑降低费率。此外,免赔额的高低也对费率有影响。

2. 房屋的建筑结构

灾害事故中,在确定费率时应考虑多种因素,包括房屋的建筑结构、建筑等级、使用年限与损毁程度等。建筑结构分为钢骨结构、砖石结构、木结构等不同种类。建筑等级则分为下列三等:一等建筑的屋架、内外墙、地坪、楼坪、扶梯用钢骨结构、砖石或钢铁构造,屋顶用水泥、瓦片、铁皮、石棉、沥青或铺满石屑的油毛毡平顶构造;二等建筑的屋架、地坪、楼坪、扶梯用木料构造,四周外墙主要用水泥、砖石或其他不易燃烧的材料构造,屋顶用砖瓦、铁皮、石棉、沥青或铺满石屑的油毛毡平顶构造;凡次于二等建筑的各种建筑统归为三等建筑。房屋使用年限越久,在灾害中越容易受损,因此其保险费率可能相应提高。房屋如已有一定程度的损毁,那在确定保险费率时会据此调整。

3. 占用性质

占用性质分为工业、仓储、普通三大类 13 个号次。工业类 1～6 号次,主要根据工业企业使用的原材料、主要产品(占用性质),把工业险费率划分为 6 个级别。1 级工业危险程度最小、费率最低,如钢铁、机器制造、耐火材料等工业企业。6 级工业危险程度最大、费率最高,如以特别危险品及其他爆炸品为主要原料进行生产的企业——燃料工业企业等。由于工业险费率的厘定还兼顾企业工艺流程和设备现代化程度,因此在实际厘定费率时也应予以区别对待。仓储类 7～10 号次,主要根据仓储商品和物资的性质把仓储险费率划分为 4 个级别:一般物资、危险品、特别危险品和金属材料、粮食专储。普通类 11～13 号次,主要适用于工业险费率和仓储险费率中不包括的各类企事业单位,如社会团体、机关、事业单位、商业企业、交通运输业、邮政、电信、体育场所、文化娱乐场所。其中,社会团体、机关、事业单位费率最低,石油化工商店、文化娱乐场所、加油站等费率最高。

4. 地理位置

在确定费率时应充分考虑投保人所在地区的自然地理条件及水文气象特征,如是否沿江沿河、标的物所在地是否低于江水警戒线、当地防洪能力如何、历史上发生暴风雨的季节和降水量的情况等。

5. 周围环境

每个建筑都有其独特的环境。在确定费率时,还应考虑到建筑物所处的周围环境。一旦发生灾害事故,抢险过程中对周围环境就会有相当大的影响。例如,建筑物是否位于拥挤的街道区域,建筑物之间是否有适当的防火间隔等。

6. 投保人的安全管理水平

另一个影响费率的重要因素是投保人的安全管理水平。管理者是否对其工作认真负责、投保单位是否有完善的安全管理制度、防灾设施是否齐全有效,这些都是确定费率需要考虑的因素。

7. 历史损失数据

在确定费率时应参考投保人历年来的灾害事故损失记录。如果以前年份损失较大,就应考虑上浮费率;反之,则可以考虑给予一定的费率优惠。

8. 市场竞争因素

目前,保险市场的竞争日益激烈。在考虑保险标的的危险程度且确保获取一定利益的基础上,保险公司要与其他保险公司进行比较,考虑费率是否具有竞争力。

拓展阅读

2024年佛罗里达州保险公司主动降费

四、企业财产保险的赔偿处理

(一)赔偿金额的计算

1. 固定资产的赔偿处理

(1)全部损失

当受损财产的保险金额等于或高于出险时的保险价值时,赔偿金额以不超过保险价值为限,赔偿金额=出险时实际价值-应扣残值;当受损财产的保险金额低于出险时的保险价值时,赔偿金额=保险金额-应扣残值。

(2)部分损失

当受损财产的保险金额等于或高于出险时的保险价值时,赔偿金额按实际损失计算,赔偿金额=出险时实际价值-应扣残值;当受损财产的保险金额低于出险时的保险价值时,应按下列公式计算赔偿金额:

$$\text{赔偿金额}=\frac{\text{保险金额}}{\text{出险时实际价值}}\times(\text{实际损失或恢复原状所需费用}-\text{应扣残值})$$

2. 流动资产的赔偿处理

(1)全部损失

当受损财产的保险金额等于或高于出险时账面余额时,其赔偿金额等于出险时账面余额,赔偿金额=出险时账面余额-应扣残值;当保险金额低于出险时账面余额时,赔偿金额=保险金额-应扣残值。

(2)部分损失

当受损财产的保险金额等于或高于出险时的账面余额时,赔偿金额=实际损失-应扣残值;当受损财产的保险金额低于出险时账面余额时,应按下列公式计算赔偿金额:

$$\text{赔偿金额}=\frac{\text{保险金额}}{\text{出险时账面余额}}\times(\text{实际损失或恢复原状所需费用}-\text{应扣残值})$$

3. 账外资产和代保管财产的赔偿处理

账外资产和代保管财产赔款计算与流动资产或固定资产的赔偿金额计算方法相同。

(二)施救费用的赔偿

施救、抢救、保护费用与保险财产损失金额的赔偿,可以分别按两个保险金额计算,均以不超过保险金额为限。当受损保险财产按比例赔偿时,施救费用的赔偿也应按财产损失赔款相同的比例计算赔偿金额。施救费用的赔偿计算首先应区分出用于保险财产的施救费用。当不能区分时，应根据保险财产价值占全部被施救财产价值的比例计算施救费用：

$$\text{保险财产施救费用}=\text{施救费用}\times\frac{\text{施救保险财产价值}}{\text{全部被施救财产价值}}$$

（三）残值处理

受损保险标的如果有残余价值，就应协议作价折归被保险人，并在赔款中扣除。受损保险财产赔款不进行比例分摊的，残值也不按比例分摊；反之则要进行比例分摊。分摊的计算公式为：

$$\text{保险人分得的残值}=\text{残值}\times\frac{\text{保险金额}}{\text{出险时的市场价值或账面余额}}$$

（四）代位求偿的行使

因第三者对保险财产的损害而造成保险事故的，保险人自向被保险人赔偿保险金之日起，在赔偿金额范围内代位行使被保险人对第三者请求赔偿的权利。在保险实务中，保险人可以先行行使代位求偿权。

（五）重复保险赔偿方式

重复保险时，如果发生保险事故，为防止被保险人获得双份赔款，保险人应按保险金额比例的责任分摊方式计算赔偿金额。

相关案例

某厂于 2022 年 1 月 5 日投保企业财产综合险，其中固定资产中厂房按原值投保，保额为 150 万元，流动资产保额为 230 万元。保险期限 1 年。2022 年 10 月 13 日，一场大火使该厂损失惨重。该厂向保险人报案后，保险人马上进行现场查勘工作，经查勘认定，该厂固定资产损失为 80 万元，残值为 5 万元，此时固定资产的实际价值为 180 万元；流动资产损失为 100 万元，用于流动资产的施救费用为 2 万元。此时账面流动资产余额为 340 万元。试计算保险公司的赔款。

计算结果如下：

固定资产赔款＝(800 000－50 000)×(1 500 000÷1 800 000)＝625 000(元)

流动资产赔款＝1 000 000×(2 300 000÷3 400 000)＝676 470.59(元)

施救费用赔款＝20 000×(2 300 000÷3 400 000)＝13 529.41(元)

保险公司的赔款总额＝625 000＋676 470.59＋13 529.41＝1 315 000(元)

思考题：

某企业将其固定资产按照账面原值 400 万元向保险公司投保企业财产保险，在保险期内发生火灾事故。经查勘，受损财产按照市价计算为 80 万元，其中残值为 5 万元。另外，为了减少损失而花费的施救费用 1 万元，在施救过程中还涉及市价 100 万元的代管财产。该项固定资产受损当时的保险价值为 500 万元。问：保险公司应如何赔付？

五、企业财产保险的特别附加条款

我国企业财产保险还参照国际保险惯例制定了一些特别附加条款，以满足客户的各种不同需要。这些条款主要是用来扩大企业财产保险的保险责任和修改原来条款。以下列举数种基本的特别附加条款。

(一)盗窃险条款

保险公司对加保盗窃险的财产因被抢劫、偷窃或盗贼暴力侵入保险财产存放处而造成的灭失或损坏负责赔偿。但对下列原因造成的损失不负责赔偿:(1)被保险人或其代表故意行为或重大过失造成保险财产的损失。(2)被保险人的家属或雇用人员或同住人或寄宿人盗窃或纵容他人盗窃保险财产造成的损失。(3)在保险财产存放处无人居住或看管超过7天的情况下保险财产被盗窃而造成的损失。(4)在发生地震、洪水等自然灾害时保险财产被盗窃而造成的损失。(5)在发生火灾时保险财产被盗窃而造成的损失。(6)对保险财产进行盘点时发现的短缺或损坏。

(二)罢工、暴动、民众骚动、恶意行为损失条款

此条款把保险责任扩大到因发生罢工、暴动、民众骚动及恶意行为所造成的直接损失,并包括有关当局镇压或阻止这些活动过程中所造成的损失,但不包括在此过程中所造成的火灾、偷窃损失。

(三)恢复基础赔款条款

该条款对财产保险以市价为赔偿原则做了修改,规定对建筑物、机器设备可以按重置重建价值进行赔偿。

(四)自动增加保险金额条款

为了弥补因通货膨胀造成财产保险金额不足,规定被保险人可根据以往通货膨胀率选择一个保险金额年度增长率,这样保险金额在保险期内便会每年增加,在发生损失时能得到充分赔偿。

(五)专业人员费用条款

主要承保建筑物受损后在重建过程中聘请会计师、检验师和工程咨询人员所支出的费用。该条款一般与恢复基础赔款条款连用。

(六)碰撞条款

主要承保非被保险人及其雇员所有或控制的车辆、牲口碰撞被保险人的围墙、门、房屋等直接引起的物质损失,对于其他物体的碰撞不予负责。

(七)自动恢复保额条款

该条款规定,在保险公司赔偿后,受损财产的保险金额自动恢复到原来金额,但被保险人必须补缴保费。

(八)清除残骸费用条款

主要承保损失发生后经保险公司同意清除残骸或支撑受损财产所支出的合理费用。

(九)临时移动条款

该条款承保仓储物资以外的保险财产因修理等目的在规定的范围内来回运输途中因保险责任范围的原因所造成的损失。

(十)增加资产条款

该条款对保险生效后被保险人增加的资产予以自动承保,但每次增加以不超过规定的金额为限,被保险人每半年如实申报一次,并补缴保费。

(十一)建筑物装修条款

主要承保建筑物在装潢或修理过程中因保险责任范围内的原因造成的物质损失,但被保险人必须在装潢或修理之前书面通知保险公司。

(十二)仓储货物申报条款

该条款规定仓储货物可每月申报价值,另行确定保险金额和计算保费。

拓展阅读

“单次事故限额50万元”约定无效!

第三节　家庭财产保险

案例引入

李某出差回家后,发现家庭财产被盗。于是,他迅速到派出所报案。经公安人员现场勘查,发现有1万多元的财物被盗走。十多天后此案还没告破,这时李某才想起自己参加了家庭财产保险,于是,他急匆匆手持保单来到保险公司要求索赔。保险公司以在出险后未及时通知为由拒赔。

保险公司拒赔合理吗?

“及时通知”是指被保险人应尽快通知保险公司,以便及时到现场勘查定损。家财险案件应在24小时内通知保险公司。为什么李某投保了家庭财产保险,却不能获得赔偿呢?这是因为李某在家庭财产被盗后,虽然及时向公安部门报了案,却忽视了向保险公司报出险通知,使本该履行的及时通知义务迟延履行。

《保险法》第二十一条规定:“投保人、被保险人或者受益人知道保险事故发生后,应当及时通知保险人。”这里的“及时通知”是指被保险人应尽快通知保险人,以便保险人及时到现场勘查定损。通知的方式可以是口头,也可以是书面。

一、家庭财产保险的含义及特点

家庭财产保险是以我国城乡居民家庭的财产为保险对象的一种保险。我国保险公司开办的家庭财产保险主要险种有普通型家庭财产综合保险和家庭财产两全保险。为了适应城乡居民建造和购买房屋的需求,保险公司还先后开办了农民房屋保险、农民建房综合保险、抵押商品房保险、商品住宅综合保险等专项保险,并推出了一些家庭财产保险新险种和系列附加险。

家庭财产保险的特点是业务分散、潜力巨大;额小量大,成本偏高;风险结构有特色;赔偿方式有特色(采用第一危险责任赔偿方式)。

所谓第一危险责任赔偿方式,即把保险财产分成两部分,相当于保险金额的部分,称为第一危险责任;超过保险金额的部分,称为第二危险责任。保险人只对第一危险责任部分承担赔偿责任,损失多少,赔偿多少。

相关案例

投保人将其 10 万元的家庭财产分为两部分,将那些价值高、市场价值变化大,难以确定保险金额的物品,如首饰、邮票、古币等剔除,再将价值低不怕损失的项目剔除,只保 6 万元的家财险,如果发生损失 5 万元,就在第一危险责任赔偿方式下全赔,而其他财产保险业务,如果被保险人是不足额保险,无论全损还是部分损失,就只能按照保险金额占实际价值的比例赔偿。

二、家庭财产综合保险

(一)保险标的

1. 可以承保的家庭财产

(1)房屋及其室内附属设备。房屋是指被保险人自有并有人居住的住房。房屋的室内附属设备是指能维持居住的基本设施,包括固定装置的水暖、气暖、卫生、供水、管道煤气及供电设备、厨房配套的设备等。

(2)室内装潢,指用装饰材料对建筑主体结构进行的装饰。装饰须相对固定并附贴于地面或墙面四壁。

(3)室内财产,指放在居室内能使用且具有一定价值的物品,包括家用电器和文体娱乐用品、衣物和床上用品、家具及其他生活用具等。家用电器和文体娱乐用品是指非营业性的、家庭使用的各种电器和用于学习、健身、娱乐的各种用品。

相关案例

1994 年 5 月 30 日,王某向保险公司投保家庭财产保险,保险金额为 16 000 元,其中楼房二间,保险金额为 6 000 元,保费为 12 元;房屋以外财产保险金额为 10 000 元,保费为 20 元,保险期限自 1994 年 5 月 30 日零时至 1995 年 5 月 29 日 24 时止。由本村协保员张某填写家庭财产保险集体投保分户清单,该清单上王某投保财产的详细地址未填。协保员张某收取了王某缴纳的保费 32 元并出具保险公司家庭财产保费收据。王某于 1994 年 2 月租用本村祠堂堆放家具、杉木、三轮残疾人用车,以及用来杀猪卖肉。

1994 年 10 月 23 日,因祠堂内电线老化漏电引起火灾,致使王某堆放在祠堂内的家具、杉木、农副产品和三轮残疾人用车、新鲜猪肉等不保财产均被烧毁,共计损失 19 800 元。事故发生后,保险公司派员到现场对起火原因、施救经过、损失情况进行调查核实。王某向保险公司提出索赔遭到拒绝,遂诉至法院。

法院认为,王某以参加村集体投保的形式向保险公司投保家庭财产,保险公司收取了保费,应认定保险合同成立。王某未向保险公司申明投保的财产中有部分存放于祠堂内,保险公司也未审核保险标的及坐落地点即按协保员填具的财产分户清单做出承保表示,双方对本案纠纷产生均有过错。最后法院主持调解，双方当事人达成协议结案，由保险公司赔偿给王某人民币 4 000 元。

资料来源：http://m.huize.com/study/detail-106395.html。

2. 特约承保的家庭财产

(1)属于被保险人代他人保管或者与他人共有而由被保险人负责的各类财产；

(2)存放于院内、室内的非机动农机具、农用工具；

(3)经保险人同意的其他财产。

3. 不可承保的家庭财产

(1)价值高、保险金额不容易确定的财产，如金银、珠宝、钻石及制品、玉器、首饰、古币、古玩、字画、邮票、艺术品、稀有金属等珍贵财物；

(2)难以用货币衡量其价值的财产或利益，如票证、有价证券、文件、书籍、账册、图表、技术资料、电脑软件及资料等；

(3)不属于家庭财产保险承保范围的财产，如各种交通工具、养殖及种植物等应由其他险种承保，日用消耗品由于其数量不易确定也不列入家庭财产保险标的范围，如烟酒、饮料、食品、药品、保健品、化妆品等；

(4)用于从事工商业生产、经营活动的财产和出租用作工商业经营的房屋，不应作为家庭财产保险标的来承保；

(5)法律规定不容许个人收藏、保管或拥有的财产，如枪支、弹药、爆炸物品、毒品等；

(6)处于危险状态下的财产；

(7)保险人从风险管理的需要出发，声明不予承保的财产。

(二)保险责任

普通家庭财产保险的保险责任较为宽泛，包括火灾、爆炸、雷电、冰雹、雪灾、洪水、海啸、地震、地陷、崖崩、龙卷风、冰凌、泥石流、空中运行物体的坠落，以及外来建筑物和其他固定物体的倒塌，暴风或暴雨使房屋主要结构倒塌造成保险财产的实际损失，或者为防止灾害蔓延发生的施救、整理费用及其他合理费用，均由保险人负责赔偿。

普通家庭财产保险的保险金额，由被保险人根据保险财产的实际价值自行确定，并且按照保险单上规定的财产项目分别列明。被保险人在起保当天一次缴清保费，保费依照保险公司规定的家庭财产保险费率计算。普通家庭财产保险的保险责任期限均为 1 年，从保险单生效日零时起至保险到期日 24 时止，期满可以续保。

(三)除外责任

除外责任包括以下内容：

(1)保险人对于战争、军事行动或暴力行为，核辐射和污染；

(2)被保险人及其家庭成员、寄居人、雇用人员的违法、犯罪或故意使电机、电器、电气设备因使用过度而超电压、碰线、弧花、走电、自身发热造成本身的损毁；

(3)因计算机“2000 年问题”造成的直接或间接损失；

(4)存放于露天的保险财产以及用芦席、稻草、油毡、麦秸、芦苇、帆布等材料为外墙、屋顶、屋架的简陋屋棚遭受暴风雨后的损失，以及虫蛀、鼠咬、霉烂、变质、家禽走失或死亡等；

(5)保险标的遭受事故引起的各种间接损失；

(6)地震及其次生灾害所造成的一切损失；

(7)家用电器因使用过度、超电压、短路、漏电、自身发热、烘烤等原因所造成本身的损毁;

(8)坐落在蓄洪区、行洪区、河岸边、低洼地区以及防洪堤以外当地常年警戒水位线以下的家庭财产因洪水所造成的一切损失;

(9)保险标的本身缺陷、保管不善导致的损毁,保险标的的变质、霉烂、受潮、虫咬、自然磨损、自然损耗、自燃、烘焙所造成本身的损失;

(10)行政、执法行为引起的损失和费用等;

(11)其他不属于保险责任范围内的损失和费用。

(四)保险金额与保险费率

家庭财产保险的保险金额由被保险人在保险标的价值范围内自行确定,由单位统一投保的家庭财产保险,一般都统一保险金额。

家庭财产保险的费率采用年费率,根据保险房屋的建筑等级及保险标的的具体风险大小确定,钢筋混凝土结构的为0.4‰,混合结构的为0.6‰,砖木结构的为1‰。允许费率进行上下浮动,上下浮动的范围为30%。保险期限一般为1年,实行“零时起保”原则。

(五)保险期限

普通家庭财产保险的保险期限一般为1年,而家庭财产两全保险的保险期限最长可达10年。

(六)赔偿处理

1. 保险金额的确定

由于家庭财产一般无账目可查,且财产的品种、质量、新旧程度差别很大,因此保险金额的确定一般只能根据被保险人家庭财产的实际情况,自行估价确定,只要保险金额接近于财产的实际价值即可。在理赔中,特别要注意进行详细的现场查勘,进行责任认定、合理计算赔款等工作,以有效避免道德风险,保护保险合同双方的合法权益。

2. 赔款计算

需要强调的是,家庭财产保险采用的是第一损失保险而非不定值保险。第一损失保险就是不要求被保险人以其财产的全部价值足额投保,而是以一次保险事故可能造成的最高损失额为保险金额。当财产发生损失时,不论保险金额占全部财产价值的比例如何,只要损失金额在保险金额内,保险人就得按实际损失赔偿,而不采取比例赔偿的方式。如果财产价值和保险金额相等,就视作足额投保,凡是在保险金额内的损失,都应得到十足赔偿;财产价值超过保险金额的部分,即使遭受损失,也得不到任何赔偿。

房屋及室内附属设备:

(1)全部损失

保险金额等于或高于保险价值时,其赔偿金额以不超过保险价值为限;保险金额低于保险价值时,按保险金额赔偿。

(2)部分损失

保险金额等于或高于保险价值时,按实际损失计算赔偿金额;保险金额低于保险价值时,应根据实际损失或恢复原状所需修复费用乘以保险金额与保险价值的比例计算赔偿金额。

相关案例

李女士办理了家财险，保额是90万元，而她丈夫的工作单位又为他办理了家财险，保额是60万元，两份保险的总保额超过了家庭财产的总价值100万元，保险事故造成的实际损失是80万元。重复保险采取各保险公司按比例责任分摊原则进行赔付，那么

李女士获得的赔款为90÷150×80=48(万元)。

她丈夫获得的赔款为60÷150×80=32(万元)。

资料来源：https://zhuanlan.zhihu.com/p/356755189。

相关案例

王某于2011年7月将自家房屋及附属设备、房屋装修、室内财产投保了家庭财产保险。其中房屋及附属设备保额5万元，室内装修3万元，室内财产2万元，未分项列明。缴纳保费240元。保险期限1年。2012年4月5日，王某家因电褥子使用不当发生火灾，经核定，损失如下：房屋修缮费用2 000元，室内装修1 000元，室内财产4 000元，残值50元。此时，经估价王某房屋保险价值为6万元，装修为4万元，室内财产为4 000元。保险公司应赔偿多少？

根据家庭财产保险条款规定，房屋及附属设备、室内装修采取不定值保险方式，该保户的这两项财产没有足额投保，故赔款计算如下：

房屋及附属设备赔款=2 000×(50 000÷60 000)=1 666.67(元)

室内装修赔款=1 000×(30 000÷40 000)=750(元)

室内财产采取第一危险责任赔款方式，赔款计算如下：

室内财产赔款=4 000－50=3 950(元)

合计赔款=1 666.67+750+3 950=6 366.67(元)

三、家庭财产两全保险

家庭财产两全保险兼有经济补偿和到期还本双重性质，保险公司用被保险人所缴保险储金的利息作为保费收入，在保险期满时将原缴保险储金全部如数退还被保险人。家庭财产两全保险的保险期限时间最长可达10年。保险储金投保时一次缴清，保险期满时不管保险期限内保险人是否进行了赔偿，保险人都将保险储金全部退还给被保险人。保险储金的数量得根据保险公司的费率及银行的利率确定，其具体计算公式如下：

$$\text{保险储金}=\text{保险金额}\times\text{储金率}$$

$$\text{储金率}=\frac{\text{保险费率}}{\text{银行利率}}$$

$$\text{银行利率}=\text{中国人民银行公布的 1 年期存款利率}\times(1-\text{利息税率})$$

家庭财产两全保险具有保障和储蓄的双重功能。随着我国家庭财产保险市场的竞争越来越激烈，许多保险公司在家庭财产两全保险的基础上开发了投资型产品。保险公司将被保险人缴纳的保险储金进行投资，每年的保费是由保险人直接从投资收益中获得，投保人无须在缴纳保险投资金以外另行支付，保单到期后，被保险人无论是否获得过保险赔偿，均可以领

取保险储金并获得投资收益。

普通型家庭财产保险缴纳的是保费,投资保障型家庭财产保险缴纳的是保险储金。例如,早在 2007 年,中国人民财产保险股份有限公司就曾推出一款“金牛第三代投资保障型家庭财产保险”。该产品有 3 年期和 5 年期两种,购买起点为每份 5 000 元,可以购买多份。每年可获得 5 倍于投资金的家庭财产保险保障。当被保险人的房屋及室内附属设施、室内装潢不幸遭受条款列明的火灾、爆炸、雷击、飞行物体坠落等自然灾害或意外事故时,保险人均负责赔偿。该产品推出时收益率高于同期国债 0.03 个百分点,在保险期间内将随银行利率同步调整,客户收益免税。保险期满后,无论投保人是否获得过保险赔偿,均可得到投资本金和投资收益。

相关案例

王某向甲保险公司投保普通家庭财产保险,保险金额为 5 万元,其中房屋及室内装潢的保险金额为 3 万元;向乙保险公司投保了家庭财产两全保险,保险金额为 5 万元,其中房屋及室内装潢的保险金额为 3 万元。在保险期限内发生保险事故,造成其房屋及室内装潢部分损失 2 万元,室内财产损失 2 万元。其中出险时房屋及其室内装潢的价值为 12 万元。那么,甲保险公司应该赔偿的金额是多少?

出险时房屋及室内装潢价值为 10 万元,其中房屋及室内装潢部分的保险金额一共为 5 万元,投保比例为 5÷10×100%=50%,所以房屋及室内装潢损失 2 万元,可以获得 1 万元(2×50%)赔偿;另外,室内财产损失为 2 万元,小于总的投保金额,按第一危险全额赔付。所以,王某共可获赔偿 3 万元。

拓展阅读

家庭财产保险概述

四、家庭财产保险附加险

(一)附加盗抢险

多数城乡居民投保家庭财产保险时会选择附加盗窃保险。盗窃保险作为一项附加责任,是家庭财产保险中的重要内容。盗窃险对存放于保险地址室内的保险财产因遭受外来的、有明显痕迹的盗窃损失负赔偿责任,但对被保险人及其家庭成员、服务人员、寄居人员的盗窃或纵容他人盗窃所致保险财产的损失不负责任。

需要注意的是,被保险人有在保险财产遭受保险责任范围内的盗窃损失后保护现场的义务,并应及时向当地公安部门如实报案,通知保险人,否则,保险人有权不予赔偿。如果赔款后破案,其所追回的保险财产,应当归保险人所有,如果被保险人愿意收回该项财产,就须退还赔款，保险人则对被追回财产的损毁部分按实际损失给予补偿。

（二）附加家用电器用电安全险

此险种保障下列原因致使电压异常而引起家用电器的直接损毁：供电线路因遭普通型家庭财产综合险保险责任范围内的自然灾害和意外事故的袭击；供电部门或施工失误；供电线路发生其他意外事故。但是，如果是因为被保险人的故意行为以及违章用电、偷电或错误接线造成家用电器的损毁，家用电器超负荷运行、自然磨损、固有缺陷、原有损坏、用电过度、自身发热以及超过使用年限后的损坏，则不属于保障范围。

（三）附加管道爆裂及水渍险

此险种保障因被保险人室内的自来水管道、下水管道和暖气管道（含暖气片）突然破裂致使水流外溢或邻居家漏水造成被保险人保险财产的损失。但是，因被保险人的故意行为、私自改动原管道设计，因施工使管道破裂造成家庭财产的损失，因管道试水、试压致使管道破裂跑水造成的家庭财产损失，则不属于保障范围。

（四）附加现金、首饰盗抢险

此险种保障存放于保险单所载明地址室内的现金、有价证券、首饰由于遭受外来人员撬砸门窗、翻墙掘壁、持械抢劫，并有明显现场痕迹经公安部门确认盗抢行为所致丢失、毁损的直接损失。被盗物品在3个月以内未能破案的，保险人才会负责赔偿。但是在室外遭受抢劫、盗窃，或者因保管不慎所致的损失是除外的，并且保险人不负责现金（有价证券）的利息损失。

（五）附加租房费用损失险

此险种保障在保险期限内由于主险保险责任范围内的原因导致被保险人的房屋无法居住，被保险人支付的必需的、合理的租房费用。通常有3天的绝对免赔期。

（六）附加信用卡盗窃损失险

此险种保障保险单中所列明的被保险人的信用卡被盗用造成的被保险人的损失。但是，如果信用卡被被保险人家庭成员盗用，或者被保险人将信用卡委托他人使用，或者被保险人未遵守信用卡条例导致的任何损失，以及被保险人发现信用卡被盗后，未及时到发卡机关报失导致的任何损失都不在保障范围之内。

（七）附加门、窗、锁恶意破坏损失险

此险种保障被保险房屋所附属的门、窗、锁，由于遭受盗窃、抢劫过程中的撬、砸行为所致的损失，这些损失必须经公安部门确认后才能够得到赔偿。但是，如果是被保险人的家庭成员、雇用人员或寄居人盗抢或者纵容他人盗抢而造成保险财产的损失，或者保险财产在存放处所无人居住或无人看管超过15天的情况下遭受的盗窃损失则是除外的。

拓展阅读

家庭财产的守护神

第四节　机动车辆保险

案例引入

某厂与某保险公司签订机动车保险合同，投保险种为车辆损失险、第三者责任险等。在保险期限内，该厂驾驶员驾驶所投保的车辆发生重大交通事故，赔偿被害人15.6万余元。该投保车辆核定载重量为10吨，发生事故时，该车却载重至48吨。主管部门依据《道路交通事故处理办法》做出交通事故责任认定书，认定驾驶员因违章超载刹车失效，造成事故，负全部责任。事后，该厂依据机动车保险合同向保险公司索赔，保险公司拒赔。该厂诉至法院，要求保险公司承担赔偿责任。

一审法院认为，该厂与保险公司签订的机动车辆保险合同为有效合同。保险车辆虽在保险期限内发生交通事故造成损失，但车辆装载不符合规定，该厂要求保险公司支付赔偿保险损失的理由不能成立，不予支持。根据《保险法》的规定，判决驳回该厂要求保险公司赔偿保险损失的诉讼请求。该厂不服，上诉至二审法院。二审法院在审理过程中，双方和解，该厂撤回上诉。

案件特色：本案涉及机动车保险合同的有效性及保险公司在何种情况下可以拒绝赔偿的问题，体现了法律适用的复杂性。

专家点评：保险公司和投保人均应依法履行保险合同中的义务。本案中，投保人因违章超载导致交通事故，违反了合同中的安全驾驶义务，因此保险公司有权拒绝赔偿。这提示我们在日常生活中，应严格遵守法律法规和合同约定，避免产生不必要的法律风险。无论是保险公司还是投保人，都应尊重法律、信仰法律，通过法律手段维护自身权益。党的二十大精神中强调了构建和谐社会的重要性，本案为我们提供了通过协商、和解等方式解决纠纷的范例，有助于促进社会和谐稳定。

资料来源：https://www.lawtime.cn/info/jiaotong/bxlpal/2010081644592.html。

一、机动车辆保险概述

机动车辆保险是以机动车辆本身及其第三者责任为保险标的的一种运输工具保险。机动车辆保险的客户主要是拥有各种交通运输工具的法人团体和个人，承保对象主要是汽车，也包括电车、电瓶车、摩托车、拖拉机、各种专用机械车和特种车辆等。在我国财产保险中，机动车辆保险是财产保险业务的第一大险种。

二、机动车综合商业保险

(一)保险责任

1. 机动车损失险的保险责任

下列原因造成保险车辆的损失，保险公司负责赔偿：

(1)碰撞、倾覆、坠落。

碰撞是指被保险车辆与外界物体的意外接触，如车辆与车辆、车辆与建筑物、车辆与电线杆或树木、车辆与行人、车辆与动物等碰撞，均属于碰撞责任范围之列。

倾覆责任是指保险车辆由于自然灾害或意外事故，造成本车翻倒，车体触地，使其失去正常状态和行驶能力，不经施救不能恢复行驶。

非碰撞责任，则可以分为以下几类：

A. 保险单上列明的各种自然灾害，如洪水、暴风、雷击、泥石流、地震、沙尘暴、龙卷风、冰雹、台风等。

B. 保险单上列明的各种意外事故，如火灾、爆炸、空中运行物体的坠落、倒塌等。

C. 其他意外事故，如倾覆、冰陷、地陷、崖崩、滑坡、雪崩、暴雪、冰凌、载运被保险车辆的渡船发生意外等。

(2)火灾、爆炸。

(3)外界物体坠落、倒塌。

(4)雷击、暴风、暴雨、洪水、龙卷风、冰雹、台风、热带风暴。

(5)地陷、崖崩、滑坡、泥石流、雪崩、冰陷、暴雪、冰凌、沙尘暴。

(6)受到被保险机动车所载货物、车上人员意外撞击。

(7)载运被保险机动车的渡船遭受自然灾害(只限于驾驶人随船的情形)。

2. 机动车第三者责任险的保险责任

机动车第三者责任险的保险责任包括：保险期间内，被保险人或其允许的驾驶人员在使用被保险机动车过程中发生意外事故，致使第三者遭受人身伤亡或财产直接损毁，依法应当对第三者承担的损害赔偿责任，且不属于免除保险人责任的范围，保险人依照本保险合同的约定，对于超过机动车交通事故责任强制保险各分项赔偿限额的部分负责赔偿。

(二)除外责任

1. 机动车损失险的除外责任

(1)事故发生后，被保险人或其允许的驾驶人在未依法采取措施的情况下驾驶被保险机动车或者遗弃被保险机动车逃离事故现场，或故意破坏、伪造现场，毁灭证据。

(2)驾驶人有下列情形之一者：饮酒、吸食或注射毒品、服用国家管制的精神药品或者麻醉药品；无驾驶证，驾驶证被依法扣留、暂扣、吊销、注销期间；驾驶与驾驶证载明的准驾车型不相符合的机动车；实习期内驾驶公共汽车、营运客车或者执行任务的警车、载有危险物品的机动车或牵引挂车的机动车；驾驶出租机动车或营业性机动车无交通运输管理部门核发的许可证书或其他必备证书；学习驾驶时无合法教练员随车指导；非被保险人允许的驾驶人。

(3)被保险机动车有下列情形之一者：发生保险事故时被保险机动车行驶证、号牌被注销的，或未按规定检验或检验不合格；被扣押、收缴、没收、政府征用期间；在竞赛、测试期间，在营业性场所维修、保养、改装期间；被利用从事犯罪行为。

(4)下列原因导致的被保险机动车的损失和费用，保险人不负责赔偿：因市场价格变动造成的贬值、修理后因价值降低引起的减值损失；被保险机动车全车被盗窃、被抢劫、被抢夺、下落不明，以及在此期间受到的损失或被盗窃、被抢劫、被抢夺未遂受到的损坏，或车上零部件、附属设备丢失；自然磨损、朽蚀、腐蚀、故障、本身质量缺陷；车轮单独损坏，玻璃单独破碎，无明显碰撞痕迹的车身划痕，以及新增设备的损失；发动机进水后导致的发动机损坏；遭受保险责任范围内的损失后，未经必要修理并检验合格继续使用，致使损失扩大的部分；投保人、被保险人或其允许的驾驶人知道保险事故发生后，故意或者因重大过失未及时通知，致使保险事故的性质、原因、损失程度等难以确定的，保险人对无法确定的部分，不承担赔偿责任，但保险人通过其他途径已经及时知道或者应当及时知道保险事故发生的除外。

相关案例

冯某于 2021 年 5 月 10 日为自己所有的面包车投保了机动车交通事故责任强制保险和机动车商业第三者责任险,其中,机动车第三者责任险期限责任限额为 5 万元。2021 年 10 月 20 日,冯某驾驶投保的面包车与钱某骑驶的自行车相撞,造成自行车乘坐人刘某受伤后经抢救无效死亡、钱某受伤的交通事故。

事故发生后,冯某驾车逃逸。经公安交警部门认定,冯某系酒后驾驶机动车,发生事故后驾车逃逸,应承担事故的全部责任。事故发生后,冯某与钱某签订赔偿协议,冯某赔偿钱某 27.5 万元。冯某因犯交通肇事罪,被判处有期徒刑三年,缓刑三年。后冯某与被告保险公司就交强险部分达成赔偿调解协议,由保险公司赔偿原告冯某 12 万元。后冯某再次将保险公司起诉到某省某县人民法院,要求支付第三者责任险 5 万元。

某县法院经审理认为,原告冯某在保险期限内发生交通事故,并赔偿被害人家属 27.5 万元。现原告要求被告在机动车第三者责任险责任限额内赔偿 5 万元,而保险公司称依据商业保险合同规定,驾驶员饮酒、逃逸造成对第三者的人身伤亡或者财产损失,保险人不承担保险责任。

某县法院判决,保险公司赔偿原告冯某保险金 5 万元。保险公司不服,提起上诉,请求法院撤销原判,驳回原告诉请。后中级人民法院于 2021 年 12 月 24 日判决:撤销原判,驳回冯某的诉讼请求。

2. 第三者责任险的除外责任

第三者责任险的除外责任包括:地震及其次生灾害、战争、军事冲突、恐怖活动、暴乱、污染(含放射性污染)、核反应、核辐射;第三者、被保险人或其允许的驾驶人的故意行为、犯罪行为,第三者与被保险人或其他致害人恶意串通的行为;被保险机动车被转让、改装、加装或改变使用性质等,被保险人、受让人未及时通知保险人,且因转让、改装、加装或改变使用性质等导致被保险机动车危险程度显著增加。

相关案例

吴某搭乘舒某驾驶的小货车,被横在道路上空的电线剐倒跌至地上摔伤,舒某在赔偿吴某因此造成的相关损失后,向法院主张保险公司应在交强险限额内支付其赔给吴某的损失 54 196.5 元,其主张能否得到法院的支持?近日,江西省进贤县人民法院审结了该案,并判决驳回了舒某的诉讼请求。

经审理查明:2016 年 8 月 29 日,吴某乘坐舒某驾驶的轻型自卸货车去进贤县钟陵乡某村做事时,被横在道路上空的电线剐倒跌落摔伤。2017 年 2 月 16 日,吴某以生命权、身体权、健康权纠纷将舒某起诉至法院,法院依法判决舒某赔偿吴某各项损失共计 115 369.32 元,吴某不服判决提起上诉,后二审法院维持原判。舒某在某保险公司购买了交强险,现舒某要求某保险公司在交强险限额内进行赔偿,遂起诉至法院。

一审法院认为：机动车交通事故责任强制保险是指由保险公司对被保险机动车发生道路交通事故造成本车人员、被保险人以外的受害人人身伤亡、财产损失，在责任限额内予以赔偿的强制性责任保险。本案争议的焦点是吴某是否属于机动车第三者责任强制保险中的“第三者”。机动车第三者责任强制保险具有一定的社会公益目的，它保护的是确定的利益群体。本案中，在事故发生之前吴某乘坐在舒某驾驶的轻型自卸货车上应属于车上人员，在事故发生之时吴某被横在道路上空的电线刷倒摔落，事故发生的过程与吴某摔落受伤的过程相重合，即在交通事故发生之时吴某系位于车厢上的车上人员，只是摔落这一行为导致吴某空间位置的变化，从车厢上转换至车外，然自吴某从车上摔落至最后落地受伤的整个过程，被保险机动车仍处在事故发生的过程中，因此吴某空间位置的变化并未导致吴某身份的变化，即吴某仍为“车上人员”，并未因为从车上摔落而成为机动车交通事故中的“第三者”，故对于某保险公司主张本案不属于交强险赔偿范围的主张，法院予以采信，对于舒某要求某保险公司在交强险范围内承担赔偿责任的诉讼请求不予支持，遂依法做出如前判决。

资料来源：www. chinacourt. org/article/detail/2018/06/id/3374820. shtml。

拓展阅读

“路怒族”开“斗气车”发生事故能否理赔？

(三)保险金额和保险期限

机动车辆保险属于不定值保险。在保险合同中，当事人双方事先不确定保险标的的保险价值，而只订明保险金额作为最高赔偿限额。通常有三种确定保险金额的方式供投保人和保险人选择：车辆购置价、实际价值和协商价。保险人根据确定保险金额的不同方式承担相应的赔偿责任。

(1)车辆购置价是指在保险合同签订地购置与保险车辆同类型新车(含车辆购置税)的价格。

(2)实际价值是指同类型车辆新车购置价减去折旧金额后的价格，是指同类型车辆新车购置价减去该车已使用年限折旧金额后的价格；折旧按每满一年扣除一年计算，不足一年的部分，不计折旧。折旧率按国家有关规定执行。但最高折旧金额不超过新车购置价的 80%。

(3)协商价由投保人与保险人协商确定。但按协商价确定的保险金额不得超过同类型新车购置价，超过部分无效。

机动车辆保险的保险期限通常为 1 年，自保险单载明之日起，到保险期满日 24 时止，对于当天投保的车辆，起保时间应为次日零时，期满续保需另办手续。

(四)保费

根据“机动车辆保险基本费率表”及有关规定逐辆核定费率。费率表中的使用性质分为两类：非营业和营业。车辆种类则根据具体用途和特性进行划分。例如，上海市制定的机动车辆保险基本费率表。根据费率表中适用的费率档次，确定投保车辆的车辆损失险基本保费和费率，并依照下列公式计算保费：

车辆损失险保费＝基本保费＋保险金额×费率

当保险期不足 1 年时,保费按短期费率计收,短期费率分为两类:按日计费和按月计费。按日计费适用于被保险人把新购置的车辆投保,以统一续保日期,其计算公式如下:

$$应交保费=\frac{年保费\times 保险天数}{365}$$

相关案例

张先生新购一辆国产轿车,用于日常通勤,属于非营利性质。他打算为这辆车购买一份车辆损失险,保险金额为 10 万元。他查询了当地的机动车辆保险基本费率表,发现他的车属于私家车类别,费率为 1.5%。基本保费为 500 元。由于张先生的车辆是新车,他希望保险从购车当天开始生效,但保险到期日希望与上一年度的保险到期日保持一致,因此保险期限只有 200 天。

根据费率表,张先生的车辆费率为 1.5%,基本保费为 500 元;

车辆损失险保费＝500 元＋10 万元×1.5%;

车辆损失险保费＝500 元＋1 500 元;

车辆损失险保费＝2 000(元)(年保费);

应交保费＝2 000 元×200 天÷365 天≈1 095.89(元)。

(五)免赔规定

我国车辆损失险中实行的是绝对免赔率的方法,就是在条款中规定每次保险事故均按相应比例扣除被保险人应得的赔款。采取给被保险人留有自负率,只要发生事故被保险人就要受到一定损失的做法,是为了督促被保险人完善车辆技术状况,安全行车。现行条款规定,保险车辆驾驶员在事故中,负事故全部责任的,扣除赔款的比例:负事故主要责任的,扣除赔款的 15%;负事故同等责任的,扣除赔款的 10%;负事故次要责任的,扣除赔款的 5%。

(六)赔偿计算公式

1. 全部损失

全部损失是指保险标的整体损毁或保险标的受损严重,失去修复价值,或保险车辆的修复费用达到或超过出险当时的实际价值,保险人推定全损。

(1)当足额或不足额保险时。保险车辆发生全部损失后,如果保险金额等于或低于出险当时的实际价值,则按保险金额计算赔偿。即:

赔款＝(保险金额－残值)×事故责任比例×(1－免赔率)

(2)当超额保险时。保险车辆发生全部损失后,如果保险金额高于出险当时的实际价值,则按出险当时的实际价值计算赔偿。即:

赔款＝(实际价值－残值)×事故责任比例×(1－免赔率)

相关案例

例如,陆某以 20 万元购买了一辆轿车,该车投保金额为 20 万元。后陆某驾驶该车发生交通事故，车辆严重受损，公安交通管理部门认定陆某在此次事故中负全部责任。保险公司鉴定该车为全损，核定该车残值为4万元，同时结合该车车价下跌及磨损等情况，核定该车出险时的实际价值为16万元。那么，该车可获得的保险赔偿额是多少呢？因陆某在此次事故中负全责，所以保险公司对其车辆损失免赔20%；由于其车保险金额为20万元，高于该车出险时的实际价值16万元，因此，计算时应以该车实际价值16万元为准，则保险赔偿额=(16－4)×(1－20%)=9.6(万元)。

2. 部分损失

部分损失是指保险车辆受损后未达到整体损毁或推定全损程度的局部损失。其赔款计算的基本方法为：

(1)保险车辆的保险金额按投保时新车购置价确定，无论保险金额是否低于出险当时的新车购置价，发生部分损失均按照实际修复费用赔偿，即：

赔款=(实际修复费用－残值)×事故责任比例×(1－免赔率)

相关案例

某日，王某为其车辆投保时与保险公司协商确定，保险金额为该车的重置价格20万元。同年8月在交通事故中，该车前保险杠、前车盖及前大灯受损，在保险公司指定的修理厂修复后花费9 000元。公安交通管理部门认定王某对事故负同等责任。经保险公司核定其损坏的保险杠、前车盖、前大灯残值为500元。由于王某是以新车购置价格20万元确定的保险金额，因此保险公司对该车的部分损失，应按实际修理费用计算赔付金额。因王某对事故负同等责任，所以保险公司应免赔损失的10%，则王某应得的赔偿额为：(9 000－500)×(1－10%)=7 650(元)。

(2)保险车辆的保险金额低于投保时的新车购置价，发生部分损失按照保险金额与投保时的新车购置价比例计算赔偿修复费用，即：

赔款=(实际修复费用－残值)×(保险金额/新车购置价)×事故责任比例×(1－免赔率)

相关案例

金某以25万元购买一辆新车。投保金额为20万元，该车发生事故造成车辆部分损失，发生修理费8 000元。经保险公司核定，车辆损坏部分的残值为400元，因金某对事故负主要责任，保险公司对其损失免责20%，则金某实际能够得到保险公司的赔偿金为：(8 000－400)×(200 000÷250 000)×(1－20%)=4 864(元)。

3. 施救损失

施救费仅限于对保险车辆的必要、合理的支出。如果施救财产中含有保险车辆以外的财产，则应按保险车辆的实际价值占施救总财产的实际价值的比例分摊施救费用。

(1)保险金额等于投保时新车购置价的施救费计算公式为：

$$\text{施救费}=\text{实际施救费用}\times\text{事故责任比例}\times\frac{\text{保险车辆实际价值}}{\text{实际施救财产价值}}\times(1-\text{免赔率})$$

(2)保险金额低于投保时的新车购置价的施救费计算公式为：

$$\text{施救费}=\text{实际施救费用}\times\text{事故责任比例}\times\frac{\text{保险金额}}{\text{新车购置价}}\times\frac{\text{保险车辆实际价值}}{\text{实际施救财产价值}}\times(1-\text{免赔率})$$

三、机动车交通事故责任强制保险

(一)保障范围

在中华人民共和国境内(不含港、澳、台地区)，被保险人在使用被保险机动车过程中发生交通事故，致使受害人遭受人身伤亡或者财产损失，依法应当由被保险人承担的损害赔偿责任。

拓展阅读

内地香港两地牌，跨境车险怎样买？

(二)保险责任

被保险机动车发生道路交通事故造成本车人员、被保险人以外的受害人人身伤亡、财产损失的，由保险公司依法在机动车交通事故责任强制保险责任限额范围内予以赔偿。如道路交通事故的损失是由受害人故意造成的，保险公司不予赔偿。

有下列情形之一的，保险公司在机动车交通事故责任强制保险责任限额范围内垫付抢救费用，并有权向致害人追偿：(1)驾驶人未取得驾驶资格或者醉酒的；(2)被保险机动车被盗抢期间肇事的；(3)被保险人故意制造道路交通事故的。

(三)除外责任

下列损失和费用，机动车交通事故责任强制保险不负责赔偿和垫付：(1)因受害人故意造成的交通事故的损失；(2)被保险人所有的财产及被保险机动车上的财产遭受的损失；(3)被保险机动车发生交通事故，致使受害人停业、停驶、停电、停水、停气、停产、通信或者网络中断、数据丢失、电压变化等造成的损失以及受害人财产因市场价格变动造成的贬值、修理后因价值降低造成的损失等其他各种间接损失；(4)因交通事故产生的仲裁或者诉讼费用以及其他相关费用。此外，对于不符合机动车交通事故责任强制保险有关抢救费用垫付和赔偿规定的其他损失和费用，保险人也不负责垫付和赔偿。

(四)赔偿限额

机动车交通事故责任强制保险的责任限额是指被保险机动车发生道路交通事故时，保险公司针对每次保险事故中所有受害人的人身伤亡和财产损失所承担的最高赔偿金额。机动车交通事故责任强制保险在全国范围内实行统一的责任限额。责任限额分为死亡伤残赔偿限额、医疗费用赔偿限额、财产损失赔偿限额以及被保险人在道路交通事故中无责任的赔偿限额。

从 2020 年 9 月 19 日零时起实行的机动车交通事故责任强制保险责任限额规定，被保险机动车在道路交通事故中有责任的赔偿限额为：死亡伤残赔偿限额 180 000 元，医疗费用赔偿限额 18 000 元，财产损失赔偿限额 2 000 元；被保险机动车在道路交通事故中无责任的赔偿限额为：死亡伤残赔偿限额 18 000 元，医疗费用赔偿限额 1 800 元，财产损失赔偿限额 100 元。

相关案例

2021 年 10 月，余某某驾驶渝 A×××号小型轿车，与张某某驾驶的渝 AT××号出租车发生碰撞，造成两车受损及张某某、余某某、出租车搭乘人员受伤。经公安机关交警部门认定，余某某承担本次事故的主要责任，张某某承担本次事故的次要责任。后查明，渝 A×××号车辆所有权人为余某某，该车辆未购买交强险及商业险；渝 AT××号车辆所有权人为重庆某出租汽车有限公司，张某某系该公司出租车驾驶员。

由于该事故造成张某某肋骨骨折、右踝关节活动障碍，伤残等级鉴定均属十级。因赔偿事宜，张某某与余某某发生分歧，遂诉至法院。一审法院判决，经交警部门认定余某某负此次事故主要责任，张某某负次要责任，因余某某未按规定投保交强险，应当在交强险限额内先承担赔偿责任，超过限额部分，张某某、余某某双方按照 3∶7 的比例进行分担。余某某认为其未购买交强险，不应当在交强险责任范围内先行赔偿，遂申请检察院监督。

本案交通事故发生后，本该由保险公司在交强险的责任限额内向张某某承担赔偿责任，但由于余某某作为投保义务人未依法投保交强险，因此法院判令其在交强险的责任限额内承担赔偿责任，符合法律规定。

本案例体现了公民责任的重要性。余某某未购买交强险的行为，不仅增加了自己和他人的风险，而且导致了在事故发生后需要承担更大的赔偿责任。这启示我们，作为公民，不仅要关注自己的利益，而且要关注社会的整体利益，积极履行自己的社会责任。我们应当从中汲取教训，增强法治观念，积极履行自己的法律义务和社会责任，为构建法治社会贡献自己的力量。

资料来源：https://mp.weixin.qq.com/s?__biz=MzIyNjM4MDU0Nw==&mid=2247651274&idx=1&sn=9445bae23da4ee61bc30d1ac71b7c27b&chksm=e87d91a6df0a18b0ebe92a37ed7306bb5f99583211bf4842bec1b18cea8ffc34359436654f13&scene=27。

(五)保费

1. 保险费率的规定

机动车交通事故责任强制保险实行统一的保险条款和基础保险费率。国家金融监督管理总局按照机动车交通事故责任强制保险业务总体上不盈利不亏损的原则审批保险费率。国家金融监督管理总局在审批保险费率时，可以聘请有关专业机构进行评估，可以举行听证会听取公众意见。

2. 保费的计算

机动车交通事故责任强制保险保费的计算取决于两大因素：一是机动车交通事故责任强制保险基础保费，二是与道路交通事故相联系的浮动比率。用公式表示即：

$$\text{机动车交通事故责任强制保险保费}=\text{机动车交通事故责任强制保险基础保费}\times\left(1+\frac{\text{与道路交通事故}}{\text{相联系的浮动比率}}\right)$$

车险分为交强险和商业车险,交强险是一种强制性保险,是必须要买的。商业车险分为基本险和附加险。基本险种比较重要的是第三者责任险和车损险,这是绝大部分车主要购买的两种车险。如果停车环境不理想,危险性比较大的话,还要考虑投保盗抢险。附加险险种也比较多,各有各的保障范围,其中比较重要的是划痕险、自燃险、涉水险和不计免赔。如果是老车,那自燃险是重要的,如果在潮湿多雨地区,那自燃险和涉水险都要购买。还有,保险公司在理赔时有一定程度的不计免赔,如果想要保险公司承担全部损失的话,还要投保不计免赔。

拓展阅读

调整交强险责任限额和费率浮动

第五节　其他物质损失保险

一、货物运输保险

货物运输保险是以运输中的货物为保险标的,承保它们因自然灾害或意外事故而遭受的损失的一种财产保险。货物运输保险种类很多,其中比较重要的按运输工具分类有水上货物运输保险、陆上货物运输保险、航空货物运输保险。本章重点介绍典型的货物运输保险即海上运输货物保险。

海上运输货物保险是指保险人承保货物在运输途中因海上自然灾害、意外事故或外来原因而导致的损失负补偿责任的保险制度。国际上习惯采用的英国《伦敦协会海上运输货物保险条款》将基本险的保险责任分为平安险、水渍险和一切险。

(一)保险责任

1. 平安险的责任范围

(1)被保险货物在运输途中由于恶劣气候、雷电、海啸、地震、洪水等自然灾害造成整批货物的全部损失或推定全损;

(2)由于运输工具遭受搁浅、触礁、沉没、互撞、与流水或其他物体碰撞以及失火、爆炸等意外事故造成货物的全部或部分损失;

(3)在运输工具已经发生搁浅、触礁、沉没、焚毁等意外事故的情况下,货物在此前后又在海上遭受恶劣天气、雷电、海啸等自然灾害所造成的部分损失;

(4)在装卸或转运时,由于一件或数件货物落海造成的全部或部分损失;

(5)被保险人对遭受承保责任内风险的货物采取抢救、防止或减少货损的措施而支付的合理费用,但以不超过该批被救货物的保险金额为限;

(6)运输工具遭遇海难后,在避难港由于卸货、存仓及运送货物所产生的特别费用;

(7)共同海损的牺牲、分摊和救助费用;

(8)运输契约签订有"船舶互撞责任"条款,根据该条款规定应由货方偿还船方的损失。

由于平安险对单独海损原则上不负责任，保障范围比较狭小，因此在实际投保中，使用平安险的很少。平安险适用于大宗、低值和粗糙无包装的货物。

2. 水渍险的责任范围

水渍险承保的责任范围除包括平安险的各项责任外，还包括被保险货物由恶劣天气、雷电、海啸、地震、洪水自然灾害所造成的部分损失，以及因盗窃、投弃、船长船员的恶意行为等意外事故所造成的部分损失。水渍险的承保责任范围远远超出平安险的责任范围。二者的区别在于：平安险只在恶劣气候、雷电、海啸、地震、洪水等自然灾害造成整批货物的全部损失或推定全损时才负赔偿责任，而水渍险对由此造成的部分损失也负赔偿责任。

相关案例

2015 年 8 月，安才进出口公司出口一批棉花，投保了水渍险，运载该批货物的海轮在航行中遇到台风，而使货物遭到水渍损失。试问：在上述情况下，保险公司是否负责赔偿？为什么？

不负责赔偿。因为淡水雨淋险是一般附加险，不属于水渍险责任范畴。水渍险与淡水雨淋险的主要区别在于：

(1)水渍险是海运货物的基本险之一，而淡水雨淋险是一般附加险之一，不能单独投保，必须附属于基本险项下，如投保一切险包括在内。

(2) 与平安险一样，水渍险只负责咸水所造成的损失的赔偿，不负责淡水所造成的损失的赔偿，而淡水雨淋险负责由于淡水（包括船上饮用水、水管漏水、船杆滴水等）、雨水以及雪融水所造成的损失的赔偿。

资料来源：https://www.renrendoc.com/paper/236896209.html。

3. 一切险的责任范围

一切险的责任范围是平安险、水渍险和普通附加险的总和，即在平安险和水渍险各项责任的基础上，将保险货物在运输途中由于外来原因所致的全部或部分损失纳入保障范围。

(二)除外责任

平安险、水渍险和一切险的除外责任是：

(1)被保险人的故意行为或过失所造成的损失；

(2)属于发货人责任所引起的损失；

(3)被保险货物存在的品质不良或数量短差所造成的损失；

(4)被保险货物的自然耗损、本质缺陷、特性以及市价跌落、运输延迟所引起的损失或费用；

(5)属于战争险条款和罢工险条款规定的保险责任和除外责任的货损。

空运、陆运、邮运保险的除外责任与海运基本险别的除外责任基本相同。

相关案例

某健康科技公司是生产经营及出口维生素胶囊的保健食品企业。国外买家向该公司购买鱼肝油软胶囊一万粒。货物从中国深圳运往英国某港口,并向保险公司投保了“协会货物运输条款一切险”。由于采用常温包装的运输方式,途经热带地区却未采取任何控温措施,货物到港后,鱼肝油软胶囊因遇高温导致粘连变形,因此国外买家拒收全部货物。该健康科技公司损失惨重,向保险公司申请理赔。保险公司经过实地查勘后告知无法赔付,该公司遂诉至法院,最终法院驳回了它的诉讼请求。

就本案查勘报告来看,胶囊产品外包装纸箱完好,没有证据证明存在其他外来原因导致货损。涉案胶囊的主要成分为明胶,熔点较低,对较高的温度相当敏感,显然属于货物的“自然特性”,为此中国医药包装协会标准“明胶空心胶囊”中不建议其贮存温度高于25℃。

再者涉案的运输航线经过南亚等温度较高的地区,集装箱内密闭环境温度可能高于25℃,大概率发生胶囊“软化粘连”的性状变化。如此时继续选择常温运输则属于“包装不当”。

因此,本案证据可以证明货损的直接原因是自然温度变化,而究其本质,货损原因则为胶囊的“自然特性”以及“包装、运输不当”。依据《中华人民共和国海商法》第二百四十三条关于“包装不当”的规定以及涉案的“协会货物运输条款一切险”相关合同条款,并无有关承保以上风险的特别约定,因而被告保险公司并无赔偿义务。

“一切险”并非保一切,投保人仍要根据保险条款和相应的法律规定,明晰自身责任,根据货物特性谨慎处理货物包装和运输,避免产生损失,不能因投保了保险而放松、懈怠。

资料来源:https://mp.weixin.qq.com/s/BshA3-1oyRp-Pap5bEz5Tw。

(三)保险金额与保险费率

货物运输保险的保险金额,采取定值保险方式,并通常按以下三种价格标准择一确定:(1)离岸价,即以起运地发票价加装船前的一切费用作为保险金额。(2)成本加运费价,即以起运地货物本身的价格加运杂费作为保险金额。(3)到岸价格,即以起运地货物本身的价格加运杂费再加保费作为保险金额。

在厘定货物运输保险的保险费率时,保险人通常考虑下列因素:

(1)货物运输方式,分为直达运输、联运、集装箱运输等方式。其中,联运是指同一种标的需要采取两种或两种以上的主要运输工具才能从起运地运到目的地的运输方式。直达运输是指从起运地到目的地,只使用一种主要运输工具的运输,不包括起运地和目的地经途接运的辅助运输工具在内。保险货物中途转运而转运的运输工具与前一段运载的运输工具是同一种,仍作为直达运输。

(2)选用的运输工具,包括船舶、火车、汽车、飞机等,不同的运输工具客观上存在着不同的运输风险。

(3)货物的性质与包装。货物性质的差异决定了货物自身的风险大小,如玻璃易碎、烟花爆竹易爆易燃等;同时,包装的好坏也影响着运输中的防灾防损。保险人一般将各种货物按易损程度分为一般货物、一般易损货物、易损货物、特别易损货物四大类,并据此制定相应的级差费率。易损程度越高,保险费率就越高。

二、工程保险

工程保险是指以各种工程项目为主要承保标的的财产保险。它是适应现代工程技术和建筑业的发展，由火灾、意外伤害保险及责任保险等演变而成的一类综合性财产保险，它承保一切工程项目在工程期间乃至工程结束以后的一定时期的一切意外损失和损害赔偿责任。一般而言，传统的工程保险仅指建筑、安装及船舶建造工程项目的保险；然而，进入20世纪以来，许多科技工程活动获得了迅速发展，又逐渐形成了科技工程项目保险。因此，建筑工程保险、安装工程保险、科技工程保险构成了工程保险的三大主要业务来源。

（一）建筑工程保险

1. 建筑工程保险的主要保险责任

（1）自然事件

建筑工程保险所承保的自然事件包括地震、海啸、雷电、飓风、台风、龙卷风、风暴、暴雨、洪水、水灾、冻灾、冰雹、地陷下沉、山崩、雪崩、火山爆发及其他人力不可抗拒的破坏力强大的自然现象。

（2）意外事故

建筑工程保险所承保的意外事故是指不可预料的以及被保险人无法控制并造成物质损失或人身伤亡的突发性事件，包括火灾、爆炸、飞机坠毁或物体坠落等。

（3）人为风险

建筑工程保险承保的人为风险有盗窃、工人或技术人员缺乏经验、疏忽、过失、恶意行为。

（4）第三者责任部分的保险责任

第三者责任部分的保险责任是指在保险期间因建筑工地发生意外事故造成工地及邻近地区第三者人身伤亡和财产损失依法应由被保险人承担的赔偿责任，以及事先经保险人书面同意的被保险人因此而支付的诉讼费用和其他费用。

2. 建筑工程保险的主要承保范围

（1）建筑施工合同中规定的建筑工程，包括永久工程、临时工程及工地上的物料。以大型旅馆建筑为例，承保项目包括建筑物主体、建筑物内装修设备、与建筑物配套的道路和桥梁、水电设施等，它们是建筑工程保险的主要承保项目。

（2）建筑用的机器设备，包括施工用的各种机器如起重机、打桩机、铲车、推土机、运输车辆等，各种设备如水泥搅拌设备、临时供水及供电设备、传送装置、脚手架等，均可投保。

（3）工地上原有的财产物资，包括工程所有人或承包人在工地上的房屋建筑物及其他财产物资，由于施工过程中的意外而造成损失的风险，保险人均可承保。

（4）安装工程项目，即建筑工程项目中需要进行机器设备或其他设施安装的项目，如旅馆大楼内的电梯及发电、取暖、空调等机器设备的安装，也存在着安装风险，保险人可一并在建筑工程保险单项下予以承保。

（5）损害赔偿责任，即建筑过程中因意外事故导致他人损害并依法应承担的损害赔偿责任，它虽然是责任保险中的承保对象，但也可作为建筑工程保险项目之一加以承保。

相关案例

陕西某建筑公司于 2021 年 6 月在某保险公司为其中标的紫阳县某污染治理工程投保建筑施工企业安全生产责任保险，并缴纳保费 19 790 元。在保险期限内，该建筑公司工人徐某驾驶铲车在项目施工地施工时，车辆发生侧翻，徐某被卡在车内，经送医抢救无效死亡。经调解，该建筑公司与徐某家属达成调解协议，由建筑公司一次性向受害人家属赔偿各项损失费用 1 150 000 元，协议签订后，建筑公司履行了全部赔偿义务。后该建筑公司向保险公司理赔时遭拒，建筑公司遂起诉保险公司在雇员伤亡保险赔偿限额内支付赔偿金 900 000 元，在附加雇员医疗费限额内赔付抢救费 3 018.45 元。紫阳县人民法院经审理认为，该建筑公司、保险公司在保险单中约定适用建筑施工企业安全生产责任保险条款，该条款在保险责任部分约定："在保险期间内，被保险人在保险单载明的施工地址内依照中华人民共和国法律从事建筑施工及相关工作的过程中，因发生生产安全事故导致被保险人的从业人员遭受人身伤亡，依法应由被保险人承担的经济赔偿责任，保险人应按照保险合同约定负责赔偿。"

经庭审查明，徐某死亡有紫阳县公安局接处警记录、安康市中心医院病历、居民死亡医学证明书、人民调解协议书等证据材料，可以证实徐某死亡系其在保险单载明的工程施工地作业过程中因驾驶的铲车侧翻，将徐某压伤导致抢救无效死亡。

按保险条款的约定，本次事故属于建筑公司在生产经营活动中发生的造成人身伤亡的生产安全事故，且建筑公司已经向受害人家属赔偿了各项损失，达成了调解协议，约定了保险权益转让。

建筑公司作为施工企业，承担着安全生产的重要责任。本案中，虽然建筑公司购买了安全生产责任保险，但事故的发生仍然给公司带来了严重的经济损失和社会影响。这提醒我们要始终坚持安全生产的重要性，切实履行好安全生产责任，确保施工过程中的安全。在追求经济效益的同时，企业也应该注重社会效益和道德责任，为社会的和谐稳定做出贡献。

资料来源：https://m.thepaper.cn/baijiahao_24659053。

(二)安装工程保险

安装工程保险的承保范围主要包括：凡属安装工程合同内要安装的机器、设备、装置、物料、基础工程(如地基、座基等)及为安装工程所需的各种临时设施(如临时供水、供电、通信设备等)均包括在内；此外，为完成安装工程而使用的机器、设备等，为工程服务的土木建筑工程及工地上的其他财产物、保险事故后的场地清理费等均可作为附加项目予以承保。

(三)科技工程保险

科技工程保险主要包括海洋石油开发保险、航天工程保险、核能工程保险等，其共同特点就是高额投资，价值昂贵，且分阶段进行，保险人既可按工程的不同阶段承保，又可连续承保，与建筑工程和安装工程保险有许多相似之处。

第六节　责任保险

一、法律责任与责任风险

(一)法律责任

法律责任是指行为人由于违法行为、违约行为或者由于法律规定而应承受的某种不利的法律后果，即法律规定要求行为人承担的责任。

法律责任的不同类型包括(见图 6 - 1)：

- 法律责任
  - 民事法律责任
    - 侵权行为
    - 违约责任
  - 刑事法律责任
  - 行政法律责任

图 6 - 1　法律责任

1. 民事法律责任

民事法律责任，即《民法典》规定的法律责任，是行为人违反合同义务或法定民事义务侵害他人民事权益而应承担的法律后果(见图 6 - 2)。

- 民事法律责任
  - 侵权责任
    - 一般侵权
    - 特殊侵权
  - 违约责任(合同责任)

图 6 - 2　民事法律责任

2. 刑事法律责任

刑事法律责任，是由刑事违法行为造成的，刑事违法也称犯罪，是指侵犯《中华人民共和国刑法》所维护的社会关系和权利而依法应受到刑罚处罚的行为。

3. 行政法律责任

行政法律责任即行政违法行为，指违反国家行政法规而应承担的法律责任(见图 6 - 3)。

- 行政法律责任
  - 国家赔偿
  - 补缴税款的滞纳金
  - 罚款等

图 6 - 3　行政法律责任

(二)赔偿责任的法律基础

赔偿责任的法律基础主要源于《民法典》的相关规定。这些规定明确了行为人在造成他人民事权益损害时应当承担的侵权责任，为赔偿责任的判定提供了法律依据。

1. 一般的赔偿责任

一般赔偿包括的费用主要有医疗费、护理费、交通费、营养费、住院伙食补助费等为治疗和康复支出的合理费用，以及因误工减少的收入。如果造成残疾，还应当赔偿辅助器具费和残疾赔偿金；若造成死亡，则还应当赔偿丧葬费和死亡赔偿金。此外，如果是侵害他人财产，财产损失会按照损失发生时的市场价格或其他合理方式进行计算。主要根据《民法典》等法律要求进行核算。

2. 雇主赔偿责任

雇主赔偿责任主要包括：

(1)雇员在从事雇佣活动中致人损害的赔偿责任:雇主应当承担赔偿责任。如果雇员因故意或重大过失致人损害,雇主应当与雇员承担连带赔偿责任。

(2)雇员在从事雇佣活动中遭受人身损害的赔偿责任:雇主应当承担赔偿责任。如果损害是由第三人造成的,雇员可以请求第三人或雇主承担赔偿责任,雇主承担责任后有权向第三人追偿。

(3)安全生产事故的连带责任:如果发包人或分包人知道接受发包或分包业务的雇主没有相应资质或安全生产条件,应当与雇主承担连带赔偿责任。

主要法律依据为《中华人民共和国劳动法》《中华人民共和国工会法》《民法典》等。

3. 产品责任

产品责任是指由于产品有缺陷,造成了产品的消费者、使用者或其他第三者的人身伤害或财产损失,依法应由生产者或销售者分别或共同负责赔偿的一种法律责任。在责任保险领域内,产品责任保险是发展较为迅速的险种。零售商、批发商和制造商对由离开销售和生产场所的商品的使用或消费引起的伤害被认为是负有法律责任的。法律依据为《民法典》《中华人民共和国产品质量法》《中华人民共和国药品管理法》《中华人民共和国消费者权益保护法》等。

4. 职业赔偿责任

职业赔偿责任主要包括工伤赔偿和其他职业伤害赔偿。对于其他职业伤害,如职业病,赔偿可能涉及医疗费、误工费、护理费等相关费用的补偿。通常需先确定职业病诊断,然后按照工伤保险相关规定执行。若用人单位未参加工伤保险,则由用人单位支付相关赔偿费用。法律依据通常与行业有关,如《律师法》《注册会计师法》《执业医师法》《医疗机构管理法》《建筑法》等,同时也遵循《民法典》等基本法律的要求。

5. 其他赔偿责任

其他赔偿责任主要包括监护责任、合同责任等,在实际处理中可参照《民法典》《中华人民共和国未成年人保护法》等法律要求。

(三)责任风险

由疏忽、过失行为所致第三人的损害,须由行为人(加害人)对受害人负损害赔偿责任,而这种对第三人可能发生的损害赔偿责任,即一般所称责任风险。

风险的不确定性:涉及他人的财产损失及由此产生的后果损失、人身伤害及由此产生的精神伤害等,责任风险所包含的大部分损害赔偿责任不仅难以用标准去量化,而且牵涉到世界各国对损害赔偿的规定。

二、责任保险的概念

(一)责任保险的发展与定义

1. 责任保险的起源与发展

责任保险产生于19世纪的欧美国家,20世纪70年代以后在工业化国家迅猛发展。责任保险最早出现于19世纪中期的英国,1855年英国铁路乘客公司开办了铁路承运人责任保险。到1880年,英国通过雇主责任保险对雇员在工作中遇到的意外伤害进行赔偿。后来,雇主责任保险公司也承接了电梯责任保险,成为公众责任保险的开端。此外,西方国家的保险人对其他的各种责任保险也开始以“责任”的方式承保，并逐渐以新险种的形式出现和发展。如承包人责任险始于1886年，制造业责任保险始于1892年，医生职业责任保险始于1890—1900年，航空责任保险始于1919年，会计师责任保险始于1923年，个人责任保险始于1932年等。

进入20世纪70年代以后，西方发达国家责任保险的服务领域变得十分广泛，形成了险种齐全、专业性强的特色，真正成为企业、团体、家庭及个人，乃至政府机关等都必不可少的危险保障工具。进入20世纪90年代后，许多发展中国家也开始重视发展责任保险业务。

拓展阅读

我国责任保险保费收入规模与增速相关数据

2. 责任保险的定义

责任保险是指以被保险人依法应负的民事损害责任或经过特别约定的合同责任作为承保责任的一类保险。《保险法》第六十五条规定：“责任保险是指以被保险人对第三者依法应负的赔偿责任为保险标的的保险。”

从理论上讲，责任保险属于财产保险的一种，但它又具有自己的特色，是一种自成体系、没有实体的财产保险。与一般的财产保险相比，责任风险有更大的不确定性。责任保险市场的成熟，是保险业发展到一个较高阶段的标志。

拓展阅读

责任保险的起源

3. 责任保险的保险标的

责任保险的保险标的是被保险人在法律上应负的民事损害责任。其中包括：

(1)侵权责任

①过失责任，指行为人应当注意或能够注意却没有注意而违反法律应尽义务或违背社会公共利益，造成他人人身伤害或财产损失而产生的对受害人应承担的法律责任。

②绝对责任，又称无过错责任，是指不以致害人主观过错为归责原则的侵权民事责任，不论行为人主观上有无过错，只要他的行为造成损害事实，就应承担民事赔偿责任。

(2)经特别约定的合同责任

订立合同的一方根据合同规定对所致另一方或其他人的损害应负的赔偿责任，属于合同责任。特别约定的合同责任又分直接责任与间接责任。

(二)责任保险与其他保险的区别

1. 与物质损失保险的区别

物质损失保险是承担被保险人物质损失的有形财产保险;责任保险是承担被保险人因对第三方造成财产损失或人身伤亡而依法应负的赔偿责任,属于无形财产保险。

2. 与保证保险的区别

保证保险负责的是被保险人因第三方未能履行合同义务而遭受的损失,以及由此产生的被保险人应承担的赔偿责任;责任保险负责被保险人对第三方造成损失的法定赔偿责任及被保险人应该承担的法律责任。

(三)责任保险的特征及概念

1. 责任保险的一般特征

(1)责任保险产生与发展基础的特征

法制的健全与完善成为责任保险产生与发展的最直接的基础。

(2)责任保险补偿对象的特征

一方面,保险人赔偿的前提是被保险人之外的第三者遭受损害,且依法应由被保险人承担经济赔偿责任。另一方面,保险人的赔偿不仅控制在对被保险人的限额内,而且控制在第三者的损失或被保险人受到索赔的金额内。

因此,责任保险是由保险人直接保障被保险人的利益、间接保障受害人利益的一种双重机制。

(3)责任保险承保标的的特征

责任保险承保的标的是没有实体的各种民事法律风险,被保险人承担的责任只能采用赔偿限额的方式进行确定。

(4)责任保险赔偿处理中的特征

①每一起责任保险赔案的出现,均以被保险人对第三方的损害并依法应承担经济赔偿责任为前提条件,从而必然涉及受害的第三者,这表明责任保险的赔偿处理较为复杂。

②责任保险的承保以法律制度的规范为基础,纠纷的处理是以法院的判决或执法部门的裁决为依据,从而需要更全面地运用法律制度。

③责任保险中是保险人代替致害人承担对受害人的赔偿责任,被保险人对各种责任事故处理的态度往往关系到保险人的利益,从而使保险人具有参与处理责任事故的权利。

④责任保险赔款可以直接支付给受害人。

2. 责任限额与免赔额

责任保险承担的是对被保险人的赔偿责任,而不是有固定价值的标的,且赔偿责任因损害事故大小而异,很难准确预计。因此,无论哪一种责任保险,都没有保险金额的规定,而是用保险双方约定赔偿限额的方式来确定保险人的责任限额,凡超过赔偿限额的索赔,都需由被保险人自行承担。责任保险通常有以下几种类型:

(1)每次事故责任限额,即每次责任事故或同一原因引起的一系列责任事故的责任限额,它分为财产损失责任限额与人身伤亡责任限额。

(2)累计责任限额,即保险期限内累计的责任限额,它分为累计的财产损失责任限额和累计的人身伤亡责任限额。

责任保险单上通常还有(绝对)免赔额的规定,以此达到被保险人防止发生事故和减少小额、零星赔款支付的目的。

3. 责任保险的承保基础或归属方式

在保险实务中，有两种确定责任的方式，即承保基础：

(1)期内发生式(on occurrence basis)，指以损失(事故)发生的时间为基础，即保险事故必须发生在保险期间内，保险人才按照保险合同承担赔偿责任。

(2)期内索赔式(claims-made basis)，指以损害事故索赔提出的时间为基础，计算责任事故的有效期。保险人不考虑责任事故发生的具体时间，只要首次正式提出索赔的时间在保险单有效期内，保险人就要承担赔偿责任。

4. 保险费率

责任保险的保险费率是根据各种责任保险的风险大小及损失率高低确定的。不同的责任保险种类，制定费率时应考虑的因素不同，但从整体上看，在厘定责任保险费率时要考虑以下因素：

(1)被保险人的职业性质、行为范围等产生民事损害赔偿责任可能性的大小；

(2)责任限额及免赔额的高低；

(3)当地法律对损害赔偿的规定；

(4)承保区域大小；

(5)同类业务的历史损失资料。

拓展阅读

实务中确定保险费率的方法

三、责任保险的种类

(一)公众责任保险

相关案例

2008 年 10 月 30 日，某旅行社有限公司向某保险公司投保了旅行社责任保险，累计赔偿限额 200 万元，每次事故赔偿限额 30 万元，每次事故每人赔偿限额 10 万元(包含财产损失赔偿限额 5 000 元)，保险期限为 2008 年 10 月 31 日至 2009 年 10 月 31 日。

2009 年 3 月 18 日，某旅行社有限公司组团赴华东五市旅游，旅游第二天 16:40 团队入住苏州万顺楼酒店。该团旅游者韩天祥和夫人入住 415 室，晚饭后韩天祥在酒店洗澡时因拖鞋遇水地板湿滑摔倒，后神志不清，随后被送往苏州市第三人民医院抢救。经苏州市第三人民医院诊断为脑出血过多，生命垂危，建议手术治疗，同时告知韩天祥家属手术风险较大。最后在韩天祥家属的要求下韩天祥出院，出院后韩天祥家属从家庭所在地陕西省乾县租用救护车连夜将韩天祥从苏州运回陕西省乾县，在运送途中韩天祥死亡。2009 年 3 月 20 日，被保险人向保险公司报案,并提出索赔。你认为应如何解决?

资料来源:https://max.book118.com/html/2017/0611/113557963.shtm。

1. 公众责任保险的定义

公众责任保险又称普通责任保险或综合责任保险,它以被保险人的公众责任为承保对象,是责任保险中独立的、适用范围最为广泛的保险类型。公众责任保险承保的民事赔偿责任可以是侵权责任,也可以是契约责任。

2. 公众责任保险的种类

(1)综合公众责任保险

综合公众责任保险承保被保险人在任何地点因非故意行为或活动所造成的他人人身伤害或财产损失依法应负的经济赔偿责任。除一般公众责任外,该险种还承担合同责任、产品责任、业主及工程承包人责任、完工责任及个人伤害责任等风险。

(2)场所责任保险

场所责任保险是公众责任保险中业务量最大的一种,它承保固定场所因存在结构上的缺陷或管理不善,或被保险人在被保险场所进行生产经营活动时因疏忽发生意外事故,造成他人人身伤害或财产损失且依法应由被保险人承担的经济赔偿责任。

(3)承包人责任保险

承包人责任保险承保承包人造成的损害赔偿责任,主要适用于承保各种建筑工程、安装工程、修理工程等施工任务的承包人。

(4)承运人责任保险

承运人责任保险承保各种客、货运输任务的部门或个人在运输过程中可能发生的损害赔偿责任,主要包括旅客责任保险、货物运输责任保险等险种。与一般公众责任保险不同的是,承运人责任保险保证的风险实际上是处于流动状态中的风险,但因运行途径是固定的,从而也可以视为固定场所的责任保险业务。

(5)个人责任保险

个人责任保险承保城乡居民家庭或个人的法律风险,是适用于个人及其家庭的日常生活活动的保险。该险种包括住宅责任保险、综合个人责任保险、个人职业责任保险等。

(6)第三者责任险(简称"三责险")

第三者责任险全称商业第三者责任保险,是指被保险人允许的合格驾驶员在使用被保险车辆过程中发生意外事故,致使第三者遭受人身伤亡或财产的直接损失,依法应当由被保险人支付的赔偿金额,保险人会按照保险合同中的有关规定给予赔偿。同时,若经保险公司书面同意,被保险人因此发生仲裁或诉讼费用的,由保险公司承担。该险种主要是保障道路交通事故中第三方受害人获得及时有效赔偿的险种。但因事故产生的善后工作,需要由被保险人负责处理。保险公司会在责任限额以外赔偿,但最高不超过责任限额的30%。

相关案例

2012年4月25日,项勇付(原告丈夫)驾驶被保险车辆在道湖四分场大州砖厂路段倒车时碰撞行人项馨磊,造成项警磊(原告之子)死亡的交通事故。经惠州市公安局交通警察支队仲恺大队做出道路交通事故认定书，认定驾驶员项勇付对事故负全部责任。涉案车辆粤L39428在被告处投保了保额为12.2万元的强制险和保额为30万元的三责险等险种(含不计免赔条款)，保险期限均为2011年7月15日至2012年7月14日，涉案交通事故发生在保险有效期限内。事故发生后，原告向被告索赔死亡赔偿金157 805元、丧葬费20 387元、精神损失费100 000元、抢救费411.4元。双方就赔偿问题无法达成共识，原告遂诉至法院，请求法院判决被告向原告支付保险金共计人民币168 192元。

(二)雇主责任保险

相关案例

2023年4月，G先生与某家政中心签订××家政服务中心家政服务协议书。协议签订后，保姆L某前往其家中照看2岁的小祺。2024年2月，L某在照顾小祺时，将小祺独自留在沙发上。后小祺摔在地上，头部遭受特重型闭合性颅脑损伤。经抢救无效，小祺于次日死亡。

法院经审理认为，××家政中心派出的保姆L某在照看没有行为能力的小祺时存在过错，L某是家政中心的员工，家政中心要赔偿原告52万元。二审法院认为，原审法院认定××家政中心与L某之间存在雇用合同关系是正确的，应予以维持。L某作为××家政中心所派遣的雇员，在具体家政服务中负有照料看护未成年人的责任，原判认定L某负有相应的责任并无不当，应予以维持。二审法院考虑到L某并无恶意、也无明显重大过错、也不存在其他恶劣行为，且损害结果发生后，××家政中心积极支付医疗费、丧葬费等情节，认为原判所确定的精神损害抚慰金数额明显过高，重新判决为47万元。

1. 雇主责任

雇主责任是指雇主对其雇员在受雇期间因发生意外事故或职业病而造成人身伤残或死亡时依法应承担的经济赔偿责任。雇主责任的产生有两个来源：

(1)由国家或地区通过立法规定雇主对雇员在受雇期间从事与职业相关工作中因发生意外事故或职业病而引起人身伤残或死亡时应承担的经济赔偿责任。

中国内地的相关法律有《中华人民共和国劳动法》《民法典》等；英国的相关法律有《雇主责任强制保险法》；中国香港的相关法律有《劳动赔偿法》。

(2)依据雇主与雇员之间签订的劳动合同而产生的雇主对雇员的经济赔偿责任。一般赔偿内容包括：①死亡：丧葬补助金、抚恤金、一次性死亡补助金；②伤残：永久伤残补助金和非永久性停工期间补助金[包括误工费用，即暂时丧失工作能力超过5天(不包括5天)的，在超过5天的治疗期间，每人每天按当地政府公布的最低生活标准赔偿误工补助，以医疗期满及确定伤残程度日先发生者为限，最长不超过1年。]；③医疗费用。

2. 雇主责任保险的定义

雇主责任保险是指承保雇员在受雇期间发生的人身伤亡或根据雇用合同应由雇主承担的经济赔偿责任的一种保险。

雇主责任保险始于19世纪80年代初，是责任保险中比较早开展的险种。随着工业革命的发展，工矿企业中的工伤事故越来越多，由于广大工人不断地罢工以争取自己的合法权益，因此,1850年,英国对《雇主责任法》进行了修改,规定了"雇主必须履行的普通法义务",使工人获得了最低限度的安全工作条件,使工人受工伤后获得赔偿有了法律作为基础。

目前,在许多国家的法律中,雇主已经不仅仅对直接或间接过失承担赔偿责任,而是规定雇主承担无过失责任,即只要不是雇员的故意行为导致的伤害,雇主都负责赔偿。下列情况被视为雇主的过失或疏忽责任:

(1)雇主提供危险的工作地点、机器设备和工作程序;

(2)雇主提供的是不称职的管理人员;

(3)雇主本人直接的疏忽或过失,如对有害工种未提供合格的劳动保护用品等。

3. 雇主责任保险与劳动保险的区别

(1)前者是因过失或疏忽而产生的法律赔偿责任的保险;后者虽然也是保障雇员遭受人身伤亡或疾病时的雇主赔偿责任,但不考虑雇主有无过失。

(2)前者由雇主交付保费;后者常常由政府、雇主、雇员共同交付保费。

(3)前者赔偿金交给雇主,后者赔偿金交给受伤害雇员。

(4)前者属于商业保险,后者属于社会保险。

(三)产品责任保险

相关案例

北京某生物医药工程公司在某保险公司投保了产品质量责任险。某年3月,被保险人医药工程公司投保的产品"人工股骨",在植入病人高某体内两年后断裂。现高某要求医药工程公司赔偿医药费、误工费等实际支出,另要求依照医药工程公司与保险公司签订的产品责任保险合同得到10万元人民币的赔偿,但该要求被拒绝。高某便委托其代理人向某区人民法院提起诉讼,法院已经受理了此案。接到出庭通知后,保险公司派人参与了诉讼。你认为法院应如何解决这一纠纷?

1. 产品责任

产品责任是产品侵权损害赔偿责任的简称,即指由于产品存在缺陷,在使用或消费过程中发生意外造成产品用户、消费者或其他第三方的人身伤害或财产损失,依法应由该产品制造商或销售商分别或共同承担的经济损害赔偿责任。

2. 产品责任保险

产品责任保险是指由保险人承保的产品制造者、销售者、维修者等因产品缺陷致使消费者或用户或其他公众财产损失和人身伤害,且依法应由其负责的经济赔偿责任。

3. 产品责任保险的特点

(1)强调以产品责任法为基础;

(2)不承担产品本身的损失,只承担因产品导致的非产品本身的损害;

(3)续保的连续性与保险的长期性;

(4)强调保险人与被保险人的协作与信息沟通;

(5)对于生产性特别是外向型企业的作用日益重要。

(四)职业责任保险

相关案例

某医院向保险公司投保了医疗责任保险，保险合同规定每起事故赔偿限额为 50 000 元。在保险期内，该医院接受孕妇李某做胎儿性别鉴定，结论是“胎儿性别为女性”。结果，孕妇生产时却发现生下的是男孩。孕妇遂以医院医疗责任事故为由向法院起诉，要求院方赔偿损失。受害方认为，医院断男为女，是严重的失职，应承担一切后果。因为该孕妇患有“杜氏进行性肌营养不良症”家族病，其特点是生女为阴性带菌不发病，生男为阳性带菌者必发病，且目前无医可解救。故男性一般均在成年前发病致死。李某在此前已怀两胎均因性别检验为男性而终止妊娠，这次因相信该医院的检验结论，谁知生下的是男孩。因此，全家人为之痛苦异常，院方对此应承担损害赔偿责任。对此，你怎么看？

职业责任保险是承保各种专业技术人员因工作上的疏忽或过失，造成他们的当事人或其他人的人身伤害或财产损失的经济赔偿责任的一种保险。种类有医疗职业责任保险、律师责任保险、建筑工程设计责任保险、会计师责任保险。

拓展阅读

为什么美国保险保费更便宜？

第七节　信用保险与保证保险

一、信用保险与保证保险的概念及二者关系

(一)信用保险与保证保险的发展

信用与保证保险分为信用保险与保证保险。信用保险主要功能是保障企业应收账款的安全，其原理是把债务人的保证责任转移给保险人，当债务人不能履行其义务时，由保险人承担赔偿责任。

保证保险的起源早于信用保险。保证保险首先出现于 18 世纪末 19 世纪初，是随着商业信用的发展而出现的。最早产生的保证保险是诚实保证保险，由一些个人商行或银行办理。到了 1852—1853 年，英国几家保险公司试图开办合同担保业务，但因缺乏足够的资本而没有成功。1901 年，美国马里兰州的诚实存款公司首次在英国提供合同担保，英国几家公司相继开办此项业务，并逐渐推向了欧洲市场。

保证保险是随着商业道德危机的频繁发生而发展起来的。保证保险这一新险种的出现，

是保险业功能由传统的补偿功能、储蓄功能向现代资金融通功能的扩展,对拉动消费、促进经济增长产生了积极的作用。

(二)信用保险与保证保险的联系和区别

信用保险和保证保险都是保险人对义务人的作为或不作为致使权利人遭受损失负赔偿责任的保险,即都是保险人对义务人信用的担保。二者的保险标的具有一致性,即都为信用相关风险;同时,二者在业务经营过程中都必须依靠信用资料、财务状况、经营状况等信息作为经营基础。虽然有很多相似之处,但二者存在着许多差别,具体体现在以下几个方面:

(1)投保对象与投保人不同。权利人通常购买信用保险,以防范义务人的信用风险;义务人通常购买保证保险以获得权利人的信任。

(2)涉及的权利义务方不同。信用保险合同除保险人外只涉及权利人和义务人两方;保证保险因为往往要求义务人提供反担保,所以除保险公司外还涉及义务人、反担保人和权利人三方。

(3)风险程度不同。在信用保险中,保险人承担着实实在在的风险。经营保证保险的风险小于信用保险。

(4)保险人履约的前提条件不同。在信用保险中,被保险人缴纳保费是为了把可能因义务人不履行义务而使自己受到损失的风险转嫁给保险人,信用保险的保险人履约的前提条件是权利人即被保险人遭受合同约定的损失。在保证保险中,义务人(被保证人)缴纳保费是为了获得向权利人保证履行义务的凭证,即保险人只出立保证书,履约的全部义务还是由义务人自己承担,保证保险的保险人履约的前提条件是被保险人不能正常赔偿权利人遭受合同约定的损失。

(三)信用保险与保证保险的依据和保险期限

信用保险与保证保险是依据被保证人与权利人订立的商业、借贷或投资合同订立的。由于信用保险与保证保险的保险责任是保险人作为保证人对被保证人的履约行为或信用风险承担责任,因此在订立信用保险与保证保险合同之前,须先订立商业、借贷或投资合同,被保证人与权利人订立的这些合同是订立信用保险与保证保险合同的先决条件,并最终成为该保险合同的一个组成部分。

信用保险与保证保险的保险期限可分为短期、中期和长期三种。短期业务一般规定为6个月到1年;中期业务一般在1年以上;长期业务无具体标准,最长可达20年。保险期限应由保险合同的当事人协商确定,并在保险合同中载明,保险期限内的保险事故所致损失由保险人负责赔付。

二、信用保险

信用保险是指权利人向保险人投保债务人的信用风险。信用保险最主要的特点在于投保人都是权利人。权利人投保后把债务人不能履行义务的风险转移给保险人。信用保险的主要险种包括一般商业信用保险、投资保险和出口信用保险。其中,投资保险和出口信用保险由中国出口信用保险公司承保。信用保险具有一定的政策性,尤其是投资保险和进出口信用保险。近年来,在我国政府的大力支持下,信用保险,尤其是短期出口信用保险得到大力发展。

(一)一般商业信用保险

一般商业信用保险是指在商业活动中,权利人要求保险人将义务人作为被保证人,并承担由于被保证人的信用风险而使权利人遭受商业利益损失的保险,商业信用保险承保的标的是被保证人的商业信用。如果被保证人发生保险事故,保险人首先向权利人履行赔偿责任,同时自动取得向被保证人进行代位求偿的权利。一般商业信用保险的险种主要有赊销信用保险、贷款信用保险和个人贷款信用保险。

1. 赊销信用保险

赊销信用保险是为国内商业贸易的延期付款或分期付款行为提供信用担保的一种信用保险业务。在赊销信用保险中,投保人是卖方,保险人承保的是买方的信用风险,目的在于保证被保险人能按期收回赊销贷款,保障商业贸易的顺利进行。赊销信用保险适用于一些以分期付款方式销售的耐用商品,如汽车、船舶、住宅及大批量商品。赊销信用保险的特点是赊账期较长,风险比较分散,保险人必须在仔细地考察买方资信情况的条件下才能决定是否承保。中国平安保险公司率先于 1995 年开办这种业务。

相关案例

某电子产品公司通过赊销信用保险,对国内买家进行信用评估,并在交易中获得了保险公司的支持。在一次交易中,买家未按时支付货款,卖方通过赊销信用保险得到了赔偿,保护了自己的利益。

2. 贷款信用保险

贷款信用保险是保险人对银行或其他金融机构与企业之间的借贷合同进行担保并承保其信用风险的保险。企业经营管理不善或决策失误,以及自然灾害和意外事故的影响,导致贷款风险是客观存在的。贷款信用保险是银行转嫁贷款中的信用风险的必要手段,在贷款信用保险中,放款方既是投保人又是被保险人。放款方投保贷款信用保险后,当借款人无力归还贷款时,可以从保险人那里获得补偿,保险人再取得代位求偿权。

3. 个人贷款信用保险

个人贷款信用保险是保障金融机构对自然人进行贷款时,因债务人不履行贷款合同致使金融机构遭受经济损失。保险人代替自然人进行赔偿后取得代位求偿权。

(二)投资保险

中国出口信用保险公司承保的投资保险包括海外投资保险和来华投资保险。海外投资保险是中国出口信用保险公司开办的一项政策性保险,目的是鼓励中国企业进行海外投资,与一般商业保险不同,海外投资保险有鲜明的政策性,不以营利为目的。

海外投资保险的责任范围分为战争险、征用险、外汇险三种,承保的风险为战争、征收、汇兑限制以及政府违约。战争是指投资所在国发生的战争、内战、恐怖行为以及其他类似战争的行为。战争险项下的保障包括战争造成的项目企业有形财产的损失和因战争行为导致项目企业不能正常经营所造成的损失。征收是指资源所在国政府采取批准、授权或统一地对投资实行的强行征用、没收、国有化、扣押等行为。这些行为需持续一段时间,而且使投资者无法建立或经营项目企业,或者剥夺、妨碍了投资者的权益。汇兑限制是指投资所在国政府实施的阻碍、限制投资者把当地货币兑换为可自由兑换货币及汇出投资所在国的措施,或者使投资者必须以远高于市场汇率的价格才能将当地货币兑换为可自由兑典货币及汇出投资所在国的措施。政府违约是指投资所在国政府非法地或者不合理地取消、违反、不履行或者拒绝承认其出具、签订的与投资相关的特定担保、保证或特许权协议等。

投资保险的除外责任包括：

(1)被保险人的投资项目受损后造成被保险人的一切商业损失；

(2)被保险人及其代表不履行投资契约或故意违法行为导致政府有关部门的征用或者没收造成的损失；

(3)政府有关部门规定了汇出汇款期限，而被保险人没有按照有关规定汇出汇款造成的损失；

(4)原子弹、氢弹等核武器造成的损失；

(5)对投资契约范围以外的任何其他财产的征用、没收造成的损失。

在赔偿时，政府有关部门征用、没收引起的投资损失，在征用、没收发生满 6 个月后赔偿。战争、类似战争行为、叛乱、罢工及暴动造成的投资项目损失，在提出财产损失证明后或被保险人投资项目终止进行 6 个月后赔偿。政府有关部门汇兑限制造成的投资损失，自被保险人提出申请汇款 3 个月后赔偿。

被保险人在保单所列投资契约项下的投资发生保险责任范围内的损失时，保险人根据损失金额按投资金额和保险金额的比例赔付。追回征用、没收的款项由被保险人和保险人按各自承担损失的比例分摊。

相关案例

案例背景：孟加拉国政府以 PPP 模式公开招标达卡机场高架快速路项目，泰国 ITD 企业作为中标开发商，成立项目公司 FDEE 与孟加拉国政府签署特许权协议。2017 年，中国 S 企业、G 企业作为股东加入项目公司，三方股东签署股东合作协议，项目总投资逾 12 亿美元。2020 年，中国出口信用保险公司(以下简称“中国信保”)为该项目出具海外投资股权保险保单和海外投资债权保险保单，中国进出口银行和中国工商银行作为银团为该项目提供融资，融资金额逾 13 亿美元。

融资结构：该项目为海外投资公路 PPP 项目。该项目由中国进出口银行和中国工商银行组成的银团为其提供出口买方信贷融资，借款人为项目公司 FDEE。该项目由三家股东提供担保，在借款人不能正常还本付息时，三方担保人将按照股比提供还款的流动性支持。在泰国 ITD 企业无力提供还款支持或无力承担其股权出资义务时，将启动股权转换和担保比例调整机制。中国信保通过海外投资保险中承保违约险的方式保证公路项目特许权协议的执行，也通过承保三项基本政治险保障了东道国风险，确保项目还款的安全。

项目意义：该项目是中国信保响应“一带一路”融资需求，助力企业采取海外“投建营”一体化模式的典范，对中孟合作建设“孟中印缅经济走廊”具有重要的战略意义。这是中国信保首次在海外投资保险支持的公路 BOT 项目中承保违约风险，此举可帮助企业分担东道国政治风险，为银行融资提供增信，对其他公路项目具有借鉴意义。从中方企业入股投资到项目推进的全流程，中国信保积极响应客户需求，提供切实可行的保险和融资方案，大力推进项目融资落地。

资料来源：https://mp.weixin.qq.com/s/ecR-RgqvgrrbHtlZLRoBTA。

拓展阅读

海外投资保险承保风险

(三)出口信用保险

出口信用保险是承保出口商在经营出口业务的过程中因进口商的商业风险或进口国的政治风险所遭受的损失的一种信用保险。出口信用保险的风险比较大，通常是靠政府支持经营，在我国是由中国出口信用保险公司承保的。

出口信用保险与一般的商业保险不同。其开办的目的是鼓励和扩大出口，具体业务方针体现了国家的产业政策和贸易政策。出口信用保险的经营者通常是政府机构或其他受托保险机构，是非营利性的组织，通常只对本国国民或企业开办，投保的商品也必须是本国生产的。为了避免道德风险，每个出口商必须对自己所有的出口业务全部投保，而不能只投保一部分出口业务。保险公司在承保出口信用保险时也必须考虑进口国和进口商的风险。

出口信用保险有许多种类，按照出口合同的信用期分类，出口信用保险可分为短期出口信用保险和中长期出口信用保险。按照保险责任起讫的时间分类，出口信用保险可分为出运前的保险和出运后的保险。其中，出运前的保险责任起讫是从出口合同生效之日开始直至货物出运时终止。如果货物在出运前因为商业风险或政治风险致使买方取消或终止合同，保险人就负责赔偿因产品不能出口而带来的直接损失。实际上，出运前，出口信用保险保障的是违约风险，通常作为短期出口信用保险的附加险。出运后的保险责任起讫是从货物交付承运人直至出口商安全收汇。如果在出口合同规定的信用期届满后因保险责任范围内的风险导致出口商不能收到外汇货款，保险人在规定等待期满后负责赔偿。出运后的保险保障的是收汇风险。

1. 短期出口信用保险

短期出口信用保险适用于被保险人按付款交单(D/P)、承兑交单(D/A)或赊账(O/A)等以商业信用付款条件，出口产品全部或部分在中国制造，信用期不超过180天的合同，一般是大批量的、持续的消费性货物出口。付款交单是指进口商支付货款后才拿到提货单。承兑交单是指托收银行向进口商提示出口商开具的以进口商为付款人的远期汇票后，只要进口商签字承兑，托收银行即可将提货单等交给进口商，承兑到期后，进口商再向出口商支付货款。赊账是指出口商装运货物后，在进口商既不付款也不承兑的条件下，将有关单据交给进口商，进口商按双方约定，在交单的30天、60天或更长时间后，再向出口商支付货款。

图6-4为短期出口信用保险的几种方案：

短期出口信用保险的保险责任分为商业信用风险和政治风险两大类。其中商业信用风险包括：买方破产或无力偿付货款、买方收货后拖欠货款达6个月或4个月以上、买方拒收货物导致货物被运回。政治风险主要包括：买方国家实行外汇管制；买方国家实行进口管制；买方国家发生战争、暴动和其他骚乱。除外责任主要包括：由货物运输保险和其他保险承保的损失；汇率变动引起的损失；被保险人或其代表未履行合同或违反法律造成的损失；在买方违反合同的情况下，被保险人仍向其出口货物而发生的损失；因买方没有遵守所在国法律而未得到进口许可证等。

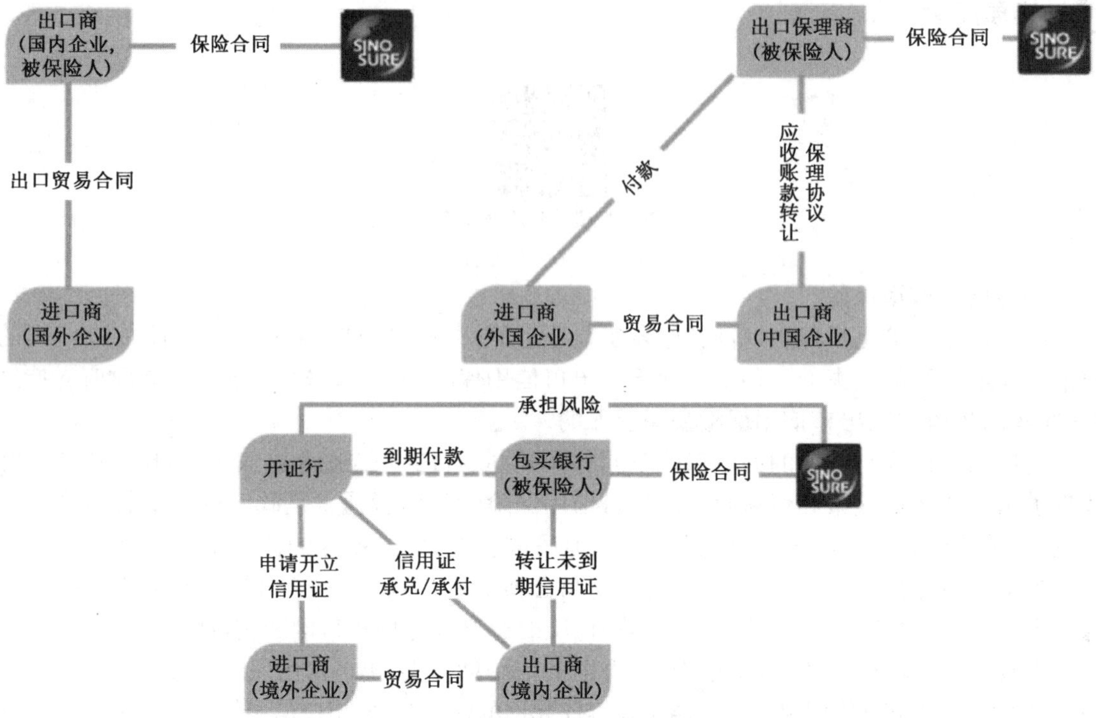

图6-4 短期出口信用保险的几种方案

通常,被保险人应就保单适用范围内的每一买方向保险公司申请信用限额,经批准后的信用限额可以循环使用,该信用限额也是保险公司向被保险人承担该买方赔偿责任的最高限额。另外还规定了每12个月的累计赔偿限额。按照国际惯例,保险公司只负责赔偿实际损失的90%,10%的损失由被保险人自己承担。在出口信用保险中一般还规定赔偿等待期。被保险人提出索赔之后,只有赔偿等待期结束,保险人才进行赔付。不同损失原因的赔偿等待期是不同的。例如,因买方拖欠货款的赔偿等待期为4个月;买方拒收货物或拒付货款,赔偿等待期为货物重新出售或处理完毕后的1个月;政治风险造成的损失,赔偿等待期为该政治风险事件发生后的4个月。

相关案例

2011年11月9日,钱军以牡丹江春瑞进出口有限公司(以下简称“春瑞公司”)的名义向中国出口信用保险机构哈尔滨营业管理部(以下简称“中信保哈尔滨营业部”)投保了短期出口信用保险。同年12月20日,春瑞公司、中信保哈尔滨营业部、中国工商银行股份有限公司牡丹江融汇支行(以下简称“工行融汇支行”)签订了赔款转让协议。2012年2月至3月间,春瑞公司与工行融汇支行签订了出口信用保险项下贸易融资总协议,并分别与钱军、华某某及桐庐煜盛针织有限公司签订最高额保证合同。2013年9月至10月间,春瑞公司在没有任何货物出口的情况下,向工行融汇支行提供将他人货物以春瑞公司名义出口而获取的海关报关单、伪造的海运提单和虚假的买卖合同等贷款材料,分两次从工行融汇支行骗取贷款合计

1 410 000 美元(合计人民币 8 569 323 元)。贷款下发后,钱军将上述款项转出,用于偿还个人债务。此后案情期间,钱军偿还部分贷款本金合计 356 566.05 美元(合计人民币 2 198 381.08 元)。对于无法偿还部分,中信保哈尔滨营业部以投保人春瑞公司提供的买卖合同不真实为由不予赔偿,造成工行融汇支行贷款损失本金合计 1 053 433.95 美元(合计人民币 6 370 941.92 元)。

资料来源:黑龙江省牡丹江市西安区人民法院(2018)黑 1005 刑初 103 号刑事判决书。

2. 中长期出口信用保险

中长期出口信用保险适用于收汇期在 180 天至 5 年或 8 年之间的资本性或半资本性货物的出口项目。例如船舶、飞机等大型交通工具,电站、生产线等成套设备等。这类资本性货物的出口金额大、付款期限长、收汇风险大,与一般性货物的出口区别较大。中长期出口信用保险只适用于使用银行买方信贷、卖方信贷或其他方式签订的贸易金额在 100 万～1 亿美元的出口合同,并且出口的大型成套设备和机电产品等资本性货物或半资本性货物国产化率在 70%以上,车辆、船舶和飞机等国产化率在 50%以上。中长期出口信用保险的保险责任包括以下几项:

(1)买方、借款人或其还款担保人倒闭、破产、被接管或被清盘,或丧失偿付能力;

(2)买方、借款人或还款担保人自商务合同或贷款协议规定的还款日起逾期 5 个月仍未履行还款义务;

(3)买方因故单方面停止或终止执行贸易合同;

(4)买方所在国,或借款人所在国,或任何与履行商务合同或贷款协议有关的第三国政府颁布政令、法令,实行外汇管制,限制汇兑;

(5)买方所在国或借款人所在国与中国或与任何第三国发生战争、敌对行为,或买方所在国发生战争、革命、暴乱等事件,或发生不可抗力特别事件造成进口商不能履行商务合同,或借款人不能履行贷款协议项下的还款义务。

按照国际惯例,中长期出口信用保险的承保比例一般为贸易合同总金额的 85%,其余 15%的贸易合同金额应在贸易合同签字后,在买卖双方规定的时间内,由买方现汇支付出口商。保险公司对中长期出口信用保险项下银行买方信贷和卖方信贷的本金和利息提供 100%无条件担保。

相关案例

被保险人中国 A 公司从 2001 年 7 月开始,以 O/A60 天付款方式向欧洲 B 公司出口盐渍牛肝菌。同时,A 公司向中国出口信用保险公司(以下简称"中国信保")投保了出口信用保险,中国信保对 B 公司批准限额为 O/A 60 天 150 万美元。2001 年 7—10 月间,A 公司向 B 公司发货共计 199 万美元,B 公司已支付 85 万美元,尚欠货款 114 万美元,因 B 公司逾期没有付款,A 公司于 2003 年 2 月就上述拖欠货款向中国信保报告可能损失,并委托中国信保代位追讨。

经过调查,该案存在以下一些争议问题:

1. 存在贸易纠纷。B 公司提出桶装货物短重程度超过了合同允许的范围,并出具 SGS 就重量问题随机抽样所做的检验报告。

2. 交易过程和当事人关系复杂，贸易合同签字人的资格不明确，给B公司否认付款义务以可乘之机。

(1)A公司与C公司签订销售合同。C公司是一家与B公司无任何资金关联的海外注册公司，其中国代表处出示的B公司致中国供应商函中明确指出代表处具有监控质量、安装出运的权利，同时具有安排在中国的全部采购权，但未明确其是否具有以自己的名义在采购合同上签字的权利。

(2)A公司向B公司发货。

(3)A公司商业发票上的抬头人为中国香港注册的D公司。

(4)E公司是付款人，收汇水单中付款人为另外一家中国香港公司E公司。

资信报告显示，中国香港D公司和E公司的注册地址和负责人相同，两公司均是注册资本不足1 000美元的一人公司，无实际履约付款能力。B公司与D和E合作是为了逃税。同时，根据国内同业出口商反映，C公司虽然在账面上与B公司无关系，但二者存在密切的私人交往，且B公司对C公司拥有实际控制权。

基于上述交易关系，B公司以贸易合同不是该公司所签订的和相关商业单据均未规定B公司义务为由，拒绝承担付款义务，甚至全盘否认交易事实。

经过分析，中国信保承保的是B公司的信用风险，中国信保的买方信用限额是批复给B公司的。但是，从合同形式上看，B公司没有在合同上签字，贸易合同存在严重的瑕疵。事实上B公司也否认与A公司有贸易往来。而且A公司和B公司对货物重量存有争议。鉴于此，按照保单中有关贸易纠纷的规定，中国信保要求保户按贸易合同仲裁条款提交中国国际贸易促进委员会仲裁委员会仲裁。待贸易纠纷解决后，中国信保方可定损核赔。同时，因出口货物仅有1年的保质期，为最大限度减少损失，中国信保允许保户继续与买家谈判，尽快处理剩余货物。

三、保证保险

保证保险是被保证人根据权利人的要求，请求保证人担保自己信用的保险。保证保险的保险人代被保证人向权利人提供担保，如果由于被保证人不履行合同义务或者有犯罪行为，导致权利人受到经济损失，就由保险人承担赔偿责任。保证保险是一个具有创新性的险种。

保证保险与一般保险完全不同，其区别见表6-1。

表6-1　　保证保险与一般保险的区别

类　别	保证保险	一般保险
合同方	投保人是履行特定义务的人；权利人是得到补偿的人；保证人是一家保险公司	保险人和投保人
保费的含义	保费只是一项服务收费，保证人预计损失不会发生	保费反映的是可能的损失赔偿
损失补偿	保证人有法定权利从违约方取得损失补偿	保险人一般没有权利从被保险人处取得损失补偿
风险特征	被保证人的品质、诚实和履约能力，这些均属于可以控制的损失	保险人旨在补偿被保险人不可控制的损失

保证保险分为确实保证保险和忠诚保证保险两类。其中，确实保证保险的险别有合同保证保险、产品质量保证保险等，在确实保证保险中是由义务人缴付保费。忠诚保证保险是雇员、保证人和雇主三方的合同，雇主是保证契约的持有人，也是缴付保费的被保险人。保证人对雇主因贪污、挪用、诈骗等不诚实行为所遭受的经济损失进行补偿。

保证保险承保的标的也是信用风险，但是与信用保险有着本质的区别，其区别见表6－2。

表6－2　保证保险与信用保险的区别

类　别	保证保险	信用保险
合同不同	合同是保证书而非保险单，只规定担保事宜	合同是保险单，包括保险责任、除外责任等内容
投保人不同	确实保证保险中都是义务人，忠诚保证保险中都是权利人	权利人
风险不同	义务人仍然承担履约的全部义务，风险没有转移	权利人面对义务人可能违约的风险被转移给保险人

（一）确实保证

1. 合同保证保险

合同保证保险又称为契约保证保险，是指因被保证人不履行合同义务造成权利人经济损失时，由保险人代替被保证人进行赔偿。合同保证保险主要用于建筑工程的承包合同。具体分为：

（1）履约保证保险

保证人向业主（工程项目所有人）保证承包商将会根据合同要求完成工程。

建设工程履约保证保险属于一种特殊的保险类型。在建设工程领域，为了确保工程项目能够按照合同约定顺利进行，就有了建设工程履约保证保险。它主要是由保险公司向工程项目的业主提供的一种保障。当承包商（也就是承接工程建设任务的一方）未能按照建设工程合同中的条款履约时，例如未能按时完工、工程质量不符合要求等情况，保险公司将按照保险合同的约定，对业主遭受的损失进行赔偿。这种保险在建设工程的合同履行过程中起到了重要的保障和风险分担作用。它可以有效减少业主面临的承包商违约风险，也有助于提高建设工程市场的规范化和稳定性，保障建设工程相关各方的权益。图6－5为建设工程履约保险常见类型。

（2）支付保证保险

保证承包商按时支付工程建造所使用的人工、材料及有关费用。履约保证经常与支付保证并为一份保证契约。

（3）投标保证保险

在建筑工程公开招标中，要求投标人提供投标保证，以保证投标人得标后会签约。如果投标人得标后不签约，招标人将会选择另一投标人，其出价一般要比原得标人高，保证人将会支付这二者的差额。投标保证的金额一般是工程合同金额的5%～20%。对没有得标的投标人会发还投标保证书。

（4）维修保证保险

保证承包商在完工之后一段时间内会纠正工程中的缺陷和调换质量有问题的材料。招

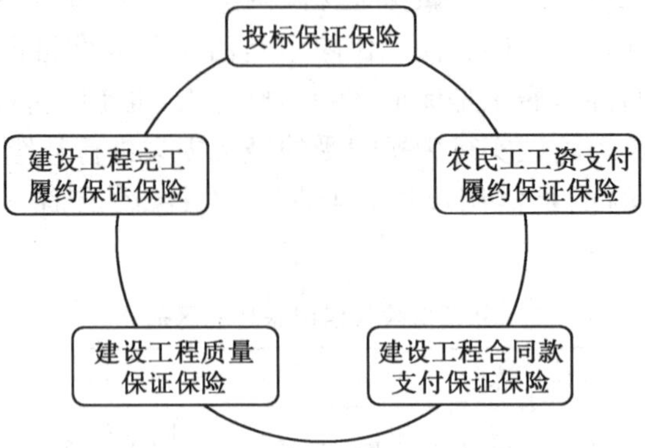

图 6-5　建设工程履约保险常见类型

标文件有时也要投标人提供一份维修保证书。

我国原来只有中国银行办理履约保证和投标保证等业务，即以出立银行保证书或保证函方式提供担保。为了配合引进外资工作和对外承包工程，我国部分省市保险分公司也开办了这类业务。

相关案例

某保险公司为福建建筑企业的一个房地产项目承保了农民工工资支付履约保证保险，风险保障金额 200 万元。12 月 9 日，保险公司接到当地人社局调查函，公司承保的该房地产项目拖欠 135 名农民工工资，经限期改正，建筑企业仍未支付。

经调查，该项目已陷入半停工状态，陆续暴发过多起讨薪事件。尽管当地人社局发出了监察整改指令书，但由于资金链紧张，该建筑公司短期内无力解决问题。

保险公司迅速启动应急理赔预案和理赔绿色流程，在接到报案一周内，就将理赔款 200 万元全额支付至人社局农民工工资专用账户，并由人社局及时发放到农民工手中，在临近年关和新冠疫情防控初期，高效化解社会矛盾，维护了社会和谐稳定。

资料来源：https://mbd.baidu.com/newspage/data/dtlandingsuper?nid=dt_4563935307409795722&sourceFrom=search_a。

2. 产品质量保证保险

产品质量保证保险是指被保险人制造或销售丧失或不能达到合同规定效能的产品，给使用者造成经济损失时，由保险人对由缺陷产品本身以及由此引发的相关损失和费用承担赔偿责任。保险合同一般会规定，在保险单明细表中列明的追溯期起始之日，由被保险人生产或销售的产品，由于下列原因之一，导致权利人在保险期间内首次向被保险人提出索赔，依法应由被保险人承担修理、更换或退货责任，对于产品本身的质量赔偿责任，保险人在保险单明细表中约定的赔偿限额内予以赔偿：

(1)不具备产品应当具备的使用性能而事先未做说明的；

(2)不符合在产品或其包装上注明采用的产品标准的；

(3)不符合以产品说明、实物样品等方式表明的质量状况的。

保险人也负责赔偿由于保险事故引起的应由被保险人承担的鉴定费用、运输费用和交通费用等各种费用。

保险人对下列原因造成的损失和费用不负责赔偿：

(1)绝对除外责任：投保人及其代表的犯罪或故意行为；战争、军事行为、恐怖事件、罢工、骚乱、盗窃、抢劫；核反应、核辐射、放射性或其他任何形式的污染；政府有关当局的没收；投保人或权利人的欺诈行为；因保险事故造成的一切间接损失。

(2)地震、雷击、火灾、爆炸、暴雨、洪水、台风等自然灾害和意外事故。

(3)权利人不按使用说明违规操作。

(4)产品的自然消耗或磨损。

(5)产品召回。

(6)运输或仓储过程中的外来原因。

(7)产品生产时国内市场技术水平尚不能发现的缺陷。

(8)任何原因造成的人身伤亡和保险产品之外的财产损失；关联企业之间的相互索赔；罚款、惩罚性赔款；被保险人承诺免费维修的费用。

(9)不合格产品造成的损失：权利人认可并接受的有关质量问题的产品；出厂时未经检验，或经检验不合格仍允许出厂，以及无法确定生产日期或销售日期的产品；超过安全使用期或有效期或保质期销售的产品；被保险人停业、关闭或破产以后销售的产品。

产品质量保证保险与产品责任保险不同(见表 6-3)，产品质量保证保险的保障范围正好是产品责任保险的除外责任。由于产品质量保证保险和产品责任保险密切联系，因此在实务中保险人通常同时承保产品质量保证保险和产品责任保险。

表 6-3　　　　产品质量保证保险与产品责任保险的不同

类　别	产品质量保证保险	产品责任保险
性质不同	保证保险	责任保险
标的不同	因产品质量不合格而应承担的产品本身的损失，即产品质量违约责任	产品因缺陷对用户、消费者或公众造成的人身伤害和财产损失。即产品侵权责任
责任范围不同	产品本身的损失以及由此引发的有关损失和费用，即因产品质量问题应该负责的修理、更换产品的损失和费用	产品因缺陷对用户、消费者或公众造成的人身伤害和财产损失，产品本身的损失除外

相关案例

A 从 B 公司购买了一台微波炉，买回来之后不久，机器使用的过程中出现机身后部突然冒烟的情况，随后发生爆炸，A 的脸部被炸伤，A 的家具也被炸坏。A 要求 B 公司赔偿他一台微波炉，以及微波炉爆炸给 A 造成的人身损害和财产损失。

由于 B 公司购买了产品责任保险和产品质量保证保险，那么微波炉的价款赔偿和运输费用由产品质量保证保险承担，A 的人身伤害和家具损失赔偿由产品质量责任保险承担。

B 公司购买了产品责任保险和产品质量保证保险，体现了企业对于自身产品质量的重视和对于消费者安全的责任感。在发生产品质量问题时,企业能够积极承担责任,通过保险机制对消费者进行赔偿,这是企业责任担当的具体体现。同时,这也提醒所有企业,在追求经济效益的同时,必须承担起相应的社会责任,保障消费者的合法权益。

3. 住房抵押贷款保证保险

住房抵押贷款保证保险的投保人是购房人,被保险人是贷款银行。保障购房人由于下列原因连续3个月未履行偿还贷款责任:

(1)投保人无法履行商品房抵押贷款合同;

(2)投保人(自然人)死亡,且无人代为履行到期债务;

(3)投保人(企业法人)依法经人民法院宣告破产,且无人代为履行到期债务。

但是,对由于战争,政府有关部门扣押,投保人、被保险人单方或共同的故意行为,核事故,自然灾害,房产公司未按期交房等原因导致投保人未履行商品房抵押贷款合同的,保险人不负赔偿责任。

住房抵押贷款保证保险的保证金额为贷款余额及利息之和。赔偿金额为投保人所拖欠的已到还款期限的本金和利息以及以后按期支付的欠款,直至投保人恢复履行偿还贷款责任或保险人付清投保人的全部欠款为止。保险人在支付赔偿款后,保险人有权向投保人追偿代付欠款及利息,直至处置抵押商品房。

近年来,随着汽车的普及,私人通过银行贷款购车的势头强劲,保险公司也相继推出与住房抵押贷款保证保险相似的汽车消费贷款保证保险。当汽车消费贷款的借款人未能按贷款合同履行还款义务时,由保险公司替借款人偿还所欠贷款本息。

(二)忠诚保证保险

忠诚保证保险又称为雇员忠诚保险,它是指雇员的不法行为,例如盗窃、贪污、伪造单据和挪用款项等使雇主遭受经济损失时,由保险人承担赔偿责任的保证保险。其承保对象是雇员的品德和信用,保证范围包括雇员的任何不诚实行为,并不限于列明的贪污、挪用、诈骗。雇主是权利人和投保人,雇员是被保证人。

忠诚保证保险的保险责任范围较广,只要是保单中列明的雇员,在不中断的雇用期间从事与其职业和职责相关的工作时,在赔偿期内因欺骗或不忠实行为导致被保险人遭受直接经济损失,保险公司就会承担赔偿责任。保险公司一般不对下列责任承担赔偿:

(1)有关雇员欺骗或不诚实的任何行为以首先发生者为准,除非该行为在上述赔偿期内或赔偿期后6个月内或在雇员死亡、被解雇或退休后6个月内被发现;

(2)如果雇主的营业性质或雇用的职责或条件发生变更,或者没有保险公司的认可雇主减少了雇员的报酬,或者没有切实遵守保证账目准确性的预防措施和检查;

(3)高于赔偿期的总赔偿限额的数额。

在忠诚保证保险中,只要一方不提出解约,保证契约不会在保证期末终止,它会继续生效。保费每年或每隔3年缴付1次。一旦雇主发生某个被保证的雇员不诚实,对这个雇员的保证即行终止。

首先,从这些除外责任中可以看出,忠诚保证保险采用的是期内发生式。由于一般都要求被保险人持续续保,因此在一般情况下没有多大影响。但是雇员死亡、解雇或退休时就有影响,故设计了6个月的发现期。其次,雇主也应该为自己的不公平处置招致的报复承担责任。所以,保险公司不赔偿因雇主擅自减少雇员工资待遇或加重工作任务导致雇员不诚实行为带来的损失，以及雇主没有按照安全预防措施和尽职督促检查造成的经济损失。

忠诚保证保险的承保方式分为以下几种：

(1)个人保证。在个人保证中，只对一名指名的雇员提供保证，由他提出保证申请，保证人对他进行调查后做出是否提供保证的决定。

(2)姓名表保证。姓名表保证是扩大个人保证的范围，适用于 2～4 名雇员的保证，在契约中列出每位被保证人的姓名，并附上每人的保证金额，当解雇被保证人或录用新的雇员时，必须办理批改手续。

(3)职位表保证。在职位表保证中不列姓名，只列出各种职位及其人数，例如 3 名会计、1 名出纳员、1 名财务主任、2 名收货员、2 名装货员。因此，当一个职位上的雇员进行调动时不必通知保证人，只有当一个职位上的雇员人数发生变动时才需要办理批改手续，如果雇主没有通知某种职位上的人数变化，一旦发生损失，雇主要承担部分损失。

(4)总括保证。上述三种保证都是忠诚保证保险的早期形式，如今广泛使用的是总括保证。对某些处在特别岗位上的雇员可以使用上述三种保证作为总括保证的补充(超额保证)。在总括保证中，一家企业的所有雇员都是被保证人。如果因雇员的不诚实行为而发生损失，雇主即使在不能确定所涉及的特定个人时，也可索赔。新的雇员在还没有通知保证人之前，也属于被保证人范畴。总括保证适用于除政府机构、金融机构以外的其他各类企业。

在总括保证中，如果对某个雇员的保证终止，对他的发现期仍在整个保证契约解除后开始。保证人在赔偿雇主损失后可以向不诚实的雇员追偿。根据完全追偿条款只要雇主没有得到全部赔偿，雇主就对追到的金额或财产享有权利，保证人应当将追偿来的金额或财产交付雇主，雇主获得全部赔偿后的多余部分归保证人所有。

相关案例

2007 年 9 月 20 日，厦门一家银行盘点查账时发现，9 月份应入账的公路规费 1 832 684 元不知所终！而现金对账明细表、银企对账单均表明，该银行驻点公路稽征所代征公路规费的莲前支行柜员曾某，于 2007 年 8 月 30 日—2007 年 9 月 20 日分九笔挪用该资金，至今尚未归还。铁证如山，曾某不得不承认自己的罪行：早在 2005 年 6 月，曾某就开始挪用银行资金，借贷给亲戚使用至今。

但是，如此巨额挪用为何两年后才曝光？原来曾某在担任银行莲前支行柜员期间，被派驻到一家基层稽征所，提供上门收款服务，利用该职务便利，曾某采取了延迟入账时间的手段，并不断循环以后挪用的款项归还前次挪用的款项，一直将其擅自挪用造成的资金空当掩盖得严严实实。

纸终究包不住火，2007 年 9 月 21 日案发后，曾某在单位工作人员的陪同下，向市公安局经济犯罪侦查支队投案自首。直至 2008 年 6 月被判刑 8 年入狱，曾某仍无法归还该款项。

这 1 832 684 元，成了银行的坏账。

焦点就是“忠诚保单”该不该兑现？发现资金被挪用后，银行很庆幸自己投保了“雇员忠诚险”。据了解，2007 年 3 月 20 日，保险公司向银行发出一份保险建议书，建议银行投保因雇员不忠诚而造成的损失，随后银行接受建议，双方于 2007 年 4 月 28 日签订了“雇员忠诚保险”合同。

保险条款中约定,在银行提交的各营业网点、各ATM机及上门收款点清单范围内,雇员发生携款潜逃、贪污、职务侵占、单独或与他人共谋抢劫、盗窃现金等不忠诚行为,造成的经济损失由保险公司负责赔偿,保险期限自2007年5月1日零时至2008年4月30日24时止。因为有这样一份保单,所以银行认为,员工不忠造成的坏账该由保险公司埋单。

2008年7月8日,银行向保险公司提交了财产保险出险通知书及索赔申请书等相关资料,要求保险公司依法予以理赔,但保险公司认为:该事故不属于“雇员忠诚险”的承保责任范围。

合同签订后,银行依约缴纳了保险费,在事故发生后却遭拒赔,银行只得将保险公司告上法院。

保险公司也列出了拒赔的三大理由。首先,银行雇员曾某犯下的是“挪用资金罪”,并非保险条款规定的“携款潜逃、贪污和职务侵占”,其行为性质与保险条款的约定不符。其次,本案事故地点是一家基层稽征所,并非保险合同约定清单所列的“稽征处”。第三,曾某在保险期间内挪用的资金只是填补之前的资金空当,并未对银行造成损失;而早在2005年6月,曾某就挪用银行资金借贷他人,借钱的时间才是银行产生损失的时间,不在保险期间内。

但是,银行认为,条款中关于保险责任的陈述是对雇员不忠诚行为的描述,并非对《刑法》罪名的描述,例如《刑法》中也没有“携款潜逃罪”这样的罪名;而关于不忠诚行为,在保险学会的理解中包含了挪用等行为。而且,银行还认为,案发前银行并未发现曾某的不忠诚行为,2007年9月20日案发时才造成损失,属于合同约定的保险期间范围。

主审法官认为,参照中国保险学会的定义,雇员的侵占和挪用等不诚实的行为均属于保险公司承保的雇员忠诚保险责任范围,本案合同中列举的保险责任,是指雇员的不忠诚行为,而不是雇员所犯刑罚的罪名。

而承保地点范围的问题,鉴于事故地点“稽征所”隶属于“稽征处”,且在同一地点办公,应认定“稽征所”属于保险合同约定的“上门收款地点清单”范围内。

最后,由于曾某在2005年起至案发时的不法行为是连续性,且查实其自2007年8月30日—2007年9月20日分九笔挪用资金不能归还,故明确:发生保险事故的时间在保险期间内。

因此思明区法院一审判决,扣除免赔金额后,保险公司应依约支付保险金1 832 684元。随后,保险公司不服上诉,厦门中级人民法院二审最终维持原判。

资料来源:https://zhuanlan.zhihu.com/p/672672500。

拓展阅读

我国财险业发展动态

本章小结

财产保险	财产保险概述	财产保险是指以各种财产物资和有关利益为保险标的，以补偿投保人或被保险人的经济损失为基本目的的一种社会化经济补偿制度 根据财产保险经营业务的范围，可将财产保险分为广义的财产保险和狭义的财产保险。广义的财产保险的保险标的既包括各种有形的物质财产，也包括在物质财产基础上派生出的财产相关利益、责任和信用等业务在内的一切非人身保险业务。狭义的财产保险则仅指各种财产损失保险，它强调保险标的是各种具体的财产物资，如火灾保险、运输工具保险、货物运输保险、工程保险等
	企业财产保险	企业财产保险是承保企业、事业单位、机关、团体的固定资产、流动资产及与其企业经济利益相关的财产，因火灾及其他自然灾害、意外事故而遭受直接损失的财产损失保险 企业财产险又分为财产基本险、综合险和财产一切险
	家庭财产保险	家庭财产保险是以我国城乡居民家庭的财产为保险对象的一种保险。我国保险公司开办的家庭财产保险的主要险种有普通型家庭财产综合保险和家庭财产两全保险 家庭财产保险的特点是业务分散、潜力巨大；额小量大，成本偏高；风险结构有特色；赔偿方式有特色（采用第一危险责任赔偿方式）
财产保险	机动车辆保险	机动车辆保险是以机动车辆本身及其第三者责任为保险标的的一种运输工具保险 在我国财产保险中，机动车辆保险是财产保险业务的第一大险种 本章介绍保险中的机动车损失险、机动车第三者责任险和交强险
	其他物质损失保险	货物运输保险是以运输中的货物为保险标的，承保它们因自然灾害或意外事故而遭受的损失的一种财产保险。本章重点介绍典型的货物运输保险即海洋运输货物保险 工程保险是指以各种工程项目为主要承保标的的财产保险。它是适应现代工程技术和建筑业的发展，由火灾、意外伤害保险及责任保险等演变而成的一类综合性财产保险，它承保一切工程项目在工程期间乃至工程结束以后的一定时期的一切意外损失和损害赔偿责任
	责任保险	责任保险是指以被保险人依法应负的民事损害责任或经过特别约定的合同责任作为承保责任的一类保险。包括公众责任保险、雇主责任保险、产品责任保险及职业责任保险
	信用保险与保证保险	信用保险和保证保险都是保险人对义务人的作为或不作为致使权利人遭受损失负赔偿责任的保险，即都是保险人对义务人信用的担保 虽然有很多相似之处，但二者存在许多差别

本章练习题

一、单项选择题

1. 财产保险有广义和狭义之分，下列保险业务中，属于狭义财产保险的是（　　）。

A. 企业财产保险　B. 意外伤害保险　C. 信用保险　D. 健康保险

2. 根据《保险法》的规定，财产保险业务包括（　　）。

A. 财产损失保险、意外伤害、健康保险

B. 财产损失保险、保证保险、意外伤害

C. 财产损失保险、责任保险、信用保险

D. 财产损失保险、责任保险、健康保险

3. 土地、江河不能够作为保险财产保险的保险标的，其原因是（　　）。

A. 造成的损失太大　　B. 损失一般不会发生
C. 无法用货币衡量　　D. 不属于投保人的固定资产

4. 根据保险利益的量的限定,对于确定财产保险的保险金额的有关规定是(　　)。
A. 保险金额须以保险人的意愿为限,超过部分无效
B. 保险金额须以投保人的意愿为限,超过部分无效
C. 保险金额须以财产的预期价值为限,超过财产的预期价值部分无效
D. 保险金额须以财产的实际价值为限,超过财产的实际价值部分无效

5. 下列各项中,属于我国企业财产保险综合险的附加险的是(　　)。
A. 雹灾保险　　B. 洪水保险　　C. 三停保险　　D. 露堆财产保险

6. 某企业投保企业财产保险基本险,固定资产保险金额为70万元,在保险期限遭到火灾全部损失,出险时固定资产的保险价值为100万元,保险人对该损失的赔款是(　　)万元。
A. 0　　B. 49　　C. 70　　D. 100

7. 某企业投保企业财产基本险,保险金额为1 000万元,在保险期间遭受洪水,损失500万元,此时保险价值为2 000万元,保险公司应该赔偿该企业(　　)万元。
A. 0　　B. 250　　C. 500　　D. 1 000

8. 如果家庭财产综合险的费率为2%,年利率为4%,每年每千元保额可分得红利2元,那么投资型家庭财产保险每千元保额的保险投资金是(　　)元。
A. 2　　B. 50　　C. 100　　D. 200

9. 按照机动车辆的常见类型分类,(　　)不是机动车辆保险。
A. 汽车保险　　B. 摩托车保险　　C. 拖拉机保险　　D. 基本险

10. 短期出口信用保险的信用期不超过(　　)天。
A. 90　　B. 180　　C. 270　　D. 360

二、多项选择题

1. 责任保险产生与发展的基础包括(　　)。
A. 法制的健全与完善　　B. 社会风险的客观存在
C. 商品经济大发展　　D. 风险意识的增强

2. 责任保险中独立的、适用范围最广的保险类别包括(　　)。
A. 职业责任险　　B. 产品责任险　　C. 公众责任险　　D. 雇主责任险

3. 财产保险的特征包括(　　)。
A. 财产保险以财产及其有关利益为保险标的
B. 财产保险的业务活动具有法律约束力
C. 财产保险对于保险标的的保险功能表现为经济补偿
D. 财产保险属于社会商业活动的组成

4. 以下属于财产损失保险的有(　　)。
A. 家庭财产保险　　B. 运输工具保险　　C. 工程保险　　D. 农业保险

5. 安装工程保险的保险标的通常包括(　　)。
A. 物质损失　　B. 特种危险赔偿　　C. 第三者责任　　D. 建筑工程项目

6. 以下可以投保产品责任保险的有(　　)。
A. 产品制造者　　B. 产品修理者　　C. 产品销售者　　D. 产品消费者

7. 属于财产保险基本险的附加险有(　　)。

A. 暴风、暴雨、洪水保险　　B. 破坏性地震保险

C. 雪灾、冰凌保险　　D. 盗抢保险

8. 财产保险的基本险或综合险对(　　)不承担赔偿责任。

A. 保险标的遭受保险事故引起的间接损失

B. 被保险人故意行为引起保险标的的损失

C. 为防止或减少保险标的在保险事故中的损失所支出的必要合理费用

D. 保险标的因保管不善而导致的损毁

三、填空题

1. 财产保险的种类可分为广义的财产保险和狭义的财产保险。其中,广义的财产保险包括一切非人身保险业务,而狭义的财产保险特指________。

2. 财产保险合同中的关键条款包括保险责任、除外责任、________及赔偿计算等。

3. 在财产保险中,________是指保险公司不承担赔偿责任的损失或风险。

4. 承保雇主因其疏忽或过失行为导致雇员以外的他人人身伤害或财产损失的法律赔偿责任的保险是________,它实质上属于________范围。

四、判断题

1. 财产保险是以有形财产为保险标的的保险。(　　)

2. 责任保险属于狭义的财产保险。(　　)

3. 信用保险与保证保险在本质上是同一险种。(　　)

4. 任何财产保险单中都必须具备基本责任条款。(　　)

5. 定值保险是财产保险合同中列明保险标的价值的保险。(　　)

6. 重置价值保险是指发生损失时按市场重置价值赔偿的保险。(　　)

7. 第一损失保险是有利于保障保险人利益的保险。(　　)

五、计算题

1. 某企业秉持社会责任,为其厂房及生产设备投保了企业财产保险,保险金额为 1 000 万元。在一次火灾事故中,厂房及设备遭受损失,经评估,厂房损失为 300 万元,生产设备损失为 500 万元,残值分别为 50 万元和 80 万元。请计算保险公司应支付的赔偿金额。

2. 某车主积极履行安全驾驶的责任,为其车辆投保了机动车辆综合商业保险,其中车损险的保险金额为 20 万元,第三者责任险的赔偿限额为 50 万元。在一次交通事故中,该车辆造成对方车辆损失 30 万元,同时自身车辆损失 15 万元。请计算保险公司应支付的赔偿金额。

3. 李先生为了防范家庭风险,为其住宅及室内财产投保了家庭财产保险,保险金额为 50 万元。在保险期间,该住宅发生地震导致损失 40 万元。经查,李先生家庭财产保险合同中明确规定了地震为除外责任。请计算保险公司应支付的赔偿金额。

4. 某厂按投保当时的保险财产实际价值 100 万元投保,后来保险财产遭受了火灾损失,试按下列两种情况以不定值保险方式分别计算赔款,以体现保险在风险补偿中的公平性和合理性。

(1)出险时保险财产实际价值为 120 万元,损余价值为 6 万元,另付施救费用 1.2 万元;
(2) 出险时保险财产实际价值为 90 万元,损余价值为 4.5 万元,另付施救费 1.2 万元。

六、名词解释

1. 财产保险　2. 企业财产保险　3. 家庭财产保险　4. 交通工具保险
5. 责任保险

七、简答题

1. 财产保险具有哪些特点?
2. 财产保险可分为哪些类型?
3. 企业财产保险的承保范围是如何规定的?
4. 机动车辆保险的险种有哪些?
5. 火灾保险的特征是什么?
6. 第三者责任险有哪些特定的责任免除?

八、实训项目

项目内容:调查机动车辆保险。

实训目的:了解现实中有哪些车辆保险险种,熟悉车辆保险条款,掌握车辆保险业务基本流程。

实训指导:10 人一组,集体活动;联系一家保险公司,到公司进行实地调查;在保险公司指导下熟悉机动车辆保险业务流程;设计一模拟案例,办理机动车辆保险投保、理赔程序。

本章练习题参考答案

第七章

人身保险

本章知识结构

- 人身保险概述
  - 人身保险的特点
  - 人身保险的种类
  - 人身保险合同中的常用条款
- 人寿保险
  - 人寿保险的含义及特点
  - 人寿保险的业务种类
  - 人寿保险的寿险附加条款
- 健康保险
  - 健康保险的含义及特点
  - 健康保险的业务种类
  - 健康保险合同的有关特别规定
- 人身意外伤害保险
  - 人身意外伤害保险的含义及构成条件
  - 人身意外伤害保险的特点
  - 人身意外伤害保险的业务种类
  - 人身意外伤害保险的给付
- 团体人身保险
  - 团体人身保险概述
  - 团体人身保险的合同分类
  - 团体人身保险方案设计

教学目标

知识目标

1. 掌握人身保险的基本概念、种类及特点，明确其与财产保险的区别。
2. 深入理解人寿保险、健康保险、人身意外伤害保险的基本内容与特点。

能力目标

1. 能够运用所学知识分析不同人身保险产品的适用范围与优劣，制定合适的保险规划。
2. 能够解读和运用人身保险合同中的常用条款，提高保险理赔的专业能力。
3. 熟练应用实验实训软件。

素质目标

1. 培养学生的风险意识和社会责任感,通过对人身保险的教学,让学生意识到保险不仅是个人和家庭的财务保障,而且是社会和谐稳定的重要一环。

2. 引导学生树立正确的价值观和人生观,通过保险案例的分析,让学生理解生命的珍贵,增强对家庭和社会的责任感。

本章寄语

保险是对生命的尊重。意外发生时,一份保单不仅留下一份爱心,更是一份责任,让家人能够维持原有的生活水平。

案例引入

近年的“新冠”疫情使全民保险意识大增。34 岁的王女士发现自己的小家庭(夫妻两人包括刚出生不满周岁的儿子)没有购买任何保险,决定建立家庭重疾保障计划。经过仔细比对,其选择购买了“泰康养老健康有约终身重大疾病保险 D 款”,享有重大疾病以及轻症疾病共计 175 种及最高 150%保额的保险保障。一家三口选择一起投保,大人小孩每人保额 50 万元,夫妻二人互为投保人,父亲为孩子投保。选择年缴至 60 岁,全家年缴保费 2.9 万元,每人基本保险金额 50 万元,前 10 年每人享受 75 万元的保额保障。

然而疾病难料,王女士由于身体不适于 2020 年 8 月到医院就诊,经 B 超、CT 检查发现甲状腺结节,后经手术确诊甲状腺癌。王女士入院后于 11 月 30 日向保险公司提出理赔申请,公司立即安排理赔人员到医院探视并协助王女士搜集索赔资料。时值重疾新规过渡时期,保险公司健康有约产品实行“择优”方案,对王女士所患 I 期甲状腺癌按照 1.5 倍给付重大疾病保险金 75 万元。

保险作为一种风险保障机制,为人民在面临不可预见的风险时提供了重要的经济支撑。在“新冠”疫情的背景下,人们更加认识到保险在生活中的重要性,它不仅能够减轻人们的经济压力,而且能给予人们心理上的安慰和保障。我们不仅看到了保险在人民生活中的重要作用,而且深刻体会到了珍惜生命、重视生命安全的重要性。

第一节 人身保险概述

一、人身保险的特点

人身保险是以人的生命和身体为保险标的的一种保险。人身保险对个人和家庭的作用一是有助于解除劳动者的后顾之忧,使其安居乐业;二是有助于家庭经济的计划安排,从而获得老有所养、病有所医,子女教育抚养费用也有安排,是家庭幸福的重要保障。人身保险对社会管理活动的作用也是不言而喻的。它是产业发展的风险管理工具、社会管理活动的重要载体,有助于企业生产经营的稳定。它是对社会保险的有益补充。根据实际需要设计不同形式的人身保险,可以满足人们的要求,促进社会安定。中国是世界上人口最多的国家之一,人身保险的潜力很大，将分散的、小额的保费积少成多，并利用寿险资金长期性的特点加以充分运用，使一部分消费基金转化为生产基金，从而促进国民经济的发展。

人身保险的特点可以从两个方面理解：一是人身保险与财产保险的区别，二是商业性人身保险与社会保险的区别。

相关案例

2023 年 8 月，刘先生突发疾病不幸身故。家属整理刘先生遗物时发现其在国富人寿购买的重疾险和年金险保险合同，遂致电该公司热线咨询。国富人寿服务人员立即为客户家属讲解保险合同的意义和责任，向客户提供解决方案。刘先生的法定继承人在了解保单权益后一致同意延续保障，公司服务人员耐心指导家属办理投保人变更手续。通过保单权益咨询和业务办理，作为被保人的儿女感受到父亲的深厚爱意和默默守护。

(一)人身保险与财产保险的区别

1. 保险标的、保险合同性质不同

财产保险的保险标的是财产及与财产相关的利益，其保险标的具有可估价性。而人身保险的保险标的是人的生命或身体，其标的无法用货币衡量，具有不可估价性。由于大多数人身保险合同属于定额给付性质的合同，因此不适用补偿原则及其派生原则的规定。部分医疗保险合同除外。

2. 保险利益原则的适用与保险金额确定不同

财产保险的保险利益是以投保人对于保险标的的实际经济利益为依据确定的。人身保险的投保人既可以以自己的生命或身体，也可以以他人的生命或身体为保险标的进行投保。

3. 承保危险的性质不同

财产保险的保险标的主要面临自然灾害、意外事故的威胁。人身保险所承保的风险是指人的生命或身体遭遇来自生命或健康方面的危害的可能性。

4. 保险费率厘定及其考虑的因素不同

财产保险合同是短期性合同，其保险费率主要是根据财产保险标的的保险金额损失率，再加上各种业务附加费制定而成。人身保险合同是长期性合同，其费率制定考虑的主要因素是死亡率、预定利息率、疾病发生率、意外事故发生率、费用率、投资收益率等。

5. 业务性质、责任准备金的提取方式和缴费方式不同

财产保险合同的保险期限较短，一般在 1 年以内，属于保障性业务。如果在保险合同有效期内未发生保险事故，就不返还保费。人身保险合同一般保险期限比较长，传统人寿保险业务具有保障性、储蓄性，现代人寿保险又具有分红性和投资性。

拓展阅读

人身保险的产生与发展

(二)社会保险与商业性人身保险的区别

社会保险与商业性人身保险既具有共性,又有区别。它们的共性表现在:都是集合众多单位或个人参与,体现了互助合作精神;二者皆能够为生、老、病、残、死等危险事故提供保障;均体现安定人们生活、促进社会和谐发展的目的。但是,社会保险与商业性人身保险在诸多方面存在不同。

1. 举办主体和经营目的不同

社会保险一般由政府举办,政府对其财务盈亏负有最后责任。其以实施政府社会政策为目的,以社会效益为主。人身保险是由商业性保险公司举办,以盈利为主要目的。

2. 实施依据和方式不同

社会保险以社会保险法律或条例为依据,采取强制方式实施,只要是符合法律规定范围的社会成员就都必须办理保险。人身保险大多数业务是保险人双方按平等、互利、自愿原则,通过签订保险合同的方式确立保险民事法律关系,故此保险关系主要受《民法典》《保险法》等法律调整。

3. 合同双方权利义务关系不同,保险金额的确定也不同

社会保险遵循"社会公平"原则。社会保险的权利义务关系是建立在劳动者只要履行了为社会劳动的义务,就能够为自身及其所供养的直系亲属获得社会保险保障的待遇,因此被保险人获得的保险金与其缴纳的保费数量没有直接关系。社会保险的保险金额所依据的基本生活费用、基本医疗费用标准由国家统一确定。投保人缴纳的保费是依照其当时的收入来确定的,社会保险费一般由用人单位和个人或国家共同承担。商业性人身保险按市场经济原则运作,遵循"个人公平"原则。保险费率应根据承保责任范围的大小及保险人经济状况等因素确定,投保人以支付保费为代价换取保险保障,保险双方的权利义务是一种等价交换关系。因此,其保险金额依据投保人的交费能力和被保险人的保障需求由保险双方协商确定。保费依据合同约定一般由个人支付。

4. 保障水平不同

社会保险是政府为解决社会经济问题对国民实施的一项基本保障政策,由于是以满足人们基本生活需要为标准,因此保障程度较低。商业性人身保险按照保险人承担风险的大小确定保险责任、保险金额,可以适应不同阶层的经济保障需要,保障程度较高,是社会保险的重要补充。

相关案例

2012年7月1日,某公司招用王某在其公司从事副经理的工作,双方签订了书面劳动合同,约定合同期限为两年,试用期为两个月,工资8 000元/月,双方约定公司为职工缴纳的社会保险费含在工资中,由职工自己缴纳社会保险费。王某每月向当地的人寿保险机构缴纳1 000元养老保险费。2014年6月30日合同期满,未续订劳动合同,也未为王某缴纳社会保险,一直到2015年7月1日某公司才开始给王某缴纳养老、医疗、失业、工伤、生育等社会保险。2018年2月1日,王某辞职后要求公司补缴其2012年7月至2014年6月的社会保险费。某公司认为已于2015年7月开始给王某办理和缴纳社会保险,之前的已超过追诉时效而拒绝王某的要求。王某随后向劳动保障行政部门投诉。

接到投诉后，监察人员到某公司实地调查。经查，本案的事实与王某所反映的案情相符。劳动保障行政部门因超过受理时效，决定不予受理，并按规定将下达的不予受理决定书送达王某。王某后经劳动争议仲裁、人民法院认定期间存在劳动关系，持法院判决书至社会保险征收机构请求补缴，某公司为其缴纳了漏缴期间的社会保险费。

公司作为用人单位，应当遵守法律法规，为职工缴纳社会保险费。某公司长期未为王某缴纳社会保险费，是对职工权益的侵害，也违背了企业的社会责任。企业应当树立正确的价值观，承担应有的社会责任，维护职工合法权益。

资料来源：https://rshj.yantai.gov.cn/art/2018/10/16/art_23399_1971019.html。

相关案例

2020 年 1 月 19 日，经业务员推荐，王某为孩子投保了某少儿重大疾病保险，并在当天缴纳了保费，保险公司承保并出具了保单。本保单的保险期间为自 2020 年 1 月 20 日起到 2050 年 1 月 19 日止，基本保险金额为 800 000 元，缴费期间为 20 年，每年缴纳保费 1 112 元；保险责任内容包括：首次重大疾病保险金、首次重大疾病豁免保费等。2021 年 9 月，王某发现孩子对声音没有反应，且持续 20 天情况都无好转，遂于 2021 年 9 月 24 日带孩子到武汉儿童医院去检查、治疗。医院在经过相关检查、测试后，诊断孩子的病情为感音神经性听觉丧失（双）。王某待孩子出院后向保险公司申请理赔，保险公司于 2022 年 4 月 12 日出具"不予赔付通知书"拒赔。最终法院判决被告保险公司向原告王某支付重大疾病保险金 800 000 元。

保险行业是一个以诚信为基础的行业。保险公司在经营过程中应坚持诚信原则，对消费者负责，不得欺诈、误导消费者。作为保险公司，应遵守法律法规和合同约定，诚信经营，对符合条件的理赔申请给予及时、合理的赔付。同时，监管部门也应加强对保险行业的监管力度，促进保险行业的健康发展。

二、人身保险的种类

人身保险可以从不同的角度，按不同的标准来分类。

（一）按照保障对象划分

1. 人寿保险

人寿保险是以人的生命为保险标的，以被保险人在保险期限内死亡或生存至保险期满为给付保险金条件的人身保险。在全部的人身保险业务中，人寿保险占绝大部分，因而是人身保险的主要和基本险种。

2. 人身意外伤害保险

人身意外伤害保险是以人的身体为保险标的，以被保险人在保险期限内因遭受意外伤害事故导致死亡或残疾为给付保险金条件的人身保险。

3. 健康保险

健康保险是以人的身体为保险标的，保险人对被保险人因疾病或意外事故或生育等所致的医疗费用支出或因疾病、伤害丧失工作能力导致收入减少承担保险赔偿或保险金给付责任的人身保险。

相关案例

甲向某保险公司投保人寿保险,指定其朋友乙为受益人。保险期间内,甲、乙因交通事故意外身亡,且不能确定死亡时间的先后。该起交通事故由事故责任人丙承担全部责任。现甲的继承人和乙的继承人均要求保险公司支付保险金,随后将保险公司起诉至法院。

《保险法》第四十二条规定,被保险人死亡后,有下列情形之一的,保险金作为被保险人的遗产,由保险人依照《民法典》的规定履行给付保险金的义务:(一)没有指定受益人,或者受益人指定不明无法确定的;(二)受益人先于被保险人死亡,没有其他受益人的;(三)受益人依法丧失受益权或者放弃受益权,没有其他受益人的。受益人与被保险人在同一事件中死亡,且不能确定死亡先后顺序的,推定受益人死亡在先。

由此可知,本案中,甲是投保人和被保险人,乙为受益人。甲、乙因交通事故意外身亡,且不能确定死亡时间的先后,则可以推定受益人乙死亡在先,保险金应全部交给甲的继承人。

(二)按照实施方式划分

按照实施方式划分,人身保险可以分为强制保险和自愿保险。

1. 强制保险

强制保险是由国家通过法律或行政手段强制实施的保险,即基于国家法律或有关规定必须建立的保险关系。

2. 自愿保险

自愿保险是投保人和保险人在公平、自愿的基础上,通过订立保险合同而建立的保险关系。自愿保险的特点包括自主性和独立性。投保人可以根据自己的需要选择保险标的和保险期限,具有较高的灵活性。

(三)按照保险期限划分

人身保险可以分为长期人身保险和短期人身保险。长期人身保险是指保险期限超过 1 年的人身保险业务。短期人身保险是指保险期限在 1 年以内的人身保险业务。

人寿保险一般是长期业务,保险期限一般是几年、十几年、几十年直至终身。人身意外伤害保险一般是 1 年期业务,也有只保一次航程、一次旅程的游客、旅客或公共场所游客意外伤害保险。健康保险中的重大疾病保险一般是长期业务,医疗保险及收入损失保障保险等一般为短期业务。

三、人身保险合同中的常用条款

(一)不可抗辩条款

不可抗辩条款又称为不可争议条款,其内容是,在被保险人生存期间,从保险合同订立之日起满二年后,除非投保人停止缴纳续期保费,保险人将不得以投保人在投保时的误告、漏告和隐瞒事实等为由,主张合同无效或拒绝给付保险金。合同订立的头二年为可抗辩期。

相关案例

2012 年 8 月 25 日，李某为其父亲李某某投保人身保险(保额 8 万元)，附加重大疾病保险(3 万元)。2012 年 3 月 28 日—5 月 3 日，被保险人李某某经医院诊断为“右肺腺癌脑转移”，2014 年 9 月 11 日(合同成立已满二年)，被保险人向保险公司申请重大疾病保险金理赔。经保险公司调查核实：2013 年 8 月 10 日—8 月 24 日(8 月 25 日投保)，被保险人在某医院住院治疗，诊断为“右肺腺癌”；后续，被保险人在该医院内连续因“右肺腺癌”住院 9 次，但均未申请理赔。2014 年 9 月 17 日，保险公司做出解约、拒付的理赔决定。2014 年 10 月 25 日，被保险人李某某以超过两年抗辩期为由诉至法院，要求保险公司给付 3 万元重大疾病保险金。被保险人投保后两年内出险、争论点集中在两年后申请理赔是否适用“不可抗辩条款”。

2014 年 11 月 20 日，法院根据《保险法》第十六条第三款“自合同成立之日起超过二年的，保险人不得解除合同；发生保险事故的，保险人应当承担赔偿或者给付保险金的责征”，保险人不得解除合同的前提是自合同成立之日起超过两年后新发生的保险事故。本案中保险合同成立时保险事故已经发生，受益人、被保险人在合同成立时未说明“右肺腺癌脑转移”的真实情况，未履行如实告知义务，而之后诊断为“右肺腺癌”先后住院也未尽到及时通知的义务，有保险欺诈的嫌疑。运用不可抗辩条款进行索赔，不能得到支持。

而保险公司在签订合同时也未履行认真核保的责任，可能诱发被保险人或投保人发生道德风险，保险公司也应承担一定责任。另外，投保期间保险公司一直收取保费，这对于被保险人而言也是一种经济支出。

因此，综合两方面的考虑，法院做出如下判决：保险公司退还所有保费给投保人，撤销保险合同，被保险人及受益人不能获得保险金的给付。

资料来源：http://chsh.cbimc.cn/2015-03/31/content_150377.htm。

(二)年龄误告条款

该条款规定，投保人在投保时误告被保险人的年龄，致使投保人支付的保费少于或多于应付保费的，保险人有权更正并要求投保人补缴保费或向投保人退还多缴的保费，或者根据投保时被保险人的真实年龄调整保险金额。如果发现投保时被保险人的真实年龄已超过可以承保的年龄限度，保险人就可以解除合同，并将已收的保费扣除手续费后，无息退还给投保人，但是自合同成立之日起逾两年发现的除外。

相关案例

2013 年 6 月 8 日，赵某向某人寿保险公司购买了一份人身意外伤害保险。2015 年 8 月，赵某因意外事故不幸死亡，他的家人带了相关的证明资料，到保险公司申领保险金。保险公司在查验这些单证时，发现被保险人赵某投保时所填写的年龄与其户口簿上所登记的不一致，投保单上所填写的 63 岁是虚假的。实际上，投保时赵某已经超出了人身保险条款规定的最高投保年龄。保险公司遂以赵某投保时虚填年龄且赵某投保时的实际年龄已超出了保险合同约定的年龄限制为理由，拒付该笔保险金，只同意扣除手续费后，向赵某家人退还赵某的保费。赵某家人则以赵某并非故意虚报年龄，赵某不存在过错为由，要求保险公司按照合同支付保险赔偿金。双方争执不下，于是赵某家人将保险公司告上法庭，要求该保险公司按照合同支付保险金。请问：本案应该如何处理？

(三)宽限期条款

宽限期条款是指对没有按时缴纳续期保费的投保人给予一定的时间宽限去缴纳续期保费。在宽限期内，即使未缴保费，合同仍然具有效力；超过宽限期，保险合同失效。《保险法》第三十六条规定："合同约定分期支付保费，投保人支付首期保费后，除合同另有约定外，投保人自保险人催告之日起超过三十日未支付当期保险费，或者超过约定的期限六十日未支付当期保费的，合同效力中止，或者由保险人按照合同约定的条件减少保险金额。"通常，合同中的宽限期约定为 2 个月。

中国人民人寿保险股份有限公司对于宽限期的规定：分期缴纳保费的，自客户缴纳首期保费后，除本合同另有约定外，若客户到期未缴纳保费，自保费约定缴纳日的次日零时起 60 日为宽限期。宽限期内发生的保险事故，保险公司仍会承担责任，但在给付保险金时会扣减客户欠缴的保费。若客户在宽限期结束之后仍未缴纳保费，则自本合同宽限期满的次日零时起效力中止。

相关案例

2018 年 1 月 18 日，陆先生骑自行车不慎跌倒导致手臂粉碎性骨折，经过近 1 个月住院治疗产生了一定的费用，陆先生想起 2017 年买的保险，但第二年保费至今未缴。陆先生不知道这次事故的费用是否会得到保险公司的赔偿。

陆先生的住院费用是否能得到保险公司的赔偿关键要看保险事故是否发生在"宽限期"内。它是指投保人首次支付保费后，以后如未按时缴纳保费，按合同约定会给予投保人一定"宽限期"，以缴付逾期保费，使保单继续有效。宽限期一般为自应缴纳续期保费之日起计算的 30 天或 60 天，目的是对保单所有人非故意的拖欠保费提供一些保护，也给经济有困难的保单所有人提供较为宽裕的筹款时间。

根据宽限期条款：在宽限期内合同仍然有效，如发生保险事故，保险公司仍予以负责，但要从保险金中扣回所欠保费。在列入宽限期条款的寿险合同中，如果停缴保费，保险合同并不是自应缴未缴之日起失效，而是自宽限期满的当日 24 时起失效。

陆先生和保险公司签的合同中，宽限期为 60 天。他虽然没有缴纳第二年保费，但因保险事故的发生仍在第二年应缴保费日(1 月 2 日)起的 60 天内，也就是说保险事故发生在宽限期内，所以保险公司在扣回陆先生欠缴的保费的前提下，仍会承担相应的赔偿责任。

(四)中止和复效条款

保险合同效力中止是指保险合同在有效期内，由于缺乏某些必要条件而使合同暂时失去效力，即为合同效力中止。

复效是指保单因投保人欠缴保费而失效后，在一定时期内，投保人可以申请恢复原保险合同的效力。复效合同在保险责任、保险期限、保险金额等方面与原合同完全相同。需要注意的是，如果被保险人的年龄超过投保年龄限制，则只可以恢复旧保险合同效力，不可重新投保。如果合同效力中止之日起满 2 年投保人未与保险公司达成协议，保险公司就有权解除合同，且向保险人退还合同效力中止时本合同的现金价值。

申请复效通常须遵循以下条件：一是复效申请不能超过规定期限。复效期通常为 2 年，超过这一期限，投保人就丧失了复效申请权。二是被保险人要符合可保条件。在保单失效期间，被保险人的健康、生活、职业等条件会发生变化。因此，为防止逆选择，复效申请时须提供健康证明等材料，保险人可据此决定是否同意复效。三是投保人提出复效申请时须补缴失效期间未缴的保费及利息。

相关案例

投保人于 2013 年 1 月 7 日与保险公司签订保险合同，为其丈夫司某投保了某重疾保险产品。2022 年，投保人未能在约定的日期缴纳保费，后于当年 4 月 6 日申请复效并将保费及利息支付至指定账户，但保险公司均以被保险人健康原因，拒绝继续承保。后续多次向保险公司申请复效，但均以同样理由被拒绝。投保人遂诉至法院。

本案中，原告虽未能在 2022 年如期缴纳保费，但已在规定时间内向被告提出复效，且被保险人司某虽然在 2019 年 4 月 22 日因“不稳定型心绞痛、冠状动脉粥样硬化性心脏病等”在商丘市中心医院住院治疗，但该病情并非发生在合同效力中止期间，且被告也无证据证明被保险人的危险程度在中止期间显著增加，故被告以健康原因拒绝恢复合同效力的理由无事实及法律依据，不能成立。

保险公司在经营过程中，不仅应承担起经济赔偿责任，而且应积极履行社会责任和道德担当。本案中，保险公司以被保险人的健康原因拒绝恢复合同效力，缺乏充分的事实和法律依据，这种行为可能损害公司的社会形象和声誉。保险公司应更加注重社会责任和道德担当，依法依规经营，为客户提供优质服务。

（五）自杀条款

为了更好地保障投保人、被保险人、受益人的合法权益，同时维护保险人自身利益，众多人寿保险合同会将自杀情形列入保险条款，但明确规定仅在保险合同生效经过较长一段时间（通常为两年）后，若被保险人发生自杀行为，保险人才承担给付保险金的责任，以此防止被保险人因预谋保险金而签订保险合同。

所谓“自杀”，是指自己结束自己的生命，其对应的概念是他杀。自杀有过失自杀和故意自杀之分。过失自杀，如误服毒药、失足从高处坠下、在河边行走滑入河中淹死等，这些都属于广义的自杀，但人们通常把这种自杀看作意外事故。故意自杀，也就是狭义的自杀，才是人们平时所说的自杀。我们要讨论的是故意自杀。

根据法学上对自杀的解释，构成自杀（故意自杀）的必要条件有主观和客观两个方面：主观条件是指行为人必须有结束自己生命的意愿，客观条件是指行为人必须实施了足以使自己死亡的行为。

人身保险中规定有“自杀条款”。所谓“自杀条款”，就是一方面从防止道德风险发生，不让蓄意自杀者谋取保险金企图得逞的角度考虑,另一方面出于最大限度地保障被保险人、受益人利益的目的,以死亡为给付保险金条件的人身保险合同把自杀免责限制在一定期限内,对超过这个期限的自杀则予以负责的规定。换句话说,"自杀条款"就是对自杀在时间上做出限制规定,即被保险人在规定的年限内自杀,列为责任免除;被保险人在规定的年限后自杀,保险公司承担给付责任。

在我国,规定保险公司对被保险人自杀身亡不承担给付责任的期限为 2 年,国外也有规定为 1 年的,自保险合同成立日起算。合同满 2 年以后,被保险人自杀的,保险公司按合同给付保险金。

思考题:

意外事故与自杀有何区别?

相关案例

2016 年 5 月 18 日,王某作为投保人,其丈夫田某作为被保险人与保险公司签订一份两全保险合同。保险合同载明,2016 年 5 月 18 日保险合同成立并生效,保险期间 30 年,缴费期间 10 年,基本保险金额 100 000 元,保费 1 920 元。被保险人田某于 2019 年 9 月 25 日在家中上吊自杀,后王某向保险公司提出理赔申请。2019 年 10 月 29 日,保险公司出具理赔决定通知书,愿意向王某赔付意外身故保险金 6 000 元,身故保险金 8 448 元。后王某诉至法院要求保险公司支付"两全保险"保费 100 000 元。法院判决限被告保险公司于本判决生效后 10 日内支付原告王某保险赔偿金 91 552 元,并驳回原告的其他诉讼请求。

(六)所有权条款

所有权条款规定保单的所有权归属、保单持有人的权利等。在人身保险中,很多情况下,所有人与受益人并不为同一人。所有人是在投保人与保险人订立保险合同时产生的,既可以是个人,也可以是机构;既可以是受益人,也可以是投保人、被保险人或其他的人。保单所有人拥有的权利通常有变更受益人、领取退保金、领取保单红利、以保单作为抵押进行借款、在保单现金价值的一定限额内申请贷款、放弃或出售保单的一项或多项权利、指定新的所有人等。

相关案例

1999 年 3 月,某县糖业公司(以下简称"A 公司")向 B 保险公司投保建筑、安装工程险,保险标的为一座在建的糖厂,保险金额 2 000 万元,保险期限 1 年。同年 5 月,投保人作为甲方将建设中的糖厂资产所有权转移给乙方——县副业开发公司,但甲方仍然是糖厂的施工承包单位,甲乙双方约定共同承担糖厂的风险。后来乙方向另外一家保险公司投保了企业财产保险,并已经生效。这时,A 公司将保险标的转让的事实通知了 B 保险公司。在达成续保协议前,同年 8 月,该县发生罕见洪水,糖厂受损严重。根据受损情况,A 公司向 B 保险公司索赔逾 600 万元,遭拒绝。A 公司不服,遂向法院起诉,请求判令 B 保险公司承担赔付保险金的责任。

一审法院经审理认为，A公司已丧失对保险标的的保险利益，无权提出索赔，判决驳回原告的诉讼请求。A公司不服，提起上诉。在二审中，双方经协商达成调解协议，由B保险公司赔付250万元，终了本案相关保险责任。

（七）不丧失现金价值条款

该条款通常规定，保单所有人享有保单现金价值的权利不因保单效力的变化而丧失。保险合同解除或终止时，保单的现金价值依然存在，并且保单所有人有权选择有利于自己的方式来处理保单所具有的现金价值。多数保险公司将现金价值的数额列在保单上，说明计算方法及采用的利率，使保单所有人可以随时掌握保单的现金价值量。

（八）保单贷款条款

该条款通常规定：投保人在缴纳保费一定年限后，可将保单作为抵押申请贷款；贷款金额以不超过保单所具有的现金价值的一定比例为限。当借款本息等于或超过保单的现金价值时，保险人会向投保人发出通知，投保人有义务在收到通知后的一定期限内还清款项，否则解除保单效力。当被保险人在贷款期间发生保险事故，受益人领取保险金时，须从中扣除尚未还清的借款本息。中国人民人寿保险股份有限公司规定：最高贷款金额不得超过本合同当时现金价值扣除各项欠款后余额的80%，且每次贷款期限不得超过6个月。若到期未能偿还贷款本金及利息，则所欠贷款本金及利息之和作为新的贷款本金计算。当未还贷款本金及利息加上其他各项欠款之和达到合同现金价值时，合同效力中止。

（九）保费自动垫缴条款

该条款通常规定，投保人按期缴纳保费满一定时期以后，因故未能在宽限期内缴付保费时，保险人可以用保单的现金价值自动垫缴投保人所欠保费，使保单继续有效。实施保费自动垫缴需要满足两个条件：一是保单具有的现金价值足够缴付所欠保费，二是投保人没有反对的声明。

（十）保单转让条款

保单转让须满足两个条件：一是不违背道德及法律，二是不侵犯受益人的权利。对于不可变更的受益人，未经受益人同意，保单不能转让。将保单所有权完全转让给一个新的所有人的转让方式称为绝对转让。绝对转让时要求被保险人必须健在。在绝对转让状态下，如果被保险人死亡，全部保险金将给付受让人而不是原受益人。另一种转让类型为抵押转让，是指把一份具有现金价值的保单作为被保险人的信用担保或贷款的抵押品，受让人得到保单的部分权利。在抵押转让状态下，如果被保险人死亡，受让人得到的就是已转让权益的那一部分保险金，其余的仍然归受益人所有。抵押转让对抵押人的要求是不能使保单失效。大多数寿险保单转让为抵押转让。在保单转让时，保单所有人应书面通知保险人，由保险人加注或加批单生效。

（十一）受益人条款

受益人条款一般包括两方面的内容：一是明确规定受益人，二是明确规定受益人是否可以更换。

投保人或被保险人在订立合同时约定的受益人为原始受益人，当被保险人死亡时，其有权领取保险金。当原始受益人先于被保险人死亡，投保人或被保险人再次确定的受益人为后继受益人。

在如下三种情况下，被保险人死亡后，保险金将以遗产的方式由被保险人的法定继承人继承：(1)没有指定受益人，或者受益人指定不明，无法确定的；(2)受益人先于被保险人身故，没有其他受益人的；(3)受益人丧失受益权或者放弃受益权，没有其他受益人的。

除指定受益人外，保单所有人或被保险人有变更受益人的权利。若变更受益人须征得受益人的同意，则该受益人为不可变更受益人。若无须征求受益人同意便可变更受益人的，为可变更受益人。在可变更受益人的情况下，保单所有人享用保单的各种权益不需受益人的同意，对保单具有一切支配权。在被保险人死亡之前，受益人只有“期待权”。保单的变更需书面通知保险人，在变更受益人时发生的法律纠纷由保单所有人自行处理。

被保险人可以指定一人或多人为身故保险金受益人。身故保险金受益人为多人时，可以确定受益顺序和受益份额；若没有确定份额，各受益人按照相等份额享有受益权。被保险人为无民事行为能力人或限制民事行为能力人的，可以由其监护人指定受益人。

需要注意的是，如果受益人故意造成保险人身故、伤残、疾病的，或者故意杀害被保险人未遂的，则该受益人丧失受益权。

相关案例

2023 年 1 月 21 日，某保险公司接到胡女士的报案，称其丈夫谭先生在外出办公的路上因交通事故导致身故，申请两全保险的意外赔付。据了解，胡女士的丈夫于 2020 年 12 月 30 日为自己投保了两全保险，指定受益人为其儿子，接到报案后，保险公司第一时间联系慰问了胡女士并向其了解事故情况，安排当地调查人员前往调查，协助客户进行理赔申请，仅仅 5 个小时，便完成 100 万元意外事故保险金的赔付，因其儿子未满 18 周岁，故由其监护人母亲胡女士领取保险金。

保险公司作为社会经济的重要组成部分，其经营行为不仅关乎企业利润，更承载着对社会的责任与担当。在本案中，保险公司及时响应、迅速理赔，展现了企业对于社会责任的积极态度，是践行“以人为本”理念的生动体现。

(十二)保险金给付任选条款

保险事故发生时，保险人向受益人给付保险金。保险公司通常提供多种给付方式供投保人选择。

1. 一次性给付现金方式

有些合同规定，在保单期满时，如果以现金一次给付，就必须特别说明。

2. 利息收入方式

受益人可将保险金留存于保险公司作为本金，按照约定的利率到保险公司领取保险金利息。受益人有权随时提取部分本金。如受益人身故，则其继承人可以领取保险金的全部本息。通常情况下，该方式所对应的利息收益水平相对较高。

3. 定期收入方式

该方式根据投保人的要求，在约定的给付期间，按约定的利率计算每期给付金额，以年金方式按期给付。若保险公司的收益超过预定利率，保险金领取人就可以获得超过部分的收益。若保险金领取人在约定期间死亡，其继承人或受益人就可以按此方式继续领取，也可以一次全部领取。在该方式下,特别强调了领取的期间设定。

4. 定额收入方式

该方式根据受益人的生活需要来确定每次领取的数额。受益人按期领取,直到保险金的本息全部领完。若在保险金本息尚未完全领完时,受益人死亡,则由受益人的继承人继续领取剩余部分。该方式着重强调了领取金额的确定性。

5. 终身收入方式

该方式的受益人用领取的保险金投保一份终身年金保险,以后受益人按期领取年金直至死亡。每次的年金给付额根据合同约定的利率决定,此外,还与受益人的年龄、性别等生命因素有关。

第二节　人寿保险

案例引入

客户刘女士于2010年12月为女儿唐某某购买了“泰康吉祥健康保险计划”保险,年缴保费2 800元,保额为2 800元×缴费年数。

2024年3月唐某某因疾病身故,刘女士向保险公司报了案,于4月8日将理赔资料交至保险公司,经审核属保险公司保险责任,保险公司当即将理赔款22 400元转至刘女士的银行账户。

一、人寿保险的含义及特点

(一)人寿保险的含义

人寿保险是以人的生命作为保险标的,以人的生死作为保险事件,当发生保险事故时,保险人履行给付保险金责任的一种人身保险业务。人寿保险的保障项目包括死亡和期满生存,即如果被保险人在保险有效期内死亡或按照合同约定到期仍存活时,保险人按照约定支付死亡保险金或生存保险金。人寿保险可以承保单项的生命风险,如死亡保险和生存保险;也可承保双项的生命风险,如既保生存又保死亡的两全保险。

(二)人寿保险的特点

1. 风险的特殊性

从整体上说,人寿风险因其规律性而具有一定的稳定性;而从个体上说,又具有变动性。一个人何时死亡是难以预料的,但是人类通过长期观察发现,人身风险与人的年龄密切相关,同一年龄段的人有比较稳定的死亡率,随着年龄增长,人的死亡概率也逐年增大,从而使得死亡概率呈现较强的规律性。

2. 业务的长期性

人寿保险单是长期性的合同。保险期限少则几年,多则十几年或几十年以至终身。5年期以下的人寿保险很少见。人寿保险的保险期限较长的原因:一是人寿保险主要为被保险人提供生存、养老保障保险,因而具有较长的保险期限。二是均衡保费要求较长的保险期限。如果保险期限定为1年,每年合同期满后再续保,那么由于被保人的年龄逐渐增加,当被保人年老时,一方面由于劳动能力减弱而劳动收入减少;另一方面保费增加,被保人往往无力负担。为了解决这一矛盾，人寿保险的保险期限一般比较长，而且采用均衡保费。在保险期限前一阶段，均衡保费多于当年的应缴保费，多出部分由保险人投资运用增值，用于补充保险期限后一阶段均衡保费低于当年应缴保费的不足，均衡保费要求较长的保险期限。

3. 具有储蓄性和投资性

人寿保险单带有投资和储蓄性质。在人寿保险中，保险人每年收取的保费超过其当时需要支付的保险金。该超出部分是投保人提前交给保险人、用于其履行未来保险义务的资金。在保险人尚未履行保险义务期间，它相当于投保人存在保险人处的长期储蓄存款。随着社会经济的发展，人寿保险市场竞争越来越激烈，人寿保险产品不断创新，人寿保险产品已经开始由传统的保障型、储蓄型向分红型、投资型方向发展，以满足客户投资理财等多样化的需求。

拓展阅读

我国寿险业走向"长期主义"

二、人寿保险的业务种类

(一)传统型寿险

传统型寿险又称为风险保障型人寿保险，这类保险偏重于保障人的生存或者死亡的风险，按保险事故分类，可分为死亡保险、生存保险及两全保险。

1. 死亡保险

死亡保险是人寿保险中最基本的一种保险。以被保险人死亡为保险事故，如果被保险人身故，保险人向受益人给付保险金，分为定期寿险和终身寿险。

定期寿险是指在约定期限内保险人承担被保险人死亡责任的一种人寿保险，如太平盛世·长安定期寿险、国寿康宁定期寿险、新华人寿定期寿险。定期寿险保险金给付的条件为：(1)被保险人在保险期限内死亡；(2)被保险人死亡时保单依然有效。

终身寿险是保险人向被保险人提供终身死亡保障的一种人寿保险，如新华人寿的福如东海终身寿险、国寿康宁终身寿险、泰康世纪长安终身保险条款。终身寿险每一张有效保单必然发生给付；费率要高于定期寿险；具有储蓄性，累积现金价值。因为其保费多采用均衡式，所以现金价值的多少与保额和保险期限成正比。

2. 生存保险

生存保险是以被保险人生存到一定年限(一定年龄)为保险金给付责任条件的人寿保险。保险期间内被保险人死亡视为未发生保险事故，保险人不承担保险责任，也不退还投保人已经缴纳的保费；生存保险类似于一种储蓄；纯粹的生存保险，目前保险公司并不单独经营，一般以年金保险的形式出现。

年金，国外称为 annuity，是定期或不定期的时间内一系列的现金流入或流出。参与年金计划是一种很好的投资安排，而提供年金合同的金融机构一般为保险公司，比如你购买养老保险，其实就是参与年金合同。年金终值包括各年存入的本金相加以及各年存入的本金所产生的利息，但是，由于这些本金存入的时间不同，因此所产生的利息也不相同。

年金保险是指被保险人生存期间，保险人按合同约定有规则地、定期地向被保险人或其他年金受益人给付保险金的人寿保险。年金保险的作用主要是为老年人提供晚年生活保障，为子女建立教育基金及具有现金价值作用。

年金保险的主要类型包括：

(1)个人养老金保险。这是一种个人年金保险产品。年金受领人在年轻时参加保险，按月缴纳保费至退休日。从达到退休年龄次日开始领取年金，直至死亡。

(2)定期年金保险。这是一种投保人在规定期限内缴纳保费，被保险人生存至一定时期后，依照保险合同的约定按期领取年金，直至合同规定期满时止的年金保险。如果被保险人在约定期内死亡，则自被保险人死亡时终止给付年金。

(3)联合年金保险。这是以两个或两个以上的被保险人的生命作为给付年金条件的保险。它主要有联合最后生存者年金保险以及联合生存年金保险两种类型。

(4)变额年金保险。这是一种保险公司把收取的保费记入特别账户，该账户资金主要投资于公开交易的证券，并且将投资红利分配给参加年金的投保者。在此模式下，保险购买者承担投资风险，保险公司承担死亡率和费用率的变动带来的风险。

相关案例

李先生是一家私营科技企业的老板，年收入不菲。像所有人一样，李先生希望自己在事业发达期能进行有效的财务规划，一方面使自己在短期内完成资本积累，有效预防未来的财务危机；另一方面还要考虑如何让孩子继承自己的财产，以实现望子成龙的愿望。李先生为自己刚出生的儿子购买了“美满一生”保险，选择 3 年期每年交费 10 万元，基本保险金额为 15.63 万元，他的保险利益为：

关爱年金：保单生效后，即可领取关爱年金，以后每年均可以领取 $156\ 300\times3\%=4\ 689$(元)，直至 74 周岁。

满期保险金：75 周岁可领取 46.89 万元满期保险金。

红利：75 年累计红利，分享保险公司的经营成果。

保障：为期 75 年的生命保障，最高保障金额为 51.579 万元。“生命保障”是保险类理财产品特有的功能，一旦客户在合同有效期内发生意外，此产品就会提供超额身故金，合同随即终止，这也是其他储蓄、基金、证券产品所不具备的特征。

如此丰厚的回报，立即得到李先生的认可。他说，在自己事业有成时，为孩子积累部分财富，可以使孩子在今后长达几十年的人生中受益，这是多少家长梦寐以求的事啊！

3. 两全保险

两全保险是把定期死亡保险和定期生存保险相结合的一种人寿保险，保险双方签订的保单是生死合约，如国寿金鑫两全保险(见表 7－1)。两全保险是普遍存在的一种保险形式。两全保险的特点是被保险人无论生、死都可以得到保险人的给付，每张保单必然给付，保险费率最高，保单具有储蓄性。

表 7-1　　国寿金鑫两全保险

类　别	保险金给付规定
生存保险金：被保险人生存至每5周年的年生效对应日，本公司按规定给付生存保险金	生存保险金＝基本保险金额×18%
1年内因疾病身故	身故保险金＝所缴保费(不计利息)，本合同终止
意外伤害身故	身故保险金＝基本保险金额×500%，本合同终止
1年后因疾病身故	身故保险金＝基本保险金额×500%，本合同终止
满期保险金：被保险人生存至保险期满的年生效对应日，本公司按规定给付满期保险金	满期保险金＝所缴保费(不计利息)，本合同终止

相关案例

张先生，40岁，有两个小孩，他希望孩子们的教育费用得到保障，也希望自己的晚年生活有所依靠。张先生选择了一款两全保险产品，每年缴纳一定数额的保费，保期30年。在这30年间，如果张先生不幸去世，保险公司就会给予他的家人一笔赔偿金；如果张先生在30年后仍然健在，保险公司则会支付一笔满期金，这笔钱可以用来支持他的退休生活费或孩子们的教育费用。

李先生，同样是40岁，他更关心的是在自己去世后能给家人留下一笔遗产。因此，他选择了终身寿险。虽然这种保险没有满期金，但只要李先生按时缴纳保费，无论何时去世，保险公司都会向他的家人支付一笔赔偿金。

(二)现代新型寿险

现代新型寿险又称投资理财性寿险。产品侧重于投资理财，被保险人也可获取传统寿险所具有的功能。该类型保险可分为变额寿险、万能寿险、变额万能寿险。我国近年推出的新型寿险产品有分红保险、投资联结保险和万能人寿保险。

新型寿险产品是在特定背景下产生的。传统寿险产品缺乏灵活性，功能有限，很难满足部分保险消费者的需求；市场利率变动时出现的“资金游离”现象，也就是当利率提高时，人们会放弃购买保险，而是选择存到银行或者投资收益更高的项目；传统型寿险受通货膨胀因素的影响较大，当一个国家或地区发生通货膨胀时，货币贬值，人们购买的保障型保险就显得不合适了；随着保险业竞争加剧，各家保险公司不断创新产品，以提高其市场竞争力，因而在以上多重因素影响下产生了现代新型寿险。

1. 变额寿险

变额寿险是指保费固定但死亡给付保险金额不固定，有最低死亡给付金额保证的险种。变额保单的死亡给付：第一部分是保单约定的最低死亡给付额，这部分固定；第二部分是可变的死亡部分，即随投资收益变化的部分。

2. 万能寿险

万能寿险是指缴费灵活、保额可调整的非约束型寿险，如国寿瑞安两全保险(见表7-2)。万能寿险的灵活性，表现在保费的缴纳和保额的确定上，可以适应客户对人寿保险的个性化需求。万能寿险保单运作具有透明性，公司将定期公布结算利率，客户的个人账户价值和公司收取的各项费用公开透明。

表 7－2　国寿瑞安两全保险

类　别	规　定
生命保障	被保险人身故，公司按基本保险金额与被保险人身故时个人账户价值之和给付身故保险金，保险合同终止
满期给付	被保险人生存至 88 周岁的保险合同年生效对应日，公司按当天的个人账户价值给付满期保险金，保险合同终止
保底收益	保险合同有效期内，个人账户有年利率 2%的保底收益率
月月滚利	公司在每月的结算日对个人账户结算利息，所得利息记入个人账户价值，实现每月结息，月月滚利
持续缴费奖励	投保人自保险合同生效后连续三年均按时缴纳基本保费，从第四个保单年度开始，公司将投保人按时缴纳的基本保险费的 2%作为奖励记入个人账户
调整保额	从第二个保单年度开始，投保人可以申请变更基本保险金额，每个保单年度可以申请变更一次
缓缴保费	如果个人账户价值足以支付保险合同费用，投保人可暂缓缴付基本保费，保险合同继续有效
额外保费	保险合同有效期内，投保人缴付基本保费后若有富余资金，可随时缴付额外保费，用于额外投资，增加个人账户价值
部分领取	保险合同有效期内，投保人可申请部分领取个人账户价值，每个保单年度内的前两次领取，公司免收手续费
操作透明	公司将定期公布结算利率，客户的个人账户价值和公司收取的各项费用公开透明
投保范围	被保险人：出生 30 日以上，65 周岁以下 投保人：被保险人本人或对被保险人具有保险利益的人
保险期间	保险期间自保险合同生效之日起至被保险人年满 88 周岁的保险合同年生效对应日止

相关案例

被保险人司某(35 岁)于 2016 年 3 月为自己购买了一份友邦智尊宝终身寿险，保障身故保险金 100 000 元，年缴保费 10 180 元，指定其 11 岁的孩子为受益人。2020 年 8 月，被保险人因“突发头晕、右肢麻木”前往当地医院就诊，CT 提示颅内出血，随即被安排住院治疗，经多方努力抢救，没能挽救被保险人年轻的生命，2020 年 8 月 26 日，被保险人被病魔夺去了生命。2020 年 10 月，受益人的监护人向公司提出了索赔申请，公司赔付身故保险金 10 万元，并返还了账户价值 15 977.75 元。

3. 变额万能寿险

变额万能寿险是将万能寿险的保费和死亡保险金的可变性与变额寿险的投资灵活性与风险性相融合的一种新型的终身寿险产品。

拓展阅读

新加坡独有的变额万能寿险VUL

思考题:

如果你购买人寿保险,更愿意选择传统型寿险还是现代新型寿险?

(三)其他分类

1. 一次性给付的人寿保险和分期给付的人寿保险

按保险金给付方式分类,人寿保险分为一次性给付的人寿保险和分期给付的人寿保险。

(1)一次性给付的人寿保险。保险人一次性将保险金给付给被保险人或其受益人,一般指单纯的死亡保险和生存保险。

(2)分期给付的人寿保险。其特点是其保险金按照保险合同的约定分期给付,如年金保险。

2. 趸缴保费的人寿保险和分期缴费的人寿保险

按缴费方式不同分类,人寿保险分为趸缴保费的人寿保险和分期缴费的人寿保险。

(1)趸缴保费的人寿保险。其特点是在投保时一次缴清全部保费。

(2)分期缴费的人寿保险。即在投保时缴纳第一次保费,以后每隔一定时间间隔缴纳一次保费。依据缴费时间不同又可以分为年缴、半年缴、季缴、月缴等。

缴费期间和缴费方式由投保人在投保时与保险公司约定并在保单上载明。在缴纳首期保费后,投保人应当按照合同的约定按期足额向保险公司缴纳续期保费。

3. 分红保险和不分红保险

按保险单是否分红分类,人寿保险分为分红保险和不分红保险。

(1)分红保险。它是指保险人约定将盈利的一部分分配给被保险人的保险。

(2)不分红保险。它是指保险人只提供保险保障,一般不予分红的保险,如保险期限较短、保险金额较低的人寿保险。

拓展阅读

美国寿险市场——投资型年金险接力传统寿险,居民投资需求旺盛

拓展阅读

亚洲人寿保险行业现状

三、人寿保险的寿险附加条款

(一)保证可保性附加条款

这一附加条款使得保单持有人无须提供新的可保性说明,就可以在规定的时间重新购买一份一定保额的与原来保障同样的保险,即这种附加条款保证了被保险人的可保性,而不管事实上是否真的具有可保性。

(二)免缴保费条款

投保只需每次额外缴纳一些保费,就可获得在被保险人丧失劳动力后的保费免缴优惠。免缴的保费实际上是由保险公司支付的,因此如果该保单是有现金价值的保单,则其现金价值会继续正常增值,与保单持有人仍然缴纳保费的效果相同。

(三)意外死亡给付附加条款

该条款为被保险人死于意外事故提供了额外的保障。这部分额外的保障通常与主保单的保额相等。这种给付通常称为双重保障意外死亡保险,金额可以是主保单的数倍,也可以与主保单无关。

(四)配偶及子女保险条款

该条款可以附加到任何种类的终身寿险上,为配偶及子女提供寿险保障。

(五)生活费用调整条款

该条款可以附加到各种定期保险及终身寿险上。条款规定,保单保额可以随着消费价格指数的上升而自动增加。

拓展阅读

美国人寿保险——寿险附加条款(Rider)介绍

第三节　健康保险

根据统计,人一生患重疾的概率高达 72.18%(进入 32 岁后发病机会加大)。近年来,重大疾病年轻化的趋势越来越明显,病魔防不胜防,不分男女老幼、贫富贵贱,都可能面临罹患疾病的风险。

疾病风险和意外伤害风险对于个人和家庭是客观存在的,人类遭遇疾病风险与意外伤害风险是不可避免的,一旦遇到了疾病或意外事故造成的人身伤害,必然面临相应的医疗费用和收入损失。医疗费用是指用于住院、手术、药品和使用医疗服务的费用,而收入损失是指被保险人因伤残引起的暂时或永久性功能障碍而无法(正常)工作所导致的收入全部或部分损失,这就是健康保险存在的合理性和发展的基础。

商业健康险作为我国多层次医疗保障体系中不可或缺的一部分,在补充医疗保障领域发挥着重要作用。近年来,政府无论从税收优惠还是相关产业政策方面,都对健康险给予了大力的支持,商业健康保险表现出快速发展的态势。

一、健康保险的含义及特点

(一)健康保险的含义

健康保险是以被保险人身体为保险标的,补偿被保险人在保险有效期间因疾病、分娩和意外伤害而接受治疗时所发生的医疗费用,或补偿被保险人因疾病、意外伤害导致伤残或因分娩而无法工作时的收入损失的一类综合性保险业务。

(二)健康保险的特点

与人寿保险和意外伤害保险等相比,健康保险除了保险责任完全不同外,还具有以下几个特点:

1. 保险标的的复杂性

健康保险的标的是人的身体,对其状态是否健康的判断带有很大的主观性,且标的的健康状态与保险事故的发生之间还存在不一致的现象。健康保险涉及许多医学上的技术问题,尤其是风险的估测、保费的测定都比较复杂。

2. 经营风险的特殊性

健康保险的经营风险主要是医疗费用或医疗成本的不确定性风险。这种伤残疾病发生的风险,与人寿和意外伤害保险相比较易发生逆选择和道德风险。而且引起健康保险事故的原因具有隐匿性。疾病的发生是身体致病与自身免疫因素相互争斗的过程,通常时间比较长,这个过程很难把握,因而存在较大的隐匿性。所以,健康保险的承保标准一般比寿险要严格,其目的是防止已经患病的人投保。

3. 保险期限短

除重疾险以外,绝大多数健康保险尤其是医疗险常为1年期的短期合同,这主要是由于医疗服务成本不断上涨和统计资料相对有限,保险人很难计算出一个长期适用、合理的保费率。长期或终身型个人健康保险合同只是一种补充形式,所占比例不大。

4. 保险精算技术复杂

健康保险的产品定价和准备金计算与其他人身保险业务特别是寿险业务相比有较大的不同。健康保险产品的定价主要考虑疾病率、伤残率和疾病(伤残)持续时间。健康保险费率的计算以保险金额损失率为基础,年末未到期责任准备金一般按当年保费收入的一定比例提存。此外,等待期、免责期、免赔额、给付比例和给付方式、给付限额也会影响最终的费率。

5. 给付方式上的特征

健康保险合同既有定额给付性合同,也有补偿性合同。关于"健康保险是否适用补偿原则"问题,不能一概而论,费用型健康保险适用该原则,是补偿性的给付;而定额给付型健康险则不适用，保险金的给付与实际损失无关。健康保险则主要是补偿性的给付，强调对被保险人因伤病所致的医疗花费或收入损失提供补偿，这种损失补偿的特征是人寿和意外伤害保险所不具备的，有学者将健康保险划入非寿险的范畴。

6. 合同条款上的特征

健康保险合同的一般条款与寿险合同基本相同，但健康保险合同比人寿保险合同要复杂很多。健康保险无须指定受益人，且被保险人和受益人常为同一个人。健康保险合同中，除适用一般寿险的不可抗辩条款、宽限期条款、不丧失价值条款等外，还采用一些特有的条款，如既存状况条款、转换条款、协调给付条款、体检条款、免赔额条款、等待期条款等。

相关案例

王女士买了某保险公司1万元的商业医疗保险。一次住院她花费医药费13 500元。按照保险条款，她应得到保险公司8 890元的赔付。但由于她从社会基本医疗保险中报销了9 400元医药费，保险公司最后赔付她实际费用与报销费用的差额部分4 100元。这让王女士很不理解，认为保险公司没有完全履行赔付责任，并向有关部门投诉。

经调解她才知道，原来目前市场上的商业医疗保险赔付的方式可以分为两种：一种是费用型保险，另一种是补贴型保险。她购买的是费用型保险。

所谓"费用型保险"，是指保险公司根据合同中规定的比例，按照投保人在医疗中的所有费用单据上的总额来进行赔付，如果已在社会基本医疗保险报销，保险公司就只能按照保险补偿原则，补足所耗费用的差额；反过来也是一样，如果已在保险公司报销，社保也只能补足费用差额。而补贴型保险，又称定额给付型保险，与实际医疗费用无关，理赔时无须提供发票，保险公司按照合同规定的补贴标准，对投保人进行赔付。无论他在治疗中花费多少钱，得了什么病，赔付标准都不变。

二、健康保险的业务种类

健康保险从不同角度划分，有以下几种分类：

(1)按照保障内容分类，可以分为医疗保险、疾病保险、残疾收入补偿保险、护理保险；

(2)按照实施形式分类，可以分为自愿投保的健康保险和强制实施的健康保险；

(3)按照给付方式分类，可以分为定额给付型健康保险、津贴给付型健康保险和费用补偿型健康保险。

本书重点介绍按照保障内容划分的医疗保险、疾病保险、残疾收入补偿保险、护理保险。

(一)医疗保险

医疗保险是指提供医疗费用保障的保险，是健康保险的主要内容之一。医疗费用是病人为了治病而发生的各种费用，医疗费用不仅包括医生的医疗费和手术费用，而且包括住院、护理、医院设备等的使用费用。医疗费用保险一般规定一个最高保险金额，保险人在此保险金额的限度内支付被保险人所发生的费用，超过此限额时保险人停止支付，免赔额条款则是医疗保险的主要特征之一。

1. 几种常见的医疗保险

(1)普通医疗保险。普通医疗保险为被保险人提供治疗疾病时所需的一般性医疗费用，主要包括门诊费用、医药费用、检查费用等。这种保险比较适用于一般社会公众。由于医药费用和检查费用的支出控制有一定的难度,因此这种保单一般具有免赔额和比例给付规定,保险人支付免赔额以上部分的一定百分比(比如80%),保险费用则每年规定一次。每次疾病所发生的费用累计超过保险金额时,保险人不再负保险责任。

(2)住院保险。为了控制不必要的长时间住院,这种保单一般规定保险人只负责所有费用的一定百分比,如90%。

(3)手术保险。这种保险提供因病人需做必要的手术而发生的费用。这种保单一般是负担所有手术费用。

(4)综合医疗保险。综合医疗保险是保险人为被保险人提供的一种全面的医疗费用保险,其费用范围包括医疗和住院、手术等的一切费用。这种保单的保费较高。一般确定一个较低的免赔额连同适当的分担比例(如85%)。

(5)特种疾病保险。某些特殊的疾病往往给病人带来的是灾难性的费用支付,例如,癌症、心脏疾病等。这些疾病一经确诊,必然产生大范围的医疗费用支出。因此,通常要求这种保单的保险金额比较大,以足够支付其产生的各种费用。特种疾病保险的给付方式一般是在确诊为特种疾病后,立即一次性支付保险金额。

拓展阅读

细看全球四类主流医保模式

2. 医疗保险的特征

(1)出险频率高、保险费率高;

(2)损失频率不稳定、损失幅度不稳定;

(3)保险费率厘定困难;

(4)易发生道德风险。

3. 医疗保险的内容

(1)保险金额

医疗保险一般采取以下几种方式确定保险金额:①规定总保险金额;②规定每次门诊的保险金额;③规定每日住院金额数(平均数);④即时限额补偿;⑤疾病限额补偿。

(2)保障项目

总的原则是,直接费用予以负责,间接费用可以负责也可以不负责,无关费用不予负责。

①应予负责的:药费、手术费(包括麻醉师费和手术室费)、化疗费、诊断费、专家会诊费、输血输氧费、检查费(包括心电图、CT、核磁共振的检查费用)、拍片透视费、理疗费、处置费、换药费以及因施行X光疗法、放射疗法而支付的费用。

②可负责也可不负责的:住院床位费、取暖费、家属陪护费、异地治疗交通费。

③不予负责的:病人伙食费,滋补药品费,购买残疾用具费,装配假肢、假牙、假眼费,整形整容费。

不予负责的费用，在保险合同中一般以除外责任的方式采用列举法加以表示。不同保险公司不同的医疗保险，其除外责任的范围也大不相同。

相关案例

某年5月1日，文女士购买了一份15年期养老保险附加住院医疗保险，约定养老保险到期给付50万元，附加住院医疗保险最高保额为10万元，保费每年5月1日缴一次。前几年保险公司都会按时向她寄送缴费通知单作为提醒，文女士也一直按期缴费。

第六年的3月7日，文女士因突患高血压住院治疗了一周，花费7 000元。文女士在出院后及时申请理赔，保险公司也很快按附加险合同规定赔付了住院医疗费用的80%共计5 600元。文女士觉得这份保险买得值，每年只缴纳几百元住院医疗险保费，就获得了高额赔付。

可是，等到文女士下一年度再收到保险公司的缴费通知单时，发现只有养老险的保费金额，却没有住院医疗保险的缴费提示。文女士以为是缴费单遗漏了，便专程赶往保险公司缴费。没想到却被告知，她的附加住院医疗保险已经在上一年度索赔后被终止了，本年度保险公司拒绝再与她续签该险种。

文女士感觉莫名其妙，保险公司怎能在没有征求她意见的情况下，就单方面解除附加住院医疗保险合同呢？而且保险公司只是终止了附加险，却没有终止主险养老险合同。当初就是觉得这个附加住院医疗保险好才购买养老险的。现附加险被终止了，继续缴纳主险保费对她而言就没有什么意义了。

在与保险公司协商未果的情况下，文女士一纸诉状将保险公司告上了法庭，要求法院判令保险公司单方面终止附加住院医疗保险无效而应继续承保该附加险。

本案保险公司是擅自终止合同，其行为既违反了《保险法》的规定，也违反了《健康保险管理办法》的规定，从而其行为在法律上是无效的。因此，保险公司应继续履行文女士的附加住院医疗保险合同，直到保险期限到期为止，除非其一次性报销了10万元的住院医疗保险金。

（二）疾病保险

疾病保险是指被保险人罹患保险合同约定的疾病时，保险人按合同约定的保险金额给付保险金，以补偿被保险人损失的保险。医疗保险和疾病保险都是因病、因伤引起的，但其保障的范围和作用不同。医疗保险是直接用于医疗服务的费用，而疾病保险是对因病不能工作失去收入影响生活的一种保障，国际上称为疾病津贴或生活补助。

1. 疾病的含义

疾病是由于人体内在的原因而造成精神上或肉体上的痛苦或不健全，分为内部疾病、非先天性疾病、偶然性原因导致的疾病。

内部疾病强调内部原因对健康构成威胁甚至危害，实质上是区分健康保险与意外伤害保险的一个重要标准。健康保险要求疾病必须由人身体内部的某种原因所引发，即由于一个或多个器官、组织甚至系统病变而导致功能异常，从而出现各种病理表现，例如肺炎会引起发烧、肠炎直接反映为腹泻等。

先天性疾病是胎儿在子宫内生长发育过程中，受到内在或外部环境某些物理、化学和生物不良因素作用，致使胎儿局部体细胞发育不正常，使得婴儿出生时表现出有关器官、系统在形态或功能上的异常。

遗传病是指父母亲的精子或卵子发育不正常，而导致胎儿发生器质性或功能性的不正常而引起相应的疾病或缺陷。这种遗传因素，按一定的方式传给子代，子代就可能发生遗传性疾病，这种遗传病可以出生后就表现出来，也可以出生后长到一定年龄时才表现出来。

偶然性疾病强调的是疾病发生纯属偶然性，不是一个人正常的成长过程中出现的生理现象，如皮肤变枯黄、衰老。疾病保险保的是人们无法预料会患上某种疾病以及何时会患上疾病，同时，这种偶然性疾病是可以治愈的，并不是一旦患病就不可救治了。

拓展阅读

中国癌症数据解读

2. 重大疾病保险

重大疾病险，是指由保险公司经办的以特定重大疾病，如恶性肿瘤、心肌梗死、脑出血等为保险对象，当被保人患有上述疾病时，由保险公司对所花医疗费用给予适当补偿的商业保险行为。根据保费是否返还来划分，可分为消费型重大疾病保险和返还型重大疾病保险。

1995年，我国内地市场引入了重大疾病保险，现已发展成为人身保险市场上重要的保障型产品。重大疾病保险在发展过程中，保障范围逐渐扩大，保障功能日趋完善，但该类产品的设计理念一直延续至今。

国家卫生部2008年6月公布的数据表明：人的一生罹患重大疾病的机会高达72.18%。当前，重大疾病的平均治疗花费一般在10万元以上(不包括恢复费用和误工费用)。那么，我们靠什么来抵御这突如其来的风险呢？重大疾病保险简而言之就是以疾病为给付保险金条件的疾病保险，即只要被保险人罹患保险条款中列出的某种疾病，无论是否发生医疗费用或发生多少费用，都可获得保险公司的定额补偿。

重大疾病保险所保障的重大疾病通常具有以下三个基本特征：一是病情严重，会在较长一段时间内严重影响患者及其家庭的正常工作与生活；二是治疗花费巨大，此类疾病需要进行较为复杂的药物或手术治疗，需要支付昂贵的医疗费用；三是不易治愈，会持续较长一段时间，甚至是永久性的。重大疾病保险给付的保险金主要有两方面的用途：一是为被保险人支付因疾病、疾病状态或手术治疗所花费的高额医疗费用；二是为被保险人患病后提供经济保障，尽可能避免被保险人的家庭在经济上陷入困境。

相关案例

2021年3月，罗先生因急性胸痛入院，被诊断为急性心肌梗死，所幸发现及时，医院第一时间为其进行了治疗。

然而治病将是一笔巨大的支出，后期康复休养也需要花销，幸好罗先生在2017年购买了某保险公司的重疾险，在他提交资料后，保险公司按合同约定向其赔付了重大疾病保险金共15万元，为罗先生解了燃眉之急。

党的二十大精神强调了坚持以人民为中心的发展思想，保障和改善民生，不断满足人民日益增长的美好生活需要。在这一背景下，罗先生的案例为我们提供了一个生动的实践样本，即通过购买保险来增强个人和家庭的风险抵御能力，从而保障生活质量，实现社会的和谐发展。

拓展阅读

累计惠及近亿群众，人均减负约8 000元——大病保险如何报销

3. 特种疾病保险

特种疾病保险主要包括生育保险、牙科费用保险、眼科保健保险、艾滋病保险、团体传染性非典型肺炎保险、禽流感保险等。

（三）残疾收入补偿保险

残疾收入补偿保险又称保障收入保险，是指当被保险人由于疾病或意外伤害导致残疾，丧失劳动能力不能工作，以致失去收入或减少收入时，由保险人在一定期限内给付保险金的险种。残疾分为完全残疾和部分残疾。完全残疾是指永久丧失全部劳动能力，不能参加工作以获得工资收入，如有的残疾收入保单在条款中列明，当被保险人双眼、双手或双脚等完全失去正常功能时，可推定为完全残疾；部分残疾是指被保险人还能从事一些有收入的其他职业。当然这种职业会比原来的收入少。部分残疾保险金可以是一个约定金额（通常是全残收入保险金的一个固定比例），也可以应用保单所规定的公式确定。其计算公式如下：

$$\text{部分残疾给付金额}=\frac{\text{原收入}-\text{残疾后收入}}{\text{原收入}}\times\text{全残给付金额}$$

事实上，残疾收入补偿保险一般可分为两种：一种是因疾病所致，属健康保险；另一种是因外来伤害所致，属意外保险。无疑，这里的残疾收入补偿保险是第一种。在保障收入保险中，先天性的残疾不在保障范围内。

残疾收入补偿保险以被保险人发生残疾为给付条件，保险金给付方式有一次给付和分次给付，给付金额的确定有固定给付和比例给付。残疾收入补偿保险的保险金给付一般按月或按周进行补偿。这根据被保险人的选择而定，每月或每周可提供金额相等的收入补偿。残疾收入补偿保险的保险金的给付一般不按年或一次性给付，其目的在于便于保险人及时观察被保险人的实际残疾状况的变化，也能更好地维持被保险人的生活开支。而给付期限可以是短期或长期的。短期给付是为了补偿在身体恢复前不能工作的收入损失，长期给付是补偿全部残疾而不能恢复工作的被保险人的收入损失。通常规定给付到60岁或退休年龄或被保险人死亡。短期给付期限一般为1～2年。同时，一般保单规定在残疾后的开始一段时间称为推迟期，在这期间不给付任何补偿，推迟期一般为3个月或半年。这是由于在短时间内，被保险人还可以维持一定生活，而且有的残疾症状是暂时性的，可以在短期内逐渐恢复。因此，它通

过取消对短期残疾的给付而减少保险成本。在给付金额的规定上，完全残疾的残疾给付一般只补偿原来实际收入水平的75％～90％，而不是全部，其目的在于鼓励残疾人积极寻求力所能及的劳动以达到自我补偿。在部分残疾的情况下，按残疾前后收入差额进行比例给付。

相关案例

李先生，45岁，是一家中型企业的中层管理人员，年收入约为50万元人民币。由于工作繁忙，李先生深知自己面临较高的健康风险，因此决定购买一份全面的保险计划，其中包括残疾收入补偿保险。李先生选择了一家知名保险公司，购买了一份包含残疾收入补偿保险的综合保险计划。该计划规定，在因疾病或意外伤害导致完全或部分残疾，从而丧失或减少工作能力时，保险公司将按照合同约定的方式给予保险金补偿。不幸的是，两年后，李先生在一次车祸中受到严重伤害，导致他失去了左臂的功能，被医生诊断为部分残疾。这意味着李先生无法再从事原有的管理工作，而只能从事一些相对轻松、收入较低的工作。

在确认自己符合保险合同的给付条件后，李先生向保险公司提交了保险金申请。保险公司经过审核，确认李先生的情况符合部分残疾的定义，并计算出其残疾前后的收入差额。

李先生残疾后的年收入为20万元人民币，全残给付金额为每年30万元人民币(原收入的60％)，则部分残疾给付金额为：

部分残疾给付金额＝(50万－20万)/50万×30万＝18万(元)

保险公司决定每月向李先生支付1.5万元人民币(18万/12个月)作为残疾收入补偿，直至李先生年满60岁或退休。同时，由于保险合同规定了3个月的推迟期，因此保险公司从李先生残疾后的第四个月开始支付保险金。

从李先生的案例中，我们看到了保险在个体风险防护中的重要作用。党的二十大报告强调，要“健全多层次社会保障体系，健全覆盖全民、统筹城乡、公平统一、安全规范、可持续的多层次社会保障体系”。我国在社会保障体系建设方面的不断进步和完善：从最初的简单保险到现在的全面保障，从单一的补偿到多层次的支持，我国的社会保障体系正逐步走向成熟和完备。

思考题：

残疾收入补偿保险在制定保险费率时是否要考虑通货膨胀因素？为什么？

(四)护理保险

护理保险，国外习惯称之为长期护理健康保险，又名老年看护健康保险，是保险人对于那些因年老、疾病或伤残生活无法自理或不能完全自理，而需要他人辅助全部或部分日常生活的被保险人提供护理服务或经济保障的一种保险。年龄限制为50～84岁。

按照保险人对被保险人所承担的护理费用划分，有专门护理和家庭护理。按照护理服务性质划分，有治疗性护理服务和非治疗性护理服务。

相关案例

李先生，男，35周岁，投保“全无忧长期护理个人健康保险”，保额10万元，20年期缴费，年缴保费 8 800 元。41 周岁时，李先生不幸因意外事故造成瘫痪，不能自行洗澡、步行、如厕，同年开始领取每年 8 000 元的长期护理保险金，并被豁免以后各期保费。55 周岁时，李先生因中风身故，其受益人领取身故保险金。

李先生共支出：8 800×6＝52 800(元)。共得到：长期护理保险金 112 000 元，身故保险金 88 000 元。

思考题：

健康保险的除外责任有哪些？

三、健康保险合同的有关特别规定

由于健康保险的赔付危险大，危险具有变动性和不易预测性等特点，因此，保险人对所承担的保险金给付责任往往有许多特别规定，以尽可能地减少事故损失和赔付。常见的条款有：

（一）责任期限

责任期限是意外伤害保险和健康保险特有的概念。只要被保险人遭受意外伤害时间发生在保险期内，而且自遭受意外伤害之日起的一定时期内（责任期限内，如 90 日、180 日、360 日等）造成死亡或残疾的后果，保险人就要承担保险责任，给付保险金。即使被保险人在死亡或确定残疾时保险期限已经结束，只要未超过责任期限，保险人也要负责。

（二）观察期

医疗保险中规定，观察期是指保单生效后的一定期间（15 日、30 日或 180 日），被保险人因疾病支出医疗费用或导致收入损失，保险人不负责。保险人需经过一段时间的观望或等待，才会对被保险人因疾病发生的医疗费用履行给付责任，但是意外事故所致除外。该条款的规定是为了防止可能出现的逆选择，有利于防止被保险人带病投保，控制保险人的责任。

（三）等待期

等待期又称免责期，通常是指被保险人在工作能力丧失开始日后的数星期内（多为 7 日、14 日、30 日、60 日、90 日或 180 日），保险人没有给付保险金的责任。这主要可以使保险人获得一定的时间，对被保险人的患病情况进行观察，以尽量避免不必要的给付（有的病很快就能恢复）。

相关案例

2019 年 3 月，刘某在 A 保险公司投保重疾险，保险金额为 30 万元，保险期间为终身，缴费期间 30 年，每年保费 3 726 元。该保险合同“保险责任”章节第 5.2.3 条载明：被保险人于本合同生效或复效 90 天内发生以下情形之一时，我们不承担保险责任，但无息退还已缴的保费，本合同效力终止：(1)因疾病导致身故或全残；(2)患上一种或多种本合同约定的重大疾病、中症疾病、轻症疾病或达到疾病终末期阶段……2019 年 7 月，被保险人至当地医院治疗，入院记录中记载：“主诉，发现脊柱侧弯 3 月。现病史，患者于 3 个月前，体检时发现双侧肩胛骨不对称，不等高，并发现脊柱侧弯……”此后被保险人申请理赔，保险人认为按照前述条款被保险人属于在等待期内出险，遂做出拒绝理赔、解除保险合同并退还保费 3 726 元的决定，而被保险人一方认为该等待期条款实质性缩短保险期间,对被保险人利益具有重大影响,应当属于免责条款,但同时又被设置于保险责任章节之中,隐蔽性强,识别难度大,故保险公司无权以此拒绝赔偿。

一审法院对于上述案例做出了以下结论:“等待期条款不属于保险合同约定的免责条款。不属于应负明确说明义务的免责条款,该条款合法有效。根据等待期条款的约定,被保险人刘某确诊患有特发性脊柱侧弯的时间为保险合同生效之日起的90天内,涉案保险合同尚处于等待期,被告的保险责任尚未开始,被告关于保险合同尚处于等待期不应承担保险责任的抗辩理由,符合双方的合同约定,本院予以支持。原告以被告未履行提示及明确说明义务为由主张等待期条款不生效,本院不予采纳。对于原告要求被告承担保险责任的主张,本院不予支持。”

二审法院纠正了一审法院的部分观点,做出以下结论:“患者‘主诉’的内容记载并非医院关于患者病情的初次确诊,被保险人初次患病时间的界定应以合同约定的医院确诊为准。被上诉人单方做出的解除保险合同、退回保费的决定无相应依据,双方合同应继续履行。另,在保险合同条款其他免责条款中双方约定‘等待期’条款为保险人免责条款,而被上诉人所提供证据不足以证明其就该免责条款已尽到明确说明义务,故上诉人主张上诉人在保险期内患病,被上诉人对‘等待期’条款未尽到提示义务,应依据合同支付保费理由成立,本院予以支持。”

党的二十大报告强调,要全面推进依法治国,建设中国特色社会主义法治体系。在本案例中,一审和二审法院均依据《保险法》及相关法规,对保险合同纠纷进行了审理,体现了法治精神在经济社会活动中的具体应用。合同双方应本着诚信原则,明确各自的权利和义务,这也是构建诚信社会的基本要求。

资料来源:https://mp.weixin.qq.com/s? __biz=MzAxNDc1MDE5NQ==&mid=2649622634&idx=3&sn=f991fe800d93cf6ded5f80b48413ef52&chksm=839430f6b4e3b9e09089fafea21de42eb4e3886c087c22584a09df28ed8a97f6fe787643df1c&scene=27。

(四)免赔额条款

在健康保险合同中,一般均对医疗费用采用免赔额的规定,即在一定金额下的费用支出由被保险人自理,保险人不予赔付。这样做,一方面可以促使被保险人加强自我保护、自我控制意识,减少因疏忽等原因导致的保险事故的发生和损失的扩大,避免不必要的费用支出,减少道德危险;另一方面,由被保险人承担可承担的较低的医疗费用支出,可以减少保险人因此而投入的大量理赔工作,从而减少成本,对保险人和被保险人都有利。

(五)犹豫期

犹豫期也称冷静期,是指投保人收到保单之日起15日内的一段时间,投保人可以无条件地要求保险公司退还保费,保险公司除收取最多10元的成本费以外,不得扣除任何费用。

(六)比例给付条款

比例给付条款又称为共保比例条款。比例给付是保险人对超出免赔额以上部分的医疗费用,采用与被保险人按一定比例共同分摊的方法进行保险赔付的方式。此种情形下,相当于保险人与被保险人的共同保险。在健康保险中,是以人的身体为标的,不存在是否足额投保的问题。但由于其承保的危险不易控制,因此在大多数健康保险合同中,保险人对医疗保险金的支出有比例给付的规定。当然,通常是保险人承担其中的大部分费用。这样,既有利于被保险人对医疗费用的控制，也有利于保障被保险人的经济利益，以达到保险保障的目的。

(七)给付限额条款

在补偿性质的健康保险合同中，保险人给付的医疗保险金有最高限额规定。健康保险的被保险人的个体差异很大，其医疗费用支出的高低差异也很大，为保障保险人和大多数被保险人的利益，规定医疗保险金的最高给付限额，可以控制总的支出水平。而对于具有定额保险性质的健康保险，如大病保险等，通常没有赔偿限额，而是依约定保险金额实行定额赔偿。

相关案例

学生保险的疾病观察期就是初次投保学生保险，或者中断投保后继续投保，保险条款中设置的一段疾病观察期。各家保险公司有不同的规定，一般是30天或稍长一些。学生在观察期内罹患疾病，保险公司不承担保险责任，我们可以从下面两个案例来厘清它的含义。

开学才几天，某幼儿园大班小朋友赵悦，因患支气管炎住院治疗，家长办完城乡居民医疗保险补偿后，又来到保险公司办理学生保险理赔。柜员检索了赵悦的投保记录，确认赵悦属于连续投保，于是很顺利地办结了理赔手续。同样也是刚上课不久患病住院治疗的某校学生张某，其家长带着医疗材料来保险公司办理理赔手续时，柜员检索了张某的投保档案后告诉家长，张某在疾病观察期内患病是不能获得赔偿的。尽管张某开学时已经投保了学生保险，但是因为中断投保的原因，本学期的投保仍然属于初次投保，根据疾病观察期条款，疾病发生在观察期内，保险公司不承担保险责任。

设置观察期的目的是更好地保护诚信投保人的利益，有效防范带病投保或选择性投保的现象。试想，保险公司如果不设疾病观察期，学生或家长都根据自己的需求，选择性地投保，保险公司对所有疾病都承担保险责任，那不仅是损害了诚信投保人的利益，而且违背了公平的原则，保险公司这项保险业务也不可能正常运作。学生保险是免体检的团体保险，对保险公司来说，是一款经营风险较大的保险品种，特别是承保幼龄学生的疾病保险，经营风险更大。保险公司从维护投保人的保障权益和降低风险，确保业务健康发展的角度出发，设置疾病观察期是有必要的。

正确认识观察期，有助于提高家长对学生保险连续投保的重要性的理解。况且，学生保险是一款保费低廉、保障全面的保险，是城乡居民医疗保险的必要补充，已经被很多家长认可。而在现实生活中，孩子患病不是可以回避的问题。越来越高的住院、手术、药品等医疗费用对一个普通家庭来说是不堪重负的。假如是因为中断投保，在观察期内，孩子罹患疾病却无法获得赔偿，家长也只能悔之晚矣了。

张某的家长听了柜员的耐心解释后，才了解了学生保险疾病观察期的概念。他说："以前对学生保险疾病观察期的概念不甚了解，给孩子买保险很随意。我要用自己的经历告诉亲友，买学生保险不要随意中断。况且，买一份学生保险花不了多少钱，给孩子买一份平安，也为他人做一份贡献，何乐而不为?"类似张某的现象还是比较多的，认真分析不外乎以下几个原因：一是认为孩子身体很健康，没有必要买学生保险；二是买保险的钱被孩子"贪污"了，家长事后又没有过问；三是有城乡居民医保后，认为没有必要买学生保险了。一位高三毕业班的学生家长黎某很懊悔地说："孩子从幼儿园开始，从没有间断过买学生保险，孩子高中快毕业了，我们认为孩子在校时间很短了，最后一个学期就不准备买了。由于孩子紧张备考连续熬夜,不幸在临考前患急性肝炎住院治疗,花了一万多元的医疗费,保险当然是赔不了。”

学生保险是一款保费低廉、保险额度高、保障范围广的普惠型保险,是城乡居民医疗保险的必要补充,可以有效地避免一般家庭“因病致贫”“因病返贫”的现象发生。学生保险一般是在开学初期集中购买,如果错过了开学初购买保险的机会,家长可以到保险公司客服中心补办手续,或者通过保险公司网上服务平台投保学生保险,确保疾病观察期的有效衔接。值得一提的是,同业公司的学生保险,保险时间是可以连续计算的,只要不中断投保,当年承保学生保险的保险公司就要认同是连续投保,也就没有疾病观察期了。

资料来源:http://www.china-insurance.com/news-center/newslist.asp? id=285086。

第四节　人身意外伤害保险

案例引入

李某投保了人身意外伤害保险,同时附加了意外伤害医疗保险。一天,李某因支气管发炎去医院求治。医院按照医疗规程操作,先为被保险人进行青霉素皮试,结果呈阴性。然后按医生规定的药物剂量为其注射青霉素。治疗两天后,被保险人发生过敏反应,虽经医院全力抢救,但医治无效死亡。医院出具的死亡证明是:迟发性青霉素过敏。李某的受益人持医院证明及保险合同向保险人提出索赔申请。

该事件对于被保险人来说,具有“突然的”因素;被保险人去医院接受治疗的目的,是医治支气管的炎症,没有料到会因青霉素过敏反应导致身亡,显然被保险人具有“非本意”的因素。综合上述三个因素,被保险人的死亡完全符合“意外伤害”的定义。所以保险人应按照人身意外伤害险的保险合同规定,履行给付保险金的义务。

一、人身意外伤害保险的含义及构成条件

人身意外伤害保险的意外伤害是指在被保险人没有预见到或违背被保险人意愿的情况下,突然发生的外来致害物明显、剧烈地侵害被保险人身体,导致其死亡或残疾的客观事实。意外伤害由意外和伤害两个必要条件构成,只有主观上的意外而无伤害的客观事实,不能构成意外伤害;反之,只有伤害的客观事实而无主观上的意外,也不能构成意外伤害。只有在意外情况下发生的伤害,才能构成意外伤害。

(一)意外

意外是针对人们的主观状态而言的,它是指侵害的发生是人们事先没有预见到或违背人们的主观意愿的。意外事故,是指外来的、偶然的、剧烈的事故。意外伤害的构成要件可以概括为外来性、偶然性和剧烈性。

1. 外来性

伤害是由被人们身体外部的因素作用所致,如交通事故、走路跌倒受伤等,而中风跌倒死亡不属于意外伤害。

2. 偶然性

意外事故的发生不是被保险人事先能够预见得到的,或者意外事故的发生违背了被保险

人的主观意愿，即伤害事件的发生是被保险人事先所不能预见或无法预见的，如人们乘坐的飞机起飞后因发生故障而坠毁，使乘客遭受伤害，因人们上飞机前无法预知飞机起飞后会发生故障而坠毁，所以这样的事故属于人们无法预见到的意外；或者虽然被保险人能够事先预见到，但由于被保险人的疏忽而没有预见到；或者伤害事件的发生即便被保险人能够预见到，但在技术上已不能采取措施避免，如旅客乘坐轮船时，船舱进水，乘客知道如不采取救生措施就会溺水而死，但是船上没有足够的救生设备，无法采取任何措施；或者虽然可以采取措施避免，但由于法律或职责上的规定，不能躲避的情形。

3. 剧烈性

伤害是指人体受到强烈而突然的袭击而造成的，如天空坠物引起伤亡。如果伤害是由人们长期劳作损伤所致或在较长时间里缓慢发生，如慢性中毒等，则不属于意外伤害保险中的意外。

相关案例

2020 年 4 月，某电力资源公司为刘冉投保了团体意外险，保险金额为 10 万元，9 月 6 日，刘冉在行走时摔倒，导致头部严重摔伤，当日被送往医院住院治疗，被诊断为脑血栓伤，创伤性蛛网膜下腔出血，左顶叶脑创伤。

刘冉在医院治疗过程中，保险公司欲待他治疗结束后，再视其伤残程度给付保险金。不料，未等治疗结束，刘冉于 9 月 17 日因其长期的肺炎而感染致死，死于医院。

(二)伤害

伤害是指外来致害物使被保险人的身体受到侵害的客观事实。伤害由致害物、侵害对象、侵害事实这三个要素构成，三者缺一不可。

致害物是直接造成被保险人伤害的物体或物质，而且是在被保险人身体之外的。致害物有如下几种：(1)器械伤害，如劳动工具、机动车辆等；(2)自然伤害，如暴雨、洪水、雷电等；(3)化学伤害，如有毒气体、液体等；(4)生物伤害，如野兽、家畜等。

致害对象是被保险人身体上的某个部位遭受了生理上的伤害。

侵害事实是致害物伤害人的身体的客观事实。如爆炸使人体受伤，即构成了伤害。

致害物、侵害对象、侵害事实三者之间必须存在因果关系，即须存在致害物以一定的方式破坏性地作用于被保险人身体的客观事实，意外事故的发生与被保险人所遭受的人身伤害结果之间存在因果关系。

我国寿险公司条款中对意外伤害的界定是：意外伤害是指遭受外来的、突发的、非本意的、非疾病的使被保险人身体受到剧烈伤害的客观事件。

(三)人身意外伤害保险的保险责任的构成条件

1. 被保险人遭受了意外伤害

包括两方面要求：

(1)被保险人遭受的意外伤害必须是客观发生的事实；

(2)被保险人遭受意外伤害的客观事实必须发生在保险期限内。

2. 被保险人在责任期限内死亡或残疾

在法律上发生效力的死亡有两种情况：一是生理死亡，即已被证实的死亡；二是宣告死亡,即按照法定程序推定的死亡。

《民法典》第四十六条规定:“自然人有下列情形之一的,利害关系人可以向人民法院申请宣告该自然人死亡:(一)下落不明满四年的;(二)因意外事件,下落不明满二年。”

残疾包括两种情况:一是人体组织的永久性残缺(或称缺损),如肢体断离;二是人体器官正常机能的永久丧失,如丧失视觉、听觉、语言机能,运动障碍。

3. 意外伤害是死亡或残疾的直接原因或近因

意外伤害是死亡或残疾的诱因时,保险人不是按照保险金额和被保险人的最终后果给付保险金,而是比照身体健康者在遭受这种意外伤害后可能造成的后果给付保险金。

相关案例

C 市水泥厂为单位职工投保了团体意外险,每人保险金额 2 万元。11 月 14 日,该厂职工洪某因患急性化脓性梗阻性胆管炎,在医院进行手术治疗时突然出现心跳过速、呼吸骤停。经医生采取紧急措施使之复苏后,洪某一直处于脑缺氧状态,最终于 11 月 23 日死亡。经 C 市医疗事故鉴定委员会对这一事故的鉴定,结论是患者突然出现的心跳加速、呼吸骤停是手术中难以预料的情况,属于医疗意外死亡。最后,洪某的妻子持医院的死亡证明向保险公司提出给付保险金的请求。保险公司以被保险人洪某并未遭受意外伤害,属于疾病死亡为由拒绝给付。

二、人身意外伤害保险的特点

人身意外伤害保险具有以下几个特点:

(一)被保险人遭受意外伤害概率的决定因素是职业和所从事的活动

在人身意外伤害保险的费率计算中,根据意外事故发生频率及其对被保险人造成的伤害程度、风险程度进行分类。职业是确定意外伤害保险的保险费率的重要因素,被保险人职业的风险程度越高,则保险费率越高,而性别和年龄的差异对意外伤害发生的概率影响较小,不被考虑。按照职业风险程度来看,机关团体、事业单位和一般工商企业单位的工作属于风险较小的职业,从事建筑、冶金、勘探、航海、伐木、搬运、装卸、筑路、地面采矿、汽车驾驶、高空作业的人员面临的风险较大,从事井下采矿、海上钻探、海上打捞、海上捕鱼、航空执勤的人员面临的风险更大。还有一些特殊职业的人,如战地记者、剧烈体育运动的运动员等,普通意外伤害保险不能承保,需要投保特定意外伤害保险。

(二)意外伤害保险的保险责任的特点和保险责任期限的特殊性

如前所述,意外伤害保险的保险责任具有三个构成要件,其保险责任期限的规定也具有特殊性。只要被保险人遭受意外伤害的事件发生在保险期内,并在责任时期内造成了死亡或残疾的后果,保险人就要承担保险责任。

(三)意外伤害保险的给付方式为定额给付与不定额给付相结合

意外伤害保险中的死亡给付按照保险合同中的规定进行,不能有所增减。残疾给付是按照残疾保险金额与残疾程度的百分率的乘积支付的。当发生一次伤害、多处致残或多次伤害时,保险人可同时或连续支付残疾保险金,但累计数额以不超过保险金额为限。意外伤害医疗保险的给付却是按照保险事故造成的医疗费用支出进行的补偿，为不定额给付。

相关案例

康先生为自己投保了某保险公司人身意外伤害保险，保额为10万元。

某日，康先生和一位同乡在家附近的铁轨上坐着聊天，恰在此时，一辆列车途经此地，司机发现前方铁轨上有两人正准备离开，鸣笛示警并采取紧急减速制动措施，但由于制动距离过长，高速行驶的火车还是将二人剐倒，列车工作人员将二人抬上列车送往附近的医院抢救，但在前往医院途中康先生因头部伤势过重死亡。

保险公司在接到被保险人康先生家属的报案后迅速展开了事故调查取证工作，证实了此次事故确实属于意外事故，不存在保险条款规定的责任免除事项，及时向受益人支付了意外身故保险金10万元。

党的二十大报告强调，要全面推进依法治国，切实保障人民群众的合法权益。在此案例中，保险公司迅速响应，展开事故调查，并依法向受益人支付了意外身故保险金，充分体现了法治精神在保险行业中的贯彻落实，有效保障了被保险人的合法权益。

4. 意外伤害保险的死亡保险金数额与其他寿险产品相比较高

人们遭受意外伤害的可能性总是存在的，但并不是绝对会遭遇。因此，保险公司对此类保险的被保险人的赔付如同意外伤害发生一样是偶然事件。但在其他寿险产品中，特别是终身和两全寿险产品中，保险事故的发生是必然的，赔偿也是必然的，只是时间的早晚问题。因此，在相同的保费下，意外伤害保险的死亡保险金数额通常较高。

此外，与人身保险其他险种相比，意外伤害保险承保的条件一般较宽。高龄的人也可以投保，被保险人也不必进行健康检查。

三、人身意外伤害保险的业务种类

人身意外伤害保险的分类有多种，通常可以按照保险责任、承保风险和投保方式分类。

(一)按保险责任分类

按保险责任分类，人身意外伤害保险可以分为意外伤害死亡残疾保险、意外伤害医疗保险、综合意外伤害保险和意外伤害收入保障保险。

意外伤害死亡残疾保险通常简称为意外伤害保险。此种保险只保障被保险人的意外伤害所致的死亡和残疾，满足被保险人对意外伤害的保险需求。在其保险责任中通常规定，被保险人遭受意外伤害后，在责任期限内死亡、残疾等按合同规定给付保险金。此种保险通常作为附加条款附加在其他主险上，但也有作为单独的险种投保的。

意外伤害医疗保险的保险责任中通常规定，被保险人因遭受意外伤害，且在责任期限内，因该意外伤害在医院治疗且由本人支付的治疗费用，保险人按合同规定进行医疗保险金的支付。通常，被保险人在合同有效期内，不论一次或多次因遭受意外伤害而需医院治疗，保险人均按规定支付保险金，但累计给付医疗保险金不超过保险金额。而且，该种保险通常还对被保险人住院治疗进行住院津贴给付，但因疾病所致医疗住院费用等为除外责任。此种保险也大多为附加条款附加在主险上。

综合意外伤害保险是前两种保险的综合。在其保险责任中，既有被保险人因遭受意外伤害身故或残疾的保险金给付责任，也有因该意外伤害使被保险人在医院治疗所花费的医疗费用的医疗保险金给付责任。此类保险大多单独承保。

意外伤害收入保障保险的保险责任中通常规定，对被保险人因遭受意外伤害，且在责任期限内死亡、残疾的，保险人依合同规定给付死亡保险金或残疾保险金；对于被保险人因遭受意外伤害造成身故或残疾达到一定程度时，保险人对被保险人或受益人按合同约定给付收入保障年金。该种保险旨在保障被保险人因意外伤害而导致收入的减少，维护依靠被保险人的收入生活的人的利益。此种保险可以单独投保。

思考题：

邹女士于 2022 年 2 月投保保险公司意外伤害医疗保险，2022 年 7 月邹女士提重物后发生腰椎骨折，前往荆门市中心医院住院治疗，被诊断为：骨质疏松性胸椎骨折，出院后邹女士前往保险公司提交理赔申请。你认为保险公司应该理赔吗？

(二)按承保风险分类

按承保风险分类，人身意外伤害保险可以分为普通意外伤害保险和特定意外伤害保险。

普通意外伤害保险又称为一般意外伤害保险或个人意外伤害保险，即指被保险人在保险有效期内，因遭受意外伤害而致死亡、残疾时，由保险人给付保险金的保险。它所承保的风险是一般的意外伤害。

特定意外伤害保险承保的是因特别原因造成的意外伤害或特定时间、特定地点遭受的意外伤害。通常需要投保人与保险人特别约定，有时还要加收保费后才能承保。此类保险承保的意外伤害包括：战争所致意外伤害；从事剧烈体育运动、风险娱乐运动所致意外伤害；核辐射造成的意外伤害；医疗事故所致意外伤害；等等。这些特约承保的意外伤害可以单独承保，也可以在其他保险单中附加，或签注特约或出具批单从除外责任中剔除。

相关案例

李先生是一位资深的攀岩爱好者，他经常参与各种攀岩活动，并计划参加一次国际攀岩比赛。然而，由于攀岩活动的高风险性，他意识到自己在面临意外伤害时的经济风险。在咨询了多家保险公司后，他选择了某保险公司的特定意外伤害保险，该保险专门针对攀岩等高风险运动提供保障。

在投保过程中，李先生与保险公司特别约定了保险条款，明确了保障范围、赔偿标准和除外责任。保险公司考虑到攀岩活动的高风险性，适当提高了保费。李先生按照约定支付了保费，成功获得了保险保障。

在参加国际攀岩比赛期间，李先生不慎从岩壁上摔落，造成了严重的身体伤害。他立即联系了保险公司，并按照保险合同的约定提交了理赔申请。经过审核，保险公司确认李先生的伤害属于保险责任范围，并迅速支付了赔偿金。这笔赔偿金不仅帮助李先生支付了医疗费用，而且弥补了他因受伤而失去的收入。

特定意外伤害保险的推出，也提醒了人们在参与高风险活动时要有充分的风险意识。通过购买保险来规避潜在的经济风险，是一种理性的选择。同时，这也促进了人们更加关注自身安全，提升自我保护能力。这对于提升整个社会的安全水平具有重要意义。

(三)按投保方式分类

按投保方式分类,人身意外伤害保险可以分为个人意外伤害保险和团体意外伤害保险。

个人意外伤害保险是投保人或被保险人个人购买的保险,而团体意外伤害保险是以团体方式投保的人身意外伤害保险。团体意外伤害保险的保险责任、给付方式均与个人投保的意外伤害保险相同。因意外伤害保险的保险费率与被保险人的职业和所从事的活动有关,所以,团体投保意外伤害保险比个人投保更为适合,且保险期限短、保费低而保障高,在雇主需为员工承担一定事故责任的场合,对雇主更为有利。

团体意外伤害保险的保单效力与个人投保的保单效力有所区别,主要在于:在团体保险中,被保险人一旦脱离投保的团体,保单效力对该被保险人即刻终止,投保团体可以为其办理退保手续,而保单对其他被保险人依然有效。

另外,按保险期限分类,可分为1年期意外伤害保险、极短期意外伤害保险和长期意外伤害保险;按投保动因分类,可分为自愿意外伤害保险和强制性意外伤害保险。

相关案例

2020年11月,强拢公司在中国太平洋财产保险股份有限公司广西分公司投保了团体人身意外伤害保险,保险名单中共有包括邢某在内的9人。2020年12月30日,邢某酒后驾驶电动自行车自工地出发,在路上发生交通事故死亡。邢某的父母邢某某、查某某遂向保险公司提出理赔申请。

保险公司审查后认为,邢某系案外人刘某招来的工人,与强拢公司之间无劳动或劳务关系,故强拢公司投保时对邢某不具有保险利益,案涉保险合同应属无效,其不应承担相应的保险责任。双方因此发生纠纷,邢某某、查某某遂向人民法院提起诉讼,请求判令保险公司向其支付邢某死亡赔偿金50万元。

人民法院经审理认为:案涉保险合同由强拢公司与中国太平洋财产保险股份有限公司广西分公司订立,强拢公司投保时在投保人声明处已经明确,其填录的职业类别、投保人数等内容属实,而邢某确系保险名单中确定的被保险人之一,因此,邢某与强拢公司在投保时存在劳动或劳务关系具有高度可能性。中国太平洋财产保险股份有限公司广西分公司主张邢某并非投保人公司员工,但并未举示相应证据证明该事实,也未举示相反证据推翻保险合同中的上述内容,该公司应承担举证不能的不利后果,故对中国太平洋财产保险股份有限公司广西分公司的该诉讼主张未予采信,最终判决该公司向邢某父母邢某某、查某某支付死亡赔偿金50万元。

资料来源:http://lylsfy. sdcourt. gov. cn/lylsfy/393876/tszs5176/9211857/index. html。

四、人身意外伤害保险的给付

(一)死亡保险金的给付

人身意外伤害保险中,当被保险人在保险有效期内因遭受意外伤害事故导致死亡时,保险人按照保险合同规定如数给付保险金。按照我国人身意外伤害保险条款规定,死亡保险金为保险金额的100%。

(二)残疾保险金的给付

人身意外伤害保险中，当被保险人在保险有效期内因遭受意外伤害事故导致残疾时，保险人按照保险合同规定给付残疾保险金。残疾保险金的数额由保险金额和残疾程度给付比率两个因素确定，其计算公式为：

残疾保险金＝保险金额×残疾程度给付比率

在意外伤害保险中，保险金额既是每次事故最高给付金额，也是累计给付最高限额。保险人给付每一被保险人的死亡保险金和残疾保险金，累计以不超过保险金额为限。当被保险人在保险有效期内因遭受意外伤害事故死亡时，保险人按照保险合同规定给付保险金额的100%后，保险责任即告终止；如果在给付死亡保险金之前，已经给付过伤残保险金，则应当从死亡保险金中扣除已支付的伤残保险金；当一次意外伤害造成被保险人身体若干部位残疾时，保险人按保险金额与被保险人身体各部位残疾程度给付比率之和的乘积计算残疾保险金，当各部位残疾程度百分率之和超过100%，则按保险金额给付残疾保险金；当被保险人在保险期限内多次遭受意外伤害时，保险人对每次意外伤害造成的残疾或死亡均按保险合同中的规定给付保险金，但给付的保险金以累计不超过保险金额为限。

相关案例

甲在乙保险公司投保意外险，伤残保险金10万元。保险期间甲发生意外事故，导致九级伤残。乙保险公司按《人身保险伤残评定标准(行业标准)》给付伤残保险金的20%，即2万元。甲认为比例赔付为免责条款，保险人未对免责条款明确告知，所以比例赔付条款不生效，故保险公司应支付10万元。乙保险公司则认为比例给付不属于免责条款，只同意给付2万元。

争议：保险合同约定伤残等级对应比例给付伤残保险金的保险条款是否属于免责条款？

判定结果：保险合同中关于给付伤残保险金的约定，并未在保险人承担保险责任的范围内减轻或排除其应当承担的风险与损失，不属于《最高人民法院关于适用〈中华人民共和国保险法〉若干问题的解释(二)》第九条规定的“比例赔付”，不应当认定为免除保险人责任的条款。鉴于该条款不属于免责条款，保险人是否履行了提示和明确说明义务，均不影响该条款的效力。所以，本案乙保险公司应按伤残比例给付伤残保险金2万元。

思考题：

人身意外伤害保险的可保风险与不保风险有哪些？

第五节　团体人身保险

团体人身保险业务是寿险公司的支柱业务，与个人人身保险业务相比具有不同的特点。团体人身保险业务种类繁多，保险计划组合多种多样，越来越成为各企业、机关团体员工福利计划不可分割的重要组成部分(如表7-3所示)。

表 7－3　　2022 年寿险及健康险中团体险保费收入比例

公司名称	团险保费(百万元)	总保费(百万元)	团险占比
新华保险	2 806	163 099	1.72%
中国太保	15 269	225 343	6.78%
中国人寿	27 333	615 190	4.44%
中国平安	19 664	543 014	3.62%
中国人保	3 074	92 702	3.32%

资料来源:第一财经根据年报整理。

一、团体人身保险概述

团体人身保险是指以某团体为投保人,以团体内的所有成员或部分成员作为被保险人,用一张总的保单为上述人员提供人身保险保障的保险。

(一)团体人身保险的特点

第一,投保团体的资格。必须是依法成立,且有自身活动的团体组织。

第二,被保险人的资格。通常要求是能够参加正常工作的在职人员。

第三,投保人数的规定。一是投保团体的成员人数应不少于 8 人,二是投保人数必须不少于团体总人数的 75%。

第四,保险金额的限制。被保险人有相同的保险金额,团体保险金额统一化。

第五,以团体保险单代替个人保险单。

第六,保险费率比个人费率低,费率采取手册法与经验法相结合。

第七,团体保险计划具有灵活性。

(二)团体人身保险的作用

1. 提高企业的竞争力

团体人身保险作为员工福利计划的重要组成部分,是健全人力资源管理的有力保障,可以提高企业的竞争力,帮助企业吸引和留住优秀的雇员。

2. 有利于降低运作成本,促进财务稳健

对于企业某些风险进行合理的转嫁,避免资金的管理漏洞和浪费,有利于企业降低成本,合理运用和节约资金,使企业减轻负担,轻装上阵。

3. 有利于企业减轻税负,形成良性的分配机制

企业在缴纳商业养老保险时,保费在工资总额 5%之内的部分,在计算应纳税所得额时准予扣除;另外,团体人身保险有利于企业形成良性的分配机制。

4. 提高员工的工作积极性和劳动生产率

对在职员工提供医疗保险、人身意外伤害险以及退休后的养老保险等保障,可以减少员工对自己状况的忧虑,有效调动员工的积极性,鼓励员工长期为企业服务,从而提高劳动生产率。

5. 增强企业的凝聚力和向心力,提高领导威信

以团体保障为核心的员工福利计划可以使员工老有所养、病有所医,对企业起到了“稳定器”的作用,也是企业人事制度和财务制度的重要环节。

相关案例

甲公司承包了某市老旧小区改造工程,后将该工程南部片区分包给乙公司。甲公司为整个工程向保险公司投保了建筑工程施工人员团体人身意外伤害保险(以下简称“建工险”),按建筑工程总价计算保费,保额60万元/人。在保险期间内,甲公司向保险公司报案称工程南部片区发生脚手架倒塌事故,造成架子工刘某和木工张某经抢救无效死亡。

经保险公司核实,刘某和张某均为乙公司雇用从事工程施工作业的工人,事发时刘某正在三楼外墙搭脚手架,张某在一楼地面运送木材。经保险调查核实,保险公司最终做出理赔决定:正常赔付张某的身故保险金,拒绝赔付刘某的身故保险金。

为什么同在承保工地内发生事故的张某和刘某却得到不同的理赔决定呢?首先,张某和刘某从事的工种不同,工作人员调查发现刘某从事脚手架工作,但其未取得登高架设作业证,违反了《特种作业人员安全技术培训考核管理规定》关于特种作业人员需持证上岗作业的规定,故保险公司拒绝赔付刘某的身故保险金。工人张某为木工,在一楼地面被倒塌的脚手架砸中死亡,属于建工险保险责任范围内,因此保险公司根据条款约定正常赔付张某的身故保险金。

特种作业人员持证上岗是保障施工安全、预防事故发生的基本措施,也是法律法规的明确要求。刘某的死亡虽然令人痛惜,但因其违法行为导致的后果,也应由其自身承担部分责任。这一决策不仅维护了法律的权威,而且起到了警示作用,提醒广大工程参与人员必须遵守法律法规,确保安全生产。

二、团体人身保险的合同分类

(一)团体人寿保险

团体人寿保险是以团体为对象,以团体中的所有成员或者大部分成员为被保险人的一种人寿保险,一般都不进行体检,由保险公司签发一张总的保险单,为该团体的成员提供保障的保险。具体来说,就是以公司作为投保人,由保险公司和投保公司签订一张总的保险单,保障对象包括公司的集体成员。团体人寿保险有以下几种:

1. 团体定期寿险

它是一种以团体为投保人、以团体成员为被保险人、以被保险人的死亡为给付条件的定期人寿保险,且保险期限为1年,期满后可以办理续保。

2. 团体终身寿险

它是以定期保险为基本形式,搭配以个人长期保险的一种团体寿险。常见的团体终身寿险主要有以下三种:(1)团体缴清保险;(2)团体均衡保费终身寿险;(3)团体万能寿险。

3. 团体遗嘱收入给付保险

它是指当参加该团体保险计划的员工死亡时,保险公司可以年金的方式向死者的家属给付保险金。

4. 团体债权人寿险

它是指当参加该团体保险计划的员工死亡时,保险公司可以年金的方式向死者家属给付保险金的一种团体寿险计划。

（二）团体年金保险

团体年金保险是以团体方式投保的年金保险。团体年金保险合同由团体与保险人签订，被保险人只领取保险凭证，保费由团体和被保险人共同缴纳或主要由团体缴纳。

常见的团体年金保险主要有以下几种：

1. 团体延期年金保险

这是一种最古老的团体年金形式，由团体组织一次或每年按员工工资的一定比例缴存保费至保险公司，保险公司对投保的每一个团体分别建立一个账户，当团体中的成员生存至约定时间，保险公司一次或每年按约定的金额给付保险金。在此年金中，保险人对团体的人数有要求，以降低管理费用。团体的规模越大，管理费用比例越低。保险人一般对团体年金所积存的资金进行长期资金应用，投资风险由保险人承担。

2. 预存管理年金保险

这是一种团体保险形式，其中投保的团体每年向保险公司缴纳保费，这些保费在该团体的账户下形成一笔基金（预存管理基金），这笔基金由保险公司对其加以投资运用并保证其收益不低于某一约定的利息。当该团体的某个员工退休时，从基金中划出一定比例作为其趸缴保费，为该员工投保个人即期终身年金保险。

3. 团体分红年金保险

与传统团体年金保险不同的是，团体在签订保险合同时与保险人约定，投保人所缴纳的保费扣除管理费后记入缴费账户，保险人对其进行投资，当账户的投资出现盈利时，保单所有人享有红利的处分权。红利可以退还给投保人，也可转入缴费账户，在被保险人领取年金时，其个人账户中既有单位缴费也有个人缴费积累的资金，按照被保险人所选择的年金领取形式和所对应的年金转换标准，决定其每年按年领取或者按月领取的金额。目前团体分红年金保险以其灵活性和有账户保证收益的优势，受到团体客户的广泛欢迎。

思考题：

团体延期年金保险与团体分红年金保险的区别是什么？

4. 团体投资年金保险

投保团体在签订保险合同时与保险人约定，投保人所缴纳的保费扣除营业费用后记入投资账户，保险人对其进行投资，保险人对投资收益率不做任何保证，把所有投资风险都转嫁给保险单所有人。在投资年金保险中，保险人除按保费的一定比例收取营业费外，还按被保险人的人数每月收取保单管理费和投资账户管理费。与团体分红保险相比，团体投资年金保险账户的透明性更高，但风险相对也大。

5. 即期年金和延期年金

按年金给付开始时间不同，分为即期年金和延期年金。即期年金是指在投保人缴纳所有保费且保险合同成立生效后，保险人立即按期给付保险年金的年金保险。通常即期年金采用趸缴方式缴纳保费，因此，趸缴即期年金是即期年金的主要形式。延期年金是指保险合同成立生效后且被保险人到达一定年龄或经过一定时期后，保险人在被保险人仍然生存的条件下开始给付年金的年金保险。

相关案例

大力发展普惠金融,是以习近平同志为核心的党中央推进金融改革发展的重大决策部署。2015年国务院出台的《推进普惠金融发展规划(2016—2020年)》,有35处涉及保险,体现了保险业在普惠金融中的重要作用。保险作为一种重要的市场化风险管理工具和社会互助机制,兼具经济补偿、资金融通和社会管理的功能,与普惠金融服务社会的发展理念天然契合。目前通过大力发展农业保险、健康保险、责任保险、保证保险、保险科技等,不断提升保险服务的覆盖率、可得性和满意度,基本建立起保险业的普惠金融体系。

2009年,长江养老获批国内首个多雇主集合年金计划——长江金色晚晴(集合型)企业年金计划,联合多家国内一流金融机构共同管理,发挥年金管理的普惠优势,为广大参保企业特别是中小企业提供"安全第一、适度收益"的年金服务。该计划将参保的企业年金基金汇集投资,发挥集合计划的规模效应,对所有参保对象提供统一的投资收益率,获得了广大参保企业和职工的普遍欢迎。截至2018年年底,约有5 600家企业客户和近60万职工参加"金色晚晴"计划,规模已达333.4亿元,是国内资金规模最大、加入企业最多、业绩最稳健的企业年金集合计划。该计划在业内具有良好声誉,先后获得2010年度上海市金融创新成果奖、"2016年最具人气理财产品"、"2017陆家嘴年度公益榜·普惠金融实践奖"等多项重量级金融奖项,并四次(2012年度、2015年度、2016年度、2018年度)被《亚洲资产管理》评为"中国最佳企业年金计划"。

资料来源:https://mp.weixin.qq.com/s/pp4FX4LylyLGQ0mM4p-JVg。

(三)团体意外伤害保险

团体意外伤害保险是以团体方式投保的人身意外保险,而其保险责任、给付方式则与个人意外伤害保险相同。由于意外伤害保险的保险费率与被保险人的年龄和健康无关,而是取决于被保险人的职业,一个团体的成员从事风险性质相同或相近的工作,因此与人寿保险、健康保险相比,意外伤害保险最有条件采用团体方式投保。

常见的团体意外伤害保险主要有以下几种:

1. 学生、幼儿平安保险

学生、幼儿平安保险(以下简称"学平险")属于人身意外伤害保险,也属于团体保险,是一种针对中小学生特点的保险,往往由学生在入学时自愿投保,由学校代为收取保费。被保险人只需缴纳少量的保费就可以获得包括意外伤害、意外伤害医疗以及住院医疗在内的多项保障。它是少年儿童投保范围最广、最普遍的一种保险。其最大的特点就是保费便宜而保障范围较为广泛,比较适合未成年学生。

相关案例

孙师傅最近碰到一件头疼的事,10岁的小孙子在学校走廊上跑闹,不小心撞倒了一个同学。受伤的同学在换牙期,摔倒磕在门槛上,牙齿磕掉两颗,眼镜也摔碎了。

事情发生后老师把对方家长和孙师傅叫到学校协商处理。对方家长大怒,把孙师傅训了一顿，最后开出条件，眼镜是名牌，要赔 2 000 元，牙齿磕掉了要求赔 8 000 元医疗费和精神损失费，一共 1 万元，否则就要报警起诉。孙师傅老实巴交，知道对方有些讹人，但是毕竟自己理亏，互留电话后唯唯诺诺地离开了。

孩子父母在外地打工非常忙碌辛苦，孩子留给自己照看，孙师傅本来不想联系他们，但是碰到对方咄咄逼人，要求赔付的金额又太大，自己处理不了只得联系孩子父母。电话打过以后，没想到峰回路转，孩子上学后父母每年都给投保了学平险和监护人责任险。

报案以后，理赔工作人员介入处理，经过核实，对方眼镜购买花费为 300 元，整案一共赔付 1 500 元，与对方达成和解。孙师傅终于松了一口气。

本案例展示了保险制度在风险分担中的价值。孩子在学校发生意外，对于家庭来说无疑是一次沉重的打击。然而，幸运的是，孩子的父母为孩子购买了学平险和监护人责任险，这些保险在关键时刻发挥了重要作用，减轻了家庭的经济负担。这充分说明了保险在保障人民生活、维护社会稳定方面的重要作用，也体现了党的二十大精神中对于构建社会保障体系的重视。

资料来源：https://mp.weixin.qq.com/s/vT7XBEm16_JNLVAfmGZBuw。

2. 建筑工程团体意外险

凡在建筑工程施工现场从事施工作业与工程管理，并与施工企业建立劳动关系的人员，均须按照《中华人民共和国建筑法》的要求，由所在施工企业为该类劳动团体购买建筑工程团体意外险，享受工伤保险待遇。它是强制保险。

3. 执法人员团体意外险

执法人员团体意外险是为加强法制建设，维护社会安定，保障执法人员及其家属的人身安全，解除后顾之忧而推出的团体意外险。

4. 旅游意外伤害保险

中华人民共和国境内的旅行社组织的旅游团队的全体成员，包括旅游者及旅行社派出的为旅游者提供服务的导游、领队人员，均可作为被保险人购买旅游意外伤害保险；具有完全民事行为能力的被保险人本人或对被保险人具有保险利益的其他人可作为投保人。

相关案例

乳山市某单位员工杜某在保险期间意外死亡，令其家属没有料到的是，保险公司和杜某所在单位竟分别以不确定赔付对象、杜某家属没有出具委托书为由，一直没有向家属赔付保险金。近日，乳山市法院审理这起保险合同纠纷案后，判决保险公司向杜某家属支付意外伤害保险金 5 万元，杜某所在单位履行协助义务。

2016 年 1 月，杜某所在单位与乳山市某保险公司签订了保险合同，被保险人为杜某等 224 名员工，团体意外伤害的保险金额为 1 120 万元，每人保险金额为 5 万元。杜某的保险单和保险单明细原件均放在单位。保险合同生效几天后，2016 年 1 月 28 日，杜某在工作期间发生交通事故死亡。此后，杜某家属向保险公司索赔，却一直拿不到赔偿款。于是，杜某家属向法院提起诉讼，要求某保险公司赔付保险金，要求杜某所在单位履行协助义务。

对于杜某家属的起诉，保险公司辩称，他们并非拒绝给付保险金，只是不能确定保险金是给杜某所在单位还是杜某家属。杜某所在单位则称,作为团体保险,杜某发生意外应由所在单位理赔,而且,按照保险合同约定,理赔时杜某家属应出具委托书,委托单位代为理赔。

法院审理后认为,杜某所在单位与保险公司签订的保险合同合法有效。该保险合同没有指定受益人,但杜某作为保险合同的其中一名被保险人,其家属作为继承人,有权要求保险公司给付保险金。至于保险合同中关于委托单位代为理赔的条款,法院认为,这一条款具有强制当事人订立委托合同的性质,应为无效约定。法院因此依法做出了判决。

资料来源:https://xuexi.huize.com/study/detal-20513.html。

拓展阅读

从"学平险"大数据看学生群体易忽略的安全隐患

(四)团体健康保险

团体健康保险是以各种社会团体为投保人,以其所属员工为被保险人(包含团体中的退休员工),当被保险人因疾病或分娩住院时,由保险人负责对其住院期间的治疗费用、住院费用、看护费用,以及在被保险人由于疾病或分娩致残疾时,由保险人负责给付残疾保险金的一种团体保险。

常见的团体健康保险险种主要有以下几种:

1. 团体(基本)医疗费用保险

团体(基本)医疗费用保险主要负责被保险人因意外伤害的疾病导致的医疗费用,负责项目与一般个人医疗保险相同。对于因意外伤害发生的医疗费用,保险人负责门诊医疗和住院医疗费用;对于因疾病发生的医疗费用,保险人只负责住院发生的费用。

2. 疾病手术型团体健康保险

疾病手术型团体健康保险主要负责保险责任范围指定的疾病的治疗或手术费用,一般实行定额给付方式,而不考虑其医疗费用的具体金额,要求被保险人提供诊断或病例。

三、团体人身保险方案设计

(一)设计的内容

1. 综合型保险产品

这是指保险公司研发人员将保险责任单一的几个险种,按照主险、附加险的形式组合起来,或者进行保险责任的扩展,形成一个新的保险产品,推向市场,如"学生、幼儿平安保险""旅游意外伤害住院医疗保险和住院津贴保险"等。

2. 团体人身保险计划书

这是由基层展业人员根据展业对象的具体情况和需求,将几个保险产品组合在一起,并汇入公司介绍和服务承诺等内容,为准客户量身定做的保险宣传材料。例如,有的险种要求最低保额为4 000元,还有附加保额,一般不超过主险保额或是主险保额的比例。

(二)设计原则

1. 满足需求

每一团体保险方案,都应以保险需求为中心,想客户之所想,急客户之所急。

2. 因地制宜

每个客户的情况不同,需求不同,团体保障计划要针对该客户的具体情况进行分析,提出产品组合建议。这就要事先做好调研工作,保障计划要量身定做,而不能千篇一律。

3. 多方受益

制订保险保障计划时应遵守投保规则,要符合风险分散原理,杜绝逆选择情况,争取以较少的投入,使保险人获得较大的经济利益。

(三)方案的要素

1. 标题

根据所设计的保险方案的风险保障的重点,取一个贴切、吉祥、富有创意的方案名称,给客户以亲切感,不致产生厌恶情绪。

2. 寿险公司简介

公司简介中应注意以下几点:该公司成立的时间、地点、性质和注册资本;该公司的发展历程、发展思路、服务理念、业务规模等;该公司的服务承诺。

3. 团体风险状况分析

由于缺乏风险管理的知识,因此站在客户角度分析团体面临的风险和待解决的保障问题,应该将保险保障计划置于该团体整个风险管理计划中,以理财顾问的形式协助客户进行风险管理。

4. 保险产品组合方案

保险产品组合方案即投保方案建议,是一份团体保险计划的核心,它的质量好坏,对合同的最后签订有着决定性作用。

(四)应注意的几个问题

1. 如实告知

由于团体人身保险的被保险人不用体检,因此如实告知就显得格外重要。保险展业人员应与投保单位的领导和代办人员讲清投保范围,向单位的代办人员了解有关情况,投保单位的工作人员应如实告知一些特殊成员的情况。

2. 受益人指定

投保人指定受益人时必须经过被保险人同意,被保险人为无民事行为能力或者限制民事行为能力的,可以由其监护人指定受益人。

3. 业务拓展

团体业务在展业时,一般要与团体或单位的决策性人物接洽,所以对展业人员的素质要求较高,要求展业人员不仅具有深厚的保险知识功底,而且要具备丰富的相关知识,有较强的公关能力、语言表达能力、文字表达能力。

4. 业务核保

由于被保险人不用体检,且一张保单保障人数众多,因此核保重点放在展业人员核保这一关上。

本章小结

<table>
<tr><td rowspan="5">人身保险</td><td>人身保险概述</td><td>人身保险是以人的生命和身体为保险标的的一种保险。人身保险的特点可以从两个方面理解:一是人身保险与财产保险的区别,二是商业性人身保险与社会保险的区别
人身保险可以从不同的角度,按不同的标准来分类
最重要的分类是按照保障对象划分为人寿保险、人身意外伤害保险及健康保险
人身保险合同中的常用条款有不可抗辩条款等12条</td></tr>
<tr><td>人寿保险</td><td>人寿保险是以人的生命作为保险标的,以人的生死作为保险事件,当发生保险事故时,保险人履行给付保险金责任的一种人身保险业务
人寿保险的业务分类主要是传统型寿险和现代新型寿险</td></tr>
<tr><td>健康保险</td><td>健康保险是以被保险人身体为保险标的,补偿被保险人在保险有效期间因疾病、分娩和意外伤害而接受治疗时所发生的医疗费用,或补偿被保险人因疾病、意外伤害导致伤残或因分娩而无法工作时的收入损失的一类综合性保险业务
按照保障内容划分有医疗保险、疾病保险、残疾收入补偿保险、护理保险这四类保险</td></tr>
<tr><td>人身意外伤害保险</td><td>人身意外伤害保险的意外伤害是指在被保险人没有预见到或违背被保险人意愿的情况下,突然发生的外来致害物明显、剧烈地侵害被保险人身体死亡或残疾的客观事实。意外伤害由意外和伤害两个必要条件构成
人身意外伤害保险的分类有多种,通常可以按照保险责任、承保风险和投保方式分类</td></tr>
<tr><td>团体人身保险</td><td>团体人身保险是指以某团体为投保人,以团体内的所有成员或部分成员作为被保险人,用一张总的保单为上述人员提供人身保险保障的保险
团体人身保险的业务分类主要是团体人寿保险、团体年金保险、团体意外伤害保险及团体健康保险
团体人身保险方案设计包括设计的内容、原则、方案的要素及注意问题</td></tr>
</table>

本章练习题

一、单项选择题

1. 某定期死亡保险的被保险人死亡时,保险人发现其实际年龄为50岁,而其投保时申报年龄为46岁,则保险人应采取的措施是(　　)。

A. 增加给付额　　B. 按实际缴费与应缴费比例给付

C. 退还多收保费　　D. 收取少缴保费

2. 人身保险合同成立之后,如果投保人不按约定缴纳保费,保险人可以(　　)。

A. 终止保险合同　B. 向法院起诉　C. 继续履行合同　D. 申请仲裁

3. 意外伤害保险是以被保险人因遭受(　　)造成死亡或伤残为保险事故的人身保险。

A. 疾病　B. 意外伤害事故　C. 生育　D. 职业病

4. 李女士所在单位为其购买了一份终身保险,此时李女士已有身孕并指定其胎儿为受益人。胎儿出生半年后,李女士在一次车祸中遇难。此时保险公司应该将保险金支付给(　　)。

A. 李女士的法定继承人　　B. 小孩的监护人

C. 李女士的单位　　D. 李女士的代理人

5. 投保人甲以自己为被保险人,以自己13岁的儿子乙为受益人,于2013年1月1日与保险公司订立了一份死亡保险合同。2015年7月4日,甲与其丈夫丙吵架后投河自尽。下列陈述中正确的是(　　)。

A. 受益人乙不能获得保险赔偿金,因甲的自杀行为属于道德风险

B. 保险公司应当向丙支付保险金

C. 保险公司可以向乙支付保险金

D. 保险公司应将甲的死亡保险金作为其遗产,均分给乙、丙

6. 根据国家金融监督管理总局的规定,以下(　　)能成为团体的合格保险计划成员。

①在职员工　②临时工　③退休人员、病休员工　④团体成员的配偶、子女和父母

A. ①　　B. ①④　　C. ①②④　　D. ①②③④

7. 在我国,团体保险中的团体主要是指机关、社会团体、事业单位、企业、公司等独立核算的单位组织。而在美国,团体保险承保的团体种类已经逐步放宽,有些团体甚至不在美国保险监督官协会颁布的标准团体保险法案认定范围内。这些团体包括(　　):

①债务人-债权人团体　②大学校友会　③宗教团体　④单一雇主团体　⑤退伍军人协会

A. ②③⑤　　B. ①②③④⑤　　C. ①③④　　D. ②③④

8.《关于规范人身保险经营行为有关问题的通知》(保监发〔2000〕133号)规定,保险公司可以在条款或合同中约定,被保险人的人数减少到团体成员总数的一定比例以下时,保险公司提前(　　)日书面通知投保人后,有权解除保险合同。

A. 15　　B. 30　　C. 60　　D. 90

9. 保险公司在产品销售时,确保一个团体保险准客户在一定期间内,仅有一位成功机会最大的展业人员能代表该保险公司全权洽谈该团险合同。这就是团体保险销售管理中的(　　)。

A. 销售管理　　B. 签约权保护　　C. 展业权管理　　D. 市场保护

10. 团体保险是以(　　)为投保人、团体成员为被保险人,以被保险人的身体和生命为保险标的,当发生合同约定的保险事故时,保险人予以给付保险金的一种保险。

A. 法人团体　　B. 企业　　C. 雇主　　D. 合格团体

二、多项选择题

1. 人身保险产品的需求弹性较大,原因有(　　)。

A. 观念上,人们不愿谈论生老病死的话题

B. 人身保险产品属于自愿投保

C. 人寿保险因储蓄性质导致替代产品较多

D. 人身保险产品费率相对低于财产保险

2. 人身保险包括(　　)。

A. 人寿保险　　B. 年金保险　　C. 健康保险　　D. 意外伤害保险

3. 意外伤害保险的构成要件包括(　　)。

A. 存在伤害物　　B. 发生伤害事故　　C. 造成损害事实　　D. 违背主观意愿

4. 两全保险的特点是(　　)。

A. 承保责任最全面B. 保险费率较高　　C. 具有储蓄性　　D. 分红收益确定

5. 健康保险的特征有(　　)。

A. 多以一年期短期合同

B. 费率考虑疾病、伤残的发生率及其持续时间
C. 给付方式是补偿性给付
D. 经营风险上有较大的不确定性

三、填空题

1. 人身保险的特点包括保险标的、保险合同性质不同,其中人身保险的保险标的是指________。

2. 人身保险中的________是指以某团体为投保人,以团体内的所有成员或部分成员作为被保险人,用一张总的保单为上述人员提供人身保险保障的保险。

3. 在团体人身保险中,投保团体的成员人数应不少于________人,且投保人数必须不少于团体总人数的75%。

4. 人身保险的种类主要包括人寿保险、________、人身意外伤害保险和团体人身保险等。

5. 人身保险的学习旨在培养学生的风险意识和社会责任感,让学生意识到保险不仅是个人和家庭的财务保障,而且是________的重要一环。

四、判断题

1. 人身保险事故的特点包括偶然性、分散性、保费随年龄的增长而增加等。 ( )
2. 人身保险产品相较于财产保险产品,需求弹性更大。 ( )
3. 按年度均衡费率是人身保险的业务特点之一。 ( )
4. 人寿保险的保费以每千元为计算单位,财产保险保费以每百元为计算单位。 ( )
5. 人身保险一般是长期险种,可用于投资的资金较多。 ( )
6. 意外伤害保险一定是非疾病的原因造成的。 ( )
7. 意外伤害保险的保险费率不是依据生命表而是依据被保险人的职业测定的。 ( )
8. 定期人寿保险是承保一定时期内死亡事故的保险,保险费率相对比较低。 ( )
9. 保单贷款条款规定允许以保单作抵押向保险人贷款,保险公司对保单贷款人不必进行资信审查。 ( )
10. 保险公司红利分配方案是保险合同约定的,分配数额确定。 ( )

五、简答题

1. 人身保险有哪些基本特征?
2. 定期寿险与终身寿险分别具有哪些特点?
3. 简述健康保险的除外责任。
4. 简述意外伤害保险的含义。
5. 人寿保险的主要条款有哪些?
6. 健康保险中疾病的条件是什么?
7. 医疗保险的常用条款有哪些? 各条款的内容是什么?

六、案例分析题

1. 王先生曾经于2013年8月投保了一份定期寿险,死亡保险金额为15万元,年缴保费

500元。在投保时指定其妻为受益人。2015年5月，夫妻双方因感情破裂而离婚，孩子随母亲。2016年11月，王先生因病住院，住院期间书写一份遗嘱，遗嘱中不但将其所有财产指定由父亲老王继承，同时，将该定期寿险保单的受益人变更为老王。2017年4月，王先生出差外地，遭遇车祸死亡。父亲老王持王先生的遗嘱向保险公司主张15万元保险金。王先生的前妻得知老王的索赔后，持保单以受益人的身份向保险公司索赔15万元保险金。老王和王先生前妻遂将保险公司诉诸法院，要求裁判保险公司向自己支付保险金。请问法院应该如何判决？

2.2016年7月23下午3时许，北京八达岭野生动物园东北虎园内发生一起老虎伤人事件。发生事故的是一家四口中的两名成年女性。这家人的车辆行驶至猛兽区的东北虎园里时，赵某不知为何下车绕至司机一侧的门外，当即遭到躲藏在附近的老虎的攻击。赵某母亲周某救女心切刚下车走不远就被另一只老虎咬住。虽然动物园工作人员立即展开营救，事故还是造成周某死亡，赵某重伤。

北京八达岭野生动物园被责令立即停业整顿，配合调查。事故调查组于2016年8月24日发布了调查结果报告。报告指出，八达岭野生动物园在事发前进行了口头告知，发放了"六严禁"(严禁开窗，严禁下车，严禁投喂食物，严禁携带宠物，严禁一切野外用火，严禁酒后、心脏病者驾驶)告知单，与赵某签订了自驾车入园游览车损责任协议书，载有"严禁下车"等相关内容；猛兽区游览沿途设置了明显的警示牌和指示牌，事发后及时进行了现场处置和救援。造成此次事件的原因：一是赵某未遵守猛兽区严禁下车的规定，对园区相关管理人员和其他游客的警示未予理会，擅自下车，导致其被虎攻击受伤。二是周某见女儿被虎拖走后，违反园规，施救措施不当，导致其被虎攻击死亡。调查组认定"7·23"东北虎致游客伤亡事件不属于生产安全责任事故。动物园对逝者表示哀悼，对伤者表示慰问，积极落实调查组对园区安全管理的要求，暂时关闭东北虎园，暂停猛兽区自驾游览，同时借鉴国内外同行业经验，对园区进行改造，提升完善安全防护措施。

问题：

(1)如果赵某和周某投保了意外伤害险，是否能得到保险金给付？为什么？

(2)如果赵某和周某投保的是健康保险，请区分具体险种，分析是否能得到保险金给付。

(3)如果八达岭野生动物园投保了公园公共责任险，保险公司是否需要因为此次事件的游客死伤承担赔偿责任？为什么？

七、开放性讨论题

结合"新冠"疫情，探讨人身保险对个人及家庭的重要性。

八、实训项目

张某为某企业的白领，月薪过万元，由于工作的原因，没有过多的时间打理自己的财产，他不仅想通过保险获得人身的保障，而且希望能够通过保险获得更多的收益，他应该如何选择呢？

本章练习题参考答案

第八章

再保险

本章知识结构

- 再保险概述
  - 再保险的概念
  - 再保险与原保险、共同保险的关系
  - 再保险的作用
  - 再保险的分类
  - 再保险合同
- 比例再保险
  - 比例再保险的概念
  - 成数再保险
  - 溢额再保险
  - 成数再保险与溢额再保险的组合运用
- 非比例再保险
  - 非比例再保险的概念
  - 非比例再保险的优缺点
  - 非比例再保险的分类
  - 赔付率超赔再保险

教学目标

知识目标

1. 掌握再保险的基本概念，理解再保险与原保险、共同保险之间的关系。

2. 熟悉再保险的分类，包括比例再保险和非比例再保险，以及各自的特点。

3. 了解再保险合同的基本要素，以及再保险的组织形式。

能力目标

1. 培养学生分析和理解再保险在风险分散转移中的作用，以及在保险业务中的应用能力。

2. 提升学生运用再保险知识解决实际问题的能力，如分析案例中的再保险策略。

3. 培养学生的团队合作能力，在共同保险和再保险情境中模拟合作与分担风险。

素质目标

1. 通过学习再保险，培养学生具备风险意识和保险意识，践行社会主义核心价值观，提升其对保险行业在社会发展中重要性的认识。

2. 引导学生理解再保险在促进国际保险市场平稳运行中的作用，培养学生的国际视野和全球责任意识。

本章寄语

再保险是保险行业对风险进行分散转移的一种方式，对于保证国际保险市场平稳运行极为重要。

案例引入

A 公司购买了一间超大面积的厂房用于生产，为了分散风险，A 公司购买了 B 保险公司价值 5 000 万元的财产保险，B 保险公司虽然接受了这份保险合同，但是对于 B 保险公司来说保险金额巨大，公司压力很大，B 公司会采取什么样的方式打破这个局面呢？

第一节　再保险概述

一、再保险的概念

再保险，又称为分保，是指保险人为了分散风险，在原保险的基础上通过签订分保合同，将其承保的部分责任或保险业务转移给其他保险人的方式。

在再保险中，向外办理转移风险责任的一方或分出保险业务的公司称为原保险人或分出公司。承受风险责任的一方或接受分保业务的公司称为再保险人或分入公司。分出公司办理保险业务后，自己保留的那部分风险业务或责任称为自留额，转移出去的那部分风险业务或责任称为分出额。分入公司所接受的风险责任还可以通过签订合同再次分摊给其他保险人，称为转分保。分出公司在转移风险业务或责任的同时，要缴纳一部分保费给分入公司，称为分保费或再保险费；分入公司根据分保费付给分出公司一定费用，以支付分出公司为展业及管理等所产生的一系列费用，称为分保佣金或分保手续费。当再保险合同有盈余时，分入公司根据分保费付给分出公司的一部分费用称为盈余佣金，也称为纯益手续费。

再保险的组织形式主要有再保险公司、再保险集团、兼管再保险业务的保险公司、劳合社承保人。

相关案例

1990 年 10 月 2 日上午，广州白云机场发生飞机失事的空难事故。当时，一架从厦门飞往广州的客机途中被歹徒劫持，在广州白云机场着陆滑行时，出现不正常情况，偏出主跑道，撞上了停机坪上的两架飞机。被撞的两架飞机，一架有乘客待起飞的被撞毁，另一架无乘客的被严重损坏。该事故造成 127 人死亡、53 人受伤，保险赔付额总共八千多万美元。

当时，接受中国人民保险公司再保险业务的主要是英国劳合社，劳合社赔付了其中 60%

的赔款,有效地发挥了风险转移的作用,大大减轻了国内保险公司的压力。

拓展阅读

再保险的产生与发展

二、再保险与原保险、共同保险的关系

(一)再保险与原保险的关系

1. 再保险与原保险的联系

如图8-1所示,再保险与原保险存在着密切的联系。再保险是基于原保险人分散经营风险的需要,二者具有连续性,互相依存。原保险是再保险的基础和前提,再保险是原保险派生出来的,即再保险是原保险的保险。二者之间相辅相成、相互配合,都是对风险的承担、分散和转嫁。

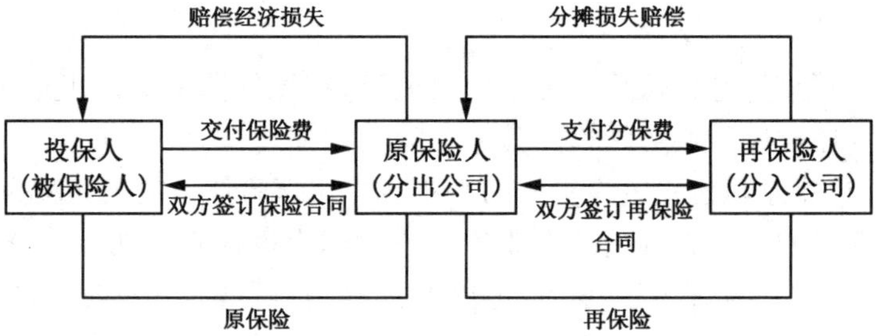

图8-1 再保险与原保险的关系

2. 再保险与原保险的区别

(1)保险关系的主体不同

再保险关系的主体是原保险人与再保险人,再保险体现的是保险人之间的合同关系,因此,再保险也被称为"保险人之间的保险"。原保险关系的主体是保险人与投保人或被保险人,原保险体现的是保险人与被保险人之间的合同关系。

(2)保险标的不同

原保险的保险标的包括财产、利益、责任、信用及与财产有关的利益,也可以是生命和身体,而再保险的保险标的是原保险人所承担的赔偿责任。

(3)合同性质不同

在原保险合同关系中,依照保险类别不同,保险合同的性质也不相同。财产保险合同属于经济补偿性质的合同,人身保险合同属于定额给付性质的合同。因此,原保险既是补偿性质的合同,也可以是给付性质的合同。在再保险合同关系中,再保险人按照合同规定对原保险人支付赔偿金或保险金,再保险合同属于经济补偿性质的合同。

(二)再保险与共同保险的关系

1. 再保险与共同保险的联系

共同保险是两个或两个以上保险人共同或者联合承保同一笔保险业务或共同分担同一笔损失的保险行为。共同保险总金额不得超过保险标的的实际价值。

再保险与共同保险都是保险人分散、转嫁风险的一种方式,都有控制损失、扩大承保能力和稳定保险经营的作用。

2. 再保险与共同保险的区别

(1)风险分散方式不同

一方面,共同保险是原保险的特殊形式,是风险的第一次分散,而再保险是在原保险的基础上分散和转嫁风险,是保险的二次分散;另一方面,共同保险对保险的分散是横向的,而再保险对风险的分散是纵向的。

(2)当事人不同

共同保险的当事人是投保人与多家保险公司,他们之间形成了直接的合同关系。再保险的双方当事人都是保险人,与被保险人没有直接关系。两类险种的主要法律关系也不同,见图 8-2。

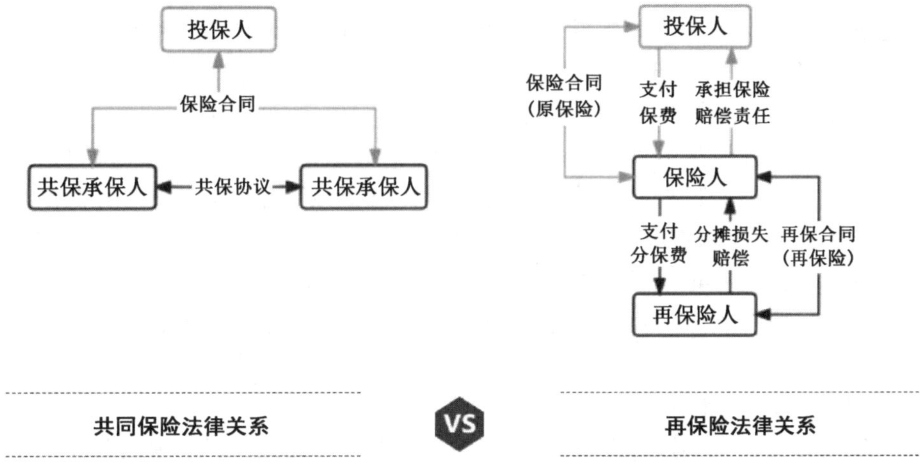

图 8—2　共同保险与再保险法律关系的差异

相关案例

2017 年 5 月,G 财产保险股份有限公司北京市分公司(以下简称“G 保险公司”)与 R 财产保险股份有限公司辽宁省分公司营业部(以下简称“R 保险公司”)签订共保协议,约定 G 保险公司作为首席保险人承保某公司手机碎屏保障责任保险,双方按各自 50%的比例进行共保。G 保险公司作为首席保险人与投保人/被保险人对接,承担承保、理赔等责任,R 保险公司根据共保协议的约定比例收取保费,分担赔款。之后,G 保险公司向某公司支付保险赔款后向 R 保险公司主张按共保协议的约定分摊损失,双方产生争议,诉至法院。

一审法院并未对共保协议的性质进行审查,并按实际收取保费 90%的比例确定了双方的分摊比例。二审北京金融法院以“实质重于形式”原则,结合合同履行情况与合同条款约定内容认定案涉共保协议事实上是再保合同,并适用“共命运”原则进行了改判,支持了G保险公司的部分上诉请求。

党的二十大报告强调要加强法治建设,提高国家治理体系和治理能力现代化水平。本案中,法院严格依法裁判,体现了对法治的坚守和追求,也为加强法治建设提供了实践案例。

三、再保险的作用

(一)再保险对分保分出人的作用

再保险之所以能产生和发展,是与其所具有的功能和作用分不开的。再保险的作用具体表现为:

1. 分散风险,均衡业务质量

再保险是原保险人能够借以分散风险损失的机制,风险分散越彻底,保险经营财政的稳定性就越好。

2. 扩大承保能力,增加业务量

任何一个保险人,都希望承保量尽可能地多,但保险人的承保能力受很多条件的限制,尤其为资本金和公积金等制约。但由于业务量的计算不包括分保费,保险公司可以在不增加资本额的情况下通过再保险增加业务量,扩大承保能力,因此,保险公司可以大胆承担超过自身财力的大额业务,同时扩大业务量。

3. 控制责任,稳定业务经营

保险企业由于承保风险的偶然性,各年的损失率必然呈现一定的波动,造成保险经营业务的不稳定性。再保险通过控制风险责任使保险经营得以稳定,具体做法分两个方面:一是控制每一风险单位的责任,二是对累计责任的控制。再保险使保险公司在下列情况下履行经济补偿职能:(1)发生某些难以预料的灾害;(2)灾害发生频率无规律可循,保费计算基础不能与常规相适应;(3)巨大灾难的突发赔案,大量承保标的受到同一意外事件袭击,如战争及自然灾害等。

4. 降低营业费用,增加运用资金

如果保险人在提存未满期保费准备金时,根据《保险法》规定不能扣除营业费用的话,就必须从保险资金中另外支取营业费用。但通过再保险,就可以在分保费中扣存未满期保费准备金,还可以有分保佣金收入。这样,保险人由于办理分保,摊回了一部分营业费用。此外,办理分保须提取未满期保费准备金和未决赔款准备金,这部分资金从提取到支付有一段时间,保险人可在这段时间内加以运用,从而增加了保险人资金运用的总量。

5. 促进保险公司加强管理

办理再保险涉及方面较为广泛,尤其对风险评估、自留额的确定、费率的厘定等方面,要求保险公司加强科学管理和经济核算,需要接纳和培养高素质人才。

6. 有利于拓展新业务

保险人在涉及新业务过程中,由于经验的不足,因此往往十分谨慎,这不利于新业务的迅速开展。再保险具有控制责任的特性,可以使保险人通过分保使自己的赔付率维持在某一水平之下,所以准备拓展新业务的保险公司可以放下顾虑,积极运作,使很多新业务得以发展起来。

拓展阅读

我国再保险行业的现状

(二)再保险对分保接受人的作用

1. 扩大风险分散面

再保险人为寻求风险的分散,争取风险单位大量化,因此扩大了同类业务的风险单位数,风险分散面不断扩大。

2. 节省营业费用

再保险公司接受分入业务以赚取再保险费,同时省略了直接承保业务签订时所需要的人力、物力、时间等,因此节省了营业费用,往往收益很大。

3. 借鉴的重要意义

再保险业务的开展,是不断借鉴他人先进保险经验和处理技术,以弥补自身在某些方面的不足。

相关案例

投保人小王为自己在A保险公司(以下简称“A公司”)购买了一份意外险,保额1 000万元,保险期间1年,A公司经过审核后同意承保,于是小王缴纳保费,A公司签发保单,但是A公司考虑到风险较大,自己不能全部承担,于是找到了B、C、D三家再保险公司,把其中600万元保额风险分保出去,每家公司200万元,并向3家再保险公司支付了保费,如小王在保险期内发生意外死亡,A公司通过核赔发现事故属于保险责任范围,应当向小王的受益人支付400万元赔款,并向3家再保险公司索赔600万元,最终的1 000万元赔款由A公司支付。3家再保公司并不与小王直接签合同,却间接承担了小王的风险,帮助A公司分摊了不可承受的风险。

通过再保险机制,保险公司能够分散风险、稳定经营;通过再保险机制,不同公司之间能够实现资源共享、风险共担,共同构建了一个更加稳健、高效的金融市场发展格局,为高质量发展提供了有力保障,促进了保险市场的健康发展。

(三)再保险对被保险人的作用

1. 加强安全保障

原保险人不能直接向再保险人要求赔款,但是保险业务办理再保险后,再保险接受人会自觉接受承担损失后的赔偿责任。

2. 简化投保人手续

保险公司办理再保险后,投保人仅仅与一个保险人商洽即可,无须向多家保险公司投保,节省了人力、物力和时间。

3. 提高企业信用

由于被保险人向银行申请贷款时,其抵押物的风险可由保险获得担保,不仅有原保险公司承保,而且有再保险的保障,因此更加可靠。

4. 支持自办保险

对于自己保险的企业,再保险可以协助其自行承担风险,可以保证风险财务机制的正常运行,解决了企业在风险管理方面的诸多难题。

四、再保险的分类

(一)按再保险的安排方式分类

1. 按再保险的方式分类

按再保险的方式,可以分为比例再保险合同和非比例再保险合同。前者是以保险金额为基础的再保险合同,后者是以赔款金额为基础的再保险合同。

2. 按不同的分保安排分类

按不同的分保安排,可以分为临时再保险合同、合同再保险合同和预约再保险合同。临时再保险合同是根据业务需要临时选择分保接受人,经协商达成协议,逐笔成交的分保合同。对于临时再保险的业务,分保接受人没有义务一定要接受。

合同再保险合同是由分出人和分入人以预先签订合同的方式确定双方的权利义务关系,在一定时期内对一宗或一类业务进行约定。

预约再保险合同是介于合同再保险合同和临时再保险合同之间的一种再保险合同形式。对于合同中规定的业务,分出人有权选择是否分出,但一旦分出,分入人必须接受。即预约再保险合同对分出人有临时再保险合同的性质,对分入人有合同再保险合同的性质。

(二)按再保险的实施方式分类

按再保险的实施方式分类,可以分为自愿再保险和强制再保险。

自愿再保险,是指原保险人和再保险人双方根据自愿原则,约定双方各自应履行的权利和义务,确定再保险合同条件和收益而签订的再保险合同。

强制再保险,是指按照国家的法律或法令规定,再保险人必须将其承保业务的一部分由国家再保险公司或者由政府指定的再保险公司进行再保险。

(三)按再保险的安排范围分类

按再保险的安排范围分类,可以分为国内再保险和国际再保险。

国内再保险,是指在本国范围内进行的再保险业务,其承保的标的限额较低,风险较小,国内市场能够接受。

对于某些限额高、风险大的再保险项目,国内市场难以接纳,需要超越国界,在世界范围内进行再保险,称为国际再保险。

(四)按再保险的险种分类

按再保险的险种分类,我国将其分为财产再保险和人身再保险。

1. 财产再保险

财产再保险,可以分为火险再保险、水险再保险和责任再保险。

火灾再保险,是指原保险人对其承保的财产因遭受火灾而导致的损失,或因此应进行施救、抢救所造成财产的损失及支付合理的费用承担赔偿责任的再保险。

水险再保险,是指原保险人对其承保的海上和内陆水上运输或船舷,向其他保险人进行的再保险行为。

责任再保险，是以法律责任危险为保险对象的一种分保的行为，即被保险人的民事损害赔偿责任为保险标的的再保险。

2. 人身再保险

人身再保险，是指以人的寿命和身体为保险标的的保险契约的再保险。

按其保障范围，可以分为人寿再保险、健康再保险（又称医疗再保险）和人身意外伤害再保险三大类。

（五）再保险的业务形式

从再保险关系形成过程来看，再保险有以下几种情况：

一是再保险的双方都是经营直接保险业务的保险公司（简称“直接保险公司”，下同），一方将自己直接承揽的保险业务的一部分分给另一方。参与分保的双方都是直接保险公司，前者是分出公司，后者是分入公司。

二是双方都是直接保险公司，二者之间互相分出分入业务。这种分保活动称为相互分保，双方互为分出、分入公司。

三是参与分保活动的双方，一方是直接保险公司，另一方是专门经营再保险业务的再保险公司（只能接受分保业务，不能从投保人处接受直接保险业务），前者把自己业务的一部分分给后者，后者则分入这部分业务。在这种情况下，直接保险公司是分出公司，再保险公司是分入公司。

四是参与分保业务的双方，一方是直接保险公司，另一方是再保险公司。再保险公司将自己分入的保险业务的一部分，再分给直接保险公司，直接保险公司则分入这部分业务。在这里，再保险公司为分出公司，而直接保险公司则为分入公司。

五是参与分保业务的双方都是再保险公司，一方将自己分入的一部分保险业务再分给另一方，另一方则分入这部分业务。前者为分出公司，后者为分入公司。

六是两个再保险公司之间相互分保，即相互转分保。

以上各种分保业务形式，在各种类型的保险公司之间，形成了你中有我、我中有你、互相渗透、错综复杂、范围广泛的保险经济关系的网络和体系，使保险市场成为一个不可分割的有机整体。

五、再保险合同

（一）再保险合同的概念及性质

再保险合同又称分保合同，是分出公司和接受公司为实现一定经济目的而订立的一种在法律上具有约束力的协议。

再保险合同是以原保险合同为基础的合同，又是脱离原保险合同的独立合同。

1. 再保险合同以原保险合同的存在为前提

因为再保险合同的责任、保险金额和期限都是以原保险合同为限的，所以当原保险合同的责任解除、失效或终止时，再保险合同的责任也随之解除、失效或终止。

2. 在法律上再保险合同和原保险合同是各自独立的合同

再保险人不得因原保险人不支付再保费，而要求原保险的投保人支付保费；原保险人不得以再保险接受人未履行再保险责任为由，拒绝或延迟履行对被保险人的赔偿或给付责任。

原保险的被保险人也不得向再保险接受人直接提出保险赔偿请求。

(二)再保险合同的种类

1. 按再保险的方式分类

按再保险的方式,再保险合同分为比例再保险合同和非比例再保险合同。

(1)比例再保险合同以保险金额为基础,规定再保险双方承担责任的比例。

(2)非比例再保险合同以赔款金额为基础来确定原保险人责任和分保责任。

2. 按不同的分保安排分类

再保险分保安排方式有三种,即临时分保、合同分保和预约分保。因此,按不同的分保安排可以分为临时分保再保险合同、合同分保再保险合同和预约分保再保险合同。

(1)临时分保再保险合同,是根据业务需要临时选择分保接受人,经协商达成协议,逐笔成交的分保合同。对于临时再保险的业务,分保接受人没有义务一定要接受。临时再保险合同的优点包括业务条件清楚、掌握业务情况、收费快、有利于资金运用。但是也存在一定的局限,如手续较烦琐,分出人必须将分保条件及时通知对方,对方是否接受事先无法掌握,容易影响原保险业务的承保。

(2)合同分保再保险合同,是由分出人和分入人以预先签订合同的方式确定双方的权利、义务关系,在一定时期内对一宗或一类业务进行约定。凡是合同规定的业务,分出人都有义务分出,再保险人都有义务接受,对双方均产生约束,无权选择,即分出人必须分出,接受人必须接受。

(3)预约分保再保险合同,是介于合同分保再保险合同和临时分保再保险合同之间的一种再保险合同。对于合同中规定的业务,分出人有权选择是否分出,但一旦分出,分入人就必须接受,即预约再保险对分出人有临时分保再保险合同性质,对分入人有合同分保再保险合同性质。预约分保再保险合同往往作为合同分保再保险合同的一种补充。就分出人来说,预约分保再保险合同具有临时分保再保险的可选择性;就再保险人来说,预约分保再保险合同具有合同再保险人的强制性。

(三)再保险合同的特点

1. 再保险合同是射幸合同

在合同有效期内,倘若再保险标的发生损失,原保险人可从再保险人处得到再保险责任赔偿金,其金额会远远超过其所付出的再保费;若无损失发生,则原保险人只付出再保费而没有得到再保险赔付金额。此时,再保险人收取了保费,而无须支付再保险赔偿金。

2. 再保险合同是双务合同

双务合同是指当事人双方均须承担义务的有对价关系的债务合同。表现在再保险合同中是原保险人负有支付再保费的义务,再保险人负有赔偿损失的义务。

3. 再保险合同是补偿性合同

不论原保险合同是财产保险还是人身保险,一旦它们分保构成再保险合同,就都是以补偿责任为目的,即再保险人对原保险人直接支付赔款的补偿,不再具有给付性质,均体现为补偿性质。

4. 再保险合同是诚信合同

再保险合同作为保险合同的一种,它的订立和履行都以合同当事人双方的诚信为基础,而且再保险合同较原保险合同要求更高的诚信。

拓展阅读

我国再保险相关政策法规

(四)再保险合同与原保险合同关系

1. 联系

(1)再保险合同是以原保险合同的存在为前提条件。再保险合同以原保险合同的范围和有效期为限。

(2)再保险合同在法律上是独立的合同。虽然再保险合同源于原保险合同,但并不是原保险合同的从属合同,在法律上二者是各自独立的。

2. 区别

(1)合同的主体不同:原保险合同的主体是投保人和保险人;再保险合同的主体则都是保险人,即分出人和分入人。

(2)合同的标的不同:原保险合同的标的或是财产,或是人身;再保险合同的标的则是承保的风险责任。

(3)合同的性质不同:原保险合同的性质或是补偿性,或是给付性;而再保险合同因发生于保险人之间,其直接目的是对原保险人的承保责任进行分摊,因而,再保险合同的性质是责任分摊性。

相关案例

2015 年 5 月 1 日,A 公司作为保险人与被保险人签订编号为 09SH002(SHA)的内陆货物运输保险开口保单(水运和陆运)(下称“开口保单”),其中第 10 条约定,如果保险人和被保险人之间产生任何争议,双方应通过协商解决争议。如果无法通过协商解决,任何一方或双方都可以根据仲裁规则向中国海事仲裁委员会(CMAC)上海分会申请仲裁。后 A 公司向被保险人签发 PB0215011416 号保单,该保单载明:承保被保险人 2015 年 5 月 1 日 0:00 至 2015 年 5 月 31 日 24:00 编号为 09SH002(SHA)的开口保单下的申报,运输工具、起运地点、目的地、保险标的以及其他特别条款和条件均按照开口保单的约定,本公司与被保险人之间发生任何争议,双方应通过谈判解决,如果无法通过谈判解决,双方都可以向中国海事仲裁委员会上海分会申请根据其仲裁规则进行仲裁。

2015 年 8 月 13 日,B 公司作为再保险人与 A 公司作为原保险人签署编号为 SH00150075 的再保险合同,约定保险利益、保险期限、保险金额、保费、管辖等参见原保单,原保单编号 PB0215011416。后 A 公司在向被保险人履行保险赔付责任后,于 2019 年 7 月 17 日向中国海事仲裁委员会上海分会提交仲裁申请,要求 B 公司履行再保险赔付义务。B 公司向上海金融法院提出申请,请求裁定确认其与 A 公司于 2015 年 8 月 13 日签订的再保险合同中无仲裁条款。B 公司申请称:B 公司在与 A 公司签订再保险合同时未约定仲裁条款,而 A 公司引用的仲裁条款为 A 公司与其被保险人之间开口保单项下的仲裁条款,该仲裁条款对 B 公司没有约束力。A 公司辩称:A 公司与 B 公司签署的再保险合同中明确约定管辖按照原保险单,而 A 公司与被保险人签署的原保险单中明确约定了仲裁条款,本案再保险合同签署前 A 公司向 B 公司提供了原保险单,B 公司也愿意接受仲裁条款的约束,因此,原保险单中的仲裁条款对 B 公司具有约束力。

上海金融法院认为,无论再保险合同中约定的原保单是指编号为 PB0215011416 的保单还是编号为 09SH002(SHA)的开口保单,其中均约定了仲裁条款,而且请求仲裁的意思表示、仲裁事项及仲裁委员会的约定明确,依法有效。再保险合同将"管辖",即"Jurisdiction"与保险利益、保险期限等事项单独列出,明确约定按照原保险单。审查中,A 公司与 B 公司就"Jurisdiction"一词的含义产生争议。本案双方均为外资保险公司,涉案合同也均以英语起草并签署,在双方就"Jurisdiction"的含义产生争议的情况下,应按照该词语通常的含义予以界定。在英语中,"Jurisdiction"并非特指司法管辖,也可在指代诉讼、仲裁等纠纷解决方式的层面上适用。本案原保单并没有司法管辖的约定,从双方于再保险合同中专门就管辖约定的目的看,参照原保单也应系指仲裁条款的约定。A 公司与 B 公司之间再保险合同中关于仲裁条款并入的约定意思表示明确,对于双方均具有法律约束力。综上,上海金融法院于 2020 年 1 月 22 日裁定驳回申请人 B 公司的申请。

以上案例告诉我们,在市场经济条件下,法律是维护市场秩序、保障合同双方权益的重要工具。同时,它也提醒我们,在推动高质量发展的过程中,要始终坚持以法治为引领,以社会主义核心价值观为指引,共同构建一个公平、公正、诚信的市场环境。党的二十大报告提出构建以国内大循环为主体、国内国际双循环相互促进的新发展格局。本案涉及两家外资保险公司,其法律实践有助于促进国际经贸合作,构建开放型经济新体制。

资料来源:https://www.pkulaw.com/lawfirmarticles/34e4f6f5ff16630de35ffb9e61509e6dbdfb.html。

拓展阅读

认识Munich Re慕尼黑再保险集团

第二节　比例再保险

案例引入

某保险公司的新业务面临资本和流动性难题:需要向分销渠道支付先期佣金,由于收支项目和资本状况受到负面影响,因此该保险公司无法获得营利性增长机会。该保险公司希望缓解新业务的压力,优化资本部署,为增长提供支持。再保险的解决方案是新业务获得附带初始佣金的成数再保险支持,分保佣金跟随原保单佣金的变化而变化,再保险保费由风险保费和后续年度新业务价值的分成所组成。在新业务利润分摊后，成数再保险合约继续提供传统的死亡风险转移。该方案提供资本和为新业务融资，无须额外的财务杠杆。

一、比例再保险的概念

比例再保险又称金额再保险，是以保险金额为基础来确定分出公司自留责任和分入公司接受责任的再保险方式。在比例保险中，再保险双方事先以总保险金额和原保险人自留份额为基础确定一个责任分担比例，双方按照该比例确定各自责任额，危险事故发生后，双方依据这个比例分摊赔款。比例再保险的比例就表现在不管将来的赔款金额具体有多少，再保险双方都是按比例分担的。原保险人和再保险人虽然事先不知道将来具体要支付多少赔偿金额，但都清楚自己应负担的比例。

二、成数再保险

(一)成数再保险的概念

成数再保险是指分出公司事先确定一个自留额和保险金额的比例，当承接到一笔业务时，将每一危险单位的保险金额按照该比例分割，把超过自留额的部分分保给再保险人的再保险。

成数再保险是最典型，也是最简便的再保险方式。

成数再保险在实际运用中，分入公司的数目一般没有限制，各个再保险人接受的份额也不必相同。一般而言，分出公司的自留比例较大，在40%～50%，具体比例以成数再保险合同的规定为准。

由于成数再保险对每一危险单位都按固定的比率分配责任，因此在遇有保险金额大的风险责任时，原保险人和再保险人承担的风险责任仍然很大。为了使承担的责任有一定范围，每一份成数再保险合同都按每一危险单位或每张保单规定一个最高责任限额，分出公司和分入公司在这个最高责任限额中各自承担一定的份额。超过合同规定限额的部分不能分给该合同的再保险人，而只能由原保险人另行安排，或由原保险人自己负责。为此，合同中通常要附有限额表，以便针对各种不同的危险，分别采用不同最高限额。

[例8-1] 分出公司就海上运输货物保险业务与A、B、C、D四个再保险人共同签订一份成数分保合同，合同约定自留比例为20%，而A、B、C、D四个再保险人的接受成数分别为30%、25%、15%和10%，合同的最高责任限额定为1 000万元，则如果发生以下四笔业务，原保险人与各再保险人的责任额分配如表8-1所示。

表8-1　成数分保责任分配表　单位：元

保险金额	原保险人自留20%	再保险人责任				其他
		A (30%)	B (25%)	C (15%)	D (10%)	
2 000 000	400 000	600 000	500 000	300 000	200 000	0
5 000 000	1 000 000	1 500 000	1 250 000	750 000	500 000	0
8 000 000	1 600 000	2 400 000	2 000 000	1 200 000	800 000	0
12 000 000	2 000 000	3 000 000	2 500 000	1 500 000	1 000 000	2 000 000

在表 8 - 1 中,原保险金额为 1 200 万元时,因超过合同最高责任限额,所以双方仍按 1 000 万元的限额计算各自的比例责任。原保险人对于超过的 200 万元可以另行安排临时再保险或按其他方式处理,否则只能自留由原保险人自己承担。

(二)成数再保险的特点

1. 合同双方利益一致

由于成数再保险对于每一危险单位的责任均按保险金额由分出公司和分入公司按比例承担,因此合同双方存在真正的共同利益,不论业务是大是小、是好是坏,双方一律共同分担。这样,不论经营的结果如何,双方利害关系一致。

2. 手续简化,节省人力和费用

由于分出公司和接受公司之间的责任、保费和赔款分配均按事先约定的同一比率计算,因此,在分保实务和分保账单编制方面手续简便,省时省力,可以减少费用开支。

3. 缺乏弹性

对于分出公司而言,不论业务好坏,都要按比例分出,所以优良的业务不能多留,较差的业务不能少留,相当于放弃了自留额的决定权。因此,成数再保险往往不能使分出公司获得准确的再保险保障。

4. 不能均衡风险责任

比如船舶保险,有的船只保险金额很大,有的船只保险金额很小,各船的保险金额很不平衡,而原保险人都要按一个比例确定自留额,结果是原保险人对不同船只承担的保险责任不均衡,如果金额昂贵的船只受损,保险公司就会遭受较大的损失。

(三)成数再保险的运用

成数再保险的特点,决定了成数再保险方式在实务运作中的具体适用范围。一般来说,成数再保险比较适用于下述情况:

1. 新公司、小公司

某些新成立的保险公司或规模小的保险公司由于缺乏经验,对合同自留额的把握难免存在不妥之处,采用成数再保险,可以得到再保险人在风险分析、承保审定、赔款处理等技术方面更多的帮助。

2. 新业务、新险种

保险公司开发的新业务、新险种由于缺乏统计资料和实际经验,对未来的风险状况一般难以准确地预测和估计,损失风险较大。为了稳妥起见,采用成数再保险方式比较容易得到各分保接受人的理解和支持。

3. 性质比较特殊的业务

对于保险金额和业务质量比较平均的业务,采用成数再保险方式,一方面不会造成责任的高低不均,业务比较稳定;另一方面对合同双方都有利,分出公司可以收取较高的分保手续费,而接受公司可以获得较多的分保费。

4. 各类转分保业务

由于各类转分保业务的环节较多,如采用其他再保险方式重新分配限额,手续烦琐,比较困难,而成数再保险方式具有手续简单、计算方便的优点,因此在各类转分保业务中,通常采用成数再保险,以便于计算,易于责任的重新分配。

5. 互惠交换业务

由于成数再保险业务条件较为优惠,因此在国际分保交往中,成数再保险往往用作交换,以取得回头业务。

6. 集团分保业务

无论是保险集团内部的分保，还是再保险集团内部的分保，为简化分保手续，一般都采用成数再保险方式进行分保。

7. 成数再保险方式与其他分保方式混合运用

通过成数再保险方式与其他再保险方式的混合运用，可以取成数再保险方式之长或补成数再保险方式之短，使再保险安排合情合理，真正达到分散风险的目的。

相关案例

X公司在开展新业务时，进行了深入的市场调研和风险评估。考虑到公司在新业务领域的经验相对不足，X公司决定采用成数再保险的方式，将部分风险转移给再保险公司。经过与多家再保险公司的沟通和磋商，X公司最终确定了自留比例为45%，并将剩余的55%的风险以成数再保险的方式分给A、B、C三家再保险公司，每家公司的接受成数分别为20%、20%和15%。

这一决策不仅体现了X公司对市场风险的深刻认识和谨慎经营的态度，而且体现了社会主义核心价值观中“诚信”和“稳健”的要求。同时，这一做法也符合党的二十大精神中关于“健全风险防范化解机制”的指导思想。

X公司与A、B、C三家再保险公司签订了详细的成数再保险合同，明确了双方的权利和义务、保费支付方式、赔付流程等关键条款。在合同执行过程中，X公司严格按照合同规定向三家再保险公司支付保费，并在发生保险事故时及时向再保险公司报案并提供相关理赔材料。

三家再保险公司在收到理赔材料后，迅速进行了审核和赔付工作，确保了X公司能够及时获得赔付资金，从而降低了公司的财务风险。这一过程中，X公司与三家再保险公司之间的合作顺畅、高效，体现了共赢的理念和合作精神。

在保险期间内，X公司承保的某新业务发生了保险事故，损失金额超过了X公司的自留比例。X公司按照合同规定及时向三家再保险公司报案并提供了相关理赔材料。三家再保险公司在收到材料后迅速进行了审核并支付了相应的赔付款项给X公司。

这一过程中，X公司与三家再保险公司共同应对了风险挑战，实现了互利共赢。这一做法不仅有助于X公司缩小风险敞口、保障业务稳健发展，而且体现了保险公司对社会责任的担当和贡献。

三、溢额再保险

（一）溢额再保险概述

溢额再保险是指由原保险人与再保险人在合同中签订，对每一危险单位确定一个由原保险人承担的自留额，而将该危险单位保险金额超过原保险人自留额的那一部分称为溢额，分给再保险人承担，将实际形成的自留额与分出额分别对应于该危险单位的保险金额所占的比例，作为分配保费和分摊赔款依据的一种再保险安排方式。按照溢额再保险方式，原保险人事先确定一个自留额,再保险人以自留额的一定倍数(或称线数)约定分保限额,因此溢额再保险也属于比例再保险。

溢额再保险与成数再保险相比较,其最大区别在于,如果某一业务的保险金额在自留额之内,就无须办理再保险,只有在保险金额超过自留额时,才将超过部分分给溢额再保险人。也就是说,溢额再保险的自留额,是一个确定的自留额,不随保险金额的大小变动,而成数再保险的自留额表现为保险金额的固定百分比,随保险金额的大小而变动。

相关案例

泰国的直接保险业出现50年之后,才于1978年由75家保险公司共同出资成立了自己的第一家专业再保险公司——泰国再保险股份有限公司。为了保证各公司权利均等,公司章程规定每家公司出资不得超过两股。各公司一律将每笔业务的5%分给该再保险公司。关于这5%部分的具体做法很简单,综合保险(火险、水险、杂险和车险等)按每张保单以成数分保的方式分给该再保险公司;寿险是按溢额方式分给该再保险公司。将5%的业务分给泰国再保险公司虽然不是法律规定,但实际效果并不比法律规定差,因为该公司是75家保险公司共同出资成立的,所以每家保险公司都是它的股东。

从上述简单介绍中,我们可以具体了解到再保险的两种责任分担方式:成数再保险和溢额再保险。按各公司的约定,入股公司每签订一张综合保险(火险、水险、杂险和车险等)的保单,便要采取成数再保险方式,即向泰国再保险公司分出该保单金额的5%,也就是再保险金额为5%,自留保费为95%,如果发生保险事故,则再保险公司应承担5%的赔偿责任。这种方式无须按保险风险逐个确定保费和赔款的分配比例,而是按约定统一结算,手续简单,节省人力和费用。

而对于寿险公司,则采取溢额再保险方式。对于不同风险的业务,入股公司与该再保险公司签订再保险合同时可商定不同的自留额和限额。如果业务损失率大,出险机会多,则要考虑分保的同时自留额不宜太大,但对于某些低风险的业务甚至可考虑不分保。每签订一张寿险合同,入股公司应根据该业务的风险和与再保险公司的合同约定来判断是否分出保费,该保额是否在自留额之内,是否有溢额,如有溢额分出,则应按合同约定比例分出。一旦泰国再保险公司接受分保,保险事故发生时它就应当按所收取的保费比例分摊赔款。

另外,我们看到泰国再保险公司的产生其实也是各入股公司采取的一种再保险方式,它生动地印证了"再保险公司是保险人的保险"这句话。同时,我们看到在整个保险市场中,竞争是激烈且必然的,但合作同样是不可少的,75家保险公司的合作产生了泰国再保险股份有限公司。

泰国再保险股份有限公司的成立和运营经验为我国再保险行业提供了宝贵的借鉴和启示。党的二十大报告强调要推动高质量发展,我国再保险行业应该积极贯彻党的二十大精神,推动行业向高质量发展转变。这包括加强科技创新和人才培养,提升行业的技术水平和核心竞争力;优化业务结构和产品创新,满足市场的多样化需求;加强国际合作与交流,提升我国再保险行业的国际影响力和竞争力。

[例8-2] 一份溢额再保险合同,双方约定,分出公司自留额为50万元,接受公司的分

保限额为10条线，则此合同称为10条线的溢额再保险合同，合同的限额为500万元，合同的容量为550万元。合同双方的责任分配，如表8-2所示。

表8-2　　分层溢额再保险计算　　单位：万元

原保险金额	自留额（自留比例）	分保额（分保比例）	其他
①40	40（100%）	0	0
②100	50（50%）	50（50%）	0
③500	50（10%）	450（90%）	0
④600	50（8.33%）	500（83.33%）	50（8.33%）

由于第④笔保险业务的保险金额为600万元，超过了溢额再保险合同的容量，因此超过部分的50万元将放入其他合同或安排临时再保险，否则仍须由分出公司自己承担。从表8-2中可以看出，由于每笔保险业务的保险金额不同，因此每笔保险业务的分保比例也不同，双方的责任比例是在变化的。

（二）溢额再保险三要素

溢额再保险的三要素为：危险单位、自留额和线数，其中危险单位是固定因素，自留额和线数是变动因素。

1. 分保额的确定

原保险人根据自身情况以及所承担保险标的质量来最终确定自留额的大小，其超出的部分，可作为分保分出；因而分保额的确定是以自留额的确定为前提，且分出的金额及比例是随业务量（承保的保险金额）而变动。

2. 线数

（1）线：溢额再保险中，自留额是厘定再保险限额的基本单位，称为线。

（2）线数：溢额再保险中，分保额与自留额的倍数关系，称为线数。

（3）用线数表示溢额再保险合同。例如：20线的合同，指分保额是自留额的20倍，当然要注明自留额。

（4）合同容量又叫合同限额，是指分保额的限度，常用线数表示。

（5）线数确定。根据保险人的业务内容及自留能力而定，如平均保险金额的大小与自留额的关系、巨额标的承保状况。

3. 危险单位

（1）资力雄厚、规模大的公司，自留额大，线数不多即可达再保险保障。

（2）自留额较小的公司，自留额小，其线数要较多，方可达到再保险保障额度。

（三）溢额再保险的分层安排

在溢额再保险中，分出公司还可以根据业务发展的需要，在原有溢额的基础上，设置多层次的溢额。一般来说，分出公司是根据承保的业务量和年保费的收入来确定自留额和所需分保合同线数的，并据此订立普通的溢额合同，以应付分出公司正常的业务需要。但普通的溢额合同往往不能满足偶发性的大额或高额保险业务的需要，对超过普通溢额合同分保限额的保险业务，分出公司会安排第二溢额，甚至第三溢额合同，作为对普通溢额（第一溢额）的补充,以增加分出公司的承保能力,满足特殊的业务需要。

第一溢额是指保险金额超过分出公司自留额以上的部分,第二溢额是指保险金额超过分出公司自留额及第一溢额合同中各再保险人责任总额以上的部分,第三溢额以此类推。溢额再保险的多层次设计,既满足了分出公司对大额或高额风险分散的需要,也使风险责任平均化。

[**例 8-3**] 某分出公司就海上运输货物保险业务安排了两个层次的溢额再保险合同。合同规定,每一航次每一船上的货物为一个危险单位。规定分出公司的自留额为 10 万美元,第一溢额再保险合同分入公司的分入限额为 10 条线,第二溢额再保险合同分入公司的分入限额为 15 条线。假定保险费率均为 1%,则有关保额、保费和赔款的分割计算如表 8-3 所示。

表 8-3 **分层溢额再保险计算** 单位:美元

项 目	船名	A 轮	B 轮	C 轮	D 轮	合计
总额	保险金额	50 000	500 000	2 000 000	2 500 000	5 050 000
	保费	500	5 000	20 000	25 000	50 500
	赔款	0	10 000	20 000	100 000	130 000
自留部分	自留额	50 000	100 000	100 000	100 000	350 000
	自留比例	100%	20%	5%	4%	0
	自留保险费	500	1 000	1 000	1 000	3 500
	自负赔款	0	2 000	1 000	4 000	7 000
第一溢额	再保险额	0	400 000	1 000 000	1 000 000	24 000 000
	再保险比例	0	80%	50%	40%	0
	再保险费	0	4 000	10 000	10 000	24 000
	分摊赔款	0	8 000	10 000	40 000	58 000
第二溢额	再保险额	0	0	900 000	1 400 000	2 300 000
	再保险比例	0	0	45%	56%	0
	再保险费	0	0	9 000	14 000	23 000
	分摊赔款	0	0	9 000	56 000	65 000

现以第三笔业务 C 轮为例对表 8-3 略做说明。C 轮保险金额为 200 万美元,自留 10 万美元,第一溢额承受 10 条线计 100 万美元,分保比例为 50%,自留与第一溢额之后尚有 90 万美元的责任,由第二溢额承受,第二溢额分保比例为 45%。现发生赔款 20 000 美元,保险人承担 5%,为 1 000 美元,第一溢额再保险人分摊 50%,为 10 000 美元,第二溢额再保险人分摊 45%,为 9 000 美元。

从表 8-3 统计的保费收入及支付的赔款来看,这是一个亏损严重的合同,整个合同的赔付率为 257.43%。但亏损的程度,原保险人、第一溢额再保险人、第二溢额再保险人各不相同。计算可知,它们的赔付率分别为 200%、241.67%和 281.61%。这显示出高层次溢额再保险的危险度比低层次溢额再保险的危险度大,这是进入高层次溢额的保险标的数量减少的原因所致。因此，在实务中，各层次的溢额再保险，除责任次序有先后差别外，其再保险条件也往往不同，对于高层次的溢额再保险安排，分保条件通常较为优厚。但责任、保费和赔款的计算方法是一样的。

总的来说，将保险金额进行分层安排，这是溢额再保险的一个重要优点。在这种分层安排方式下，每一个层次溢额的容量大小，是风险责任均衡的具体表现，它使分出公司自留额与分入公司责任额度均能保持一定的标准，即使巨额危险责任也能由此得到有效的分散，这是溢额再保险分层安排的主要目的。此外，在现代溢额再保险中，多数分入公司很少接受大于分出公司自留额的责任，而是倾向于把每一线溢额再分成若干份，只接受其中的1/2线或1/4线等，或者把每一线溢额折合成相应的百分率，分入公司只接受其中的部分比率，如5%、10%等。

(四)溢额再保险的特点

溢额再保险方式相对于成数再保险方式来说，具有以下特点：

1. 可以灵活确定自留额

分出公司可以根据具体业务种类、质量和性质以及自身的财务状况来确定自留额，不仅能自主把握责任限额，而且灵活性较强。凡在自留额以内的业务，全部由分出公司自留不必分出。这样，不论在业务的选择上，还是在节省分保费支出等方面，都较成数再保险具有优越性。

2. 对大额或高额业务的处理有弹性

分出公司在安排第一溢额再保险合同以外，还可安排第二、第三溢额再保险合同，以做大额或高额业务的备用。这样的处理方法稳妥，分出公司不必为遇到超限额风险的分保问题而担忧。同时，这样的处理方法具有弹性，因为在限额以内的业务无须分出，分出公司可以减少不必要的分保费支出；而且较成数再保险更有分散风险的容量和功效。

3. 合同双方的经营成果不完全一致

分出公司和接受公司的经营成果随保险金额不同、承担责任的不同以及损失情况的不同而产生差异。如果赔款大多为自留额以内的业务所发生，则分出公司的累积责任可能很大。但如果赔款大多由大额业务所发生，则接受公司的经营可能出现亏损，而分出公司却无大碍。因此，合同双方的利益可能不完全一致。

4. 手续烦琐且费时费力

由于各个危险单位的保险金额不同会导致其分保比例的不同，因此不同的危险单位要计算不同的分保比例，并据此逐笔计算有关的分保费和摊回赔款。另外，在编制分保账单和统计分析方面也较麻烦，需要严格的管理和相当的人力来处理，导致管理费用的增加。

相关案例

某大型保险公司(以下简称“A公司”)在承保一项重大工程项目时，考虑到项目的风险较大且保额较高，决定采用溢额再保险的方式将部分风险转移给再保险市场。为确保项目风险得到充分保障，A公司不仅安排了第一溢额再保险，而且设置了第二溢额再保险作为补充。

分层安排：A公司根据该项目的实际情况和自身风险承受能力，设定了1亿元的自留额。

在此基础上,A公司与B、C两家再保险公司分别签订了第一溢额再保险合同,每家公司的承保限额为2亿元。为应对可能出现的更高保额需求,A公司还与D再保险公司签订了第二溢额再保险合同,承保限额为1亿元。

理赔过程:在项目进行过程中,由于意外原因发生了保险事故,导致损失金额高达4.5亿元。A公司立即启动了理赔程序,并通知了B、C、D三家再保险公司。

首先,A公司根据自留额的规定,承担了1亿元的损失赔付。接着,B、C两家再保险公司按照第一溢额再保险合同的约定,各自承担了2亿元的赔付责任。此时,累计赔付金额已达5亿元,但仍有0.5亿元的损失未得到赔付。

随后,A公司依据第二溢额再保险合同的约定,向D再保险公司提出了赔付申请。D再保险公司经过审核后,按照合同规定承担了剩余的0.5亿元赔付责任。

通过溢额再保险的分层安排,A公司成功地将4.5亿元的风险损失分散给了自身及三家再保险公司。其中,A公司自留1亿元,B、C两家再保险公司各承担2亿元,D再保险公司承担剩余的0.5亿元。这种风险分散的方式不仅减轻了A公司的财务压力,而且确保了保险赔偿的及时性和充分性。

党的二十大精神强调了"健全风险防范化解机制"的重要性,A公司与B、C、D三家再保险公司之间的合作体现了共赢的理念。在面临巨额风险时,各方共同承担责任,实现了风险共担和利益共享。这种合作模式有助于推动整个保险行业的健康发展,提高了行业的风险抵御能力。

(五)溢额再保险与成数再保险的关系

1. 联系

二者都是以保险金额为基础来确定责任分配,且自留额、分保额与总保险金额都存在一定比例关系,都属比例再保险。

2. 区别

(1)溢额再保险的自留额是确定的,在自留额限额内不需分保;成数再保险的自留额是不确定的,且无论保险金额多少,均需按比例分保。

(2)溢额再保险的分保比例是变动的,根据保险金额与自留额而变,而成数再保险的分保比例是不变的。

(3)溢额再保险合同双方的利益不完全一致,且对分出公司有利,而成数再保险合同双方利益一致,对分入公司有利。

(4)溢额再保险具有一定的灵活性,但手续烦琐;成数再保险缺乏弹性,但手续简单。

(六)溢额再保险的使用范围

对分出公司和接受公司来说,溢额再保险虽然有不足之处,但这种再保险方式明显利大于弊,尤其是它能更合理地分散风险。一般来说,对于危险性小、利益较优且风险本身较分散的业务,原保险人多采用溢额再保险方式,以保留充足的保费收入;对于业务质量不齐、保险金额不均匀的业务,往往采用溢额再保险来均衡保险责任;对于巨额保险业务,溢额再保险则可发挥其分层机能,来分散与消化危险,所以溢额再保险是实际中应用最广泛的再保险方式。国外有关再保险的论著,大多把溢额再保险作为一个重点加以阐述。

在海上保险方面,包括船体保险和运输保险,均可以用溢额再保险来分散风险。特别是现在船舶的价值越来越大,一艘大型油轮的保险金额高达几亿甚至几十亿美元,溢额再保险则可通过合同的分层设计来分散与消化此类危险。对于火灾保险而言，溢额再保险是基本的再保险安排方式。在国际分保交易中，溢额分保也是大家均乐于接受并经常使用的方式之一。

四、成数再保险与溢额再保险的组合运用

成数和溢额混合再保险是将成数再保险和溢额再保险组织在一个合同里，以成数再保险的限额作为溢额再保险的起点，再确定溢额再保险的限额。成数和溢额混合再保险可以结合成数和溢额两类安排方式的特点，以弥补单一方式的不足。在实际运用中，具体有以下两种方式：

（一）成数合同之上的溢额再保险合同

这种混合方式是由分出公司首先安排一个成数再保险合同，规定其合同限额，再以成数合同的限额作为自留额，而安排另一份溢额再保险合同，规定接受公司接受的线数。如果一笔实际业务的保额不超过成数合同的限额，则全部保额由成数分保合同的分出公司和接受公司承担。而一旦一笔实际业务的保额超过成数合同的限额，则在限额内的保额由成数分保合同双方承担，而超过限额部分的“溢额”则由溢额分保合同的接受公司接受，直至该溢额合同规定的最高线数。

［例 8 - 4］ 成数再保险合同对某类风险的最高责任额为 100 万元，保险金额在 100 万元以下的业务，全部由成数合同处理，且由分出公司自留其中的 50%，其余 50%按合同中约定的百分比分配给若干家分入公司。现又在这个合同基础上订立一份溢额再保险合同，其限额为成数部分最高限额 100 万元的一定线数，但每家分入公司的最高责任额等于分出公司自留额 50 万元。因此，在某一业务的保险金额超过 100 万元时，超过部分就归溢额合同处理。

（二）溢额合同内的成数再保险合同

这种混合方式的再保险是分出公司先安排一个溢额再保险合同，但对其自留额部分再另订成数分保合同处理。例如，分出公司先安排了一份自留额为 100 万元的 5 线溢额分保合同，规定对其自留额部分，分出公司有权另订成数分保合同。其后，分出公司以 100 万元为合同限额又安排了一份 50%成数分保合同，也即分出公司实际仅保留了溢额合同自留额的 50%的责任。在这种混合合同中，成数部分限额及溢额合同的自留额称为优先额，即表示这一部分业务在溢额合同分配之前，由参加成数合同的接受公司优先承受。参加成数合同的接受公司，是否也是参加溢额合同的接受公司，实际操作中并没有限制。

成数溢额混合再保险合同可视分出公司的需要和业务质量而定，通常只适用于转分保业务和海上保险业务，多在特殊情况下采用。某种业务若单纯组织成数再保险则要支付较多分保费，而组织溢额再保险合同，保费和责任又欠平衡，这种情况下就可以采用混合再保险方式来协调各方的矛盾。

相关案例

2017 年 6 月 20 日，中国人民财产保险公司找中国再保险集团、慕尼黑再保险集团投保企业财产保险综合险，研究决定采用成数与溢额混合再保险的方式承保。

假定根据以往数据判断，在企业财产保险综合险中通常一个危险单位最高限额不超过 1 000 万元。经过风险分析，分出公司确定自己的实际承保能力为 200 万元。经过再保险洽

谈,两家再保险公司各自愿意承担400万元的分保。

分出人提出如下分出业务内容分保条件:

1. 承保业务范围:企业财产保险。
2. 地区范围:本公司所有业务地区。
3. 危险单位:一个投保单位。
4. 再保险类型:合同分保。
5. 保险期限:2017年6月21日0时到2018年6月20日24时。

第一分保人(中国再保险集团)采用成数分保方式,具体分保条件如下:

1. 分保佣金:分保费的39%。
2. 账单的编送:每季度一次。
3. 盈余佣金:采用一年基准法计算,比例为6%。
4. 赔款的处理:赔款超过400万元,分出公司可向接受公司立即摊回现金赔款。
5. 赔案合作:合约项下超过300万元的赔款,再保险分出人须向再保人提供赔案的必要信息及结算计划。再保人在自担费用的前提下应有机会以提供咨询的方式参与赔案处理。
6. 未满期保费:采用满期方式。
7. 未决赔款:按未决赔款的90%提取结清。
8. 再保险准备金:一个季度提存一次,提存金额为应付再保险费的40%,留存期为一年。
9. 报表的编送:每季度一次。

第二分保人(慕尼黑再保险集团)采用溢额分保方式,具体分保条件如下:

1. 分保佣金:分保费的40%。
2. 账单的编送:每季度一次。
3. 盈余佣金:采用一年基准法计算,比例为4%。
4. 赔款的处理:赔款超过700万元,分出公司可向接受公司立即摊回现金赔款。
5. 赔案合作:合约项下超过600万元的赔款,再保险分出人须向再保人提供赔案的必要信息及结算计划。再保人在自担费用的前提下应有机会以提供咨询的方式参与赔案处理。
6. 未满期保费:采用结清的方式,按分保费的35%提取未满期保费。
7. 未决赔款:按未决赔款的90%提取结转。
8. 再保险准备金:一个季度提存一次,提存金额为应付再保险费的40%,留存期为一年。
9. 报表的编送:每季度一次。

中国再保险集团、慕尼黑再保险集团在接收到了分出人的分出条件后,完全同意了分出人提出的条件,无任何附加条件。双方很顺利地完成了再保险合同的签订。

资料来源:https://mp. weixin. qq. com/s/501SIl7n0QvmOcc_aRUj3g。

第三节 非比例再保险

案例引入

某家大型全国性综合保险公司,其1/3业务为寿险健康险,1/3业务为财险意外险。该保险公司力求通过简单、便于快速实施的解决方案,优化“偿付能力Ⅱ”比率。再保险解决方案是采取非比例结构,通过赔付触发公式以失效率作为函数,弥补寿险业务极端失效事件带来的损失。风险共担安排受益于相关业务的多样性，最终实现大规模资本释放，提高了保险公司的“偿付能力Ⅱ”比率。

一、非比例再保险的概念

非比例再保险是“比例再保险” 的对称，此种再保险是以赔款金额作为划分分保人和再保人的责任基础的。经双方事先约定超过一定金额或一定百分率的赔款由再保人负全部或部分责任。此项分保责任与保险金额并无联系。再保人为限制自己所负的责任，一般也有责任限额的规定。这种再保险以损失为对象，通常也被称为“损失再保险”。非比例再保险由于其业务对象的性质与再保费结算时间较长，又被称为 “长尾” 业务。随着责任保险业务的增加及巨灾巨额危险业务的增多，在各国再保险市场上该种保险业务不断地在增加。非比例再保险的定义：非比例再保险是以赔款为基础来确定再保险当事人双方的责任的分保方式，其作用为扩大保险人对每一危险单位的承保能力和控制原保险人的自负责任。

二、非比例再保险的优缺点

(一)优点

(1)不用逐笔决定再保险、进行再保险登记和寄送报表，只是在发生损失时才寄送损失报表。

(2)账务较少并且简单，但要求较精密，管理费用也较低，再保险费按保险人一种或几种业务的总保费的基础计算，事先也可大体确定。

(3)对再保险人来说，不提供保费和赔款准备，而且一般也没有再保险手续费。

(二)缺点

(1)不能用来交换，因而保险人得不到回头业务。

(2)原保险人经营业务的结果与再保险人不发生直接联系，如有大的赔款，会导致再保险人亏损，而原保险人可仍有盈余，但如果未超过索赔款限额时，仅由原保险人赔付，而再保险人可能无任何责任。

三、非比例再保险的分类

非比例再保险分为险位超赔再保险、事故超赔再保险、赔付率超赔再保险三种方式。

(一)险位超赔再保险

险位超赔再保险是以每次保险事故中每一风险单位所发生的赔款来计算自负责任额和再保险责任额的。关于险位超赔在一次事故中的赔款计算有两种情况：一是按危险单位分别计算，没有限制；二是有事故限额，即对每次事故总的赔款有限制，一般为险位限额的 2～3 倍。例如，在一次事故中，如果同时有多个危险单位受损，保险人应对自身承担的危险单位加以限制(多数的限制为两三个)，超赔部分可以运用险位超赔再保险分保出去，这样既可以保障一般小额业务赔款，又能扩大保险人承保能力。

相关案例

[例 8-5]　有一份超过 200 万元的 1 000 万元的火险险位超赔分保合同，在一次保险事

故中有3个风险单位受损,每个风险单位损失300万元。如果对每次事故中的受损风险单位无限制,则赔款分摊如表8-4所示。

表8-4　　赔款分摊(1)　　单位:元

风险单位	发生赔款	分出公司承担赔款	接受公司承担赔款
Ⅰ	3 000 000	2 000 000	1 000 000
Ⅱ	3 000 000	2 000 000	1 000 000
Ⅲ	3 000 000	2 000 000	1 000 000
共　计	9 000 000	6 000 000	3 000 000

如果每次事故有风险单位限制,是险位限额的2倍,则赔款分摊如表8-5所示。

表8-5　　赔款分摊(2)　　单位:元

风险单位	发生赔款	分出公司承担赔款	接受公司承担赔款
Ⅰ	3 000 000	2 000 000	1 000 000
Ⅱ	3 000 000	2 000 000	1 000 000
Ⅲ	3 000 000	3 000 000	0
共计	9 000 000	7 000 000	2 000 000

(二)事故超赔再保险

事故超赔再保险是以一次巨灾事故所发生的赔款总和来计算分出公司自负责任额和接受公司再保险责任额的。

[例8-6] 假定有一份超过60万元的120万元的事故超赔分保合同,在一年中发生了3次事故,每次事故的损失金额分别为60万元、150万元、250万元,分出公司与接受公司赔款的分摊如表8-6所示。

表8-6　　赔偿金额统计　　单位:万元

事故	发生赔偿	分出公司自担赔款	接受公司分摊赔款
1	60	60	0
2	180	60	120
3	250	130	120
共计	490	250	240

事故超赔再保险的分层设计是将整个超赔保障数额分成若干层,便于不同的再保险人接受。这样,每一层的再保险额度虽然不高,但各层次累计会达到很高的金额,且各层的接受公司责任额不至于过分沉重,保费也相对低廉,对分保双方都有利。

[例8-7] 某保险人安排一超过200万元以上、由接受公司负责至5 000万元的巨灾事故超赔再保险,分为四层安排如下:

第一层:超过200万元以上的200万元;

第二层：超过 800 万元以上的 800 万元；

第三层：超过 1 600 万元以上的 1 600 万元；

第四层：超过 2 400 万元以上的 2 400 万元。

第一层接受人承担 200 万元的赔款责任，第二层接受人承担 800 万元的赔款责任，第三层接受人承担 1 600 万元的赔款责任，第四层接受人承担 2 400 万元的赔款责任。

相关案例

2019 年 6 月 26 日，H 运输公司向保险公司就名下的重型厢式货车投保了公路货物运输保险附加第三者责任保险，也就是市场所称的“超赔险”。2019 年 11 月 23 日，H 运输公司的司机驾驶车辆在国道上与一辆电动车发生碰撞，随后又撞上了一名行人，事故造成 2 人死亡。在交警出具的道路交通事故认定书中，司机与电动车驾驶员承担同等责任。2 名死者家属经过诉讼，H 运输公司在车辆保险限额之外还需赔偿家属 24 万余元。H 运输公司在完成案件车辆保险相关各方的赔偿事宜后，要求保险公司根据合同条款理赔“超赔险”部分，但保险公司以多种理由拒绝履行保险合同义务。其理由包括事故发生后 H 运输公司未及时报案、案件已超过 2 年的诉讼时效、车辆发生事故时空车未载货、不属于货物运输过程中、不属于“超赔险”的保险责任、H 运输公司对已履行赔偿责任的具体数额缺乏证明、车辆存在改装导致危险程度显著增加等。

1. 本案事故性质原因由交通事故认定书进行确认，未及时报险并未导致事故性质原因不明，保险公司该拒赔理由不成立。

2. 本案车辆发生事故时并非空车，车上仍有遗留货物(一根铁棍)，也属于货物运输过程中，即使对条款理解存在争议，也应做有利于被保险人的解释。

3. 本案被保险人对第三者的赔偿责任和赔偿金额已经由生效判决书确认，且被保险人的账户也被强制执行扣划了款项并被查封，不属于赔偿责任不确定的情形。

4. 本案车辆改装并未实际导致危险程度显著增加，也与事故发生无任何因果关系，保险公司的拒赔理由无任何依据。

最终，法院支持了原告的观点，判决保险公司需赔付 24 万余元保险金，一审判决后，保险公司服从判决履行了赔付义务，至此，案件获得全盘胜诉。

本案例深刻体现了社会主义核心价值观中的“诚信”和“公正”，以及党的二十大精神中对于法治社会建设的强调。保险公司作为服务行业的重要一员，应当秉持诚信原则，切实履行保险合同约定的义务，提醒保险公司在追求经济效益的同时，更应坚守诚信经营，依法履行社会责任。

资料来源：https://mp.weixin.qq.com/s/bqVNNzQFIzxht-6E5zNvJg。

(三)赔付率超赔再保险

1. 赔付率超赔再保险的定义

赔付率超赔再保险又称损失中止再保险，是以分出公司在一定时期内某类业务或几类业务的赔款积累为基础，划分自负责任额及分保责任额的超赔分保方式。

2. 赔付率超赔合同一般规定两个限制

自负赔付率限额：在每年累计总的净损失赔款数字与净保费收入之比不超过分出人自负

赔付率限额时，不能向接受人索赔。保险人能够取得补偿的最高赔付率限额。

3. 赔付率的计算

由于赔付率超赔再保险是以赔付率为基础确定分出公司自留责任和分入公司分保责任的，因此，如何计算赔付率至关重要。通常以签单年度的净保费收入与同一年度赔款净额之比作为该年度赔付率，即

$$赔付率=\frac{赔款净额}{年净保费额}\times 100\%$$

其中：

年净保费额＝毛保费＋加保费－退保费－佣金－再保险费支出－保费税款－盈余佣金

赔款净额＝发生赔款(包括理赔及诉讼费用)－收回的赔款－摊回的再保险赔款

赔付率超赔再保险常以 3～5 年为合同期限，但赔付率则每年计算。由于要按签单的会计账计算，需要等各签单的责任全部期满后才能精确计算，因此，习惯上要延续两个年度，于第三年年底计算调整，并通常约定 5 年为最终决算年限。

相关案例

某大型保险公司 A，为响应国家关于保险行业高质量发展的号召，以及践行社会主义核心价值观中“诚信、公正”的原则，决定对其车险业务进行风险管理优化。考虑到近年来车险赔付率逐年上升，A 公司决定引入溢额再保险机制，特别是赔付率超赔再保险，以稳定经营并更好地保护消费者权益。

A 公司与再保险公司 B 签订了一份为期 3 年的赔付率超赔再保险合同。合同规定，当 A 公司车险业务的赔付率超过约定的自负赔付率限额(例如 80%)时，超出部分将由 B 公司承担。合同还明确了赔付率的计算方法，并约定了最终决算年限为 5 年。

在合同执行的第一年，A 公司车险业务净保费收入达到 5 亿元人民币，而赔款净额达到 4 亿元人民币，赔付率为 80%，未触发再保险赔付。然而，在第二年，由于一系列重大交通事故的发生，A 公司车险业务的赔款净额激增，达到 5 亿元人民币，而净保费收入仅增长 5%，达到 5.25 亿元人民币。此时，赔付率达到 95%，超过了自负赔付率限额。

根据再保险合同，A 公司向 B 公司提出了再保险赔付申请。B 公司经过审核，确认赔付率超过了约定限额，同意对超出部分(95%－80%＝15%的赔付款项)进行赔付。最终，B 公司向 A 公司支付了 7 500 万元人民币的再保险赔付款项(5 亿元人民币的 15%)。

以上案例充分体现了党的二十大报告中关于“深化金融体制改革，建设现代中央银行制度，加强和完善现代金融监管，强化金融稳定保障体系，依法将各类金融活动全部纳入监管，守住不发生系统性风险底线”的精神。A 公司通过引入再保险机制，不仅提升了自身的风险管理能力，而且为整个保险行业的稳定健康发展做出了积极贡献。

[例 8－8] 赔付率超赔合同规定，赔付率在 60%以下由分出公司负责，60%～100%部分由接受公司负责，并规定赔款限额为 50 万元，二者以较小者为准。在下列各种情况下，分出公司和接受公司各自承担的责任如表 8－7 所示。

表 8－7　　分出公司和接受公司各自承担的责任　　单位：万元

年份	保费收入	已发生赔款	赔付率（%）	分出公司自担赔款	接受公司分摊赔款
1	300	210	70%	300×60%＝180	300×10%＝30
2	300	300	100%	250	50

在第二年中，由于接受公司负责超过 60%部分的赔付率赔款，300×40%＝120（万元），超过 50 万元限制，因此，超额的 70 万元仍然由分出公司自己负责。

4. 赔付率超赔再保险的适用范围

赔付率超赔再保险是以分出公司的经营成果为对象的再保险，其功能在于应对分出公司的承保业绩在某年度突然发生变化，即由统计学中所谓的随机误差或随机波动所造成，将分出公司的业务亏损控制在其财力所能承受的范围内。因此，赔付率超赔一般运用于不确定因素较多的业务，如在农业险的收获保险或冰雹保险中应用较多。

拓展阅读

2024年国际再保险市场发展特点

本章小结

再保险	再保险概述	再保险，又称为分保，是指保险人为了分散风险，在原保险的基础上通过签订分保合同，将其承保的部分责任或保险业务转移给其他保险人的方式 按再保险的方式分为比例再保险合同和非比例再保险合同 再保险安排方式有三种，即临时分保、合同分保和预约分保。因此，按不同的分保安排可以分为临时分保再保险合同、合同分保再保险合同和预约分保再保险合同
	比例再保险	比例再保险又称金额再保险，是以保险金额为基础来确定分出公司自留责任和分入公司接受责任的再保险方式 成数再保险是指分出公司事先确定一个自留额和保险金额的比例，当承接到一笔业务时，将每一危险单位的保险金额按照该比例分割，把超过自留额的部分分保给再保险人的再保险 溢额再保险是指由原保险人与再保险人在合同中签订，针对每一危险单位确定一个由原保险人承担的自留额，而将该危险单位保险金额超过原保险人自留额的那一部分称为溢额，分给再保险人承担，将实际形成的自留额与分出额分别对应于该危险单位的保险金额所占的比例，作为分配保费和分摊赔款依据的一种再保险安排方式
	非比例再保险	非比例再保险是以赔款为基础来确定再保险当事人双方的责任的分保方式 非比例再保险分为险位超赔再保险、事故超赔再保险、赔付率超赔再保险三种方式。险位超赔再保险是以每次保险事故中每一风险单位所发生的赔款来计算自负责任额和再保险责任额的。事故超赔再保险是以一次巨灾事故所发生的赔款总和来计算分出公司自负责任额和接受公司再保险责任额的。赔付率超赔再保险又称损失中止再保险，是以分出公司在一定时期内某类业务或几类业务的赔款积累为基础，划分自负责任额及分保责任额的超赔分保方式

本章练习题

一、单项选择题

1. 在再保险中,向外办理转移风险责任的一方或分出保险业务的公司为(　　)。

A. 原保险人　　B. 再保险人　　C. 分入公司　　D. 第三方

2. 关系的主体是原保险人与再保险人,被称为"保险人之间的保险"的是(　　)。

A. 比例再保险　　B. 原保险　　C. 成数再保险　　D. 约定再保险

3. 再保险人按照合同规定对原保险人支付赔偿金或保险金,再保险合同属于(　　)。

A. 定额给付性质　　B. 补偿性质　　C. 经济补偿性质　　D. 接受性质

4. 介于合同再保险合同和临时再保险合同之间的一种再保险合同是(　　)。

A. 临时再保险合同B. 自愿再保险合同　　C. 预约再保险合同　　D. 国内再保险合同

5. 原保险人对其承保的海上和内陆水上运输,向其他保险人进行的再保险行为是指(　　)。

A. 海上再保险　　B. 自愿再保险　　C. 水险再保险　　D. 临时再保险

6. 按照国家的法律或法令规定,再保险人必须将其承保业务的一部分交由国家再保险公司或者由政府指定的再保险公司进行再保险的是(　　)。

A. 强制再保险　　B. 国内再保险　　C. 责任再保险　　D. 自办保险

7. 按保险实施方法分类,再保险可以分为(　　)。

A. 临时再保险　　B. 强制再保险　　C. 人身再保险　　D. 国际再保险

8. 不是非比例再保险的分类的是(　　)。

A. 险位超赔再保险B. 事故超赔再保险　　C. 溢额再保险　　D. 赔付率超赔再保险

9. (　　)是以保险金额为基础来确定分出公司自留责任和分入公司接受责任的再保险方式。

A. 比例再保险　　B. 非比例再保险　　C. 超额赔款再保险　　D. 险位超赔再保险

10. 在再保险合同中,分入保险业务的一方为(　　)。

A. 原保险人　　B. 接受公司　　C. 分出公司　　D. 经纪人

11. 再保险合同是约定再保险双方的权利和义务的协议,再保险合同的当事人是(　　)。

A. 分出公司和分入公司　　B. 原保险人和投保人

C. 分出公司和接受公司　　D. 接受公司和投保人

12. 超赔再保险确定自留额和分保额的基础是一次事故中多数危险单位的(　　)。

A. 总损失率　　B. 积累责任　　C. 全部费用　　D. 赔款总额

13. (　　)是成数再保险和溢额再保险共同具有的特征。

A. 可分层设计　　B. 分保比例不变

C. 自留额不变　　D. 以保额为基础确定分保关系

14. (　　)是指原保险人将每一危险单位的保险金额,按照约定的分保比率分给再保险人的再保险方式。

A. 约定再保险　　B. 成数再保险　　C. 非比例再保险　　D. 溢额再保险

15. 转分保的主要安排方式有成数转分保和(　　)。

A. 超额赔款转分保　B. 合同转分保　C. 溢额转分保　D. 临时转分保

16. 原保险人根据需要将若干不同险别的业务组织安排在一起进行再保险，称为(　　)。

A. 比例再保险　B. 一揽子再保险　C. 溢额再保险　D. 非比例再保险

二、多项选择题

1. 再保险的组织形式主要有(　　)。

A. 再保险公司　B. 劳合社承保人　C. 再保险集团　D. 保险公司

2. 再保险对分保分出人的作用有(　　)。

A. 原保险人能够借以分散风险损失的机制

B. 保险公司可以大胆承担超过自身财力的大额业务，同时扩大了业务量

C. 控制责任，稳定业务经营

D. 办理再保险涉及方面较为广泛，需要接纳和培养高素质人才

3. 按再保险的险种分，再保险分为(　　)。

A. 国内再保险　B. 财产再保险　C. 国际再保险　D. 人身再保险

4. 以人的寿命和身体为保险标的的保险契约的再保险，按其保障范围，可以分为(　　)。

A. 人寿再保险　B. 强制再保险

C. 健康再保险　D. 人身意外伤害再保险

5. 再保险按再保险的方式分为(　　)。

A. 财产再保险　B. 比例再保险　C. 非比例再保险　D. 人身再保险

6. (　　)是溢额再保险的要素。

A. 风险单位　B. 自留额　C. 线数　D. 溢额

7. 比例再保险主要有(　　)。

A. 成数再保险　B. 险位超赔再保险

C. 溢额再保险　D. 成数和溢额混合再保险

8. 成数再保险的特点主要表现在(　　)。

A. 合同双方利害一致　B. 手续简化，节省成本

C. 缺乏弹性　D. 不能均衡风险责任

9. 下面几种说法中，正确的有(　　)。

A. 原保险合同的当事人是投保人和保险人

B. 再保险合同的当事人均为保险人，一方是原保险人，一方是再保险人

C. 再保险合同是在原保险合同基础上产生的，没有原保险合同，就不可能有再保险合同

D. 除法定再保险合同外，是否分保，分出多少，是由原保险人根据自己的资产和经营状况自主决定的

10. 下列选项中，(　　)属于非比例再保险。

A. 溢额再保险　B. 事故超赔再保险

C. 险位超赔再保险　D. 赔付率超赔再保险

11. 分出人的出险通知应包括的内容有(　　)。

A. 合同名称和业务年度
B. 保险标的名称及坐落地点
C. 估计赔款金额及合同项下估计摊赔金额
D. 赔款发生日期、地点

三、填空题

1. 再保险,又称为分保,是指保险人为了分散风险,在原保险的基础上通过签订分保合同,将其承保的________或保险业务转移给其他保险人的方式。
2. 在再保险中,向外办理转移风险责任的一方或分出保险业务的公司称为________。
3. 再保险的组织形式主要有再保险公司、再保险集团、兼管再保险业务的保险公司、________。
4. 非比例再保险的种类包括险位超赔再保险、事故超赔再保险和________。
5. 当再保险合同有盈余时,分入公司根据分保费付给分出公司的一部分费用称为________,也称为纯益手续费。

四、判断题

1. 从合同性质来看,原保险合同具有补偿性和给付性之分,即财产保险合同属于补偿性合同,人身保险合同属于给付性合同;而再保险合同无论是财产保险的再保险还是人身保险的再保险,全部属于补偿性合同。 (　　)
2. 房屋火灾再保险合同中的保险标的是分出公司所承担的房屋火灾损失。 (　　)
3. 溢额再保险适用于业务质量优劣不齐、风险标的保额不平衡的业务。 (　　)
4. 合同再保险的特点在于其强制性,即凡经分出公司和分入公司议定,并在合同内明确规定的业务,分出公司必须按合同的规定向分入公司办理分保,分入公司也必须接受,双方都无选择的自由。 (　　)
5. 自留额为10万元,合同限额为10线,则分出公司的承保能力为100万元。 (　　)
6. 和直接保险转嫁风险一样,原保险人向再保险人转嫁风险责任也要支付一定的保费,这种保费叫作分保手续费。 (　　)
7. 再保险只在保险人之间进行,按照平等互利、互相往来的原则分出分入业务。原保险人可以充当再保险人,但再保险人不能是原保险人,它们的法律地位不能互换。 (　　)
8. 再保险是对原保险人承担风险的第一次分摊,共同保险是对其承担风险的第二次分摊。 (　　)

五、名词解释

1. 再保险　2. 共同保险　3. 临时再保险　4. 合同预约
5. 再保险合同　6. 自愿再保险　7. 强制再保险　8. 国内再保险
9. 国际再保险　10. 财产再保险　11. 水险再保险　12. 责任再保险
13. 人身再保险　14. 比例再保险　15. 成数再保险　16. 溢额再保险
17. 非比例再保险　18. 超额赔款再保险　19. 赔付率超赔再保险

六、简答题

1. 简述再保险与原保险、共同保险的关系。
2. 再保险的作用有哪些？
3. 再保险的分类有哪些？
4. 什么是成数再保险？其特点是什么？
5. 简述溢额再保险的特点。
6. 再保险合同的性质和特点是什么？

七、开放性讨论题

我国再保险市场现状如何？针对当前的竞争，你认为目前我们可以采取哪些措施应对？要求：结合我国再保险市场、产品与服务、市场监管等方面进行讨论。

本章练习题参考答案

第九章

保险科技与保险公司的业务经营

本章知识结构

- 保险科技与保险经营
  - 保险科技的含义
  - 保险经营的含义和原则
  - 保险经营的特征
- 保险营销
  - 保险营销的含义及特点
  - 保险营销的渠道
  - 保险营销的环境
  - 保险营销的战略
  - 保险营销的技巧
  - 保险营销注意事项
- 保险承保和理赔
  - 保险承保与核保
  - 保险的理赔
- 保险防灾防损
  - 保险防灾防损的含义及意义
  - 保险防灾防损的要求及内容
  - 保险防灾防损的方法
- 保险投资
  - 保险投资概述
  - 保险投资的原则
  - 保险投资的渠道
  - 我国及其他国家和地区的保险资金运用

教学目标

知识目标

1. 了解保险公司经营的含义、原则及特征。
2. 掌握保险营销的含义、渠道、技巧及注意事项。
3. 熟悉投保、核保、承保、理赔流程及要点。
4. 掌握保险投资的原则和渠道。

能力目标

1. 能够具有一定的保险营销技巧。
2. 能够适当处理投保、核保、承保、理赔等环节。

素质目标

1. 引导大学生要具备诚实守信等职业道德。
2. 了解公平法制对保险公司经营管理的重要性。

本章寄语

将保险公司的经营方式与营销模式向大众展示，让大众真正了解保险公司的日常管理，正确地认识保险的作用，让保险成为生活中的必需品。

案例引入

早在 2015 年，中国人寿寿险公司便着手推进实施“以客户为中心，以互联网为特征”的流程变革，到 2022 年形成了公司职能流程及端到端流程管理体系。由寿险 App、官方微博、小程序所构成的线上服务平台矩阵得到广泛使用，打破时间和空间的限制，实现 7×24 小时不间断服务，将客户从烦琐的线下流程中解放出来，让简捷成为服务的根本。

通过加强内外部数据连接，中国人寿寿险公司实现了从投保、承保、保全到理赔的全场景数智化服务。2019 年推出“重疾一日赔”服务，对申请重大疾病赔付且符合条件的客户实现“确诊即可赔”。2023 年推出“理赔预付”服务，打破“就医后理赔”的传统模式。并在多个省份试点“全流程无人工理赔”，将原来以天为单位的理赔速度缩减至秒级，用“品质”筑就暖心保障。

保险公司的经营活动是由一系列相互联系、彼此制约的环节构成的，包括营销、承保、防灾防损、理赔、资金运用等。保险公司的经营水平，不仅直接影响着公司自身的经济效益，而且对保险业的形象和社会的稳定产生影响。因此，保险公司经营要对经营的各个环节进行计划、组织、协调，以实现经营的合理化，并取得最佳经济效益。

第一节　保险科技与保险经营

一、保险科技的含义

保险科技是一种新兴现象，传统保险业通过借助诸如大数据、区块链、云计算、人工智能等新科技来服务过去未能覆盖的市场，扩大保险市场的潜在规模，降低传统保险产品成本或者提升理赔效率。

保险科技作为金融科技的一个分支领域，是人工智能、区块链、云计算、大数据等底层技术与保险业务场景深度融合带来的流程优化和价值创造。它是通过将相关的技术融入保险来增强保险业务能力，提升保险服务价值。科技的发展深刻影响着保险科技的发展。伴随着互联网从个人电脑端到手机移动端、网络基建从 2G 到 5G 的发展，保险与互联网的结合有了重要的技术保障。进入 2010 年以来，人工智能技术成为保险科技的重要驱动力。保险公司开始使用深度学习和自然语言处理技术来改善核保、风险评估、欺诈检测和客户服务。此外，生态系统整合也变得越来越重要。保险公司与技术公司、健康生态系统以及金融生态系统合作，创造了更多的增值服务。以众安保险为例，作为中国首家线上直销保险公司，成立于 2013 年的众安保险代表着保险科技发展的新趋势。它不断借助大数据、人工智能和区块链等先进技术，提供了一系列创新型的保险产品。它的成功表明，保险科技已经在全球范围内迅速崭露头角，改变了传统保险业务模式。保险科技的创新技术主要有区块链、人工智能、大数据、云计算、物联网、互联网及移动技术、基因技术等。大数据技术提供了更深入的洞察力和精确性，人工智能和机器学习技术提高了保险业务流程的智能化和自动化程度，区块链技术提升了合同安全性和效率，物联网技术实现了风险监测的实时化和精准化。这些技术的应用和发展，推动着保险科技的创新和进步，提升了保险行业的效率、客户体验和风险管理能力。保险科技目前在保险各个环节中的运用情况如表 9-1 所示。

表 9-1　我国保险科技在保险各个环节中的运用

科技	营销环节	产品研发	核保承保环节	理赔	服务
云计算	快速对接分销渠道科技支持互联网流量接入	缩短业务上线周期、碎片化业务的设计和承接			
大数据	精准营销、交叉销售、辅助代理人展业	辅助精算定价、定制化产品开发	自动核保、反欺诈	数据关联分析、欺诈风险识别	根据客户 360 度画像、提供精准服务
人工智能	智能保险顾问、智能电话销售、分销管理(培训/考核)、智慧营业厅		智能核保引擎、身份认证、智能双录、OCR 识别(图像识别技术)	智能定损、移动理赔、声纹识别反欺诈	智能客服
物联网		UBI 精准定价、可穿戴设备建立被保险人实时数据库,并制定个性化健康管理方案	智能传感、提前预防风险		
区块链		创新产品开发区块链保单、相互保险	唯一性验证简化核保流程	智能合约、自动赔付、反欺诈联盟标的溯源	
基因检测		依据风险高低进行更精准的定价,提供针对性的后续健康管理服务	进行个性化体验和预防治疗,选择适合的保险产品		

二、保险经营的含义和原则

保险经营是指把保险作为一种商品来经营,它是保险公司为实现保险分散风险及补偿损失的基本职能和资金融通、社会管理的派生职能所从事业务活动的总称。保险经营一般包括保险展业、承保与理赔、保险防灾防损及保险投资几个环节。保险经营原则是指保险公司从事经济活动的行为准则。但由于保险产品除了具有一般商品的共性外,还具有自身的特性,因此,保险经营的原则分为一般性原则和特殊原则(见图 9-1)。

- 保险经营的原则
  - 一般性原则
    - 经济核算原则
    - 随行就市原则
    - 薄利多销原则
  - 特殊原则
    - 风险大量原则
    - 风险分散原则
    - 风险选择原则

图 9－1　保险经营的原则

(一)保险经营的一般原则

1. 经济核算原则

经济核算原则是所有以营利为目的的商业经营都要遵循的原则。保险经营实行经济核算,可以促使保险公司全面加强经营管理,提高经济效益,增强保险偿付能力。同时,经济核算还可以促使保险公司压缩各项费用支出、节约保险成本、提高利润水平。保险公司经济核算的主要内容包括保险成本核算、保险资金核算、保险利润核算。

2. 随行就市原则

随行就市原则是市场观念的具体体现。随行就市,是指商品经营者根据不断变化的市场行情,采取及时调整商品结构和价格水平的措施,以适应市场需求的主动行为。

保险经营必须遵循随行就市原则。目前我国保险市场的竞争格局已基本形成,保险公司对市场的依赖越来越强,这就要求保险公司必须从实际出发,善于捕捉市场信息,及时做出灵敏的反应,随行就市。

3. 薄利多销原则

薄利多销有利于企业的资金周转,提高资金利用率;有利于降低单位产品成本,增加企业盈利;有利于扩大企业的市场占有率。因此,薄利多销原则成为一般商品经营的重要原则,具体体现在保险产品价格的确定上。车险及家财险的价格定期会有变动,合理的保险价格体现着等价交换的原则,是保险经营的中心问题。保险价格过高,不仅会损害投保人的利益,而且会使保险公司在竞争中处于不利地位,影响业务的拓展;保险价格过低,则会导致保险公司缺乏足够的偿付能力,甚至亏损,最终影响被保险人的利益。

(二)保险经营的特殊原则

保险经营是一种特殊的商品经营,除了遵循一般商品的经营原则外,还要遵循自己的特殊原则。

1. 风险大量原则

风险大量原则是指在可保风险范围内,保险人根据自己的承保能力,努力承保尽可能多的风险单位。

(1)保险经营必须建立在大数法则基础上,它是计算保险费率的数理基础。只有承保大量的风险单位,大数法则才能显示其作用,使风险发生的实际情形与预先计算的风险损失概率更加接近,确保保险经营的稳定性。

(2)风险的发生具有不确定性,只有承保尽可能多的风险单位,才能建立起雄厚的保险基金,才能保证保险经济补偿职能的履行,从而体现保险经营"取之于面,用之于点"的特点。

(3)扩大承保数量可以降低保险成本,提高经济效益。承保的风险单位越多,保费收入就越多,而营业费用会随之相对减少。因此,扩大承保数量是保险公司提高经济效益的一个重要途径。

2. 风险分散原则

风险分散原则是指某一风险责任由众多的人共同分担。保险经营的实践证明,如果保险人承担的风险过于集中,那么一旦发生较大的风险事件,保险人就无法赔付巨额损失。这既威胁着保险公司的生存,也有损于被保险人的利益。因此,保险人为保证经营的稳定性,应使风险分散的范围尽可能扩大。风险分散,包括承保前分散和承保后分散。

承保前实行风险分散,主要是通过承保控制的方法进行,即保险人对所承保的风险责任加以适当控制。承保前控制的手段主要有:规定一定的免赔额;实行比例承保;规定按实际损失赔偿;控制高额保险;在承保时要合理划分危险单位,并使每个危险单位尽可能独立。例如,在承保火灾保险时,对于市区密集街道地域,可分成若干地段,并估测每一地段的最大损失可能,从而确定保险人对每一地段所能自负的最高限额。这样,就可使火灾风险有效分散,并使保险人所承担的保险责任被控制在可承受的范围内。

承保后的风险分散,主要是采取共同保险和再保险的方法。共同保险,是由多个保险人共同承保风险较大的保险标的。再保险是指保险人为了分散风险,将所接受的保险业务的风险责任的一部分转让给其他保险人承担。共同保险和再保险的区别在于:共同保险是保险风险的第一次分担,属于横向分散;再保险是保险风险的第二次分担,属于纵向分散。

3. 风险选择原则

为了保证保险经营的稳定性,还需对所承保的风险加以选择。风险选择原则是指保险人在承保时,对投保人所投保的风险种类、风险程度、保险金额以及被保险人的情况等要有充分、准确的评价和认识,并做出承保或不承保或有条件承保的选择。保险经营要兼顾经济效益和社会效益。风险选择可以提高承保质量,降低经营风险,带来良好的经济效益;同时,风险选择可以杜绝投机行为和道德风险,带来良好的社会效益。

保险人对风险的选择表现在以下两个方面:

(1)对风险性质的选择

对风险性质的选择首先要在众多风险中判定哪些是可保风险,进而在可保风险中选择可承保的风险。对某一保险人来说,它承担风险的能力和承保技术有局限性,对于保险市场中的各种可保风险不可能全部承保,必须做出选择。可保风险转化为承保风险的条件为:可保风险必须是保险人的资金力量和技术手段可以接受的,可保风险必须在保险人的经营范围内。

(2)对保险合同当事人进行选择

投保人、被保险人、受益人的道德水准、风险管理能力以及健康状况等因素都是必须慎重考虑的。

三、保险经营的特征

保险业是风险管理行业,保险经营具有以下特征:

(一)保险经营资产具有负债性

保险经营的资产中,自有资本所占的比重很小,绝大部分来自投保人按照保险合同向保险公司缴纳的保费、保险储金等。

(二)保险公司的利润计算具有特殊性

保险人的利润在以当年收入减去当年支出的基础上,还要调整年度的业务准备金,调整数额的大小直接影响企业的利润。从直观的角度看,寿险企业的利润基本上来自利分差收益、死差收益与费差收益。

(三)保险经营成本利润具有专业性

首先,保险费率是根据过去的统计资料计算出来的,与未来的情况有偏差;其次,保险事故的发生具有偶然性;最后,就每一保单而言,在保险期限内,保险事故发生得越早,成本越大,如果保险事故在保险期限内未发生,就基本上不存在保险成本。

(四)保险经营具有分散性和广泛性

保险公司承保的风险范围广,经营险种多,囊括社会生产和生活的各个领域,影响面广泛。

第二节　保险营销

一、保险营销的含义及特点

(一)保险营销的含义

保险营销又称保险展业、保单销售,是保险公司进行市场营销的过程,是保险公司引导具有消费能力的单位或者个人购买保险的行为,也是向客户提供保险产品和服务的行为。保险展业是保险公司经营活动的起点。保险营销是保险产品(险种)、保险产品价格(费率)、销售渠道和促销手段等因素针对目标市场共同作用的结果。

(二)保险营销的特点

1. 主动性

保险产品营销最大的特点之一就是主动性。如果没有主动出击,许多营销活动就难以顺利进行,陷于盲目和停滞。保险营销的主动性表现为:变潜在需求为现实需求。多数人对保险的需求是潜在的,尽管保险产品能够转移风险,提供一种保障和补偿,但由于它是一种无形的、看不见、摸不着的抽象商品,大多数人似乎对它没有迫切的需求,寿险产品更是如此,因此,保险营销人员必须通过主动性的营销使客户的潜在需求变为现实需求。

2. 以人为本

保险产品营销是以人为出发点并以人为中心的营销活动,脱离了人性化,保险营销就会变得缺乏活力和吸引力。保险产品的经营者需要时刻面向自己、面向员工、面向客户,并实现三者利益的统一。

3. 注重关系营销

现代企业的营销是一个与消费者、竞争者、供应商、分销商、政府机构和社会组织发生互动作用的过程。在这一过程中,建立与发展同相关个人及组织的关系是营销的关键。保险产品的营销作为一个蓬勃发展的事业,更要注意关系营销。忽视了关系营销,保险营销就会成为无源之水、无本之木。具体而言,保险营销中的关系营销体现在以下三个方面:(1)建立并维持与客户的良好关系;(2)促进与竞争对手的合作关系;(3)协调与政府间的关系。

4. 非价格竞争性

非价格竞争是指企业通过非价格因素赢得客户。保险公司之间通过“价格战”进行竞争,既不利于公司自身的稳健性,也会严重侵害客户利益,甚至给整个行业和社会带来恶果。各国的相关监管部门对于保险费率、偿付能力和竞争行为都有严格的规范和管理。因此,保险营销更注重在险种开发、促销以及渠道商方面寻求竞争优势,以更好地实现企业目标。

5. 保险中介人作用巨大

这主要表现在两个方面:一方面,保险产品的复杂性使得客户急切需要在中介人的帮助下了解和选择保险产品。例如,寿险产品的条款内容、缴费方式和时间及现金价值的积累计算等涉及一般客户所不熟悉的保险专业知识,需要保险代理人为其详细讲解。另一方面,保险公司将销售环节外包给中介人,就可以集中进行产品的开发创新,不断满足客户的需求发展,节省公司因销售而发生的办公费用、通信费用等。此外,由于保险中介人长期从事销售活动,业务精熟、经验丰富,完全有能力帮助保险公司更好地实现营销目标。

二、保险营销的渠道

保险营销渠道是指保险产品从保险公司向客户转移过程中所经过的途径,主要有直接营销渠道和间接营销渠道。直接营销渠道主要是指保险人直接展业,间接营销渠道主要是指保险代理人展业、保险经纪人展业。

(一)保险人直接展业

直接展业是指保险公司依靠自己的业务人员去争取业务,这适合于规模大、分支机构健全的保险公司以及金额巨大的险种。

1. 直接展业的优点

(1)可以充分利用保险公司的良好声誉;

(2)经常对员工进行培训,整体素质比较高;

(3)直接对员工进行有效管理,可以有效避免一些违规行为发生。

2. 直接展业的弊端

(1)由于支付一定的薪酬,因此固定成本比较高;

(2)增加与配套相应的机构和设备,管理成本较高;

(3)长期培训也会增加成本。

(二)保险代理人展业

对许多保险公司来说,单靠直接展业是不足以争取到大量保险业务的,在销售费用上也不合算。如果保险公司单靠直接展业,就必须配备大量展业人员和增设机构,大量工资和费用支出势必提高成本,而且展业具有季节性特点,在淡季时,人员会显得过剩。因此,国内外的大型保险公司除了使用直接展业外,还广泛地建立代理网,利用保险代理人和保险经纪人展业。

1. 定义

《保险法》第一百一十七条规定:“保险代理人是根据保险人的委托,向保险人收取佣金,并在保险人授权的范围内代为办理保险业务的单位或者个人。”在我国,保险代理人分为专业保险代理人、兼业保险代理人和个人保险代理人。三种代理人的代理权限不完全相同,一般包括代理销售保险产品、代理收取保费、代理相关业务的损失查勘和理赔。

2. 保险代理人选择

如果是专业代理人和兼业代理人,就要符合《保险代理机构管理规定》的相应条件,例如高管任职资格、资本金、职员人数、持有代理资格证书的人数、办公条件等。如果是选择个人保险代理人,也就是通常所说的保险增员,就要求持有资格证书、热爱保险事业、熟悉金融保险及相关知识、具备良好的职业道德等。

（三）保险经纪人展业

保险经纪人不同于保险代理人，保险经纪人是投保人的代理人，对保险市场和风险管理富有经验，能为投保人制订风险管理方案和物色适当的保险人，是保险展业的有效方式。

1. 定义

《保险法》第一百一十八条规定："保险经纪人是基于投保人的利益，为投保人与保险人订立保险合同提供中介服务，并依法收取佣金的机构。"从这一规定可以看出，保险经纪人只能以保险经纪公司的形式出现，这一点与保险代理人中有个人代理人形式不一样。保险经纪人展业是指保险公司利用保险经纪人招揽保险业务。

2. 保险经纪人展业的业务权限

主要包括以下几个方面：为投保人拟定投保方案，选择保险人，办理保险手续；协助被保险人或受益人进行索赔；为委托人提供防灾、防损或风险评估、风险管理咨询服务；国家金融监督管理总局批准的其他业务。

三、保险营销的环境

任何经济活动都离不开各自特定的环境，同理，保险营销活动也受环境影响很大。保险营销环境是复杂的、多层次的，包括外部环境、内部环境、顾客情况及竞争情况等。

（一）外部环境分析

1. 人口环境

在一个特定经营区域内，人口情况是保险营销环境中最重要的因素，人口状况如何将直接影响保险公司的营销战略和营销管理。因为保险需求是由具有消费欲望并有货币支付能力的消费者组成的。人口环境主要包括人口总量、人口年龄结构、家庭人口数量、人口受教育程度和人口的就业观念。比如家庭结构小型化减少了家庭内部成员之间的风险抵御互助作用，有利于扩大购买人寿保险的欲望。

2. 经济环境

经济环境是所有环境中对保险公司营销活动影响最大的环境因素，这些因素包括国民经济发展水平、储蓄与保险消费规模、保险消费观念、投资渠道与收益情况等。目前居民购买保险的首要驱动因素是居民需要比银行存款更高回报而且安全可靠的投资产品，同时居民收入的连年增加，国家养老、医疗改革的不断深入，都给寿险业的发展带来了较大的动力支撑。

3. 技术环境

保险的经营也极大地受到了技术环境的影响。信息技术革命、生物技术的飞跃、金融技术的进步都给保险业的发展带来了新的空间与机遇。如美国人寿保险营销及研究协会曾对北美的 71 家保险公司进行调查，其结果是新技术能使保险公司的决策更贴近客户，保险公司不仅能以更快的速度获得更多的资料，而且可以快速地对业务进行处理，并使经营成本降低，从而使保险这一无形服务产品的市场转变为全球性的产业。据保险人士预测，未来的网上营销将变成保险销售的主要方式。

4. 社会文化环境

一个国家或地区的风俗习惯、道德伦理观念、价值观念、宗教信仰等因素都会对保险销售活动产生较大影响，不同的文化背景会产生对风险不同的认识，也会带来对保险产品认同的差异。在保险营销中必须考虑到这些差异的存在，以及这些差异对保险营销的影响。

5. 政治、法律环境

与保险有关的国家方针、政策、法令、法规及其调整变化的动态,对保险公司的经营都有较大的影响。比如我国在加入世贸组织后,保险业的对外开放必然引起我国在保险管理方面的重大转变,某些地区提前对外资保险公司的开放将导致这些地区在竞争上、监管上出现巨大变化,对保险公司制订区域市场营销计划将带来许多影响。

(二)内部环境分析

1. 保险公司的经营理念与公司文化

保险公司的经营理念与公司文化是一家公司区别于其他同类公司的标志,也是公司经营的最高境界,是联结公司全体员工思想与行为的核心和纽带,是保险公司在长期经营过程中形成的价值观、经营思想、群体意识和行为规范的总和。一家保险公司是否具有良好的经营理念与公司文化,是公司经营的重要问题。

2. 保险公司的财务状况

对整个保险公司来说,主要考察公司的偿付能力、经营的稳定性。而对于区域保险分支机构来说,主要考察财务制度的执行情况、配合业务发展的财务预算制定情况、各种财务开支的使用情况。

3. 保险公司的产品分析

保险公司的产品是保险服务的核心,是一切营销活动的基础。由于保险产品的无形性,保险产品没有自己独立存在的实物形式,因此很难通过陈列、展示等形式直接激发客户的购买欲望。但是,我们可以对合同(保单形式和保险金额)、保单条款(保单内容)、营销方法(广告、渠道或销售方法的变化)、服务(配套服务水平和内容)等方面进行考察。现今,保险公司利用大数据技术,根据客户所在客群的不同偏好去设计相应的保险产品。通过对市场现有产品信息进行大数据分析,了解同业保险公司的产品定价策略,建立更细致、更全面的产品数据体系,避免产品设计开发出现同质化现象,并可依据市场动态关系预测未来产品走向和行业发展趋势,更精准地为潜在目标客户量身定制保险产品。

4. 保险公司的销售渠道管理

保险公司的销售主要依靠保险中介组织来进行。如何选择、管理、监控、激励销售渠道,是保险营销中特别是保险公司在区域营销中所要考虑的问题。在金融服务营销中人是最宝贵的资源,管理好销售组织,要执行许多重要职能,如计划制订、人事管理、招募、培训、销售监督、销售激励。

5. 保险公司的销售管理组织

在市场经营中,保险机构面对的是竞争日益激烈、市场日新月异的变化,如何适应这种变化,作为保险公司在组织设计上必须做出相应的调整与反应,比如内部机构的设置、内部管理职能的划分、内部各项工作运转的流程必须以高效、快捷、优质的方式来支撑区域市场营销目标的达成。

(三)顾客情况分析

保险公司经营的成功与否,在很大程度上取决于它判断新的市场机会,争取更多的新客户,并从其他保险公司手中夺取客户,以提高营销策略效率的能力。一般来说,消费者行为的可靠性分析是达到这些目的的基本手段。

影响顾客保险消费决策的因素主要有外在和内在两大因素。外在因素包括文化方面的文化背景、社会阶层,社会方面的参照群体、家庭、社会地位和角色等因素。内在因素包括心理方面的动机和感觉、信仰和态度，个人方面的生命周期、年龄、社会地位、经济收入及个性等因素。运用不同的心理和行为细分原则，可以达到不同的目的，保险公司都力争降低成本以便为低风险的消费者提供有吸引力和竞争力的保险服务。如英国伦敦哈林顿保险公司为不吸烟者、已婚的司机和不动产所有人制定了相对较低的机动车保费收取标准，因为这些人对生命持一种更谨慎的态度。

(四)竞争情况分析

保险公司要面临众多的竞争对手，最主要的是保险同业的竞争，还有其他因金融一体化带来的非同业的竞争。同业竞争者是能够提供同一类保险服务，但承保条件、保险责任、除外责任、保险范围以及售后服务近似或皆不相同的保险公司。同业公司之间的竞争是保险市场上最直接也是最强有力的竞争。各家同业公司为了达到自身最优的经营绩效，都会采取不同的营销策略和竞争手段。在同业公司的竞争中，主要考虑卖方密度、服务差异、准入难度等问题。

其中，服务差异主要是指各家保险公司提供的保险服务的差异程度，主要表现在险种(数量、险种组合、保险范围和适用性)的差异、业务(市场占有率、险种赔付率、保费收入、售后服务)的差异、营销策略(营销险种的组合、保险费率策略、营销渠道的选择及促销策略的实施)的差异及营销管理(销售队伍的管理办法、佣金支付标准、销售网点的选择与设置、培训体系建设等)的差异。

此外，随着金融一体化的趋势，越来越多的金融机构将提供全方位的金融产品服务，这也意味着同业竞争者将越来越多。而且为了竞争就要采取众多的策略，如为降低成本而进行裁员。2023 年末，我国人身险公司保险营销人员数量为 281.34 万人，与 2019 年高峰时期的 912 万人相比，减少了 631 万人。1994 年诺里奇联合保险公司将它的直销人员从 800 人削减为 250 人，许多公司称之为“合理化”过程。

(五)SWOT 分析(优势/劣势及机会/威胁)

环境分析中的关键过程就是 SWOT 分析。SWOT 代表与公司在市场上的机会和威胁有关的优势和劣势。

优势和劣势是就公司及其产品而言，机会和威胁通常是指公司无法控制的一些外部因素。SWOT 分析包括理解和分析自己的优势和劣势，明辨公司的威胁和市场机会。然后可以尝试利用自己的优势来克服劣势，抓住机会，避免威胁。这是方案制订过程中最重要的环节之一。SWOT 分析中提出的问题能帮助判断本公司及产品是否确实能够完成自己的营销方案，以及有什么限制条件。

四、保险营销的战略

保险营销战略是指保险营销部门为了实现保险公司占领目标市场、完成预订营销目标，对目标保险市场进行选择、定位以及制订全面营销规划和行动方案。它是保险营销规划的基础，为保险营销活动奠定了基础。

保险营销战略的核心内容包括目标市场和营销组合。

(一)目标市场

目标市场营销是保险营销的基础环节，包括市场细分(segmenting)、选择目标市场(targeting)和市场定位(positioning)，即实行“STP”营销。确定适合本公司优势的目标市场，并根据市场需求的变化，及时调整营销组合策略，是使保险企业在保险市场竞争中始终处于主动地位、决定保险市场营销活动成功与否的关键。

在进行目标市场营销时,首先要进行保险市场的细分。市场细分是企业营销管理者在市场调研的基础上,根据消费者的不同需求,将需求大致相同的消费者予以归类,从而将整体市场划分为若干个不同的消费者群,并选择适合公司目标的市场进行开发的过程。处于保险市场竞争中的各家保险公司,无论是市场上占主导地位的公司,还是新成立的公司,都必须认真分析保险消费者的需求,根据顾客需求的异质性和企业资源的有限性以及市场的竞争性,依据不同的市场细分标准,将保险市场分为若干子市场。

保险市场经过细分之后,保险公司面对众多子市场,必须根据需要覆盖保险子市场的数量,着手选择最佳目标市场,实行无差异营销、差异性营销和集中营销等市场覆盖战略。

在保险公司选择了目标市场之后,就要针对目标市场进行市场定位。市场定位就是保险公司根据目标顾客对产品特性的重视程度,全方位为产品塑造一定的特色,树立一定的市场形象,从而取得市场竞争的主动权,其实质就是为了取得目标市场的竞争优势。

(二)营销组合

营销组合是公司为了更好地满足目标市场的需要而运用的各种营销策略以及和平共处的手段。20世纪50年代提出了以产品(product)、渠道(place)、促销(promotion)、定价(price)构成的最基本的营销组合,由于这4个词的英文字头都是P,再加上策略(strategy),所以简称"4P'S"。后来人们又在此基础上添加了一些新的要素,如企业形象、服务、公共关系、政治权力等,将营销组合的要素进一步扩大。尽管如此,人们还是更多地采用4P'S的营销组合概念作为最基本的营销策略和手段。

从整个保险公司的角度来看,需要在物质上和时间上对涉及单项销售措施的部分决策进行必要的协调,并使它们结合在一起。这样,由单项销售措施就产生出一个销售措施组合,也就是营销组合。

公司在制定营销战略时,应根据目标市场的不同、定位的差异来调整营销组合的内容,以便能够将适当的产品以适当的价格、适当的渠道、适当的销售手段传递给消费者,以满足消费者的需要。就保险公司来说,其营销组合主要包括险种策略、费率策略、渠道策略、促销策略。

险种策略是保险公司的产品策略,是在市场调查与选定目标市场的基础上,对险种的开发、设计、组合、推出时机、附加险、服务等做出决策。

费率策略是保险公司根据不同险种而制定保费的策略,它涉及保险成本、风险损失估计、竞争者费率、银行利率、投保人需求与心理等。

渠道策略是保险公司在利用自有展业人员直销的同时,如何选择和激励合格的代理人、经纪人、公证人、再保险人等进行销售的决策。

促销策略是保险公司、保险代理人、经纪人等将有关保险产品的信息通过各种沟通形式,如人员推销、广告、公共关系、展业推广等传递给投保人,以便让投保人了解、产生兴趣、产生投保欲望、最终做出投保决策等。

五、保险营销的技巧

作为一名专业的保险业务员,不仅要熟练掌握保险知识,而且要掌握销售技巧。成交最基本的因素是产品符合客户的需要,一名合格的保险业务员,要站在客户的角度去分析,用专业的知识为客户提供咨询和风险管理服务,从而树立公司品牌和个人形象。保险业务员营销时可使用的技巧有以下几个方面:

(一)利用转介绍展业

据统计,发展一个新客户发生的费用是保留一个老客户的 6 倍。客户转介绍具有耗时少、成功率高、成本低等优点,是开拓客户的最主要方法,是销售人员最好用的优质客户拓展手段。转介绍是世界上最容易的销售方式。转介绍展业,一是能够使保险行销人员迅速地捕捉到展业目标;二是遭受拒绝见面与深谈的机会较少,展业成功率较高;三是有利于保险行销人员扩大社会交际圈子,可使他们在更广泛的社会活动空间中展业。刚入公司的营销员可能担心没有客户的问题,此时就要学会利用转介绍的方法,找到身边有影响力的人,通过老客户来挖掘新客户。

(二)排除拒绝

在保险营销中,营销员经常会碰到内心含蓄的客户,即使自己有购买的意愿,口头上也总以各种借口拒绝签单,如果营销员不想方设法破解客户的拒绝,签单的窗口就始终难以打开。这时,营销员应用温和的语气先肯定客户的观点,然后告诉客户保险的实际用处,破解客户对保险的疑虑。另外,营销员在展业过程中,还经常会碰到对保险持排斥心理的客户,怀疑保险公司、不相信营销员、对保险理赔认为可望而不可即,因而拒绝投保。碰到这类情况,营销员可列举公司的性质、实力、品牌、年保费收入、现客户拥有量等"硬件"来说服客户。

(三)客户利益为主

营销员在保险营销的过程中,要把客户最关心、最直接、最现实的利益放在销售的首位,靠利益驱动客户投保签单。要向客户讲明,商业保险是人们生活中不可缺少的重要组成部分,随着经济形势的发展,保险越来越重要,购买商业保险是大势所趋,买保险越早越好。另外,明确告诉客户,保险公司的产品是同等保障情况下,年纪越大缴费越多,年纪越小缴费越少。

(四)化整为零

有些客户表示,听过营销员的投保介绍,心理压力较大。他们认为,由于对国家全面深化经济体制改革政策理解不透,对国家的经济形势估量不准,对自己以后的收入难以预测,对投保后缴费的持续性非常担忧,这也是影响签单的一大障碍。营销员要学会化整为零,对客户进行心理疏导,把年缴费总量化解到每个月、每一天,这样客户在心理上就能缓解缴费的压力。

六、保险营销注意事项

思考题:

推销同样的保险产品,对于着便装和着职业装的业务经理,你会选择在谁那里购买?为什么?

(一)礼仪

在保险行业除了具备本身的专业技能之外,礼仪形象也十分重要。公司员工是否懂得运用现代生活中的基本礼仪,不仅反映出该员工自身的素质,而且折射出该员工所在公司的企业文化水平和经营管理境界。员工良好的整体形象是企业内在素质的具体表现,可以为企业赢得良好的社会形象和声誉。

礼仪,它源自人的内心,真正关心别人,在意他人的自尊与感受,发自内心且表现在外的待人处事方式,就是礼仪。

外在形象专业:男士着深色西装、浅色衬衣、深色袜子、黑色皮鞋,系领带;女士着职业装、长筒袜,皮鞋光亮清洁,化淡妆,发型文雅庄重、梳理整齐。

站姿:抬头、含颌、挺胸、夹肩、收腹、提臀,两腿自然站立,脚跟并拢,脚尖分 30°~45°,双臂自然下垂,双手自然弯曲放于体侧。

以端正的站姿为基础,摆动时,要以肩关节为轴,上臂带动前臂,手臂要摆直线,前后摆动的幅度为 30~40 厘米,手臂外开,不超过 30°。

基本坐姿:入座要轻,坐满椅子的 2/3,后背轻靠椅背,双膝自然并拢(男士可略分开),头平正,挺胸、夹肩、立腰。

座位礼仪:主位右侧为主宾位,若主宾身份高于主人,为表示尊重,也可以安排在主人位子上座,而请主人坐在主宾的位子上。

电话礼仪:选对时间、环境,用语要规范,接、打电话先问好,自报家门,态度要友好、语气要柔和,电话铃响三声前接听、通话遵守“3 分钟原则”。

握手礼仪:五到——身到、笑到、手到、眼到、问候到;伸手顺序:贵宾先,长者先,主人先,女士先;握手时间一般在 3~5 秒为宜。握手力度适中。保持手部卫生。

进电梯:内有人,尊者优先;内无人,领路者先进,尊者次之。出电梯:尊者优先,不可向任何人说话,随时注意不与人眼光相接,不应有太多身体动作,眼睛盯着数字板,不可让别人看出你的情绪。

鞠躬礼仪:男士站立,双手放在裤缝两侧,头、颈、背成直线,前倾 15°,目光落于体前 1.5 米处,再慢慢抬起,注视对方;女士站立,双手交叉放于体前,头、颈、背成直线,前倾 15°,目光落于体前 1.5 米处,再慢慢抬起,注视对方。

每一家寿险公司的新员工在上岗之前都会接受公司系统的专业化培训。如中国人保寿险公司,分别有保险基础知识、公司介绍及产品介绍、如何开拓用户与相对应的话术、业务流程培训等。在新人班结束后的 1~3 周,公司还会进行新人衔接培训,主要针对新人展业遇到的问题进行辅导和心态调整以及激励。所有保险公司的业务员都必须参加晨会,每天早上 8:00—10:00 是寿险公司固定的学习时间,每一个业务伙伴都可以利用晨会的时间了解公司的产品,也可以共同讨论在展业中遇到的问题。

(二)话术训练

如果你是一名保险业务员,面对客户各种理由的拒绝,你会怎么解决?

1. 拒绝一:已经有社保了

原来是这样,还有吗?……我理解并感谢您告诉我您的想法,很多人一开始也是这么想的。看来您的工作单位非常不错,给您上了社会保险,但是不知您是否了解,社保只能低水平地“保”而不包,因为国家包不起,社保就是小背心,不是大棉袄,真正天寒地冻的时候,小背心的作用实在有限,您应该知道社保只能维持我们晚年的基本生活,而当我们有突发的事情急需用钱时,社保这个小背心能起作用吗?

2. 拒绝二:已经买过保险了

原来是这样,还有吗?……我理解并感谢您告诉我您的想法,很多人一开始也是这么想的,但是您看,随着收入水平和生活水平的不断提高,保障计划也是要逐步完善和增加的。

3. 拒绝三:我很健康,不需要保险

原来是这样,还有吗?……我理解并感谢您告诉我您的想法,很多人一开始也是这么想的,都认为现在很健康不需要买保险,但后来发现人吃五谷杂粮,没有不生病的,可等到生病再想来买保险时已经来不及了,而且正因为您很健康才能买保险,不健康的客户买都不能买,现在是拿健康换钱，有一天我们可能要拿钱换健康。

4. 拒绝四：保险容易理赔难

原来是这样，还有吗？……我理解并感谢您告诉我您的想法，很多人一开始也是这么想的，但后来发现其实保险的理赔都是比较迅速的，因为保险是诚信商品，如果说了不做，那谁还买啊？您不信可以看看保险年报，每年的保费收入那么多，说明了老百姓对保险的信任，况且保险公司的各项行为都是受到严格监管的，《保险法》会保护客户的利益；再说，现在保险市场竞争这么激烈，各家公司比的就是服务，怎敢轻视理赔呢？

5. 拒绝五：想买了联系您

原来是这样，还有吗？……我理解并感谢您告诉我您的想法，很多人一开始也是这么想的，但是，您看保险可以根据个人需要买或不买，但是风险不会因为您不想它来它就不来，等到您想买保险的时候可能已经因为年龄、身体状况等就不能买了。

6. 拒绝六：与家人商量

原来是这样，还有吗？……我理解并感谢您告诉我您的想法，买保险是大事，和家人商量一下是应该的，可是您是愿意带着保障去商量还是没有保障去商量呢？所有的客户购买了保单后，都有××天的犹豫期，如果到时候您的家人不同意，您完全可以将保单撤销，可保单一生效您就已经享受保障了。也正因为这是大事才需要专业的人为您出谋划策，如果您认可我的专业的话，您家人在家的时候我再来拜会您，给您和您的家人提供建议，您看什么时候方便？

7. 拒绝七：没钱买不起

原来是这样，还有吗？……我理解并感谢您告诉我您的想法，很多人一开始也是这么想的，总以为有钱才买保险，可您看就是因为没钱，才更应该购买保险，平时攒小钱，“万一”领大钱。

8. 拒绝八：不如存银行划算

原来是这样，还有吗？……我理解并感谢您告诉我您的想法，很多人会说保险不划算，但是假如有一天，您去银行存 500 元钱，您问银行柜员说，假如以后发生什么事情你能不能给我 20 万元？银行柜面人员一定会觉得您很奇怪。您存银行的时候，没有跟人家要保险，那您买保险的时候，也不能跟我只谈利息，这是完全不同的两种产品。

9. 拒绝九：给孩子留一大笔钱和固定资产，不怕他以后没钱

是啊，像您的孩子这么幸福的确实不多，但这些资产以后怎样使用，也许未来行业经营风险、宏观经济环境我们都没办法控制，我想您也是做大事业的人，一定清楚今天拥有多少不是重要的，关键是未来我们是不是一直拥有，我想您也会同意有一笔稳定的现金为孩子锦上添花。今天您做大事业，给孩子一个好的起点的同时，拿出一部分资金，为孩子多准备一笔现金流难道不是一个很好的办法吗？您看，我们公司专门为您这样的事业有成又有眼光的人推出了合适的产品……

10. 拒绝十：保险不吉利

买保险不吉利，不买不出事，一买就出事？您的感受我理解。我想问您一个问题，世界上是先有医院还是先有病人呢？是先有病人吧！不能说因为医院开了人们就会患病，对吧！所以也不能说买了保险就不吉利，就会出事，对吧！另外，买保险时众善凝聚，是“人人为我，我为人人”，幸运之神当然会保佑您，怎么会反倒连累买保险的人经常出事呢？买保险的出发点都是为了家人，为他人着想。

思考题：

保险推销是最能改造人的行业。它可以让平庸的人有才华，让失败的人成功，让想法偏激的人心理健康，让怪异的人举止得体，让孤僻的人广受欢迎，让自私的人博爱，让凶悍的人善良，让脆弱的人坚韧，让怯懦的人勇敢，让木讷的人善言……怎样做一个合格的保险推销员？

拓展阅读

互联网保险消费趋势上升

第三节 保险承保和理赔

一、保险承保与核保

(一)保险承保

1. 保险承保的含义

保险承保是指保险人对投保人的保险标的给予保险保障的合同行为。当投保人提出订立保险合同的“要约”时，保险公司会对投保人进行审核，以确定是否符合投保条件等，如果符合保险公司的相关条件，保险公司就会进行“承诺”，也就是承保，简单地说就是保险合同签订的过程。

2. 保险承保的基本要求

(1)扩大承保面，保证业务数量，以符合大数法则的客观要求；

(2)保证承保质量，接受的保险业务要符合保险公司的承保条件和承保能力，以保证经营的稳定盈利；

(3)合理厘定费率，保证履行保险公司的权利与义务。

(二)保险核保

1. 保险核保的含义

保险核保是指保险人对投保申请进行审核，决定是否接受承保这一风险，并在接受承保风险的情况下，确定保险费率的过程。在核保过程中，核保人员会按标的物的不同风险类别给予不同的费率，保证业务质量，保证保险经营的稳定性，也能使保险人可以在公平、有利的条件下承保风险。

2. 保险核保的原则

(1)实现长期的承保利润；

(2)提供高质量的专业服务；

(3)争取市场的领先地位；

(4)谨慎运用公司的承保能力；

(5)实施规范的管理；

(6)有效利用再保险支持。

3. 保险核保的主要内容

(1)投保人资格的审核,是否具有保险利益;

(2)保险标的审核;

(3)保险金额审核;

(4)保险费率的审核和确定;

(5)投保人或被保险人的信誉审核。

4. 保险核保的要素

保险核保的要素即保险公司在核保过程中应当考虑的对于是否承保以及以什么条件承保有重要影响的因素。

(1)财产保险的核保要素。

财产保险的核保要素如表 9-2 所示。

表 9-2　财产保险的核保要素

环境	标的状况	检验有无处于危险状态中的财产	检查各种安全管理制度的制定和实施情况
投保的财产险所处的环境,例如投保房屋,要检查该房屋所处的地理位置,工业区、商业区还是居民区,附近是否有易燃易爆危险源,房屋的具体建筑面积及建筑结构,周围交通等状况	指投保标的的主要风险及防护措施情况,是对投保财产自身的风险检查,检查其可能发生的风险损失和具体原因	若该财产必然或者即将发生风险损失,保险公司不予承保	健全的安全管理制度可以减少一定的风险损失,保险公司核保人员负责检查其是否有专人负责该制度的执行与管理

(2)人身保险的核保要素

①年龄和性别。年龄是影响人类死亡的最重要的因素,因而对年龄准确判断,是寿险公司决定是否承保及适用何种保险费率的重要环节,尤其是在寿险这样的险种中更为重要。寿险是以人的生存和死亡为保险事故的,故死亡率是订立保险费率的依据。

人在 10 岁以前,年龄越小,死亡率越高,婴幼儿死亡率比较高。通常 0～3 岁称为婴幼儿期,由于婴幼儿的身体机能尚未发育成熟,对疾病的抵抗力较弱,对灾害的自我防御能力极差,缺乏自我保护意识及能力,因此,患病率、病死率及意外伤害事故的发生率均较高且恢复能力较差,故其死亡率必然较高。对于已成年的被保险人,核保人员通常划分为三类:15～40 岁的年轻人、40～60 岁的中年人、60 岁以上的老年人。一般来说,年幼者患病率较高且以急性病占多数,治疗效果好。人到中年以后疾病的发生率出现第二次高峰,慢性病发生率明显高于其他年龄组,且疾病的疗效不理想,故在核保医疗险时,核保人员应注意年龄特点,并根据情况进行风险选择。

一般来说,女性的平均寿命较男性长,通常女性除妊娠期间死亡率较高外,其他时期的死亡率均低于同年龄男性。目前我国大城市的女性居民较男性平均寿命约长 2 岁,因而在保险费率上依据保险种类的不同,男女费率也存在着差异。如具有年金成分的寿险,由于女性寿命较长,因此缴费较同龄男性高;而重大疾病险则由于男性患病率高,因此缴费高于同龄女性;男性社会活动较女性更频繁,从事工作的风险性相对较高,相比女性而言更好冒险,不良嗜好也多,因此男性的意外伤害发生率较女性的高。

②体格。体格是遗传所致的先天性体质与后天各种因素的综合表现，对死亡率有较大的影响，因而是寿险的基本风险因素。人寿保险根据身高和体重的关系，将被保险者分为普通体、过重体和过轻体。体重过高对于人的寿命及死亡率影响很大，而且某些疾病中引致死亡发生的概率很高。轻度或中度过轻体、普通体、高度过轻体、高度过重体，其死亡概率依次不断增加。

③个人病史和家族病史。过去曾患过某种疾病或曾有外伤都称为“既往病史”。人在患病时，或多或少有死亡的风险，使死亡率增加，不过许多疾病治愈后死亡率随即下降。某些既往所患疾病对被保险人的自然寿命有直接的影响，如未根治的结核病、十二指肠溃疡等不易治愈且易复发的疾病，较长时间死亡概率不会迅速下降，所以有既往病史的患者不经过一定时间的治疗是不能按照标准费率承保的；而既往曾患某种疾病，如脑出血、心脏病、肿瘤、精神病等疾病的被保险人，其风险性较大，即使临床医治，其死亡率仍大大高于健康人群，一般情况下，病情需稳定相当长的时间才允许投保，且往往需要加收特别保费。

④职业和习惯嗜好。人们从事不同的职业所面临的风险也不同。随着社会经济的不断进步，社会分工不断向着高度单一专业化方向发展，涌现了越来越多的特殊职业，工作岗位千差万别。职业不同，人们发生意外事故及患某些疾病的概率也不同。如赛车手、探险家这些职业危险程度远大于机关干部、学校教师。我国从传统工业，到新兴产业以及第三产业，都存在一定的职业病危害。因此，寿险公司在核保时要了解被保险人的职业，要根据职业风险来决定是否予以承保或正常承保。人们在长期的工作和生活中养成的嗜好如吸烟、酗酒、吸毒、做风险运动等直接影响被保险人的风险状况。由于吸烟、酗酒、吸毒可以引发或是严重危害人的身体健康而导致死亡概率增加，因此，大多数寿险公司会很重视被保险人的嗜好，对有不良嗜好的被保险人或者拒保或者提高费率予以承保。

5. 核保流程

财产保险核保流程为：审核投保单→验险→缮制保险单→复核签章→清分发送。

人身保险核保流程为：接受投保单→体格检查→核保调查→核保决定。

(三)承保条件及方法

核保员在核保时应充分评估各种风险因素，在核心业务系统核保界面的核保记录中，详细记录具体风险点、核保员对风险的分析及最终的核保结论。核保记录永久保存于系统之中，作为核保质量考核及核保审计的依据。

核保决定包括标准体承保、条件承保(加费或责任免除)、延期、拒保。

1. 标准体承保

在人身保险的核保中，标准体是健康体人群的总称，是指被保险人健康状况符合生命表的基本范畴。对标准体保险公司可不附加任何条件，而依标准保险费率承保，也称无条件承保。在保险公司承保的被保险人中，标准体应占绝大多数。

2. 加费

加费是指在收取保费的期间内，根据危险程度加收额外风险均衡保费的承保方法。加费适用于递增性风险。递增性风险是指影响死亡率及重大疾病发病率的风险随投保年龄的增加而增加，一般而言，大多数慢性疾病具有递增性风险。

加费的具体操作步骤：确定被保险人的健康风险因素，查询再保险核保手册，获取寿险额外死亡率及重疾险额外发生率(EM 值)，将 EM 值输入核心业务系统，根据系统内置的加费表，计算出额外加费。

寿险及重疾险 EM 值＜50％为标准体，寿险及重疾险 EM 值≥50％，须加费。

投保人豁免保费定期寿险不做加费，EM 值≤100％，标准体承保；EM 值＞100％，拒保。

无寿险责任的年金险不做加费，患有拒保疾病的被保险人不得投保。有寿险责任的年金险，按照寿险评估。

3. 延期

被保险人健康情况异常，但风险程度不明确或不确定，无法进行准确合理的风险评估，需进一步观察、取证，待风险确定后再重新投保。延期可能导致业务流失，核保员在做出延期决定之前，应充分考虑到客户复查结果的各种可能性及相应解决办法，并向营销员及客户解释清楚，避免不必要的纠纷。

4. 拒保

拒保适用于以下两种情况：

(1)终身寿险 EM 值＞200％，定期寿险 EM 值＞150％，重大疾病保险 EM 值＞150％。

(2)结合生存调查发现存在道德风险的个案。

二、保险的理赔

(一)保险理赔的含义

保险理赔是指保险标的发生保险责任范围内的事故，保险公司根据合同规定，对被保险人提出理赔请求而进行相应处理的行为。

(二)保险理赔的原则

1. 重合同、守信用

保险公司与被保险人之间的权利、义务是通过保险合同来实现的，合同双方当事人都应该积极履行合同约定，对于保险公司来说，在处理各种赔案时，应严格按照保险合同中的条款规定，受理赔案、审核责任、确定损失、合理赔付，不可乱赔，也不可惜赔，要有理有据。

2. 实事求是

保险合同中对理赔条款做了明确的规定，但现实情况错综复杂，这就要求保险公司处理赔案时实事求是，不能夸大事件，也不可以缩小范围，结合实际情况进行处理，要有原则性，也要有一定的灵活性。

3. 主动、迅速，准确、合理

主动、迅速，是指主动了解受灾情况，及时赶到现场查勘理赔；准确、合理，是指分清责任，抵制欺诈性索赔，准确确定损失，合理进行理赔，这是理赔质量的重要标准，作为理赔人员应掌握保险条款以及理赔相关的知识，提升理赔质量。

(三)保险理赔的程序

(1)损失通知。

(2)审核保险责任。保险单是否仍有效力，损失是否由所承保的风险所引起，损失的财产是否为保险财产，损失是否发生在保单所载明的地点，损失是否发生在保险单的有效期内，请求赔偿的人是否有权提出索赔，索赔是否有欺诈。

(3)进行损失调查。分析损失原因，确定损害程度，认定求偿权利。

(4)赔偿给付保险金。

(5)损余处理。

(6)代位求偿。

(四)寿险理赔实务

1. 理赔申请时效

(1)人寿保险的被保险人或受益人向保险公司请求赔偿或者给付保险金的权利,自其知道或者应当知道保险事故发生之日起5年不行使而消灭。

(2)人寿保险以外的其他保险的被保险人或者受益人向保险公司请求赔偿或者给付保险金的权利,自其知道或者应当知道保险事故发生之日起2年不行使而消灭。

2. 理赔所需资料

身故理赔所需资料包括:(1)保险合同首页复印件;(2)理赔申请书;(3)被保险人身份证明复印件;(4)交管部门出具的交通事故责任认定书;(5)死亡证明,户口注销证明,丧葬证明;(6)法定继承人(配偶、子女、父母)身份证明及受益人与被保险人的关系证明;(7)法定受益人的银行卡(工、农、中、建、邮);(8)保险金继承协议书或遗产继承公证书;(9)如入院抢救则需提供出院小结或诊断证明;(10)单位提供意外事故证明,加盖公章。

医疗理赔所需资料包括:(1)保险合同首页复印件;(2)理赔申请书;(3)被保险人身份证明复印件;(4)法定受益人的银行卡(工、农、中、建、邮);(5)门诊手册;(6)住院病例(全套);(7)诊断证明书;(8)门诊、住院的发票;(9)单位提供意外事故证明,加盖公章。

3. 部分理赔申请资料的获取

(1)理赔申请书、授权委托书——公司客服部门领取、公司网站下载打印。

(2)门(急)诊病历、处方和门诊医疗费用收据——就诊医院的医生、门诊收费处。

(3)住院费的收据、住院费用结算清单及用药明细——就诊医院住院处。

(4)诊断证明——就诊医院医生,需单独出具。

(5)意外事故证明——意外事故处理机构出具,如交通事故由交警部门出具证明。

(6)死亡证明——由医院、公安机关出具或由法院宣告死亡。

(7)户口注销证明——公安机关户籍管理部门出具。

(8)奔丧证明——承办丧葬事宜的殡葬机构出具。

(9)受益人或继承人与被保险人的关系证明——公安机关、公证机关。

(10)身体伤残鉴定书——法医鉴定中心或公司指定的医院。

拓展阅读

数字经济改变用户业务办理方式

人工智能+保险理赔的化学反应

第四节　保险防灾防损

一、保险防灾防损的含义及意义

(一)保险防灾防损的含义

保险防灾防损简称为“保险防灾”,是指保险人与被保险人对所承保的保险标的采取各种组织措施和技术措施,减少或消除风险发生的因素,防止或减少灾害事故所造成的损失,从而降低保险成本、增加经济效益的一种活动。

防灾防损是一项社会性活动,同时具有较强的技术性。保险防灾防损是全社会防灾防损的一个重要组成部分,二者相互补充、相互促进,共同发挥着保障社会财富安全和社会稳定的作用。

二者又存在着明显的差别:第一,社会防灾防损工作主体十分广泛,而保险防灾防损的主体主要是参加保险的单位和个人。第二,社会防灾防损的保护范围包括所有社会财富及全体社会成员的生命财产,而保险防灾防损的保护范围只限于保险标的。第三,社会防灾防损可以由各级政府主管部门根据国家法令和有关规定,对单位和个人防灾防损工作进行督促和检查,保险防灾防损则只能根据保险合同规定的权利和义务来开展工作。第四,社会防灾防险的对象是各种灾害事故,而保险防灾防损的对象通常只限于保险事故。第五,社会防灾防损可由主管部门对不重视、措施不力的单位和个人采用行政手段督促整改,直至给予行政及经济处罚,而保险防灾防损大多是向保险人提出防灾防损建议,若拒不整改,就只能解除保险合同或者在赔付责任上予以限制。显然,保险防灾防损是社会防灾防损系统的一个子系统,处于参与、配合、组织、推动的地位。

(二)保险防灾防损的意义

1. 开展保险防灾防损,有利于保障社会财富和人民生命安全

虽然保险可以在风险事故发生后发挥其经济补偿作用,但是灾害事故所造成的物质损失和人身伤亡却是无法挽回的,尤其是灾害事故对人们造成的巨大心理伤害和痛苦,更是无法用金钱来补偿的。而通过防灾防损活动,防患于未然,可以减少风险事故的发生及其给被保险人造成的损失,保障社会财富和人民生命的安全。

2. 开展保险防灾防损,有利于促进投保企业改善经营管理

投保企业参加保险后,按照保险合同有遵守各项安全规定、接受有关部门提出的防灾建议和做好防灾防损工作的义务。保险公司通过防灾防损的宣传和检查,提供消除隐患的建议,被保险人从思想上、组织上、制度上重视安全管理工作,可对改善企业的经营管理起到积极的推动作用。

3. 开展保险防灾防损,可以为降低保险费率创造条件,有利于减轻投保人的保费负担

确定保险费率的主要依据是保险标的的出险频率和损失程度,通过开展防灾防损活动,既可以降低保险事故发生的频率,又可以减轻保险标的的损失程度,相应地减少赔款支出。在此基础上,可为逐步降低保险费率创造条件,也减轻了投保人的保费负担。

4. 开展保险防灾防损,有利于提高保险业务的质量

保险公司结合保险业务的开展,进行防灾防损活动,可以随时了解保险标的的安全管理状况,根据保险标的风险程度的变化,及时调整保险费率,对保险合同的有关事项做出相应的

规定。这样,有利于保险经营的稳定及服务质量的提高。

二、保险防灾防损的要求及内容

(一)保险防灾防损的要求

1. 树立"防重于赔"的思想

虽然保险的基本职能是通过理赔对灾害事故所造成的损失进行补偿,然而补偿了的损失仍然是损失,无论是对社会还是对保险公司来说,都是物质财富的减少。这是因为,保险公司所承保的保险标的物,既是社会的财富,也是保险的财富,一旦发生保险合同范围内的损失,保险公司就要赔付。因此,在思想上必须明确:在承保标的物"防"与"赔"的关系上,应当是"防重于赔","防"的内容应当是积极检查,尽量做到防患于未然。

2. 保险防灾防损工作要做到经常、及时、实际、有效

防灾防损工作是一项长期性的业务,保险公司对内从展业承保开始,就要陆续进行防灾防损宣传和检查工作,对外则是经常配合有关部门抓各项防灾防损活动。

防灾防损工作要强调"及时",是因为防灾防损工作有一定的时间要求,如什么情况下该防,什么时候要防,都应掌握时机及时进行,如果错过机会就会造成被动。

除了经常和及时的要求外,在防灾防损工作中,从组织到具体工作内容,都要从保险公司的实际情况出发,使防灾防损检查中发现的不安全因素和事故隐患得到及时有效的处理,并促使被保险人尽快实施改正建议和措施,把防灾防损工作落到实处。

3. 保险防灾防损工作要采取"参与配合,组织推动"的基本做法

"参与配合,组织推动"是指保险公司积极创造条件,参与社会专业防灾防损组织,密切同有关部门的联系,在人力、物力、资金等方面给社会以支持,积极组织和推动社会防灾防损活动经常、深入、持久地进行,从而使社会防灾防损的力量、手段和技术条件得到有效利用。

(二)保险防灾防损的内容

1. 加强同各防灾部门的联系与合作

保险公司作为社会防灾防损组织体系中的重要一员,以其特有的经营性质和技术力量受到社会各界的重视,发挥着越来越大的作用。因此,保险人一方面要注意保持和加强与各专业防灾部门的联系,并积极派人参加各种专业防灾部门的活动,如公安消防部门对危险建筑的防灾检查、防汛指挥部对防汛措施落实的检查、商检部门对进出口货物的商品检验;另一方面要充分利用保险公司的信息和技术优势,向社会提供各项防灾防损服务,如防灾技术咨询服务、风险评估服务、社会协调服务、事故调查服务、灾情信息服务和安全技术成果推广服务等。

2. 开展防灾防损的宣传教育

目前,人们对风险的防范意识还比较薄弱,保险公司应运用各种宣传方式向投保人和被保险人宣传防灾防损的重要性,提高安全意识,普及防灾防损知识,同时,要加强有关防灾防损的基本知识和技能的宣传教育,使广大投保人和被保险人了解灾害事故的性质及危害,学会识别风险隐患,分析事故原因,掌握风险管理和处置措施(如灭火、抗洪、防震等技术措施),以提高全社会的防灾防损能力。

3. 保险公司还要宣传国家的防灾防损政策与法律法规

国家颁布执行的各种防灾防损的法律、条例、政策等,是保险合同订立的基础,是解决保险合同纠纷的重要依据,保险合同双方必须认真执行。保险公司应积极宣传,使各级领导和

广大群众提高执法守法的自觉性，树立以预防为主的指导思想，把防灾防损工作纳入制度化、法制化轨道。

4. 及时处理灾害因素和事故隐患

保险公司通过防灾防损检查发现不安全因素和事故隐患时，应及时向被保险人提出整改意见，并在技术上予以指导和帮助，将事故隐患消灭在萌芽状态。

5. 参与抢险救灾

保险公司在接到重大保险事故通知时应立即赶赴事故现场，直接参与抢险救灾：一是在灾害正在蔓延时，与被保险人一起组织抢救保险财产，防止灾害蔓延；二是在灾害发生之后，同被保险人一起，对受灾财产进行整理、保护和妥善处理残余物资。为做好抢险救灾工作，保险公司要对全体员工进行抢险救灾技术培训，使其掌握在危险环境中的各种救灾技术，并且能够在救灾过程中有效地保护各种财产和个人生命安全，减少不必要的人员伤亡。

6. 提取防灾费用，建立防灾基金

保险公司每年要从保费收入中提取一定比例的费用作为防灾专项费用，建立防灾基金，主要用于增强社会防灾设施和保险公司应付突发性的重大灾害时的急用。例如，用于资助地方消防、交通、航运、医疗卫生部门，帮助其添置公众防灾设备，奖励防灾部门和人员。这一内容充分体现了保险公司积极参与社会防灾工作。

7. 开展灾情调查，积累灾情资料

保险人除了搞好防灾工作以外，还要经常对各种灾情进行调查研究并积累丰富的灾情资料，掌握灾害发生的规律，提高防灾工作的效果。例如，有的保险公司要求对资产在500万元以上的投保人建立防灾档案。此外，保险人还应开展防灾技术服务活动，帮助事故发生频繁、损失额度大的投保人开展防灾技术研究。

三、保险防灾防损的方法

（一）法律方法

法律方法是指通过国家颁布有关的法律来实施保险防灾管理。许多国家的法律规定，投保人如不加强防灾措施，保险人不仅不承担赔偿责任，而且要追究其法律责任。《保险法》第五十一条规定，投保人、被保险人必须按约定履行其对保险标的的安全应尽的责任，否则，保险人有权要求增加保费或者解除合同。

（二）经济方法

经济方法是当今世界普遍运用于保险防灾的重要方法。保险人在承保时，通常根据投保人采取的防灾措施情况而决定保险费率的高低，从而达到实施保险防灾管理的目的。

（三）技术方法

保险防灾的技术方法可以从两个角度来理解：一是通过制定保险条款和保险责任等技术来体现保险防灾精神，二是运用科学技术成果从事保险防灾活动。首先，我国现行的许多险种的保险条款中规定被保险人必须保证财产的安全。其次，在保险责任的制定上也有防止道德风险的规定。例如，现行的保险条款中都订有凡属被保险人的故意行为所造成的损失，保险人不负赔偿责任。再次，在保险理赔上提出了抢救和保护受灾财产的要求。例如，财产保险合同中规定，如果灾害事故发生在保险责任范围内，被保险人就应尽可能采取必要措施进行抢救，防止灾害蔓延，对未被破坏和损害的财产进行保护和妥善处理。对于因没有履行这一义务而加重损失的部分，保险人不负赔偿责任。运用科学技术成果从事保险防灾活动通常是指保险公司专门设立从事防灾技术研究的部门,对防灾进行有关的技术研究。防灾部门运用有关的技术和设备对承保风险进行预测,对保险标的进行监测,研制各种防灾技术和设备以及制定有关的安全技术标准,这些防灾活动不仅使保险公司获得了良好的经济效益,而且在社会上获得了良好的声誉。由于这些保险防灾技术领先于社会防灾技术,因此又促进了社会防灾技术的发展。

值得注意的是,保险防灾防损具有自身的特殊目标和要求,在采取"参与配合,组织推动"的工作方法的同时,还要根据保险公司的特点,积极探索保险防灾防损的新路子,调动公司内外各种积极因素,独立开展适合保险保障需要的防灾防损工作,把社会防灾防损与保险公司依靠自己的力量防灾防损有机地结合起来,争取最佳的防灾防损效果。

防灾防损是提高保险经济效益的重要环节,防灾防损工作要贯穿在整个保险经营过程中。在保险经营过程中,如果防灾防损工作跟不上,即使展业承保再广泛,也很难获得较好的经济效益。所以,从保险的业务设计一直到展业、承保、理赔等所有经营过程,都要坚持与防灾防损相结合的原则。如在保险条款设计中,要订明被保险人防灾防损的义务;在保险责任上,要有防止道德风险的规定;在赔案处理上,要提出抢救和保护受灾财产的要求;在保险费率上,要体现优待或者限制。事实证明,"无赔款优待、有赔款加费"的规定是合理的、公正的、有效的。

第五节 保险投资

商业保险的经营是一种负债经营,保险公司通过向投保人收取保费来建立保险基金,为了保证将来的赔付,履行保险的经济补偿和给付职能,通过合理的投资使其不断增值。

由于保险的责任范围内风险事故的发生有随机性,因此从某一时间点来看,保费的收取和保险金的赔付之间存在着"时间差"和"数量差",这种"差"使得保险公司可以用闲置保险金来投资。

为了更好地了解保险投资,我们有必要了解商业保险的投资原则及投资渠道。

一、保险投资概述

保险投资又称保险资金运用,是指保险公司为扩充保险偿付能力,将暂时闲置的保险资金在金融市场上进行各项资产的重组、营运以使资金增值的活动。

保险投资的意义在于:一是直接推动保险业务的发展,提升保险公司地位;二是降低保险产品的价格,增加保险产品的安全性;三是保险资金运用是资本市场的重要组成部分。

保险投资中所运用的资金是保险公司各种可运用资金的总和,而不仅仅是保险公司以收取保费的形式积累的资金。

保险资金的来源可从不同角度分析,其基本来源有自有资本金、责任准备金、其他投资资金等。

(一)自有资本金

资本金是保险公司在开业时必须具备的注册资本。保险公司的资本金除按法律规定缴存保证金外,均可用于投资,以获得较高的收益率。

《保险法》第六十九条规定:设立保险公司,其注册资本的最低限额为人民币二亿元;保险公司的注册资本必须为实缴货币资本。

(二)责任准备金

责任准备金是保险公司按法律规定为在保险合同有效期内履行赔偿或给付保险金义务而将保费予以提存的各种金额。

责任准备金分为保费准备金(未到期责任准备金)、赔款准备金和总准备金。

我国保险责任准备金因险种的性质不同而不同,通常分为寿险责任准备金和非寿险责任准备金两类。

(三)其他投资资金

在保险经营过程中,还存在着其他可用于投资的资金来源,主要包括:结算中形成的短期负债、未分配利润、企业债券等。这些资金可根据其期限的不同做相应的投资。

二、保险投资的原则

(一)安全性原则

保险投资的安全性原则是指保险投资的资金价值不受到侵蚀,在资金投资到期时可以安全收回,实际要求投资收益不能为负。由于保险经营的负债性质,被保险人和保险人的合法权益应该得到保障,保险公司在投资时必须保证资金的绝对安全,而投资的收益一般伴随着风险,因此保险公司应该充分考虑投资的风险。投资的安全性是保险投资应考虑的首要原则。

但是,保证安全性的意义是保证投资资金的整体安全,并不要求每个投资项目的绝对安全,所以,在投资总额中,拿出一部分投资风险较大的项目,分散保险投资风险,也可以保证投资的安全。

(二)流动性原则

保险投资的流动性原则是指保险投资的资产或项目在保证不损失的前提下需要有一定的变现能力。由于保险的经济补偿职能是保险的基本职能,而保险事故的发生随机性很强,因此为了保证资金可以满足随时保险赔偿和给付,保险投资必须保证较高的流动性。

财产保险和人身意外险由于保险期限短,自然灾害和意外事故存在很大的不确定性,因此对于保险投资的流动性要求较高。

人寿保险由于承担的风险是人的生、老、病、死这一周期性的自然规律,因此其承担的风险较小且较分散,加上保险的核算是建立在保险精算的基础上,正常情况下人寿保险的保险金收入与给付可以通过保险精算把握其中的规律。由于异常情况较少,因此人寿保险的保险金可以用来做中长期投资,对于流动性的要求不如财产保险强烈。

流动性原则与安全性原则一样,要求资金的整体流动性较好,并不要求各投资项目都有较强的流动性。所以,保险投资者可以用一部分资金投资于流动性较弱的项目,一部分资金投资于流动性较强的项目,保证资金整体有一定的流动性即可。

(三)收益性原则

收益性是指保险公司通过投资活动获取收益的能力。如果投资项目有正现金流量,就表示投资项目的状态为收益。保险公司可以通过选择不同的投资方式来获取不同的收益水平。保险投资的资金主要包括各种各样的准备金和自有资金。准备金是保险公司的重要负债,要安全、高效地投资运作,以提高保险公司盈利能力及偿付能力为目的而使其不断增值;自有资金是公司发展的资金支柱,要使其发挥更大作用,必须使其保值并增值。因此,收益性原则是保险投资应遵循的重要准则。

三、保险投资的渠道

保险资金的投资方式是与金融市场的发育程度息息相关的。在高度发达的金融市场下，可供保险人投资的投资渠道多种多样；反之，则可投资的渠道就较少。

一般而言，保险投资的渠道大体可分为两个方面(见图9-2)。

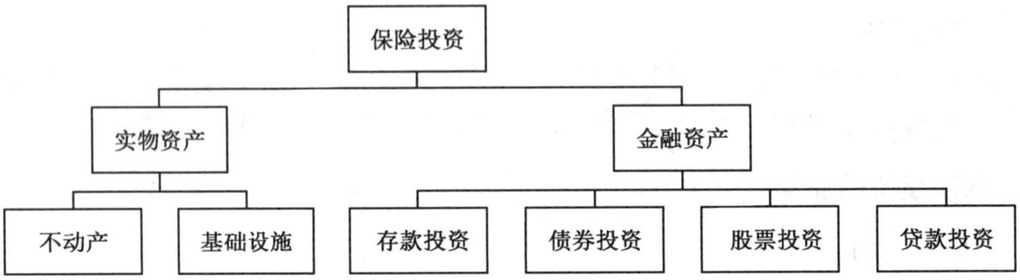

图9-2　保险投资渠道分布

(一)实物资产

保险公司可以通过购买土地、房产，开发或经营从中获取收益。虽然投资实物资产收益丰厚，但是其投资周期长、流动性差，各保险公司对此持谨慎态度，政府也对实物资产投资有明确限定。我国法律规定：保险资金投资不动产的账面余额不得高于本公司上季度末总资产的10%，投资单一不动产投资计划的账面余额不得高于该计划发行规模的50%；不得投资商业住宅，不得直接参与房地产开发，不能投资、设立房地产企业。

(二)金融资产

1. 存款投资

存款是指存款人在保留所有权的条件下把资金或货币暂时转让或存储于银行或其他金融机构。存款的安全性非常高，但是收益率低，在通货膨胀率高于利率时，选择存款方式往往难以保值，国外保险机构并不把存款作为投资的主要渠道，只是作为机动资金保留一小部分。

2. 债券投资

债券是政府、金融机构、工商企业等机构直接向社会借债筹措资金时，向投资者发行，承诺按一定利率支付利息并按约定条件偿还本金的债权债务凭证。政府债券定期偿还本息，信用度高，税收优惠，且利息水平相对存款较高。金融债券，一般由金融机构发行，同样是固定利息，收益一般高于政府债券，但信用度不及政府债券。企业债券由具有一定信用的企业发行，其在债券中收益最高但风险也最大。

3. 股票投资

股票是股份有限公司在筹集资本时向出资人发行股份的凭证，代表着其持有者(股东)对股份公司的所有权。这种所有权是一种综合权利，如参加股东大会、投票表决、参与公司的重大决策、收取股息或分享红利等。股票投资的缺点在于高收益背后的风险性极大，股票投资需要由具有经验的高素质人才来专门操作。保险投资的安全性原则要求在进行股票投资时要保证资金的安全性，采用组合投资的方式分散风险。

4. 贷款投资

贷款投资是指保险公司作为信用机构以到期还款付息将资金提供给需求者的一种放款活动。一般有信用贷款、抵押贷款、担保贷款、保单贷款等种类。抵押贷款者一般使用有价证券和不动产作为抵押从保险公司获取资金。担保贷款包括银行担保贷款和银行保付贷款等。保单贷款一般为人寿保险保单贷款，以人寿保险退保资金为限度，以保单作抵押。

四、我国及其他国家和地区的保险资金运用

(一)发达国家保险投资比较

美国、英国、日本是世界上保险业最为发达的三个国家，其保险投资也非常具有代表性，这三个国家的保险投资状况如下：

1. 美国的保险投资

美国一直是国际保险市场上的保险大国，每年的保费收入约占世界保费总收入的 1/3。庞大的保费收入构成了美国保险业投资的主要资金来源，也为灵活多变的保险投资方式奠定了基础。美国拥有全世界最为成熟完善的资本市场和保险投资体系，保险资金投资方式多样灵活，保险投资领域有联邦政府债券、股票、抵押贷款、不动产投资和保单放款等。但美国保险投资主要投资于收益率相对较高的公司债券和股票证券，投资占比分别占到 44.84%和 35.43%，合计占到总投资资产的 80%以上；而且美国政府对保险投资进行严格管理，确保了保险公司的偿付能力。

2. 英国的保险投资

英国是保险业发展历史最悠久的国家，是公认的世界上最发达、最富有竞争力的国际保险和再保险中心，其保险投资也十分活跃。英国政府对于保险公司的投资管制相对宽松，没有过多限制，其保险资金投资方式较美国和日本更要灵活一些，保险资金主要投放在有价证券，同时兼顾不动产、贷款和其他投资方式。

3. 日本的保险投资

日本保险业从 1975 年起保费收入就居全球第二，1994 年超过美国，保费收入成为世界霸主。巨额的保费收入加上承保盈余使得日本的保险投资规模巨大，投资收益也远远超过一般国家。1996 年 4 月 1 日起实施的日本新保险业法规定的投资方式为：有价投资证券、不动产投资、银行存款、短期资金交易及各种形式的抵押贷款。日本由于人口老龄化日益严重，其寿险业务也发展成为全世界最为发达的寿险市场，保险资金投放率高达 95%以上，主要投资于收益率相对稳定的政府债券和外国债券，投资占比分别达到 43.02%和 21.16%，合计占到总投资资产的 64%以上。与美国有所区别的是，2008 年金融危机之后，出于防控风险考虑，其投资公司债券和股票证券比较谨慎（投资占比均不到 10%），并积极布局海外投资，海外证券投资已经成为日本保险业重要的投资领域，投资额正在持续上升，海外债券投资占到 20%以上。

(二)中国保险资金运用状况

1. 保险资金运用的历史与现状

我国保险资金运用经过初步发展阶段(1980—1987 年)、无序投资阶段(1988—1995 年)到规范发展阶段(1995 年 10 月至今)。1995 年 10 月，《保险法》颁布实施。继《保险法》后，我国又相继颁布了《中华人民共和国银行法》《保险公司管理规定》等有关金融的法律、法规，对以往保险公司的无序投资进行了一次全面整顿，保险资金的运用开始进入规范阶段。相关法律、法规的实施使资金运用的安全性得以保证，但是狭窄的投资渠道导致投资收益的降低，使得大量资金处于闲置状态或低收益状态。随着我国保险资金运用政策的调整，保险资金运用的渠道被逐步放宽。截至 2018 年 11 月底，全国保费收入已达到 3.5 万亿元，全国保险业资

产规模达18万亿元,我国已成为全球第二大保险市场。

随着我国经济的提升,保险行业也得到了快速的发展,如今人们的生活水平较高,能够用于购买保险的资金也越来越多,为保险公司提供了更多的资金支持。然而保险公司资金的增多,产生了较大的投资压力。根据对我国保险资金运用余额的研究可以发现,到2024年,已经达到33.26万亿元,主要是由于我国GDP的不断增长,直接带动了保险市场的发展。

2. 保险资金运用与管理中存在的问题

改革开放以来,我国居民收入不断增加,特别是近些年,居民的购买力明显增长,用于购买保险的资金也相应增多;同时,随着居民收入的增加,闲余资金也相应增多,加上如今人们的理财观念逐渐加强,因此,人们开始关注保险产品。特别是人们的危机意识逐渐加强,为了能够在发生自然灾害和意外事故时得到一定的保障,人们非常注重购买保险产品,给保险公司带来了更多的保险资金。随着保险资金的不断增加,如何运用保险资金以实现经济效益的提升,成为保险公司考虑的重要问题。

(1)保险投资渠道狭窄

由于我国保险市场是在近些年才逐渐发展起来的,因此我国保险公司的投资理念还处在比较传统的阶段,即过于注重资金的安全性,基本采用银行存款、债券投资等方式,这些投资方式并不能有效提高保险公司的经济效益;而且一旦国家针对利率做出政策调整,对保险公司的投资影响就较大,因此,我国保险资金投资渠道需要拓宽。

(2)投资结构差异影响收益率

如表9-3所示,我国保险资金的投资收益率偏低。虽然近年我国保险公司的投资渠道在逐渐拓宽,但是仍将大部分资金投资于短期且收益率偏低的政府债券和银行存贷款,加之我国保险资金中有60%以上为中长期寿险资金,而与之相匹配的中长期资产配置较少,资产与负债配置不合理导致保险资金投资利用效率偏低。

表9-3　　2018—2023年我国保险资金的投资收益率

年度	2018	2019	2020	2021	2022	2023
投资收益率	4.30%	4.94%	5.80%	4.88%	3.76%	3.22%

资料来源:中国历年保险年鉴。

(3)资金利用率低

作为衡量保险投资水平的重要标志,保险公司的资金利用率反映了其投资管理能力。美国、英国等国外保险公司的资金利用率大多在90%以上,尤其是日本的寿险资金利用率高达95%,而我国的保险资金利用率还不到60%,与国外相比仍有较大差距。

(4)投资管理模式问题

随着我国保险公司对投资的重视,保险公司开始注重构建专业的投资部门,采用专业的管理模式,如中国人寿、中国人保、平安保险、新华保险等多家保险公司参与成立保险资产管理公司,以强化保险资金的专业化管理。然而,由于我国对投资管理模式的构建及认识还存在一定的问题,因此其管理水平暂时与发达国家存在差距。

(5)投资人才水平问题

我国保险公司严重缺乏投资人才。由于保险公司涉及较多领域的资金,在对资金进行投资时,需要根据资金的来源、资金的性质、市场的变化等,灵活运用保险资金。但我国保险资金投资人才大多是由保险业务直接转移到投资行业,缺乏专业的投资能力,从而造成投资效益不足的问题。

我国 1992 年《保险法(送审稿)》和 1995 年 3 月提交全国人大的《保险法(草案)》规定:保险公司的资金运用,除存款外,可用于购买有价证券、不动产投资、委托信托公司投资、保单抵押贷款、国务院规定的其他资金运用形式,并规定了相应的比例,但 1995 年 6 月 30 日全国人大通过的《保险法》则规定,保险公司的投资方式限于:银行存款、买卖政府债券、买卖金融债券、国务院规定的其他资金运用形式。同时,禁止保险公司将资金用于设立证券经营机构和向企业投资。后续随着保险市场的发展和监管政策的调整,保险资金的运用范围逐渐拓宽。2009 年修订后的《保险法》将保险资金运用的形式规定为银行存款、买卖债券、股票、证券投资基金份额等有价证券、投资不动产以及国务院规定的其他资金运用形式。未来,保险资管人才建设将加速向"专业化+国际化"转型,另类投资与科技赋能将成为破局关键。随着监管考核机制优化及跨境投资通道拓宽,保险资金有望实现全球多元配置,在服务实体经济中提升长期收益,构筑国际竞争力新格局。

思考题:

以现有的保险公司为例,比较人寿保险投资和财产保险投资的异同。

本章小结

保险公司的业务经营	保险科技与保险经营	保险科技是金融科技的一个分支领域 保险经营是把保险作为一种商品来经营,是指保险公司为实现保险分散风险及补偿损失的基本职能和资金融通、社会管理的派生职能所从事业务活动的总称。保险经营的原则分为一般性原则和特殊原则 保险经营特征:资产具有负债性,保险公司的利润计算具有特殊性,保险经营成本利润具有专业性,保险经营具有分散性和广泛性
	保险营销	保险营销又称保险展业、保单销售,是保险公司进行市场营销的过程,是保险公司引导具有消费能力的单位或者个人购买保险的行为,也是向客户提供保险产品和服务的行为,保险展业是保险公司经营活动的起点 保险营销渠道主要有直接营销渠道和间接营销渠道 保险营销环境是复杂的、多层次的,包括外部环境、内部环境、顾客情况及竞争对手情况等 保险营销战略的核心内容包括目标市场和营销组合
	保险承保和理赔	保险承保是指保险人对投保人的保险标的给以保险保障的合同行为 保险核保是指保险人对投保申请进行审核,决定是否接受承保这一风险,并在接受承保风险的情况下,确定保险费率的过程。核保有其原则、内容及其要素 保险理赔是指保险标的发生保险责任范围内的事故,保险公司根据合同规定,对被保险人提出理赔请求而进行相应处理的行为 保险理赔要重合同、守信用;实事求是;主动、迅速、准确、合理
	保险防灾防损	保险防灾防损简称为保险防灾,是指保险人与被保险人对所承保的保险标的采取各种组织措施和技术措施,减少或消除风险发生的因素,防止或减少灾害事故所造成的损失,从而降低保险成本、增加经济效益的一种活动 保险防灾防损要加强同各防灾部门的联系与合作,及时处理灾害因素和事故隐患,参与抢险救灾等
	保险投资	保险投资又称保险资金运用,是指保险公司为扩充保险偿付能力,将暂时闲置的保险资金在金融市场上进行各项资产的重组、营运以使资金增值的活动 保险投资的渠道有实物资产和金融资产等

本章练习题

一、单项选择题

1. 以保险产品为载体,以消费者为导向,以满足消费者的需求为中心,运用整体手段,将保险产品转移给消费者,以实现保险公司长远经营目标的一系列活动,称作(　　)。

A. 保险营销　　B. 保险销售　　C. 保险承保　　D. 保险理赔

2. 保险人对投保申请进行审核并做出是否同意接受和如何接受的决定的过程被称为(　　)。

A. 保险开拓　　B. 保险展业　　C. 保险决策　　D. 保险承保

3. 保险公司承保过程的核心环节是(　　)。

A. 核保　　B. 查勘　　C. 理算　　D. 复核

4. 在财产保险的核保中,保险人通常要对投保人所投保的财产附近有无诸如易燃、易爆的危险源进行检验,在财产保险的核保要素中,保险人考虑的这种易核保要素属于(　　)。

A. 投保标的物所处的环境

B. 保险财产的占用性质

C. 投保标的物的主要风险隐患

D. 投保人的安全管理制度的制定和实施情况

5. 在保险承保中,对于低于正常承保标准,但又不是不可保的保险标的,保险公司通常做出的承保决策是(　　)。

A. 正常承保　　B. 优惠承保　　C. 有条件的承保　　D. 拒保

6. 保险理赔作为保险公司业务操作的重要环节,应予遵循的原则包括(　　)。

A. 积极、主动、便利、快捷　　B. 主动、迅速、准确、合理

C. 及时、准确、效用、利润　　D. 主动、迅速、效应、效益

7. 在非寿险的理赔中,保险人审核保险责任的内容之一是(　　)。

A. 损失的标的是否有残值　　B. 损失的标的是否是巨额价值之标的

C. 损失的标的是否为保险标的　　D. 损失的标的是否有市场价值

8. 在寿险理赔中,保险人对申请人的索赔申请是否立案的条件之一是(　　)。

A. 保险合同有效期间是否满足被保险人要求的条件

B. 保险合同责任范围内的保险事故是否已经发生

C. 保险合同责任范围内的保险事故是否发生在特定地点

D. 保险合同的期限是否临近终止期

9. 如果寿险合同的被保险人在宽限期内出险,保险人在理赔计算时,应扣除的款项是(　　)。

A. 被保险人的债权人提出的偿债金额　　B. 投保人的预缴保费

C. 投保人欠缴的保费　　D. 保单未满期保险金

二、名词解释

1. 核保　　2. 理赔　　3. 保险营销战略　　4. 承保　　5. 保险防灾防损

6. 保险投资　　　7. 保险经营

三、简答题

1. 简述保险经营的原则。
2. 简述保险核保的主要内容。
3. 简述保险核保的流程。
4. 简述保险理赔的原则。
5. 简述保险防灾防损的要求。
6. 比较分析直接营销渠道和间接营销渠道的优缺点。

四、实训题

调查我国有关保险资金运用的最新进展。

本章练习题参考答案

第十章

保险市场

本章知识结构

- 保险市场概述
  - 保险市场的概念及特征
    - 保险市场的概念
    - 保险市场的特征
  - 保险市场的构成要素
    - 保险市场的主体
    - 保险市场的客体
  - 保险市场的分类
    - 按照业务性质不同分类
    - 按照业务承保的程序不同分类
    - 按照业务活动的空间不同分类
  - 保险市场的模式
    - 完全垄断型
    - 完全竞争型
    - 寡头垄断型
    - 垄断竞争型
  - 保险市场机制及其作用
  - 保险市场的功能
    - 促进科技进步,推动社会发展
    - 聚集、调节资金,优化资源配置
    - 实现均衡消费,提高人民生活水平
    - 合理安排风险,维护社会稳定
- 保险公司的设立与组织形式
  - 保险公司的设立
  - 保险公司的一般组织形式
  - 保险公司的典型组织形式
  - 我国保险市场的组织形式
- 保险市场的供给与需求
  - 保险市场的供给
  - 保险市场的需求
  - 保险市场的供求平衡

教学目标

知识目标

1. 了解保险市场的含义与特征、保险市场的种类与模式。
2. 熟悉保险市场的功能和模式。
3. 掌握保险公司的设立程序与组织形式。
4. 熟悉保险市场的供给与需求的主要影响因素。

能力目标

1. 能够判断保险市场的模式。
2. 能够分析保险市场供给与需求的状况。

素质目标

1. 引导学生建立人类命运共同体的全球风险观和中国保险业的全球视野，建立正确的世界观。

2. 形成维护保险市场经营秩序、保护消费者合法权益的价值观。

本章寄语

良好的保险市场可以打造买卖双方良性循环模式，供其所需，择其所用，有利于社会发展的稳定。

案例引入

10 年来，中国人寿寿险吉林省分公司（以下简称"吉林国寿"）坚持"以需求为导向"，在充分发挥寿险主营业务优势的基础上，围绕新时代背景下人民群众的切身需求，积极改革创新，探索切合吉林地域实际，具有普惠性的多元化保险产品，推出了多款覆盖各年龄段不同受众人群的包容性普惠保险业务。

伏龙泉镇裕民村鲍老汉打苞米时意外骨折，花费 1.1 万余元医疗费，除了合作医疗报销两千多元，吉林国寿还赔付了 5 000 元；匡家村王大爷煤烟中毒意外死亡，家人得到了 5.5 万元的保险赔付款……他们都是花 50 元参保了老年人意外伤害险。

积极应对人口老龄化，事关国家发展和民生福祉，是实现经济高质量发展、维护国家安全和社会稳定的重要举措。根据吉林省 2023 年国民经济和社会发展统计数据，截至 2023 年底，吉林省常住人口中 60 岁及以上老年人口有 626.83 万人，占全省总人口的 26.79%，平均每 4 个人中就有 1 位老年人，根据第七次全国人口普查数据，吉林省老龄化程度居全国第四，已进入中度老龄化社会。为提高广大老年人及其家庭抵御意外风险的能力，自 2014 年起，吉林国寿积极与民政和老龄等部门合作，面向全省 60 周岁以上老人（不限年龄、不限户籍）提供价格低廉的老年人专属意外伤害险，有效解决了老年人风险高、投保无门的问题。

党的二十大报告明确提出要建立长期护理保险制度，吉林省是全国首批长期护理保险（以下简称"长护险"）试点重点联系省份。作为长护险试点工作承办单位，吉林国寿充分发挥专业优势和技术优势，坚持以"创新管理举措、开展贴心服务"为主线，逐步建立起具有"有温度、有标准、有监管"的特色长期护理保险管理服务体系，降低了许多吉林普通家庭的护理负担和经济压力，提高了失能、半失能老人的生活质量。经过两年试点实验，截至 2022 年 12 月 31 日，已在省内承办长护险经办项目 3 个，覆盖吉林省内 303 万人，成功打造出"专业评估＋互联网＋监管"可借鉴、可复制、可持续发展的"吉林样板"。

2013 年至今，吉林国寿连续 10 年承办吉林省城乡居民大病保险项目，截至 2023 年，公司该项业务累计承保 5 661 万人，承担风险保额 169 836 亿元，理赔支出 31.55 亿元。2022 年 11 月，张先生签订了"国寿鑫享宝"专属商业养老保险，吉林国寿首单个人养老金产品落户长春；关注学生和儿童群体健康成长，推出"乐学无忧"等学生短险产品；"女性安康"和"男性安康"等系列保险产品，为适龄女性及男性提供特定疾病保障……10 年间，吉林国寿以客户为中心，围绕客户需求变化，不断推陈出新，升级普惠保险产品，先后推出老年人保险、农村小额保险、学生保险、新市民、新业态等多款保险产品，广泛覆盖了个人客户、法人客户、战略客户群体，已形成涵盖疾病保障，身故保障，医疗保障，意外伤害保障，养老保障以及面向特定群体、特定区域的多元化产品体系，有效满足了吉林人民群众个性化、多样化、不断升级的保险需求。

资料来源：http://www.cbimc.cn/content/2024-05/28/content_518809.html。

第一节 保险市场概述

保险市场作为一种无形的商品市场，有商品市场的基本特征，具有完整的市场构成要素，体现市场供求关系，遵循市场供求规律。但是，由于保险产品的特殊性质，保险市场主体更加多元化，保险交换关系更为复杂，因此，保险市场本身也体现出更强的抽象性和分散性。保险市场是由保险产品的供给方、需求方和市场的监管方共同组成的。供给方主要包括保险公司、保险代理人、保险经纪人和保险公估人。需求方包括投保人、被保险人、保单持有人和受益人。市场的监管方一般指保险监管部门。

一、保险市场的概念及特征

(一)保险市场的概念

保险市场是市场的一种形式，是商品交换关系的总和，是商品供求关系变化的集中体现。它既可以指譬如保险交易所这样的固定交易场所，也可以指所有实现保险产品让渡的交换关系的总和。保险市场的交易对象是日渐多样化的保险产品。较早的保险市场出现在英国的保险中心——伦巴第街；随着保险业的不断发展，承保技术日趋复杂化，承保竞争日趋激烈化，保险产品推销日趋区域化与全球化，仅由买卖双方直接参与的交换关系已经远远不能适应时代的发展，这时保险市场的中介力量应运而生，使得保险交换关系更加复杂，也使保险市场趋于成熟。

(二)保险市场的特征

保险市场是金融市场的一个主要组成部分。它不同于消费品市场或劳动力市场，有其独有的特征。

1. 保险市场是直接风险市场

这里所说的直接风险市场，是就交易对象与风险的关系而言的。尽管任何市场都存在风险，交易双方都可能因市场风险的存在而遭受经济损失，但是，一般商品市场所交易的对象，本身并不与风险有紧密的联系，而保险市场所交易的对象是风险保障，所以商品本身与风险相关联。保险产品的交易过程，本质上就是保险人聚集与分散风险的过程。风险的客观存在和发展是保险市场形成和发展的基础和前提。“无风险，无保险”：没有风险隐患的存在，投保人或者被保险人就没有通过保险市场购买保险保障的必要。所以，保险市场是一个直接风险市场。

2. 保险市场是无形市场

现代的保险经济活动，基本上是通过电脑、网络随时进行的。这种没有固定场所和时间，通过现代化技术手段进行的交易行为，即无形市场。现代市场经济特别是金融市场绝大多数为无形市场；保险这一金融活动包括展业、投保、签单、索赔、理赔、追偿等环节，都可以通过现代化通信手段进行，不受固定场所和时间的限制，因此，从空间概念来说，保险市场是无形市场。

3. 保险市场是特殊的“期货”交易市场

由于保险的射幸性，因此保险市场上成交的任何一笔交易，都是保险人对未来风险事件发生所致经济损失进行补偿的承诺。而保险人是否履约，是否对特定的对象进行相应的经济补偿，取决于保险合同约定的时间内是否发生约定的风险事故，以及这种风险事故造成的损失是否达到保险合同约定的补偿条件。只有在保险合同所约定的未来时间内发生保险事件，保险人才可能对被保险人进行经济补偿，这实际上交易的是一种“灾难期货”。因此，保险市场是一种特殊的“期货”市场。

4. 保险市场是非即时结清市场

所谓“即时结清市场”，是指市场交易一旦结束，供需双方立刻就能够确切知道交易结果的市场。无论是一般的商品市场还是金融市场，基本都属于即时结清市场。而保险交易活动，由于风险的不确定性和射幸性使得交易双方都不可能确切地知道交易结果，因此，保险交易不能立刻结清。相反，在保险交易中还必须通过订立保险合同来确定双方当事人的权利与义务，并且依据保险合同履行各自的权利和义务。因此，保险单的签发，看似是保险交易的完成，实质仅仅是保险保障的开始，最终的交易结果还要看双方约定的保险事故是否发生。所以，保险市场是非即时结清市场。

思考题：

保险市场与期货市场有什么异同？

二、保险市场的构成要素

（一）保险市场的主体

1. 保险市场的商品供给方

（1）保险产品供给方的定义

保险产品的供给方是指在保险市场上提供各类保险产品，承担、分散和转移他人风险的各类保险人。

（2）保险产品供给方的形式

根据保险人所有制形式的不同，可将其分为自有保险人、私营保险人、合营保险人、合作保险人、个人保险人。其中，保险人的组织形式多种多样，综合起来主要有保险股份有限公司、相互保险与合作保险组织、个人保险组织、政府保险组织等。

（3）保险产品供给方的内容

在保险市场上，保险人按其组织形式不同可分为国营保险组织、私营保险组织、合作保险组织、专业自保组织和个人保险组织。每种保险组织都各有特色，但无论何种形式的保险组织，都必须经过国家有关部门的审查认可并取得专门经营保险业务的执照才可以营业。在保险业发达的国家，90%以上的保险组织是私营保险组织，其中股份制保险公司是保险业组织形式发展的一种趋势。人寿保险公司大多采用相互保险公司的形式。目前，世界上唯一一家个人保险组织是英国的劳合社。根据我国《保险法》的规定，保险人的组织形式只能是国有独资公司和股份有限公司。也就是说，在我国保险市场上，只允许法人组织经营保险业务，不允许自然人经营保险业务。

2. 保险市场的商品需求方

（1）保险市场商品需求方的定义

保险产品的需求方是指保险市场上所有现实的和潜在的保险产品的购买者,即各类投保人。

(2)保险市场的商品需求方的内容

在保险市场上,不同投保人有着不同的保险需求,这就要求保险产品的供给方应该按照不同的保险需求开发出不同的保险产品。保险公司在开发新险种之前一般要开展市场调研和预测,将投保人的不同需求做分类。例如,按照投保人的不同,将投保人划分为个人投保人、团体投保人、低收入的投保人、高收入的投保人;按照保险需求的层次不同,划分为当前的投保人和潜在的投保人;按照投保人的年龄结构,划分为青年投保人、中年投保人、老年投保人;按照投保人的需求效应,划分为保障型的投保人、储蓄型的投保人和投资型的投保人,然后根据不同类型投保人的不同需求开发适销对路的险种。

3. 保险市场的中介方

(1)保险中介

保险中介(insurance intermediary)是指介于保险经营机构之间或保险经营机构与投保人之间,专门从事保险业务咨询与销售、风险管理与安排、价值衡量与评估、损失鉴定与理算等中介服务活动,并从中依法获取佣金或手续费的单位或个人。

(2)保险代理人

保险代理人是指根据保险人的委托授权,代理其经营保险业务,并收取代理费用的人。保险代理人在保险人授权的范围内以保险人的名义进行业务活动,包括招揽业务的宣传推销活动,接受投保,出立暂保单或保险单,代收保费,代理查勘理赔等。代理费用通常根据业务量比例支付。根据业务范围不同,保险代理人可分为总代理人、地方代理人与检验代理人等。代理的方式有只为一家保险公司代理业务的专用代理,可同时为多家保险公司代理业务但经营独立的独立代理等。

(3)保险经纪人

保险经纪人,《保险法》第一百一十八条规定:“保险经纪人是基于投保人的利益,为投保人与保险人订立保险合同提供中介服务,并依法收取佣金的机构。”

(4)保险公估人

保险公估人是指依照法律规定设立,受保险公司、投保人或被保险人委托办理保险标的的查勘、鉴定、估损以及赔款的核算,并向委托人收取酬金的公司或机构。公估人的主要职能是按照委托人的委托要求,对保险标的进行检验、鉴定和核算,并出具保险公估报告,其地位超然,不代表任何一方的利益,使保险赔付趋于公平、合理,有利于调停保险当事人之间关于保险理赔方面的矛盾。

(二)保险市场的客体

1. 保险市场客体的定义

保险市场客体是指保险市场上供求双方具体交易的对象,即保险经济保障。保险经济保障是一种特殊的、无形的商品,是对保险消费者的承诺,且承诺只能在约定的事件发生或约定的期限届满时才能履行,不像一般商品可以实质地感受其价值和使用价值。

2. 保险市场客体要素及特征

保险市场的客体是保险市场上供给方和需求方交易的对象——保险产品。保险经营是一种商品经营,这种商品是用来交换的经济保障劳务,它是一种特殊形态的商品。保险产品与其他商品一样,具有使用价值和价值两种属性。从保险产品的使用价值、价值和价格方面的分析，可以看出保险产品的特性。

（1）保险产品是一种无形商品。保险公司经营的是一种风险，保险产品很难以某种物理属性直接满足人们生活和生产上的需要，不像一般的物质形态的商品，可以让人立即感受到它的使用价值和价值的现实存在。保险产品对保险消费者来说，通常是一纸承诺，只有在约定的保险事故发生或约定的保险期满，这种承诺才得以履行，才能让人真正感受到保险的存在。

（2）保险产品是一种“非渴求”商品。非渴求商品是指消费者一般不会主动购买的商品。由于保险产品给予消费者的是一种风险事故后的经济补偿，风险虽然是客观存在的，但风险是否发生，何时发生，发生的方式、状态，造成损失的严重程度都是不确定的，市场中消费者并非理性经济人，很多人在风险事故发生前存有侥幸心理，因此，保险产品与其他金融商品相比，不是一种需求明显的商品。只有充分挖掘潜在的保险需求，保险产品才能够作为一种商品而存在，而其商品的功能却始于约定的保险事故发生之后。

（3）保险产品消费具有隐形性特征。保险消费者购买保险产品，交付了保费后得到的是一纸保单，在消费保险产品的过程中，没有像其他有形物质商品那样的直观感觉，只有当风险事故发生造成的经济损失获得补偿时，才会真正体会到保险产品的具体存在。

三、保险市场的分类

（一）按照业务性质不同分类

保险市场按照业务性质不同，可分为寿险市场和财险市场。

1. 寿险市场

人寿保险市场是指提供定期寿险、两全保险、年金保险、意外伤残保险、疾病保险等的市场。

2. 财险市场

财产保险是一个广义的概念，它有多层含义。普通财产保险是指以存放在固定场所并处于相对静止状态的财产及其有关利益为保险标的，由保险人承保的被保险财产遭受保险事故损失的经济赔偿责任的一种财产损失保险。普通财产保险的一个重要特点是基本险种的名称带有“财产”二字，而其他财产保险包括海上保险、运输工具保险、工程保险、农业保险、信用保险、责任保险、货物运输保险、保证保险等。

（二）按照业务承保的程序不同分类

按照业务承保的程序不同，保险市场可分为原保险市场和再保险市场。

1. 原保险市场

原保险市场也称直接业务市场，是保险人与投保人之间通过订立保险合同而直接建立保险关系的市场。

2. 再保险市场

再保险市场是指再保险产品交换关系的总和或再保险产品供给与需求关系的总和。

（三）按照业务活动的空间不同分类

按照业务活动的空间不同，保险市场可分为国内保险市场和国际保险市场。

1. 国内保险市场

国内保险市场是在本国内进行各种保险和再保险（或称分保）业务的市场。国内保险市场是专门为本国境内提供各种保险产品的市场，按经营区域范围又可分为全国性保险市场和区域性保险市场。

2. 国际保险市场

国际保险市场是国家间进行各种保险和再保险(或称分保)业务的市场。保险业历史悠久,随着资本主义社会商品经济的发展而逐渐发展。保险业具有其特殊性,对经济波动的反应通常比较迟缓,在世界经济不景气的情况下,保险业仍有稳定的增长,其增长率甚至可能高于国民生产总值的平均增长率。当经济发展到一定程度,就要超越国境,此时需要保险业务走出国门,为经济发展保驾护航,在国际范围建立保险和再保险的合作关系,通过国际范围的危险分散,使保险事业得到稳步发展,国际保险市场由此逐步形成。

四、保险市场的模式

(一)完全垄断型

完全垄断型保险市场是指保险市场完全由一家保险公司所操纵,市场价格由该公司决定,其他公司无法进入保险市场。在完全垄断的保险市场上,价值规律、供求规律和竞争规律受到极大的限制,市场上没有竞争,没有可替代产品,没有可供选择的保险人,因此,这家保险公司可凭借其垄断地位获得超额利润。采取这种市场类型的国家和地区一般是经济欠发达地区,保险业普遍落后,监管水平和经营效率均十分低下,如越南、朝鲜、斯里兰卡、安哥拉等国家,1988 年以前的我国保险市场也属于此类。

(二)完全竞争型

完全竞争型保险市场是指在该市场上存在众多保险公司,每家保险公司都能提供同质无差异的保险产品,任何公司都能自由进出市场,所有公司都是价格的接受者,并掌握充分信息。在自由竞争模式下,保险市场处于不受任何阻碍和干扰的状态中,同时由于大量保险人的存在,且每个保险人在保险市场上所占份额都很小,因而任何一个保险人都不能够单独左右市场价格,而由保险市场自发地调节保险产品价格。在这种市场模式中,保险资本可以自由流动,价值规律和供求规律充分发挥作用。国家保险管理机构对保险公司的管理相对宽松,保险行业公会在市场管理中发挥着重要作用。完全竞争型保险市场是一种理想状态的市场,它能最充分、最适度、最有效地利用生产资源。但由于其所要求的条件十分严格,因此,真正意义的完全竞争型保险市场并不存在。在保险业发展的早期,类似于这种类型的市场曾在西方国家出现过,而当今现实保险市场中,完全的自由竞争已不复存在。

(三)寡头垄断型

寡头垄断型保险市场是指在一个保险市场上,只存在少数相互竞争的保险公司,其他保险公司进入市场较难。在这种模式的市场中,保险业经营依然以市场为基础,但保险市场具有较高的垄断程度,竞争不充分,通常是国内几家大保险公司展开竞争,形成相对封闭的国内保险市场。目前,这种类型的保险市场普遍存在于世界上许多国家。

(四)垄断竞争型

垄断竞争型保险市场是指在一个保险市场上存在大量的保险公司,并且大、中、小型公司并存,竞争激烈,少量大型保险公司占有大量市场份额的市场模式。

思考题:

我国的保险市场属于哪种模式?

五、保险市场机制及其作用

(一)保险市场机制

保险市场机制就是将市场机制引入保险经济活动中所形成的保险市场价值规律、供求规律和竞争规律三者之间相互依存、相互制约的关系,表现为保险产品价格与供求之间相互影响的关系。保险产品价值规律表现为保险产品价格由价值决定。保险产品价值是指生产保险产品所花费的社会必要劳动时间。保险产品价格分为理论价格和市场价格。理论价格是保险产品价值的理论表现,主要由保险公司合理费用率、保险产品精算费率、行业平均利润率、存在道德风险和逆向选择条件下的费率加成构成。市场价格是指由于市场机制的作用所形成的价格。

供求规律的作用使保险产品市场价格受供求关系的影响,围绕价值上下波动。供大于求,则价格上升;供小于求,则价格下降。但从长期变动趋势看,保险产品总价格应与其价值趋于一致。其竞争规律的核心是优胜劣汰。

(二)保险市场机制的作用

由于保险市场具有不同于一般市场的独有特征,因此市场机制在保险市场上表现出特殊的作用。

1. 价值规律在保险市场上的作用

保险产品是一种特殊商品,这种商品的价值一方面体现为保险人提供的保险保障(包括有形的补偿或给付和无形的心理保障)所对应的等价劳动的价值,另一方面体现为保险从业人员的社会必要劳动时间的凝结。保险费率即保险产品的价格,投保人据此所缴纳的保费是为换取保险人的保险保障而付出的代价,无论是从个体还是从总体的角度,都表现为等价交换。但是,由于保险费率的主要构成部分是依据过去的、历史的经验测算出来的未来损失发生的概率,因此,价值规律对于保险费率的自发调节只能局限于凝结在费率中的附加费率部分的社会必要劳动时间。因而,价值规律对于保险产品的价值形成方面具有一定的局限性,只能通过要求保险公司改进经营技术,提高服务效率,来降低附加费率成本。

2. 供求规律在保险市场上的作用

供求规律通过对供需双方力量的调节达到市场均衡,从而决定市场的均衡价格,即供求状况决定商品的价格。因而,就一般商品市场而言,其价格形成,直接取决于市场的供求状况。但是,在保险市场上,保险产品的价格即保险费率不是完全由市场供求状况决定的,即保险费率并不完全取决于保险市场供求。保险市场上保险费率的形成,一方面取决于风险发生的频率,另一方面取决于保险产品的供求情况。如人寿保险的市场费率,就是保险人根据预定死亡率、预定利率与预定营业费用率三要素确定的。因此,保险市场的保险费率不是完全由市场的供求情况决定的;相反,保险市场的费率形成需由专门的精算技术予以确立。尽管费率的确定要考虑供求状况,但是,供求状况本身并不是确定保险费率的唯一因素。

3. 竞争规律在保险市场上的作用

价格竞争是市场的重要特征。一般的商品市场竞争,价格是最有利的竞争手段。在保险市场上,也曾一度以价格竞争作为最主要甚至是唯一的竞争手段,为了在市场上取得竞争优势,有的保险公司甚至将保费费率降至成本线以下,结果使得一些保险人难以维持,纷纷破产倒闭,没有倒闭的保险公司也损失惨重,最终影响广大被保险人的利益。这不仅没有提高保险公司的业绩,反而破坏了保险市场的秩序,也打击了投保人对保险市场的信心。

六、保险市场的功能

保险市场作为一种无形的金融市场,其功能主要表现在以下几个方面:

(一)促进科技进步,推动社会发展

保险市场运用科学的风险管理技术,为社会的高新技术风险提供保障,由此促进新技术的推广应用,加快科技现代化的发展进程。

(二)聚集、调节资金,优化资源配置

保险资金收入与支出之间有一个时间差,保险市场通过保险交易对资金进行再分配,从而充分发挥资金的时间价值,为国民经济的发展提供动力。

(三)实现均衡消费,提高人民生活水平

保险市场为减轻居民消费的后顾之忧提供了便利,使之能够妥善安排生命期间的消费,提升人民生活的整体水平。

(四)合理安排风险,维护社会稳定

保险市场通过保险产品交易合理分散风险,提供经济补偿,在维护社会稳定方面发挥着积极的作用。

相关案例

2022 年 3 月 21 日,东航一架波音 737 客机在执行昆明—广州航班任务时,于梧州上空失联,已确认该飞机坠毁。保险公司相继启动应急机制。2022 年 3 月 23 日,人保财险先行向东方航空公司预付保险赔款 5 000 万元。截至 3 月 29 日,财产保险方面,承保飞机机身的人保财险、太保财险、平安财险、国寿财险合计向东方航空公司预付保险赔款 1.16 亿元。人身保险方面,相关保险公司根据客户报案情况,积极开展保险理赔工作,目前已有 11 家公司向遇难人员家属支付 14 笔赔款,金额合计 1 485 万元。

结合案例谈谈保险市场的功能。

资料来源:https://www.gov.cn/xinwen/2022-03/30/content_5682562.htm。

思考题:

保险市场有哪些功能?

第二节　保险公司的设立与组织形式

一、保险公司的设立

保险公司设立是指保险组织依据法定条件和程序取得公司法人资格的行为。

(一)保险公司的设立条件

《保险法》对设立保险公司的条件如下:

(1)主要股东具有持续盈利能力,信誉良好,最近 3 年内无重大违法违规记录,净资产不低于人民币 2 亿元;

(2)有符合本法和《中华人民共和国公司法》(以下简称《公司法》)规定的章程；

(3)有符合本法规定的注册资本；

(4)有具备任职专业知识和业务工作经验的董事、监事和高级管理人员；

(5)有健全的组织机构和管理制度；

(6)有符合要求的营业场所和与经营业务有关的其他设施；

(7)法律、行政法规和国务院保险监督管理机构规定的其他条件。

(二)保险公司的设立程序

保险公司的设立在理论上属于要式行为的一种，不仅要具备法定的条件，而且要符合法定的设立程序，主要包括以下几个阶段：

1. 初步申请

保险公司的设立申请，是指发起人向审批机构提出设立保险公司、经营保险业务的意向、理由和要求。申请人需要向保险审批机构提交法定的文件和资料。

2. 筹建

《保险法》第七十一条规定："国务院保险监督管理机构应当对设立保险公司的申请进行审查，自受理之日起六个月内作出批准或者不批准筹建的决定，并书面通知申请人。决定不批准的，应当书面说明理由。"《保险法》第七十二条又规定："申请人应当自收到批准筹建通知之日起一年内完成筹建工作，筹建期间不得从事保险经营活动。"

3. 正式设立申请

筹建工作结束后，申请人可以向主管部门提交正式设立申请和相关文件。《保险法》第七十三条规定："筹建工作完成后，申请人具备本法第六十八条规定的设立条件的，可以向国务院保险监督管理机构提出开业申请。"

4. 设立登记

保险公司的设立申请人在获得保险业务经营许可证后，可在法定期间内向公司登记机关申请设立登记，经公司登记机关核准后颁发营业执照。

思考题：

你知道哪些保险公司？

二、保险公司的一般组织形式

(一)国营保险组织

国营保险组织是由国家或政府投资设立的保险经营组织。它既可以由政府机构直接经营，也可以通过国家法令规定某个团体来经营，后一种组织形式即为间接国营保险组织。由于各国的社会经济制度不同，因此在某些保险市场上，国营保险组织完全垄断了一国的所有保险业务，这是一种完全垄断型国营保险组织。这样的国营保险组织往往是"政企合一"的组织，既是保险监管机构，又是经营保险业务的实体。而在有些国家，为了保证国家某种社会政策的实施，则将某些强制性或特定保险业务专门由国营保险组织经营，这是一种政策型国营保险组织。另外，在许多国家，国营保险组织同其他组织形式一样，可以自由经营各类保险业务，并可与之展开平等竞争，同时还要追求公司最大限度的利润。这是一种商业竞争型的国营保险组织。

(二)私营保险组织

私营保险组织是由私人投资设立的保险经营组织。它大多以股份有限公司的形式出现。

保险股份有限公司是现代保险公司制度下最典型的一种组织形式。

(三)合营保险组织

合营保险组织包括两种形式:一种是政府与私人共同投资设立的保险经营组织,属于公私合营保险组织形式,公私合营保险组织通常也是以股份有限公司的形式出现,并具有保险股份有限公司的一切特征;另一种是本国政府或组织与外商共同投资设立的合营保险组织,我国称之为中外合资保险经营组织形式。

(四)合作保险组织

合作保险组织是由社会上具有共同风险的个人或经济单位,为了获得保险保障,共同集资设立的保险组织形式。在西方国家的保险市场上,合作保险组织分为消费者合作保险组织与生产者合作保险组织。前者是由保险消费者组织起来并为其组织成员提供保险的组织,它既可以采取公司形式如相互保险公司,也可以采取非公司形式如相互保险社与保险合作社。后者则多半是由医疗机构或人员为大众提供医疗与健康服务组织起来的,如美国的蓝十字会和蓝盾医疗保险组织。

(五)行业自保组织

行业自保组织是指某一行业或企业为本企业或本系统提供保险保障的组织形式。

三、保险公司的典型组织形式

(一)保险股份有限公司

1. 保险股份有限公司的特点

(1)股份有限公司是典型的资合公司,公司的所有权与经营权相分离,这有利于提高企业的经营管理效率和保险产品的盈利能力,进而扩展保险业务,使风险更加分散,经营更加安全,对被保险人的保障更强。

(2)股份有限公司通常发行股票(或股权证)筹集资本,股权融资比较容易筹集大额资本,资本充足,财力雄厚,有利于保险公司业务的扩展。

(3)保险股份有限公司采取确定保费制,比较符合现代保险的特征和投保人的需要,为业务扩展奠定了基础。

2. 保险股份有限公司的组织机构

所谓"组织机构",就是保险公司为了达到有效经营管理的目的,确定各个部门及其组成人员的职责以及不同部门、不同职责间的相互关系,从而使全体参加者既有明确的分工,又能够通力合作的一种形式。其包括股东大会、董事会、监事会和经理等多个机构。

(二)相互保险公司

相互保险公司是由所有参加保险的人自己设立的保险法人组织,是保险业特有的公司组织形式。与股份保险公司相比较,相互保险公司虽然也是一种公司组织形式,却是一种非营利公司,没有股东,公司为保单持有人(投保人)拥有。因此,投保人具有双重身份,既是公司所有人,又是公司的客户。股份保险公司的股东并不一定是公司的顾客,相互保险公司的投保人作为所有人可以参加选举董事会,由董事会任命公司的高级管理人员专门管理公司的业务经营与管理事务。投保人能以取得"红利"的形式分享经营成果。所以,相互保险公司的投保人具有双重身份。

(三)相互保险社

相互保险社是同一行业的人员,为了应付自然灾害或意外事故造成的经济损失而自愿结合起来的集体组织。与保险合作社及相互保险公司相比，相互保险社具有以下特征：第一，参加相互保险社的成员之间互相提供保险。第二，相互保险社无股本，其经营资本的来源仅为社员缴纳的分担金，一般在每年年初按暂定分摊额向社员预收，在年度结束计算出实际分摊额后，再多退少补。第三，相互保险社保费采取事后分摊制，事先并不确定。第四，相互保险社的最高管理机构是社员选举出来的管理委员会。

(四)保险合作社

保险合作社是由一些对某种风险具有同一保障要求的人自愿集股设立的保险组织。保险合作社与相互保险社的差异在于：

首先，保险合作社是由社员共同出资入股设立的，加入保险合作社的社员必须缴纳一定金额的股本。社员即保险合作社的股东，其对保险合作社的权利以其认购的股金为限。而相互保险社却无股本。

其次，只有保险合作社的社员才能作为保险合作社的被保险人，但是社员也可以不与保险合作社建立保险关系。而相互保险社的社员之间是为了一时目的而结合的，如果保险合同终止，双方即自动解约。

再次，保险合作社的业务范围仅局限于合作社的社员，只承保合作社社员的风险。

最后，保险合作社采取固定保费制，事后不补缴。而相互保险社保费采取事后分摊制，事先并不确定。

(五)劳合社

劳合社是当今世界上最大的保险垄断组织之一。劳合社并不是一家保险公司，它仅是个人承保商的集合体，其成员全部是个人，各自独立，自负盈亏，进行单独承保，并以个人的全部财力对其承保的风险承担无限责任。

劳合社的成员经过劳合社组织严格审查批准，最先只允许具有雄厚财力且愿意承担无限责任的个人为承保会员，但是早在 1995 年劳合社就制定了长达 48 页的计划纲要，其中一点是将过去的劳合社进行改造，接纳一些实力雄厚的法人团体入社。

(六)个人保险人

个人保险人是以个人名义承保业务的组织形式。目前，这种保险组织形式只在英国和美国存在。

四、我国保险市场的组织形式

我国保险市场机构数量状况如表 10 - 1 所示。

表 10 - 1　　保险机构数量状况　　单位：家

机构类别	截至 2024 年 6 月
保险系统机构	239
保险集团	13
政策性保险公司	1
财产保险公司	89
人身保险公司	91
再保险公司	7

续表

机构类别	截至2024年6月
保险资产管理公司	35
农村保险互助社	3

数据来源:国家金融监督管理总局。

我国保险市场大致有以下几种组织形式:

(一)国有独资保险公司

国有保险公司又称"国有独资保险公司""国营保险公司",是由国家或政府投资设立的保险经营组织,由政府或其他公共团体所经营,其经营可能以营利为目的作为增加财政收入的手段,组织形式为举办商业保险的保险组织;也可能以政策的实施为宗旨,并无营利的动机,组织形式为举办社会保险的保险组织等。国有保险公司目前是我国保险公司的主要组织形式之一,在我国保险市场上占有重要地位,如中国人寿保险(集团)公司、中国太平保险(集团)公司等。

(二)保险股份有限公司

保险股份有限公司又称"股份保险公司"。保险股份有限公司的性质为组织资本性、资本股份性。股份有限公司的资本以股东购买股票的形式募集资金,股东以领取股息或红利的办法分配公司的利润,并以自己认购的股份为限对公司的债务负责。保险股份有限公司最早出现于荷兰,而后由于其组织较为严密健全,适合保险经营而逐渐为各国保险业普遍采用。

保险股份有限公司是我国保险公司主要的组织形式,我国新成立的中资保险公司基本上采取这种组织形式。近年来,由于世界股票市场不断壮大,使股份公司资本易于筹集的优势更加明显。因此,我国保险公司组织的多元化应充分考虑这一组织形式,如新华人寿保险股份有限公司、泰康人寿保险股份有限公司等。

(三)相互保险公司

相互保险公司(Mutual Insurance Company)是指未上市,并没有股票股东的保险公司。相互保险公司是由所有参加保险的人自己设立的保险法人组织,其经营目的是为各保单持有人提供低成本的保险产品,而不是追逐利润。所谓"相互保险公司",实际是投保人基于相互保障的原则设立并共同拥有,为投保人自己经营保险业务的法人组织,如阳光农业相互保险公司、众惠财产相互保险社等。

(四)中外合资保险公司

中外合资保险公司是指中国合营者与外国合营者依照中国的有关法律,在中国境内共同投资设立,经中国保险监管机关批准,经营保险业务的保险公司。如今,在中国境内,已经有中宏人寿保险有限公司、太平洋安泰人寿保险有限公司、安联大众人寿保险有限公司、金盛人寿保险有限公司等数家中外合资保险公司。

(五)外国保险公司分支机构

外国保险公司分支机构是指外国保险公司依照本国公司法和保险法的规定,在本国境内设立的私营性保险组织。外国保险公司分支机构的具体形式在法律上并无特别的限制,但不论何种形式设立的外国保险公司分支机构,都具有隶属于外国保险公司、依据本国的法律规定设立、在本国境内设立、从事保险活动和不具有独立的法人资格这几个特点。

思考题:

举例说明以上各类型的保险公司当前的经营状况。

第三节 保险市场的供给与需求

保险市场是指由保险的需求方与保险的供给方在价值规律的引导下,通过市场竞争共同形成的保险价格的一个市场体系。保险市场的供给与需求受多种因素的影响,保险市场价格的形成除与一般商品一样受供求规律的影响以外,还有其特殊的地方,即还要受风险损失频率和损失程度的影响。

一、保险市场的供给

(一)保险市场供给的含义

保险市场供给是指在一定费率水平下,保险市场上各家保险公司愿意并且能够提供的保险产品的数量总和。保险市场的供给方主要是指保险人,包括国有保险人、私营保险人、合营保险人、合作保险人、个人保险人等,它们必须是经过国家有关部门审查认可并获准专门经营保险业务的法人组织。保险市场的供给可以用保险市场上的承保能力来表示,是各家保险公司的承保能力的总和。

保险市场的供给包括质和量两个方面,保险供给的质既包括保险公司所提供的各种不同的保险产品品种,也包括每一具体的保险产品品种质量的高低;保险供给的量既包括保险公司为某一保险产品品种提供的经济保障额度,也包括保险公司为全社会所提供的所有保险产品的经济保障总额。

保险有两种具体形式:一种是有形的经济保障,即保险人对遭受损失或损害的投保人,按照合同规定的责任范围给予一定金额的补偿或给付,体现在物质方面;另一种是无形的经济保障,即保险人对所有投保人(包括未出险的)提供心理上获得安全感的保障,体现在精神方面。

(二)影响保险市场供给的主要因素

1. 保险费率

在市场经济条件下,决定保险供给的因素主要是保险费率,保险供给与保险费率成正相关关系,保险费率上升,会刺激保险供给的增加;反之,保险供给则会减少。

2. 偿付能力

保险公司和商业银行相类似,都是负债经营,先吸收保费,建立保险基金,以备日后的支付。长期来看,这些负债总有一天是要全部偿还的,因此保险公司必须保持必要的偿付能力,偿付能力的大小直接制约着保险的供给。

3. 互补品和替代品的价格

互补品价格与保险供给成正相关关系,互补品价格上升,引起保险需求减少,保险价格即保险费率上升,保险供给增加;反之,保险供给减少。替代品价格与保险供给成负相关关系,替代品价格下降,保险需求减少,保险费率上升,保险供给增加;反之,保险供给减少。

4. 保险技术

保险的专业性、技术性很强,保险是建立在风险损失的基础上的,而风险的发生与否是不确定的,因此每一份保险合同的订立,都需要专业性及技术性很强的对应险种的设计,如果保险技术达不到，即使市场有保险需求，保险公司也是无力提供这种产品的，从而，保险技术的难易制约了保险供给。

5. 市场的规范程度

保险市场是风险交易的市场，本身的经营风险就很大，如果市场竞争不规范，保险公司频繁倒闭，就会抑制保险需求，从而减少保险供给，而竞争有序、行为规范，则使保险市场信誉提高，从而刺激保险需求，扩大保险供给。

6. 政府的监督

保险市场的特点决定了政府对保险市场会进行积极的干预，这种干预会导致对保险业较严格的监管。因而，即使市场对保险的需求扩大了，保险费率上升，保险供给也难以扩大。

思考题：

你认为目前以上哪些因素对我国保险市场的供给影响最大？

二、保险市场的需求

(一)保险市场需求的含义

美国心理学家马斯洛把人的需求从低到高分为五个层次：一是生存需求，二是安全保障需求，三是社交需求，四是尊重需求，五是自我成就的需求。人的需求是从低到高逐步实现的，低层次的需求往往是基本需求。人们在基本的生存需求得到满足后，会内生对安全的需求。因此，保险保障需求主要满足的是第二个层次的需求，保险保障需求是人的内在需求之一。从经济学角度看，保险需求指的是个人或经济单位一定时期内在一定的费率水平上，愿意并且有能力购买的保险产品的总量。它是消费者对保险保障的需求量，可以用保险金额总量来计量。

保险需求有两种表现形式：一种是有形的经济保障，体现在物质方面，即在自然灾害和意外事故发生之后，投保的个人或单位所得到的经济补偿和给付；另一种是无形的经济保障，体现在精神方面，即在获得保险经济保障之后，投保的个人或单位由于转嫁了意外经济损失风险而得到的心理上的安全感。从企业、个人乃至整个社会来说，保险需求无形的经济保障是经常的、大量的；而有形的经济保障则是局部的、少量的，二者都是客观存在和同等重要的。

(二)影响保险市场需求的主要因素

1. 风险因素

无风险，则无保险，风险是保险需求存在的前提。风险损失程度越大、范围越广，对保险的需求总量也越大；反之，保险需求总量越小。可见，保险需求总量与风险程度成正比关系。

2. 保险费率

保险费率对保险市场需求有一定的约束力，二者一般呈反方向变化。受投保人缴费能力的限制，从总体上讲，费率上升会带来保险需求的减少；费率下降，则会引致保险需求的增加。但是，费率对保险需求的影响会随着保险产品品种的不同而不同。

3. 保险消费者的货币收入

消费者收入水平形成对保险有效需求的预算约束，一国消费者的收入水平是影响保险需求的另一个重要因素，作为消费者收入的重要衡量指标，人均可支配收入的稳定提高可以为居民购买保险提供物质支持。保险行为既有消费的属性，又具有投资的属性。随着收入水平的提高，消费者的资产形式越复杂，对规避风险的意愿越强，支付能力上升，消费者对保险的需求会越全面、越旺盛。

4. 互补品和替代品的价格

财产保险的险种是与财产相关的互补商品，例如汽车保险与汽车，当汽车的价格下降时，可能使车险需求量减少。另外，一些保险产品特别是人寿保险产品是储蓄的替代商品，当储蓄利率上升时，人寿保险产品品种的需求就会减少；反之则会增加。

5. 文化传统

保险需求在一定意义上受人们风险意识与保险意识的直接影响，而人们的风险意识与保险意识又是受特定的文化环境影响和控制的，尤其在我国，由于长期受封建文化的影响，对于一些风险，人们有时宁愿求助于神灵的保佑，也不接受保险的保障，从而抑制了保险需求。

6. 经济制度

现代保险属于商品经济范畴。保险发展的历史表明，现代保险是随着商品经济的产生而产生，随着商品经济的发展而发展。保险需求总量与商品经济制度发展程度成正比关系。

三、保险市场的供求平衡

保险市场供求平衡，是指在一定费率水平下，保险供给恰好等于保险需求的状态，即保险供给与需求达到均衡点。

保险市场供求平衡，受市场竞争程度的制约。市场竞争程度决定了保险市场费率水平的高低，因此，市场竞争程度不同，保险供求平衡的水平各异。而在不同的费率水平下，保险供给与需求的均衡状态也是不同的。保险市场有自动实现供求平衡的内在机制。

保险市场供求平衡包括供求的总量平衡与结构平衡两个方面，而且平衡是相对的。所谓“保险供求的总量平衡”，是指保险供给规模与需求规模的平衡。所谓“保险供求的结构平衡”，是指保险供给的结构与保险需求的结构相匹配。

拓展阅读

全球保险业三大消费趋势

本章小结

保险市场	保险市场概述	保险市场是市场的一种形式，是保险产品交换关系的总和，是保险产品供给与需求关系的总和 保险市场的特征主要包括保险市场是直接的风险市场，保险市场是无形市场，保险市场是特殊的“期货”交易市场，保险市场是非即时结清市场 按照保险业务性质不同，保险市场分为寿险市场和财险市场；按照保险业务承保的程序不同，保险市场分为原保险市场和再保险市场；按照保险业务活动的空间不同，保险市场分为国内保险市场和国际保险市场 按照保险市场的竞争程度不同，保险市场的模式可分为完全垄断型保险市场、完全竞争型保险市场、寡头垄断型保险市场和垄断竞争型保险市场四种模式 保险市场的功能主要有促进科技进步，推动社会发展；聚集、调节资金，优化资源配置；实现均衡消费，提高人民生活水平；合理安排风险，维护社会稳定

续表

保险市场	保险公司的设立与组织形式	《保险法》规定设立保险公司应当具备下列条件：主要股东具有持续盈利能力，信誉良好，最近3年内无重大违法违规记录，净资产不低于人民币2亿元；有符合本法和《公司法》规定的章程；有符合本法规定的注册资本；有具备任职专业知识和业务工作经验的董事、监事和高级管理人员；有健全的组织机构和管理制度；有符合要求的营业场所和与经营业务有关的其他设施；法律、行政法规和国务院保险监督管理机构规定的其他条件 设立保险公司需经过初步申请、筹建、正式设立申请、设立登记四个阶段 从目前国际保险市场的现状来看，保险经营组织形式主要有如下6种：保险股份有限公司、相互保险公司、相互保险社、保险合作社、劳合社、个人保险人 保险股份有限公司是指经国家保险监管机关批准设立、经营保险业务的股份制保险公司，它由股东认购股份并以获取利润为目的 相互保险公司是由所有参加保险的人自己设立的保险法人组织，是保险业特有的一种非营利性的公司组织形式 相互保险社是同一行业的人为了应付自然灾害和意外事故所造成的经济损失而自愿组合起来的非公司组织 保险合作社是由一些对某种风险具有相同保险需求的人，自愿集股设立的保险组织 劳合社是当今世界最大的保险垄断组织之一 个人保险人是以个人名义承保业务的组织形式
	保险市场的供给与需求	保险市场供给是指在一定费率水平下，保险市场上各家保险公司愿意并且能够提供的保险产品的数量总和。保险市场供给受到保险费率、偿付能力、互补品和替代品的价格、保险技术、市场的规范程度、政府的监督等因素影响 保险需求指的是个人或经济单位在一定时期内及一定的费率水平上，愿意并且有能力购买的保险产品的总量。保险需求受到风险因素、保险费率、保险消费者的货币收入、互补品和替代品的价格、文化传统、经济制度等因素的影响

本章练习题

一、单项选择题

1. 保险人与投保人之间通过订立保险合同而直接建立保险关系的市场是(　　)。

A. 国内保险市场　B. 原保险市场　C. 国外保险市场　D. 再保险市场

2. 同一行业的人为了应付自然灾害和意外事故所造成的经济损失而自愿组合起来的非公司组织称为(　　)。

A. 交互保险社　B. 相互保险公司　C. 相互保险社　D. 保险合作社

3. (　　)是保险产品的价格。

A. 保费　B. 保险价值　C. 现金价值　D. 保险费率

4. 国际上保险公司的组织形式有多种，其中由所有参加保险的人为自己办理保险而合作设立的法人组织是(　　)。

A. 股份保险公司　B. 相互保险公司　C. 自保保险公司　D. 劳合社

5. 保费占GDP的比例指的是(　　)。

A. 保险市场份额　B. 保险密度

C. 保险深度　D. 寿险与非寿险保费比例

6. 当今国际保险市场中存在着多种市场模式，其中，大小保险公司并存，少数保险公司在市场中取得垄断地位的市场类型是(　　)。

A. 完全竞争市场模式　　B. 垄断竞争市场模式
C. 寡头垄断市场模式　　D. 完全垄断市场模式

7. 一般人均保费是指(　　)。
A. 保险市场份额　　B. 保险密度
C. 保险深度　　D. 寿险与非寿险保费比例

8. 保险市场上存在数量众多的保险人,保险产品交易完全自由,价值规律和市场供求规律充分发挥作用的保险市场是(　　)。
A. 完全竞争市场模式　　B. 垄断竞争市场模式
C. 寡头垄断市场模式　　D. 完全垄断市场模式

9. 用于保险事故发生后对被保险人进行赔偿和给付的保费是(　　)。
A. 毛保费　　B. 附加保费　　C. 纯保费　　D. 营业保费

10. 受保险当事人委托,专门从事保险标的的评估、查勘、鉴定、估损、赔偿和理算等业务的是(　　)。
A. 保险代理人　　B. 保险公估人　　C. 保险经纪人　　D. 保险精算师

二、多项选择题

1. 保险市场的特征包括(　　)。
A. 保险市场是无形市场　　B. 保险市场是直接的风险市场
C. 保险市场是即时结清市场　　D. 保险市场是特殊的"期货"交易市场

2. 下列各项中,属于保险中介人的有(　　)。
A. 保险经理人　　B. 保险经纪人　　C. 保险代理人　　D. 保险公估人

3. 按照保险业务性质不同,保险市场可分为(　　)。
A. 人身保险市场　　B. 原保险市场　　C. 财产保险市场　　D. 再保险市场

4. 我国保险公司采取的组织形式包括(　　)。
A. 国有独资保险公司　　B. 相互保险公司
C. 股份有限公司　　D. 保险合作社

5. 影响保险市场需求的主要因素有(　　)。
A. 风险因素　　B. 保险费率
C. 消费者收入水平　　D. 互补品与替代品的价格

6. 保险经营组织形式多种多样,主要有(　　)。
A. 股份制保险公司B. 相互保险公司　　C. 相互保险社　　D. 个人保险人

7. 按保险业务承保的程序不同,保险市场可分为(　　)。
A. 人身保险市场　　B. 原保险市场　　C. 财产保险市场　　D. 再保险市场

8. 按保险市场的竞争程度不同,保险市场可分为(　　)。
A. 完全垄断型保险市场　　B. 完全竞争型保险市场
C. 寡头垄断型保险市场　　D. 垄断竞争型保险市场

9. 保险市场的功能主要有(　　)。
A. 合理安排风险,维护社会稳定
B. 聚集、调节资金,优化资源配置
C. 实现均衡消费,提高人民生活水平

D. 促进科技进步,推动社会发展

10. 保险市场的构成要素主要有(　　)。

A. 保险市场供给　B. 保险市场需求　C. 保险产品价格　D. 保险中介

三、案例分析题

1. 据2016年3月17日《证券时报》消息报道:众多产业资本涌入保险领域的热情很高,多家上市公司先后涉足保险领域,或已发布筹建保险公司公告,目前已经有两百多家企业在排队申请保险牌照,这个量几乎与目前已有保险公司的总量相当。

不过,牌照获批并不容易,2015年至今,已有15家保险公司获批筹建,其中,寿险公司2家、财险公司8家(包括3家互联网保险公司)、航适险公司1家、信用保证保险公司1家、再保险公司1家、保险资管公司2家,另有3家公司被保监会给予"不予许可"的批复。这3家公司分别为科畅财产保险股份有限公司、国开财产保险股份有限公司和天伦人寿保险股份有限公司。

要拿到这么抢手的保险牌照,需要达到哪些条件呢?据业内专家表示,获得保险牌照至少需要具备四项硬指标:"第一是自身条件要硬,无论是哪个人、哪家公司要申请保险公司,都要有良好的财务报表;第二,要有很好的持续的处置能力;第三,社会信誉要好,没有违法犯罪记录;第四,要有一支优秀的管理团队。"业内专家表示:"这四条是非常硬的条件,缺一不可。"

保险公司要在保险市场中生存发展,应该怎样自我提高?

2. 2023年6月12日,投保人宋某(时年35岁)为自己投保终身保险,保额10万元,年缴保费8 400元,缴费期间20年;附加住院医疗保险2万元,受益人为其妻子和儿子。健康告知部分均作否认回答,告知既往身体健康。被保险人出具了某卫生院的体检报告,意见为"身体健康"。保险公司遂以标准体承保,合同生效时间为2023年6月20日。

2024年5月3日,宋某的妻子向保险公司报案,称宋某因身体不适三个月前到某市医院检查并住院,经诊断为肝硬化,不治身故,故申请保险金。

接到此案后,保险理赔人员进行了认真的分析,发现一些疑点:(1)被保险人购买终身寿险不足一年即出险,是偶然吗?(2)肝硬化是肝病变发展过程的终末阶段,一般是由病毒性肝炎、酒精肝或其他肝类的疾病经过长期演变而形成的慢性病。它的形成需要较长时间,应有较长的病史,不会突然爆发,而此案的发生显得太过突然。

在此案例中,保险公司应当如何处理?

3. 2024年11月16日,由中国社会保障学会商业保险研究分会主办,广东金融学院保险学院承办的第三届全国商业保险发展研讨会在广东清远举行。原中国银保监会副主席梁涛指出,保险行业更好地服务中国式现代化首先要坚持以人民为中心的价值取向,通过大力发展普惠保险,促进共同富裕;通过推广"保险+服务"模式,提升人民群众的获得感和幸福感。

中国保险学会原会长、中国社会保障学会商业保险分会顾问罗忠敏指出,当前中国保险行业正处于一个重要的转型关口,在"增量时代"向"提质时代"迈进,推动保险业高质量发展的关键路径包括三个方面。一是增强服务民生能力。保险行业应不断创新产品和服务以满足不同群体的需求。二是推动数字化转型,提高运营效率。保险行业必须顺应时代潮流,利用现代科技手段提升产品定价的精准性、理赔的效率与客户服务的便捷性。三是加强国际化视野,提升全球竞争力。保险行业要加强国际化视野,提升自身的国际竞争力,为中国保险业赢得更大的话语权和市场份额。

中国社会保障学会副会长申曙光提出，无论从商业保险还是社会保障的角度，新时代医保都应是大医保，而不是过去的小医保。目前多层次医保体系的发展面临重重阻力，与缺乏大医保思维有密切关系，因此，只有推进保险行业和社会大众对大医保的认知，才能促进多层次医疗保障体系的发展。

中国社会保障学会商业保险研究分会副会长、北京大学教授郑伟认为，政府在政策制定和推行保险补贴方面，应考虑更多现实因素，设计符合各类群体需求和保险机构实现盈亏均衡需求的保险产品，提高社会参与度和大众满意度；健全普惠保险体系，努力为人民群众提供覆盖广泛、公平可得、保费合理、保障有效的保障服务。郑伟提出，未来应积极发展第三支柱养老保险，大力发展商业保险年金，推动专属商业养老保险发展；提升健康保险服务保障水平，扩大健康保险覆盖面；建立多渠道多层次巨灾保险保障机制，丰富巨灾保险保障形式等。

资料来源：https://qyxq.gduf.edu.cn/info/1050/2154.htm。

结合案例谈谈我国保险市场的未来发展方向。

本章练习题参考答案

第十一章

保险监管

本章知识结构

- 保险监管概述
  - 保险监管的概念
  - 保险监管的产生与发展
  - 保险监管的目标
  - 保险监管的意义
  - 保险监管的方式与方法
  - 保险监管机构及原则
- 保险监管的内容
  - 市场准入和股权变更监督
  - 公司治理和内部控制监督
  - 资本充足性及偿付能力监督
  - 交易行为与网络保险监督
  - 再保险监督
  - 衍生工具监督
  - 跨境保险活动与保险集团监督
- 保险监管的国际化
  - 保险监管的国际化背景
  - 保险监管国际化的必要性
  - 保险监管国际化趋势

教学目标

知识目标

1. 准确把握保险监管的概念、方式与方法、原因及目标。
2. 掌握保险监管的内容。

能力目标

1. 能够了解我国保险监管的进展。
2. 能够分析保险监管的发展趋势。

素质目标

1. 了解保险业以及社会安全与稳定的重要性。

2. 引导学生在日常行为和未来的工作中树立规范意识和监督意识，培养学生的大局观。

本章寄语

国家金融监督管理总局的成立标志着保险监管更上一个台阶，保险经营也越来越正规化。只有监管到位，保险业秩序才能正常平衡。

案例引入

保险监管不是一成不变的，而是需要与时俱进地完善。2023 年，监管机构加强对保险公司实施两个新会计准则的监管，在“偿二代二期”（指中国第二代保险业偿付能力监管制度的二期修订制度，全称为“中国风险导向的偿付能力体系第二阶段”）框架下优化偿付能力监管标准，并启动认定国内系统重要性保险公司，这些都是保险监管与时俱进的体现。

第一，加强实施新会计准则监管。从 2023 年 1 月 1 日起，上市保险公司实施《企业会计准则第 22 号——金融工具确认和计量》和《企业会计准则第 25 号——保险合同》两个新准则，2026 年起将有更多保险公司实施新准则。监管机构表示，将按照《关于进一步加强财会监督工作的意见》，加强对保险公司实施两个新准则的监管力度，推动保险业持续回归保险保障本源，实现高质量发展。我们知道，保险经营的特殊性导致了保险会计的特殊性，甚至使得保险会计被视为“异端会计”，两个新准则特别是新保险合同准则是反映保险公司财务状况的新“镜子”，对保险公司的影响巨大，需要持续关注。

第二，优化偿付能力监管标准。2023 年 9 月，国家金融监督管理总局发布《关于优化保险公司偿付能力监管标准的通知》（以下简称《通知》），主要内容包括差异化调节最低资本要求、引导保险公司回归保障本源、支持资本市场平稳健康发展、支持科技创新等。总体而言，《通知》适当降低了保险公司的最低资本要求，提高了长期保单未来盈余计入核心资本的比例，可提升保险公司的资本使用效率。在鼓励保险资金入市支持资本市场方面，对于保险公司投资沪深 300 指数成分股，风险因子从 0.35 调整为 0.3；投资科创板上市普通股票，风险因子从 0.45 调整为 0.4；对于投资公开募集基础设施证券投资基金（REITs）中未穿透的，风险因子从 0.6 调整为 0.5。应当说，在新的监管标准下，保险公司拥有更大的选择投资入市的自由度。

第三，启动认定国内系统重要性保险公司。2023 年 10 月，中国人民银行和国家金融监督管理总局联合发布《系统重要性保险公司评估办法》（自 2024 年 1 月 1 日起施行，以下简称《评估办法》）。系统重要性保险公司分为全球系统重要性保险公司（G-SII）和国内系统重要性保险公司（D-SII），《评估办法》涉及的是后者即 D-SII。2013 年国际保险监督官协会（IAIS）首次发布 G-SII 评估办法，金融稳定理事会（FSB）公布首份 G-SII 名单。2013—2016 年，FSB 每年公布 G-SII 名单（每年 9 家，中国平安保险集团是唯一的中国机构），2017 年之后由于一些反对声音，FSB 暂停更新认定 G-SII。2023 年 4 月，IAIS 发布《保险业系统性风险整体框架执行情况评估报告》，表示虽然国际组织暂停认定 G-SII，但仍鼓励各国认定各自的 D-SII。我国建立 D-SII 评估认定框架，明确了参评公司范围、评估指标和权重、评估流程等，对于加强系统重要性保险机构监管、完善宏观审慎管理、强化金融稳定保障体系具有重要意义。

资料来源:www.cbimc.cn/content/2024-01/10/content_505229.html。

第一节　保险监管概述

一、保险监管的概念

保险监管是指一个国家对本国保险业的监督管理。保险监管既是一种行为又是一种制度,同时代表了一种制约性权利。依据监管主体的范围不同,可以分为广义的保险监管和狭义的保险监管。广义的保险监管是只有法定监管权的政府机构、保险行业自律组织、保险企业内部的监管部门以及社会力量对保险市场及市场主体组织和经营活动的监督或管理。狭义的保险监管一般专指政府保险监管机构依法对保险市场及保险市场主体组织和经营活动的监督与管理。

二、保险监管的产生与发展

(一)早期的保险监管制度产生于英国

最早建立保险监管制度的国家是英国。1575 年,英国伊丽莎白女王一世特许在伦敦皇家交易所内设立保险商会,英国政府要求海上保险单必须向该商会办理登记。这是政府对保险业进行管理的开端。

随着世界经济和国际贸易的发展,海上保险业也得到了空前的发展和繁荣,与此同时,也出现了保险业发展混乱无序的局面。许多资本规模比较小的保险公司从事海上保险业务,但因承担风险过大,纷纷倒闭。保险公司频繁地新旧交替,给被保险人的利益带来了极大的损害,影响社会经济发展的稳定。面对这种局面,一些国家开始干预保险业,通过保险立法,成立专门机构对保险业实施监管。1601 年,英国颁布了第一部与海上保险有关的法律。1720 年,英国国王乔治一世特许皇家交易保险公司和伦敦保险公司统一经营海上保险,其他保险公司不得涉足。英国于 1746 年第一次以法律条文的形式要求投保人对投保财产具有保险利益。保险利益这一重要法律概念的提出,对区分赌博与正常的保险业务起到了重要作用,在当时有效地遏制了大量海事欺诈事件。

(二)现代保险监管制度诞生于美国

现代保险监管制度的一个重要标志是国家授权给专门的保险监管机构,使之专司保险监管之责。这种制度最早产生于美国。1851 年,新罕布什尔州率先设立保险署,专司监管之责,开创了现代保险监管制度中设立专门监管机构的历史。在美国南北战争之前,政府对保险业约束甚微,完全自由的市场经营导致不公平保险条款充斥市场,甚至出现了因责任准备金不足而导致保险公司倒闭的现象。面对这种市场状况,政府不得不出面对保险业实施监管,以保障公众利益、促进保险业健康发展。1855 年,马萨诸塞州建立了保险监管机构。3 年之后,伊莱泽·赖特任该州保险监督官。他提出了以保证保险人偿付能力为目标的现代保险监管思想,被称为"现代保险监管之父"。1859 年,纽约州保险监督官委员会设立,其他各州也相继设立类似组织,从而建立了具有现代意义的保险监管机构。

(三)现代监管制度的法律发展

英国虽然没有设立专门的保险监管机构,但在保险立法方面始终领先。英国继《1746 年海上保险法》(Marine Insurance Act 1746)提出“保险利益”的概念之后,于1870年颁布《寿险公司法》,对寿险公司的保证金、财产账户、兼并和清算都做出了规定。该法案的历史意义在于确立了“只要做了说明就有完全自由”的信息公开制度原则。其核心是:强制寿险公司向管理机构和保单持有人提供足够的信息以便能合理估计公司的财务状况。

1909年,英国又制定了《保险公司法》,将1870年的《寿险公司法》中的监管规定扩展到了除水险和汽车险以外的所有其他保险范畴。此后,《保险公司法》也在保险监管中不断地被完善。

奥地利于1859年、瑞士于1885年、德国于1909年也先后建立了各自的保险监管制度。20世纪20年代以后,西方各发达国家已普遍建立保险监管制度,至此,保险业进入新的政府监管的发展阶段。可见,保险业的发展并没有沿着经济自由化趋势发展,国家对保险业的监管始终都在强化,使监管制度不断趋于完善。

(四)我国保险监管制度的发展

我国保险监管制度是随着我国社会主义市场经济的发展不断发展与完善的。1980年以前,我国只有保险经营,而没有实质上的保险监管。

1980—1998年,中国人民银行是我国的保险监管机构。1998年11月18日,中国保险监督管理委员会正式成立,它标志着我国保险监管体制开始按照专业化的标准建立。中国保险监督管理委员会直属国务院,是全国商业保险的监管机关,行使监管职能,依照法律、法规统一监督管理保险市场。保监会的外派机构依法对保险市场进行全方位的监管,使我国保险监管工作进入了新的历史时期。2018年,为深化金融监管体制改革,解决现行体制存在的监管职责不清晰、交叉监管和监管空白等问题,将银监会和保监会的职责整合,组建中国银行保险监督管理委员会,作为国务院直属事业单位,对全国银行业和保险业实行统一监督管理。2023年,在中国银行保险监督管理委员会基础上组建国家金融监督管理总局,5月18日,国家金融监督管理总局正式揭牌,标志着银保监会正式退出历史舞台。国家金融监督管理总局强化了对包括保险业在内的金融行业的综合监管、统筹协调监管,进一步优化监管资源配置,以更好地防范和化解金融风险,促进金融行业的健康稳定发展。

三、保险监管的目标

(一)维护被保险人的合法权益

监管部门有责任确保财务实力良好的保险公司以公平的价格提供公平的保险合同,为公众分散危险、提供保障和提高社会福利,具体包括:

1. 保险产品和服务的可获得性

对于不同群体都有保险险种可供选择,在保险公司之间费率和条款要有差异性,保险消费者可以获得良好的保险售前、售中及售后服务。

2. 费率和条款的公平性

保险条款要公平合理,不能包含对投保人不利或加重其责任的条款;保险费率应尽可能准确地反映投保人的风险状况。我国2009年颁布的《保险法》就对投保人的利益进行了特别关注。

(二)维护公平竞争的市场秩序

1984年,戴蒙德曾建立了一个简单的受托监控模型,通过该模型证明,即使考虑金融中介本身的代理成本,金融中介仍然具有信息生产和监控的优势。而且该模型得出了一个隐含的结论,即金融中介具有规模效应和自然垄断倾向,金融中介规模越大越好。保险公司作为重要的金融中介机构,其发展也是符合这个规律的,即垄断倾向,这从世界各国保险业、保险公司的发展中可以看出。但市场经济是强调竞争的,没有竞争市场就会缺乏效率,因此,对保险业进行监管,防止垄断发生,维护公平的市场交易环境,既有助于维护消费者的权益,也有助于保证保险业的健康发展。

(三)整体安全与稳定

一个运行良好的金融中介体系会由于内部或外部的突然冲击而导致整个体系运行混乱及功能受损,这就是金融中介的脆弱性。保险业具有极强的公众性和社会性,保险公司作为重要的金融中介机构,其体系内部也存在着这种天然的脆弱性。事实上,保险公司在经营中也为消费者提出了一种流动性的保险,即将用于偿付的保费收入转换为长期投资,进行资产转换之后,提高了保险公司的盈利能力,进而确保投保人在风险事故发生时随时得到赔偿或给付。因此,当某些保险公司出现偿付能力不足或其他外部冲击时,会出现投保人大批退保的风潮。由于短期内用于投资的资产难以变现,导致保险公司短期偿付能力出现问题,进而引发公司倒闭事件发生,威胁到整个保险体系的安全,因此,对保险业加强监管,确保行业整体的偿付能力,有助于维护整个保险体系的安全。

此外,在保险业利益开放的前提下,建立与国际惯例相接轨的保险经营、监管与法律体系也是保险监管的重要目标之一。

(四)促进保险业健康发展

对保险市场实施监管的另一个目标在于保持市场的适度竞争,限制甚至避免垄断行为或恶性竞争行为,从而有助于效率目标的实现。因此,需要建立完善的市场准入与退出机制,并对保险机构的兼并、破产等行为实施监管,防止保险公司经营不善导致偿付危机的扩散,维护保险业整体的稳定发展。

此外,在很多国家,监管常常带有保护主义色彩,维护本地保险机构的运营,防止外国保险服务的进入。从这一点来说,消费者的利益并没有达到最大,消费者无法自由选择最好的保险服务,而只能在有限的国内保险服务中做出选择。根据幼稚产业理论,面对外国保险机构涌入的竞争,本国保险业还不具备自建体系的能力时,对本国的保险业进行暂时的保护是必要的,但在时机成熟时,自由化的趋势是不可避免的。国家应通过适当扶植保险业,使其具备自我发展、参与竞争的能力,最终实现在市场中与其他主体公平竞争、优胜劣汰,通过市场的指引达到资源的优化配置。因此,从长期来看,监管还是有助于实现社会福利的增加的,与保护消费者利益的最终目标并不违背。

四、保险监管的意义

(一)保险经营具有公开性和社会性

保险业是一个特殊的行业,保险产品与一般商品相比,存在很大的差异性。人们通过消费保险产品来减少当前利益,换取对未来的保障,保险公司依靠诚信经营并吸收资金,其经营成败不仅关系到保险公司和投资者的利益,更关系到社会公众的利益。人们购买商品后,生产企业的后续经营与客户利益相关度不高,而保险产品的供给与消费具有一定的特殊性,保险产品有的长达几十年,在长时间的跨度内,仅靠保险公司自我约束来保证承诺的有效性是不太现实也是不可行的。因此,保险公司的持续经营情况将会影响各行各业、千家万户。如果保险公司破产或倒闭退出,负面影响将比一般企业要大得多,将使广大被保险人的利益甚至社会公众利益受到损害，带来社会福利损失，影响社会稳定。为保证社会公众利益，确保保险公司的偿付能力，政府对保险业的监管就显得十分必要了。

（二）保险交易存在信息不对称和不完全性

一般而言，市场中的销售者和购买者都很难具有充分信息，相对而言交易双方存在信息不对称。保险业是一个技术含量高、业务专业性强的复杂行业，信息不对称和不完全的问题更为突出。保险合同是格式合同，保险产品定价和保险合同内容往往由保险公司单方面拟定，投保人、被保险人对保险费率、保险责任、责任免除、退保等重要事项的了解有限，一般只能就接受合同或拒绝合同进行选择。因此，如果缺乏外部监管，保险公司就可能利用信息不对称和信息透明度低的优势实施损害被保险人的行为。

（三）保险发展过程中存在市场失灵和破坏性竞争

市场失灵理论是研究政府干预市场的一种经济学理论。市场失灵理论认为，由于存在大量现实和潜在的市场失灵问题，包括市场存在垄断、信息成本过高、负外部效应、"搭便车"现象等，造成理想状况的竞争性市场难以实现，导致市场公平和效率的损失，因此政府必须干预市场，纠正市场失灵，增进市场的公平和效率。保险市场也存在上述市场失灵问题，现实的保险市场通常是垄断竞争型市场，公司之间的竞争并不完全平等，保险公司财务状况和社会保险需求状况等信息透明度不高，因此保险市场需要政府的监管，以最大限度地防止和消除市场失灵产生的非效率和不公正问题。此外，由于保险业经营的特点，在保险市场竞争中，保险公司存在牺牲客户长远利益以换取短期经营利益的倾向，从而在经营中出现恶性或过度竞争以及不合理价格，其结果是保险公司丧失偿付能力并危及社会公众利益，损害消费者的合法权益，从而影响保险业的持续发展。

（四）保险经营的负债性

保险经营的负债性是指保险公司通过收取保费建立保险基金来履行其赔偿或给付职能，而保险基金中很大一部分是以保险准备金的形式存在的，保险准备金是保险公司的负债。保险公司提取责任准备金而形成的负债是确定的，但其承担义务所形成的负债则因风险事故的随机性而不确定。因此，保险公司的负债管理不同于一般企业的负债管理，保险经营本身就是一种负债经营。

（五）保险交易过程的特殊性

保险公司的生产和销售是同步发生的，现代保险采取的是损失事先分摊的方式，即先收取保险费，建立保险基金，再对发生的自然灾害和意外事故所造成的财产损失和人身伤害承担赔偿责任。保险交易过程的时间较长，财产保险一般为 1 年，人身保险则可能是几年、几十年，甚至伴随人的一生，这使得保险公司经营的风险具有隐蔽性、积累性和社会性的特征，因而保险业的监督管理是非常重要的。

相关案例

2024 年一季度，保险公司累计收到国家金融监督管理总局系统下发的罚单 809 张，处罚金额累计达 8 794 万元，处罚机构 402 家，处罚人员 618 人，较上年同期有所减少。

1. 财产险：罚金高、受罚机构多

与 2024 年前两个月相比，3 月份保险公司收到罚单明显减少。前两个月，针对保险机构及相关责任人违规行为,国家金融监督管理总局及其派出机构合计处罚金额近7 000万元,同比增长超过七成;3月,罚单金额为1 178万元。

细分市场来看,国家金融监督管理总局对财产险公司的处罚金额依然高于寿险公司,处罚金额累计为5 195万元,罚金约占总罚金的59%。从罚款金额看,一季度有24张罚单超50万元,其中21张来自财产险公司。

从被处罚缘由来看,财产险公司违规行为包括编制或者提供虚假的报告报表文件资料、虚挂中介业务套取手续费、虚列业务及管理费、未按照经备案的保险费率开展业务等沉疴顽疾。

财产险公司百万元级别的罚单也较人身险公司更多。其中,由于规模大、业务复杂、分支机构多,因此大型保险公司被罚概率更高。比如,1月8日,太保产险广西分公司因财务数据不真实被国家金融监督管理总局广西监管局警告并罚款170万元,三名相关负责人合计被罚22万元;2月26日,国寿财险楚雄中心支公司因编制虚假财务资料,未按规定使用备案的保险费率、利用保险代理人虚构保险中介业务套取费用、未对代理人进行后续教育、无代理人培训档案等违规行为被国家金融监督管理总局楚雄监管分局警告并处罚款73.4万元,相关负责人合计被罚28.4万元,合计罚款金额达到101.8万元。

2. 人身险:销售人员顶格处罚多

人身险方面,一季度处罚金额累计达到2 281万元,在总罚金中占比约25.9%。

人身险公司罚款总额虽低,但是,因为牟取不当利益,欺骗投保人等违规行为,被监管部门处罚禁止进入保险业的从业人员却不少。

一季度,财产险、人身险两个市场共有13人被不同程度地禁止进入保险业。其中,8人来自人身险公司。比如,某寿险公司员工王某亮因非法吸收客户到期续存或新增客户的存款用于投资和出借等方式获利,被终身禁止进入保险业;百年人寿员工白某寒因对员工行为管理不到位,被终身禁止进入保险业。

另外,还有两家保险公司被监管部门没收违法所得,处罚原因分别与超范围经营业务、未按规定使用保险费率导致多收保费有关。

从处罚原因来看,人身险公司违规行为主要集中在销售误导、承诺给予投保人合同约定以外利益、诱导保险代理人进行违背诚信义务的活动及内控管理不到位等"老问题"上。

销售误导,历来是人身险行业的顽疾,也是消费者投诉的主因。国家金融监督管理总局海南监管局于1月16日接连对华夏人寿三亚中心支公司、海口龙华支公司、海口国贸支公司、琼海支公司以及文昌支公司下发多张罚单,皆因销售误导,对保险机构及相关责任人合计罚款25.8万元。某保险公司温州中心支公司、杭州中心支公司及相关负责人也因欺骗投保人,一天接到5张罚单,合计罚款金额达到61万元;另外,该公司员工牛某某还因欺骗投保人、伪造保险合同,终身被禁止进入保险业。

事实上,近年来,监管部门对销售误导零容忍的同时,也在强化保险公司对于保险代理人以及保险中介机构的主体责任,但虚假宣传、销售误导等乱象仍屡禁不止,大型人身险公司作为行业主体仍需进一步调整和优化内控机制。

3. 保险中介:清理整顿从未放松

从前两个月的罚单可以看出,中介市场同样是监管部门的重点整治对象。作为保险市场的重要参与主体,保险中介为保险业贡献了超八成的保费收入,监管部门对于保险中介的清理整顿也从未放松。2024年3月1日起正式实施的《保险销售行为管理办法》提到,保险公司应当加强对与其具有保险销售业务合作关系的保险中介机构保险销售行为合规性的监督,定期了解该保险中介机构在合作范围内的保险销售行为合规情况,发现该保险中介机构在从事保险销售中存在违反法律法规及合作协议要求的情形时,应当及时制止和督促纠正,并依法追究该保险中介机构的责任。

2024 年一季度,保险中介市场也出现了百万元级的罚单。3 月 1 日,杭州建安民生保险代理有限公司妨碍依法监督,编制或者提供虚假的报告、报表、文件资料,利用业务便利为他人牟取不正当利益,聘任无任职资格的高管人员,未经执业登记开展业务,职业责任保险脱保且未按监管规定缴存保证金,被国家金融监督管理总局浙江监管局警告并处罚款 77 万元,时任公司实际直接负责的主管人员游某被警告并处罚款 23 万元,合计 100 万元。

资料来源:https://www.financialnews.com.cn/2024-04/17/content_291042.html。

结合案例,分析如何加强保险监管。

五、保险监管的方式与方法

(一)保险监管的方式

1. 公告管理方式(公示方式)

公告管理方式是指国家对保险业的实体并不加以任何直接管理,仅规定保险公司必须按照政府规定的格式及内容,定期将资产负债、营业结果以及其他有关事项予以公告。至于业务的经营优劣,政府不过多地干预,由被保险人和社会公众评判。保险合同格式的设计、资本金的运用由保险公司自主决定,政府也不干预。公告管理方式是国家对保险市场最为宽松的一般管理方式。采用这种方式对保险业实行监管,客观上要求国家的国民经济高度发展、保险机构发达、投保人能够选择承保人;保险公司行为规范、市场竞争平等、具有良好的商业道德;国民具有较高的文化水准和风险意识,投保人对承保公司的业绩优劣具有适当的判断能力和评判标准。公告管理方式的优点是使保险业在自由竞争的环境中得以自由发展;其局限性是一般公众对保险业的优劣的评判标准不易准确掌握,对不正当经营无能为力。随着保险业竞争的日益激烈,政府对保险业监管愈加严格,这种方式逐渐被放弃,英国也不再采用此种方式。

2. 规范管理方式

规范管理方式是指由政府规定保险业经营的一定准则,要求保险业共同遵守的方式。政府对保险经营的重大事项,如最低资本额资产负债比例、投资运用等方面,均有明确规定。这种管理方式与公告管理方式的管理相比有优越性,但政府对保险业的管理是形式上的合法审查。由于保险经营专业技术性强,有关法规很难做到面面俱到,实务中时有发生形式上合法而实质上不合法的现象,难以管理,因此,这种管理方式也已不被采用。

3. 实体管理方式

实体管理方式是指国家制定完善的保险管理规则。国家保险管理机关具有较高的权威和灵活处理的能力,对保险公司的设立、经营、财务、业务及破产清算等均实行有效监管。这是一种较为严格的监管方式。目前大多数国家采用此种方式,如金融发展较成熟的日本、美国、德国等。我国保险监督管理机构对保险业的监管也采用此种方式。

思考题:

你认为以上各种保险监管方式有什么优缺点?

(二)保险监管的方法

保险监督管理部门对保险监督管理对象进行监督管理的方法主要有现场检查和非现场检查两种。我国《保险公司管理规定》第九十一条规定:"中国保监会对保险机构的监督管理,采取现场监管与非现场监管相结合的方式。"

1. 现场监管

现场监管是指保险监督管理机构及其分支机构派出监督管理小组到各保险机构进行实地调查。现场监管有定期检查和临时检查两种,临时检查一般针对某些专项进行不定期的检查,而定期检查要对被检查机构做出综合评价。现场监管的重点是检查保险机构内部控制制度和治理结构是否完善,财务统计信息是否真实准确,保险投诉是否确实合理。

为保证现场监督管理的质量,保险监督管理机构要建立清楚的、与检查频率和范围有关的规定,同时制定必要的检查程序和处理方法,以确保工作的严格进行,保证既定指标和检查结果相统一。

现场监管一般分为检查准备阶段、检查实施阶段、报告与处理阶段、执行决定与申诉阶段、后续检查阶段。

2. 非现场监管

非现场监管是指保险监督管理部门视察和分析保险机构各种报告和统计报表,依据报告和报表判断保险机构对法律法规和监督管理要求的执行情况。非现场监管存在风险隐患,尤其在现场监管的间隔时段易出现风险状况,需提前做好防范。由于非现场监管要汇总分析各类报表资料,从中既可以发现个别保险机构存在的问题,也可以把握整个保险系统以及市场体系的总体趋势,还能为保险监督管理机构的业务咨询工作提供依据,因此,为确保非现场监管方式在保险风险监督管理中发挥应有的效力,要求保险公司的报表具有时效性、准确性和真实性。在西方发达国家,非现场监管得到了普遍的重视和应用。而在大多数发展中国家,由于报告的信息资料和数据准确性差,使风险分析和评估缺乏可靠性和科学性。

为有效发挥非现场监管的作用,保险监督管理机构要制定各种各样的标准报表,每家保险公司根据不同的内容分别按月、季、半年、年向监督管理机构报送。一般来说,资产负债表按月报送,反映资产流动性的报表按季报送,反映经营业绩的报表按年报送。保险监督管理机构收到这些报表后,对保险公司的各种风险进行评估。如果发现问题,便责令保险公司立即整改。必要时,聘用外部注册会计师或审计师检查,这是现场监管方式的协同检查,这种检查工作不是由保险监督管理机构来操作,而是由其聘请的注册会计师和审计师来操作的,或者由双方共同完成。

六、保险监管机构及原则

(一)保险监管机构

保险监管机构是指依法对保险市场和保险行业进行监督管理的政府部门和组织。部分国家的保险监管机构是财政部、中央银行等,在这些机构下设专门的部门从事保险监管,如日本、英国等;有些国家则是设立独立的保险监管机构从事保险监管,如美国。

我国保险市场的监管职能自 1984 年以来一直由中国人民银行担任。1998 年 11 月 18 日,中国保险监督管理委员会成立,从此以后,我国的保险监管开始走向专业化和规范化的道路。中国保险监督管理委员会是国务院直属事业单位,是全国商业保险的主管机关,根据国务院的授权履行行政管理职能,依照法律法规统一监管中国保险市场。

2018年3月21日，中国银行保险监督管理委员会成立，整合原中国银行业监督管理委员会和原中国保险监督管理委员会的职责，成为国务院直属事业单位。2023年3月，中共中央国务院印发了《党和国家机构改革方案》，决定在中国银行保险监督管理委员会基础上组建国家金融监督管理总局。同年5月18日，国家金融监督管理总局揭牌，标志着我国新一轮金融监管领域机构改革迈出重要一步。

（二）保险监管原则

1. 依法监督管理的原则

在保险市场上，为了保险业的整体利益，必须依靠法律，以保证监管的权威性、严肃性、强制性和一贯性，从而达到监管的目的。

2. 独立监督管理的原则

独立监督管理原则是指保险监督管理部门应独立行使保险监督管理的职权，不受其他单位和个人的非法干预。当然，保险监督管理部门实施监督管理行为而产生的责任也由保险监督管理部门独立承担。

3. 公开性原则

公开性原则是指保险监督管理的各种信息，除了涉及国家机密、企业商业秘密和个人隐私以外，应尽可能向社会公开，增加保险监督管理的透明度。这样既有利于保险监督管理的效率，也有利于保险市场的有效竞争。

4. 公平性原则

公平性原则是指保险监督管理部门对各监督管理对象实施公平监管，所有监督管理对象在法律面前地位平等，在服从监督管理的问题上平等。保险监督管理部门对各保险公司和各保险中介人必须用同样的标准。不能对此监督管理对象宽松，而对其他监督管理对象严格。市场经济要求公平竞争，公平监管可以创造公平竞争的市场环境。

5. 保护被保险人利益原则

保护被保险人利益原则是指保险监督管理的根本目的是保护被保险人的利益和社会公共利益，这一目的应当是保险监督管理各项工作的出发点，也是评价保险监督管理部门工作的最终标准。而对于保险行业协会、保险公司及保险中介而言，它们的工作原则并非单纯的利益原则，而是需兼顾合规性、诚信性、公平性等多方面要求。保险行业协会可以进行行业自律，维护整个保险业的利益；而个别保险公司和保险中介可通过协商、诉讼等合法手段保护自己的合法利益。

6. 不干预监督管理对象的经营自主权的原则

保险公司是自主经营、自负盈亏的独立企业法人，它有权在法律规定的范围内，独立地决定自己的经营方针和政策。对此，保险监管机构要充分尊重保险公司的独立法人地位和经营自主权，不能非法干涉。只有这样，才能有效地促进保险业健康发展。

7. 适度竞争原则

有市场就有竞争，但过度的竞争会损害市场的健康稳定发展，导致市场失灵。为了保证市场的健康发展，必须有外部的适当干预，即政府的监管。为了维护市场的正常运行，防止保险市场失灵造成的破坏，保险监管的重心应该放在创造适度竞争的市场环境上，防止因为出现过度竞争、破坏性竞争、恶意竞争而危及保险业的健康发展。要求既限制竞争，又不消灭竞争。

在对外开放的过程中国家金融监督管理总局将把握三个原则：(1)把握扩大开放和防范风险平衡的原则，完善监管规章及配套制度建设；(2)坚持稳妥有序、平等互利；(3)补齐监管短板，提升监管能力和水平。

拓展阅读

国家金融监督管理总局发布《人身保险公司监管评级办法》

第二节 保险监管的内容

一、市场准入和股权变更监督

(一)市场准入监管

市场准入是确保保险机构能够随时履行其义务，从而使境内外投保人的利益能够得到充分的保护的第一步，也是监管系统中重要的组成部分。

在我国，《保险法》《中华人民共和国外资保险公司管理条例》《保险公司管理规定》中对市场准入有明确规定。

(二)公司股权变更监管

公司股权变更监管，即保险公司股权变更监管，是保险监管的内容之一。保险监管机构应对监督辖区内保险公司控制权的变更，设定股权变更的明确要求。

监管机构应建立评估变更适当性的标准，包括对新的所有者、董事、高管及商业计划的评估。监管机构应有权要求保险公司及时提供控制权变更的报告。

监管机构有权对公司控制权的变更进行评估，并采取相应措施。监管机构可根据所评估的控制权变化制定特别标准，包括评估所有者、董事及高管的资质，审查新商业计划书的可行性。在中国，《保险法》《中华人民共和国外资保险公司管理条例》《保险公司管理规定》中对股权变更有明确规定。

2024 年共发生 38 起险企股权变动事件。从发生股权变动的险企类型来看，包括中意财产保险有限公司、京东安联财产保险有限公司等 12 家财险公司，幸福人寿保险股份有限公司、三峡人寿保险股份有限公司等 14 家人身险公司，以及华泰保险集团股份有限公司等 7 家保险集团、再保险公司与保险资管公司等，其中部分保险公司股权经历了多次转让和变动。

二、公司治理和内部控制监督

(一)公司治理监督

对保险公司而言，公司治理的关键是明确保险公司内部决策的权利与义务关系，有一套确保董事会和高级管理层对保险公司的生存发展负主要责任的法律和规章制度体系。董事会应该对偿付能力或其他监管标准负首要责任，并成为遵守这些标准的第一道防线。同时，必须有一个负责任、有能力的管理层。保险公司的董事会不仅要维护股东的利益，而且要关照到保单持有人的利益。

强化保险公司的治理结构是对稳健的审慎监管的有效补充，应当建立“一系列旨在确保董事会将对公司的总体决策负完全责任并保证公司按照适当的业务和财务实践标准进行经营”的制度约束，要求保险公司的董事会采取更加有规划和谨慎的行动。

通过对公司治理的强化，可以促进保险公司与监管机构更好地合作。

在我国，《保险法》《公司法》《中华人民共和国外资保险公司管理条例》中赋予了国家金融监督管理总局足够多的监督管理保险公司治理的权力。

（二）内部控制监督

内部控制是保险公司的一种自律行为，是公司为完成既定工作目标，防范经营风险，对内部各种业务活动实行制度化管理和控制的机制、措施和程序的总称。

保险公司内部控制应当确保保险公司董事会谨慎、稳健的经营方针能够贯彻执行；能够识别、计量、控制保险业务经营风险和资金运用风险，确保公司稳健运营；能够保证公司资产的安全，各项报表、统计数字的真实和及时；能够保持充足的偿付能力。

保险公司的内部控制一般包括组织机构控制、授权经营控制、财务会计控制、资金运用控制、业务流程控制、单证和印鉴管理控制、人事和劳动管理制度、计算机系统控制、稽核监督控制、信息反馈控制、其他重要业务和关键部位的控制。

三、资本充足性及偿付能力监督

资本充足性及偿付能力监管是保险监管的内容之一。保险监管机构要求保险人拥有的资本或剩余资本超出其负债，即所谓的偿付能力边际。

根据各自保险责任的特点，承保人通常直接或间接持有不同数量的金融工具。持有任何一种资产组合都会给公司的技术准备和偿付能力带来相应的风险，承保人有必要对这些风险进行监控、衡量、报告和控制，主要包括市场风险、信用风险、流动性风险、运营风险和法律风险。

监管机构可通过对保险公司的资产种类及其运用程度、资产负债比例等的具体限制，从法律方面制约其投资政策和投资程序，也可以从质量方面提出要求。

四、交易行为与网络保险监督

（一）交易行为监督

保险交易行为监督管理是保险监督管理的内容之一，遵循两大原则：诚实原则，熟练、认真和勤奋原则。

保险交易行为监督管理可以促进保险人、中介人和消费者之间建立良好的关系，从而增强消费者的信心和对消费者的保护。监督管理原则应该提供业务操作的基本标准，而不论业务发生在什么地方。

1999 年 12 月，国际保险监督官协会发布的保险交易行为监督管理原则适用于所有保险领域的保险人和保险中介人，尽管主要是从零售保险市场的角度进行阐述的，但这并不意味着这些原则不适用于批发业务和再保险市场。

（二）网络保险监督

对网络保险业务的监督管理方法应该与对保险人通过其他媒介的保险业务的监督管理保持一致性（见表 11－1）。

表 11-1　　国家金融监督管理总局关于互联网保险的提醒

国家金融监督管理总局关于互联网保险的提醒	“吸睛”产品暗藏误导。有的保险机构为片面追求关注度和销售量,推出所谓的“吸睛”产品,存在宣传内容不规范、网页所载格式条款的内容不一致或显示不全、未明确说明免责条款等问题,涉嫌误导消费者
	在线平台暗藏“搭售”。某些在线平台在其票务、酒店预订页面通过默认勾选的方式销售一些保险产品,未明确列明承保主体或代理销售主体,未完整披露保险产品条款等相关重要信息,侵害了消费者的知情权、自主选择权等权益
	“高息”产品暗藏骗局。一些不法分子利用互联网平台虚构保险产品或保险项目,或承诺高额回报引诱消费者出资,或冒用保险机构名义伪造保单,往往涉嫌非法集资,给消费者造成经济损失

资料来源:中国保险网。

五、再保险监督

政府对再保险进行监督管理,有利于保险公司及时分散风险,保持保险经营的稳定性,在一定程度上限制保费外流,保护本国保险业的发展。一般在发达国家,保险公司经营实力雄厚、管理技术先进、保险市场的自由化和商业化特点显著,对再保险很少直接干预,也无具体的法定分保内容,但在发展中国家和地区,一般都由政府出资成立官方专业监管机构,保险公司或开展半官方的政策性再保险公司,并对再保险进行监督管理。

六、衍生工具监督

衍生工具是一种金融资产或负债,也是一种金融合同,它包含多种形式,如远期、期货、期权、认股权证、掉期和综合安排等。衍生工具可以在投资管理中发挥积极的作用,因此许多国家允许保险公司涉足这些产品。选择参与衍生工具交易的保险公司应明确其目标,并确保这些目标完全符合法律规定。保险公司对衍生工具的利用可能因为谨慎原因而受到一定限制,有的国家规定保险公司只能作为衍生工具的最终用户,而不能代客买卖,有的国家将衍生工具在保险公司中的使用仅限于降低投资风险或进行有效的投资组合管理方面,有的国家用一般性投资法规来限制保险公司对衍生工具的使用,而其他国家则允许保险公司全面利用衍生工具。衍生工具产品具有内在的风险,应进行正确管理。在涉及衍生工具的活动中,正如在传统的投资活动中一样,也应要求保险公司必须重视信用风险、市场风险、流动性风险、现金流量风险、运营风险和法律风险等各种风险隐患,这些风险的性质和大小将取决于如何使用衍生工具。由于创新、技术和通信手段的迅猛发展,衍生产品越来越多样化,因此其交易数量也得以增长,也向这些风险的管控提出了更大的挑战。

七、跨境保险活动与保险集团监督

随着保险国际化进程的不断扩大,许多保险机构迅速拓展它们的国际业务活动。为了在这种环境中维护全球保险市场的有效、公平、安全和稳定,在更大范围内实现保护投保人利益的监管目标,各国保险监管机构之间的协作越来越成为必要。

如果监管机构之间相互信任,监管信息就可以在大致对等的基础上实现双向流动。在不断改进国际保险机构和国际保险集团监管的同时,还必须加强保险机构与监管机构之间以及监管机构之间的信息交流。

由于国际保险集团是由受到两个或两个以上的监管者监督的多个法人实体组成的,因此这些监管机构之间就需要进行跨国界和跨行业的协作。信息交流和共享是监管协作的必要条件，这就需要针对跨国金融集团监管机构之间双边、多边交流与协作选择一种可行的运作机制。为了指导各国保险监管机构在监管国际保险机构和保险集团的业务活动时进行有效协作，以增强保险监管的有效性，让投保人或潜在投保人了解保险机构的财务状况和偿付能力，国际保险监督官协会于 1999 年 12 月颁布了国际保险机构和保险集团跨国业务的监管原则。

拓展阅读

保险监管重在“治未病”

第三节 保险监管的国际化

一、保险监管的国际化背景

(一)保险业务国际化

保险业务国际化是指国内保险业务向国外延伸，从传统地区性业务发展为国际化的创新业务，实现经营理念、险种开发、费率水平、资金运用、会计处理以及法律监管等的全面与国际接轨。

保险机构国际化是指一方面开放本国的保险市场，允许外国保险公司进入本国保险市场；另一方面在对等条件下，一国保险业在国外广设分支机构并开展业务，形成信息灵敏、规模适当、结构合理的保险机构网络。

导致保险业务国际化的主要原因是保险市场全球化。20 世纪 80 年代以来，发达国家保险公司在完成本国保险市场份额的瓜分之后，进行保险资本的继续扩张并掀起兼并、收购和战略联盟的浪潮，纷纷开展跨国保险业务。

保险与再保险业务的国际性特点决定了保险业务必须国际化。现代保险业起源于海上保险，海上危险的发生往往跨越国界，因此海上保险从本质上看是最具国际性的业务。从再保险业务来看，直接保险公司把自留额以外的危险分保给国内外其他保险公司或再保险公司承担，往往一笔保险业务由几个不同国别的保险公司或再保险公司承保。再保险经纪人或再保险公司为了招揽不同国家的业务，经常穿梭于世界各地，它们把保险业联结成一个国际性大市场。

跨国公司的保险需求推动保险业务朝国际化发展。随着经济全球化和贸易全球化的发展，世界经济日益成为一个不可分割的整体，与经济相伴随的风险没有国界的限制。世界各国生产者由于风险的无国界化，迫切要求为之服务的保险业在全球范围内为其提供服务，尤其是跨国公司，对保险市场国际化的需求更为迫切。对于跨国公司而言，母公司为了保障其外国分公司或子公司的财产、责任、员工生命的安全，往往愿意购买母公司所在国保险公司的保险产品。在这种形势下，高效的保险市场和金融市场的重要性更为突出。为了满足跨国保险需求，国际保险公司开始扩展全球业务。

巨额保险标的的出现推动了保险业务国际化的发展。随着单位风险的增加,一个国家保险市场对承保巨额风险越来越感到吃力,出于分散风险、稳定经营的需要,它不得不将其承保的风险通过共保或再保向其他国家保险市场转移。共保或再保成为一条条纽带,把世界保险市场连为一个整体,这也极大地推动了保险业的国际化进程。全球保单就是保险国际化的一个例证。

(二)保险机构国际化

保险机构国际化是指一方面开放本国的保险市场,允许外国保险公司进入本国保险市场;另一方面在对等条件下,一国保险业在国外广设分支机构并开展业务,形成信息灵敏、规模适当、结构合理的保险机构网络。

(三)保险风险国际化

1. 满足跨国客户的需要

由于许多保险业务自身的一些特性,使得这些保险业务只能在客户的所在地办理,因此,为了满足那些在世界各地办公的客户的保险需求,保险公司就必须进行国际扩张,这是保险公司扩张的原因之一。也就是说,因为保险人的客户是在世界各地经营业务或者说经常忙于一些国际事务,这样保险人就必须能够满足他们在国家间的保险需求,否则就会败在那些能够提供国际化服务的竞争者手中。

2. 国内市场饱和

有些国家的保险市场被认为是比较成熟的,因而对于那些打算进入该国市场的外国保险人,或打算进入保险行业的国内保险人来说,进入机会相对较少。这些国家的国内生产总值中用于保险的部分,或人均保费用已经相当高,除去几个特定的市场间隙外,保险人很难获得更多的保费收入。这种类型市场中的很多保险人,当他们获得垄断地位后,经常应用国际化战略来寻找无法在国内市场上获得的增长速度。

与此相反,国内市场的集中会使得保险人考虑是否该进行对外扩张。当一个市场由为数众多的小保险公司构建组成时,这个市场相对容易进入。而进入一个由少数几家保险公司垄断的市场则比较困难,进入公司需要有准确的市场定位策略、足够的投资金额并需要较长的一段时间来发展才有可能获得成功。

3. 放松监管和市场自由化

20世纪80年代以来,许多国家从限制性市场逐渐走向更为自由的市场,许多国家原来的国有保险公司实行了私有化改革,各国对保险市场的限制呈现减少的趋势,它们越来越多地接受了市场竞争的观念,加大了市场自由化的力度,放宽市场准入限制。这为保险公司提供了一个很好的在过去很难进入或者不可能进入的市场机会。随着新近开放的保险市场的不断发展,在其竞争者进入并取得垄断地位之前,保险人纷纷进入新兴市场以获取一定的市场份额。

4. 国际市场上的机遇

经济和人口因素,加之某些保险市场中的高增长率,对保险人的国际扩张决策产生了很大的影响。欧洲和亚洲一些国家的年GDP增长率比较高。经济的高增长率、储蓄的高利率和相对年轻的人口,使得东亚地区在吸引跨国公司方面极具吸引力。许多保险人在创新保险产品中获得了巨大的成功。某些发达国家的保险人已经在一些欠发达国家开展业务,目的是以其专家优势来获取更大的竞争优势。但在大多数情况下,这些发达国家的保险人所努力获取的仍旧是那些有利可图的保险业务,如在我国香港地区的加拿大Manulife公司和在中国的美国友邦公司。

除了保险市场中其他一些基本吸引动因外，股市行情的波动和可获得资本的变化情况也使保险人的某些机遇随着时间的迁移而发生剧烈的变化。相对有利而又稳定的政治局势，通常会促进国际贸易的发展。北美保险市场所具有的稳定性和持续性等特点，使其成为保险公司进行国际扩张的主要集中地。

5. 维持并提高市场地位和获利能力

保险机构进行国际扩张的另外一个重要原因是保险人希望借此提高所有者权益的收益率。那些收益率高达20%或者更多的国外市场当然具有巨大的吸引力，尽管在国外可以获得如此高的收益，但是，国内外的通货膨胀预期不同，在实际收入以母国货币换算后，实际收益率就可能大幅度降低。保险人可以通过参与不同地区的经济活动来使其收入来源多样化。当保险人本国的业务经营不佳时，由国外业务创造的利润就弥足珍贵了。国际扩张的吸引力就在于保险人的经济风险和承保风险都得到了分散。

除去风险分散本身，保险人还可以实现管理活动国际化，这一点可以通过电子通信和其他技术手段的不断发展来完成。提高投资收益还可以通过采取国际化的投资政策来取得，尽管这样做要受到资产/负债必须相匹配这一条件的限制。

6. 为了占有信息和获得专有技能

很多国际交往促进了擅长不同技能的保险人之间的专有技术和技能的交换。例如，1990年，日本的第一相互生命会社收益的7.6%来自美国林肯国民寿险公司。第一相互生命会社预计日本保险市场将来会放松管制，因而希望获得有关养老金和健康保险等保险险种的专业技能；而美国林肯国民寿险公司希望获得有关在美国的日本顾客承保方面的专门知识和在日本投资的管理技能。这种国际交往成为一种获得新技能和营销人才的途径，或者成为进一步国际扩张的必备条件。

7. 技术水平提高

近年来，以卫星互联网、AI大模型、量子加密通信为核心的新一代数字技术集群，正推动国际保险市场从“地理覆盖竞争”向“时空维度重构”转型。技术赋能已超越工具属性，演变为保险机构重塑商业逻辑、再造风险定价范式的核心战略要素。

8. 资金需求

保险机构国际扩张的另外一个催化剂就是大量可获得的资金。在保险机构通过国际扩张而取得大量利润的同时，投资者也乐于参与国际保险市场的融资交易。在欧洲和日本，由于保险人通过严厉的保险监管法规得到了保护，因此欧洲和日本的保险人积累了大量的资本，这些资本可用来进行公司的国际扩张。20世纪80年代，美国的人寿保险公司在扩大资本额方面始终无法获得更大的突破，因为北美的大多数寿险险种是基于定息投资。各种各样的寿险和年金保险产品，使得美国人寿保险公司可以更为灵活地对不断变化的经济情况采取应变措施。然而，最近的服务竞争使美国保险公司的资本基础大为吃紧，却使得欧洲保险公司的资本基础大为增强。

二、保险监管国际化的必要性

随着经济全球化进程的不断加深，保险的国际化程度也日益提高，客观上要求各国（地区）的保险监管机构不断提高对共同关注问题的认识，以便有效维护被保险人的利益、促进保险业的健康发展。要实现这些目标，没有一个科学、有效的保险监管体系是不可想象的。

为了在全球范围内保护保单持有人和投保人的利益，防范系统性保险风险的跨国传播和蔓延,维护国际保险秩序的安全和稳定,各国(地区)保险监管机构之间需要建立一个有效的沟通、交流以及合作的组织和机制。

三、保险监管国际化趋势

第一,逐步形成一套为不同辖区的保险监管机构所广泛接受并自觉遵守的保险监管国际规则。

第二,所谓"保险监管国际规则",只能是对各国保险监管实践的经验总结和共性抽象,只能是对各国保险监管机构及其运作的基本要求和最低标准。所以,保险监管国际化是不同国家保险监管制度共性与个性的统一,它不应当也不可能代替各国保险监管的具体法规和各具特色的不同监管方式和习惯做法。

第三,保险监管国际化是一个逐步完善和深化的过程,应当允许不同国家的保险监管机构在适应保险监管国际化形势的过程中有先有后、有快有慢。

思考题:

中国在保险监管国际化的进程中会遇到什么问题?如何克服?

本章小结

保险监管	保险监管概述	保险监管是政府对保险业的监督管理 保险监管的目标主要包括:维护被保险人的合法权益、维护公平竞争的市场秩序、维护保险体系的整体安全与稳定、促进保险业的健康发展监管 保险监管的方式大致有公告管理、规范管理和实体管理 保险监管的基本原则有:依法监督管理的原则、独立监督管理的原则、公开性原则、公平性原则、保护被保险人利益原则、不干预监督管理对象的经营自主权的原则
	保险监管的内容	保险监管的内容包括:市场准入和股权变更监督、公司治理和内部控制监督、资本充足性及偿付能力监督、交易行为与网络保险监督、再保险监督、衍生工具监督、跨境保险活动与保险集团监督
	保险监管的国际化	保险监管国际化的背景,保险业务国际化、保险机构国际化、保险风险国际化 保险监管国际化的必要性,为了在全球范围内保护保单持有人和投保人的利益,防范系统性保险风险的跨国传播和蔓延,维护国际保险秩序的安全和稳定,各国保险监管机构之间需要建立一个有效的沟通、交流以及合作的组织和机制 保险监管国际化的发展趋势,将逐步形成一套为不同辖区的保险监管机构所广泛接受并自觉遵守的保险监管国际规则

本章练习题

一、单项选择题

1. 我国的保险监管属于(　　)。

A. 公告监管　　B. 规范监管　　C. 实体监管　　D. 宽松监管

2. 我国的保险监管机关是(　　)。

A. 财政部　　B. 人民银行

C. 国家金融监督管理总局　　D. 保险行业协会

3. 保险监管方式中,(　　)是最严格的方式。

A. 公告监管　B. 规范监管　C. 实体监管　D. 宽松监管

4. 保险市场监管的核心是(　　)。

A. 保险产品监管　B. 保险费率监管　C. 保险组织监管　D. 偿付能力监管

5.《保险法》规定设立保险机构的注册资本最低限额是人民币(　　)亿元。

A. 1　B. 2　C. 5　D. 10

6. 政府在不直接干预保险公司经营活动的前提下,保险机构定期将资产负债、营业结果以及其他有关事项呈报监管机构,并予以公告的监管方式是(　　)。

A. 公告监管　B. 规范监管　C. 实体监管　D. 宽松监管

7. 由政府制定出一系列有关保险经营的基本准则,要求保险业共同遵守的监管方式是(　　)。

A. 公告监管　B. 规范监管　C. 实体监管　D. 宽松监管

8. 国家通过立法明确规定保险业的设立、经营、退出等监管制度,保险监管机构依法对保险市场特别是保险机构进行全面有效的监管的方式是(　　)。

A. 公告监管　B. 规范监管　C. 实体监管　D. 宽松监管

9. 保险监督管理部门必须依照有关的法律或行政法规实施保险监督管理的行为体现了(　　)。

A. 依法监督管理的原则　B. 独立监督管理的原则

C. 公开性原则　D. 公平原则

10. 按照目前保险监督管理的模式,保险监督管理的内容包括三大方面:一是偿付能力监管,二是市场行为监管,三是治理结构监管。其中最重要的是(　　)。

A. 治理结构监管　B. 独立监管　C. 市场行为监管　D. 偿付能力监管

二、多项选择题

1. 保险活动的经营特殊性主要表现在(　　)。

A. 负债性　B. 广泛的社会性　C. 信息不对称　D. 交易过程特殊性

2. 保险监管的目标主要包括(　　)。

A. 维护被保险人的合法权益　B. 维护公平竞争的市场秩序

C. 维护保险体系的安全与稳定　D. 促进保险业的健康发展

3. 各国曾采用的三种主要保险监管模式是(　　)。

A. 公告管理　B. 规范管理　C. 实体管理　D. 公示管理

E. 告示管理

4. 保险监督的目标在于(　　)。

A. 保证保险人有足够的偿付能力　B. 规范保险市场,维护保险业公平竞争

C. 防止保险欺诈　D. 弥补自行管理的不足

E. 优化保险资源的配置

5. 根据《保险法》及有关管理规定,我国保险代理人可以划分为(　　)。

A. 保险专业代理人　B. 保险兼业代理人

C. 保险混业代理人　D. 保险团体代理人

E. 保险个人代理人

6. 绝大部分国家允许第三领域兼营的原因是第三领域与第二领域(　　)。

A. 性质相同　　B. 费率厘定依据相同
C. 损失频率相同　　D. 损失程度相同
E. 经营技术相同

7. 按照《保险代理机构管理规定》,设立股份有限公司形式的保险代理机构,需要满足的基本条件有(　　)。

A. 有 5 个以上符合法律规定的发起人
B. 有符合法律规定的公司章程
C. 公司实收资本不得低于人民币 1 000 万元
D. 持有资格证书的保险代理人从业人员不得低于员工总数的 1/2
E. 具有符合任职资格的高级管理人员

三、名词解释

1. 保险监管　2. 保险监管国际化　3. 规范监管　4. 实体监管
5. 偿付能力监管　6. 市场行为监管　7. 治理结构监管

四、简答题

1. 在我国设立保险公司应当具备哪些条件?
2. 设立保险公司的基本程序是什么?
3. 保险代理人的执业规则是什么?
4. 我国保险公司业务范围规定的主要内容是什么?
5. 为何同一保险人不得同时兼营财产保险业务和人寿保险业务?
6.《保险法》对于承保责任限额的规定有哪些?
7. 保险监管的主要内容有哪些?
8. 保险监管的方式有哪些?
9. 保险经纪人的执业规则是什么?
10. 保险公估人的执业规则是什么?
11. 对保险公司财务监管的主要内容有哪些?

五、案例分析题

1. 安邦保险集团事件

安邦保险集团曾是一家大型保险集团,业务涵盖保险、投资等多个领域。在快速扩张过程中,其公司治理和内部管控存在诸多问题,为保险资金的违规运用埋下了隐患。

安邦保险集团利用保险资金进行了大量激进的海外投资,涉及房地产、金融等多个领域。如在 2014—2016 年间,安邦保险在海外市场频繁出手,收购了包括美国纽约华尔道夫酒店在内的诸多知名物业。这些投资规模巨大,且部分投资超出了公司的风险承受能力和正常投资范围。为支撑大规模的投资,安邦保险通过销售短期高收益理财型保险产品等方式快速聚集资金,然后将这些资金投入长期的、流动性较差的资产中,造成了资产负债期限错配,资金流动性风险大增。同时,其资金运用还存在违反保险资金运用相关规定,将保险资金用于与保险业务无关的投资等问题。公司内部权力高度集中,缺乏有效的制衡机制,管理层能够轻易地调配保险资金用于满足个人或小团体的利益需求,使得保险资金的运用脱离了正常的监管和风险控制轨道。

违规行为导致安邦保险集团资金链紧张，经营陷入困境，最终无法持续正常经营。2018年2月23日，安邦保险集团股份有限公司原董事长、总经理吴小晖因涉嫌经济犯罪，被依法提起公诉。鉴于安邦集团存在违反法律法规的经营行为，可能严重危及公司偿付能力，为保持安邦集团照常经营，保护保险消费者合法权益，依照《保险法》有关规定，中国保监会决定于2018年2月23日起，对安邦集团实施接管，接管期限一年。后经批准，接管期限延长一年。安邦保险集团的问题引发了市场的恐慌和担忧，严重影响了投资者和消费者对保险行业的信心，对整个保险市场的稳定和健康发展造成了冲击。在接管过程中，为了化解风险，对安邦保险集团的资产进行了大规模的处置，包括出售海外资产等。在资产处置过程中，由于市场环境等因素，不可避免地造成了一定的资产损失。

结合本章所学知识分析本案例。

2. 2015年广东“反保险欺诈”工作减损超6亿元

2016年3月24日，广东省保险行业协会通报表彰了2015年反保险欺诈先进单位和先进个人。2015年，广东保险业共报送司法机关的保险欺诈案件175宗，立案59宗，通过司法途径追赃或挽回经济损失556万元。保险公司通过反欺诈工作渠道处理减损案件16 927宗，减损金额6.23亿元，减损金额同比增长了128%。

广东省保险行业协会通过制定“反保险欺诈工作总体规划”、《保险公司反欺诈工作评价制度》、《保险公司反保险欺诈工作评价实施细则(试行)》，成立反保险欺诈工作组等措施，有效地推动了反保险欺诈工作。除此之外，广东保险业进一步加强与公安机关的协作，广东保监局与广东省公安厅共同签署了预防和打击保险领域违法犯罪合作备忘录，各地市保险公司与公安机关通力配合，共同侦破多起保险欺诈案件，为保险公司挽回了重大经济损失。

据了解，广东省保险行业协会2016年通过建立行业反保险欺诈数据中心、实施保险公司反欺诈工作评价、加强对第三方调查机构监督管理、开展反欺诈交流培训与宣传教育、组织打击车险欺诈专项行动等措施，进一步推动反保险欺诈工作。

资料来源：http://xw.sinoins.com/2016-03/29/content-189898.html。

结合本案例谈谈当前应该如何加强保险监管。

本章练习题参考答案

第十二章

社会保险

本章知识结构

- 社会保险概述
  - 社会保险的内涵
  - 社会保险与商业保险的区别
  - 社会保险的功能
  - 社会保险制度发展历程
- 社会保险制度的运行
  - 社会保险的保费筹集
  - 社会保险费分担方式
  - 社会保险的财务制度
  - 社会保险基金的管理
- 我国主要社会保险项目
  - 医疗保险
  - 养老保险
  - 失业保险
  - 生育保险
  - 工伤保险

教学目标

知识目标

1. 掌握社会保险的概念、社会保险制度的运行、
2. 掌握中国主要社会保险项目。

能力目标

1. 理解社会保险制度的运行机制。
2. 辨析社会保险与商业保险的区别。

素质目标

1. 体会我国社会保险带来的幸福感,增强制度自信,厚植家国情怀与人文关怀,彰显社会主义核心价值观的重要作用。

2. 引导学生领会爱国和敬业精神,传承保险保障的大爱以及为社会建设保驾护航、服务人民的美好愿望。

本章寄语

完善社会保险是我国正在做的大事，社会保险体系是整个国家经济发展的真实写照，我们要不断推进更优越的社会保险制度，真正地走向国际化道路。

案例引入

社会保险作为社会保障体系的重要组成部分，对于保障职工的基本生活、促进社会公平与和谐具有重大意义。对比2022年与2023年国民经济和社会发展统计公报，全国参加社保的人数发生了一些变化，这些变化不仅反映了社会保障制度的发展，而且体现了劳动者权益保障的进步。

2023年年末全国参加城镇职工基本养老保险的人数为52 121万人，比上年末增加1 766万人。参加城乡居民基本养老保险的人数为54 522万人，减少了430万人。参加基本医疗保险的人数为133 387万人，其中参加职工基本医疗保险的人数为37 094万人，参加城乡居民基本医疗保险的人数为96 293万人。参加失业保险的人数为24 373万人，增加了566万人，领取失业保险金的人数为352万人。参加工伤保险的人数为30 170万人，增加了1 054万人。参加生育保险的人数为24 907万人。2023年年末全国共有664万人享受城市最低生活保障，3 399万人享受农村最低生活保障，435万人享受农村特困人员救助供养，全年临时救助162 742万人次，全年领取国家定期抚恤金、定期生活补助金的退役军人和其他优抚对象的人数为834万人。

资料来源：https://www.stats.gov.cn/sj/zxfb/202402/t20240228_1947915.html。

第一节　社会保险概述

一、社会保险的内涵

社会保险是社会保障的重要组成部分，“社会保障”是由英语“social security”一词翻译而来的，出自1935年美国颁布的《社会保障法》。1944年，第二十六届国际劳工大会发表《费城宣言》，国际组织开始正式使用“社会保障”的概念。此后，世界各国在建立对社会成员给予物质帮助的制度时都普遍采用社会保障加以表述。

各国对社会保障内涵的理解有一定的差异，因此对社会保障概念的界定不尽相同，其中有代表性和有影响的主要有德国、英国、美国和国际劳工组织对社会保障的定义。1999年，美国出版的《社会工作词典》对“社会保障”的定义：“一个社会对那些遇到了已经由法律做出定义的困难的公民，如年老、生病、年幼或失业的人提供的收入补助。”在美国，“社会保障”是指由“老年人、遗属、残疾人健康保险”项目（OASDHI）和“医疗照顾”项目提供的现金补助。

在其他国家，这一概念也包括对全体公民提供的医疗保健待遇和对全体儿童（无论其家长的收入水平如何）提供的现金待遇。

英国编撰的《新大不列颠百科全书》（1990年）把“社会保障”解释成：“在国际上，社会保障这一术语意味着所有已经为立法建立的集体措施，以便当个人或家庭的部分或全部收入来源受到损害或中止时,或者当他们有大笔的开支必须支付时(如抚养子女或支付医疗费用),维持他们的收入,或者为他们提供收入。因此,社会保障可能是对病残、失业、作物歉收、丧偶、妊娠、抚养子女或退休的人提供现金待遇。对医疗、康复、家庭疾病护理、法律帮助和丧葬的待遇可能以现金,也可能以实物(服务)的形式提供。社会保障可以按法庭的命令提供(如对事故受害者的赔偿),也可以由雇主、中央或地方政府或其他半公共或独立的机构提供。”而国际劳工组织(LO)在《社会保障导言》(1984年)中对社会保障的界定原则是:“社会通过一系列的公共措施对其成员提供的保护,以防止他们由于疾病、妊娠、工伤、失业残疾、老年及死亡而导致的收入中断或大大降低而遭受经济和社会困窘,以及对社会成员提供的医疗照顾和对有儿童的家庭提供的补贴。”这个定义在国际上的使用更为广泛。

从以上几个经典的定义我们可以发现:一是社会保障仅仅是对现代社会中8种主要的收入损失风险提供安全保障,即疾病、老年、妊娠、工伤、残疾、失业(及失收)、丧偶和失孤,其目标比较明确和具体;二是社会保障并没有将社会福利作为它的子项目,其核心内容与通常所讲的社会保险(一般包括养老、工伤、失业和医疗保险)非常接近。所以,国际上在很多场合的确将社会保障与社会保险两个概念互相换用,只不过,新的趋势是现代社会保障制度一般已把社会救助、雇主责任和社会津贴包括进来,并且“社会保障”一词也正在逐渐被“社会保护”(social protection)所取代。

分析研究这些具有代表性的定义,就其包含的共同点而言,社会保险可以表述为:社会保险是一种为丧失劳动能力、暂时失去劳动岗位或因健康原因造成损失的人口提供收入或补偿的社会经济制度。社会保险计划由政府举办,强制某一群体将其收入的一部分作为社会保险税(费)形成社会保险基金,在满足一定条件的情况下,被保险人可从基金获得固定的收入或损失的补偿,它是一种再分配制度,它的目标是保证物质及劳动力的再生产和社会的稳定。它体现了以下四个方面的本质特征:

1. 社会保险的责任主体是国家和社会

国家和社会作为社会保险的主体,在社会保险的规划、管理、监督和资金等方面负有重要责任,国家财政对资金负有最后责任;同时,这也说明了社会化管理是社会保险制度发展的必然趋向。

2. 社会保险的实施以法律法规为支点

社会保险措施一般通过立法加以实施,制定有关的社会保险法律法规,规定社会保险的实施范围、对象、资金来源、享受条件、待遇标准、管理办法,规范社会保险中各方的责任、权利和义务,这是制度实施的基础。

3. 社会保险的最终目的是让社会稳定和发展经济

社会保险是一项基本社会经济制度。国家通过实施社会保险计划,为遭遇疾病、生育、工伤、失业、年老、伤残、收入锐减和意外灾害等风险的公民提供保护,保障他们的基本生活,从而避免社会动荡,为经济顺利发展创造条件。

4. 社会保险的目标是满足公民的基本生活需要

由于社会保险目标的确定是基于保障公民的基本权利——生存权,通过国民收入再分配对遇到生活困难的公民给予物质帮助,因此要坚持兼顾公平和效率的原则,保障的标准只能是维持基本生活需要。

在现代社会以前,社会保险主要由氏族、家庭等群体来承担;而现代社会中,社会保险主要是政府和其他正式组织负责,是一种稳定的社会制度。因此,在现代社会中,“社会保险”特指政府和其他正式组织所制定和执行的各种保障制度。

思考题：

谈谈你所知道的社会保险。

二、社会保险与商业保险的区别

（一）营利性

社会保险与商业保险有许多不同，但是否以营利为目的往往是区分二者的最主要标志。

社会保险是一种为丧失劳动能力、暂时失去劳动岗位或因健康原因造成损失的人口提供收入或补偿的社会经济制度。在满足一定条件的情况下，被保险人可从基金获得固定的收入或损失的补偿。它是一种再分配制度，它的目标是保证物质及劳动力的再生产和社会的稳定，不以营利为目的。

而商业保险是指通过订立保险合同运营，以营利为目的的保险形式，由专门的保险公司经营。

（二）强制性

社会保险措施一般通过立法加以实施，制定有关的社会保险法律法规，规定社会保险的实施范围、对象、资金来源、享受条件、待遇标准、管理办法，规范社会保险中各方的责任、权利和义务，是制度实施的基础。社会保险计划由政府举办，强制某一群体将其收入的一部分作为社会保险税（费）形成社会保险基金。强制性是实施社会保险的保证，从而保证社会保险基金有可靠的来源。

但是，商业保险多数是自愿参保的，各保险公司的保险产品在保险范围、保费缴纳、保险期限、保险责任等各方面各不相同，给参保人多样化的选择。

（三）普遍保障性

所谓"社会保险"，是指收取保费，形成社会保险基金，用来对其中因年老、疾病、生育、伤残、死亡和失业而导致丧失劳动能力或失去工作机会的成员提供基本生活保障的一种社会保障制度。社会保险制度旨在维持社会稳定、促进社会公平与和谐发展，为经济顺利发展创造良好的社会环境，具有普遍保障性。

而商业保险仅对被保险人提供对等的经济补偿，弥补其部分经济损失，不具有普遍保障性。

（四）权利与义务的基本对等性

社会保险目标的确定基于保障公民的基本权利——生存权，坚持兼顾公平和效率的原则，通过国民收入再分配对遇到生活困难的公民给予物质帮助。因此，社会保险获得者要做出贡献，但是社会保险的给付与个人劳动贡献并不完全对等。社会保险制度以更有利于低收入阶层为原则。

而商业保险严格遵循权利与义务的对等原则，按照"多投多保、少投少保、不投不保"进行赔付。合同期满，保险的权利义务随即消失。

三、社会保险的功能

（一）维护社会稳定

社会稳定是经济发展和社会进步的前提，社会保险是维护社会稳定的重要手段。19 世纪，资本主义国家创建社会保险制度，其根本原因就是要以此巩固资本主义生产方式，缓和阶级矛盾,维护资产阶级政权的统治地位和社会稳定。所以,社会保险是工人阶级长期斗争的结果。第二次世界大战以后,许多国家建立社会主义制度,促使资本主义国家政府更加重视社会保险,发展社会福利事业。各国的社会保险实践验证了其维护社会稳定的功能,社会保险制度本身就是社会安全体系,是"社会安全网"和"社会减震器"。

(二)保障公民的基本生活

让每个公民享有最基本的权利——生存权,是社会保险的重要功能。社会保险计划使公民的基本生活所需得到保障,老有所养、病有所医,遭遇天灾人祸时国家和社会给予帮助,免除了人民的后顾之忧,真正使人的生存权利得到尊重和保障。

(三)弥补市场经济的不足,促进经济发展

社会保险制度是市场经济运行的必要条件,是市场经济框架的支柱之一。首先,通过社会保险计划,劳动者在因丧失劳动能力或失业导致的劳动收入中断或锐减时,可以获得社会帮助,维持家庭基本生活,从而保证劳动力再生产的正常进行。通过妇女儿童保障、教育福利和家庭津贴等制度,保证人口素质,为经济发展准备合格的劳动力资源。其次,社会保险被称为国民经济的"内在稳定器",可以调节社会总需求。经济不景气、失业率上升、职工收入下降时,失业保险和社会救济支出加大,从而维持社会购买力,拉动有效需求,促进经济复苏。经济繁荣或过热、失业率较低、职工收入较高时,社会保险支出缩减,缴费增加节余转入积累,有利于抑制过热的社会总需求。同时,长期社会保险基金进入资本市场后,对经济发展有直接的促进作用。

(四)促进社会公平

市场经济向效率倾斜,在激烈的市场竞争中强者越强、弱者越弱,如果不加以干预,强弱两极分化会引发社会不公平感,导致社会矛盾激化。政府通过社会保险计划实现国民收入的再分配,缩小贫富差距,保障基本生活,扶助弱者,为弱者继续参与社会竞争创造条件,有利于维持社会公平。

(五)提高生活质量

社会保险的最初含义是"救贫"和"防贫",即保证所有社会成员至少都能享有最低的生活水平。随着经济的发展和社会的进步,社会保险的内容不断扩充。现代社会保险不仅承担着"救贫"和"防贫"的责任,而且要为全体社会成员提供减费或免费的公共服务和各类福利设施、福利津贴,方便民众生活,提升生活质量,从而使人们尽可能充分地享受经济和社会发展成果,不断提高物质生活和精神生活的质量。

思考题:

社会保险还有其他作用吗?请举例说明。

四、社会保险制度发展历程

(一)世界社会保险制度发展历程

1. 社会保险制度的萌芽

社会保险制度的萌芽可追溯到几千年前的古代文明时期。最初是社会成员之间自发的互济互助,然后产生了民间和宗教的慈善事业。为了保障社会成员的基本生活、化解社会风险、维护社会秩序、保持政权稳定,政府开始实施社会保险,使之成为一项社会政策和政府的正式制度安排。

1834年,英国政府颁布《新济贫法》,承认社会救济是公民享有的合法权利,实施救济、保障公民基本生活是政府的责任。《新济贫法》把社会救济第一次以国家立法的形式确定下来，使社会救济成为一项社会制度。在该法的影响下，欧洲其他国家纷纷效仿，建立起本国的社会救济制度。挪威于1845年颁布《济贫法》，法国则发布了一些济贫法令，社会救济制度在西方国家逐渐形成，为现代社会保险制度的诞生奠定了基础。

2. 社会保险制度的产生

1883年，德国颁布《疾病保险法》，标志着以社会保险为核心的现代社会保障制度的产生。此后，德国于1884年颁布《工伤事故保险》，1889年颁布《老年和残障保险法》。这三项法案的颁布，形成了当时世界上第一份比较完整的工人社会保险计划，受到工人好评，有力地促进了德国资本主义的发展。

1890—1919年，许多欧美工业化国家纷纷效仿德国建立起社会保险，如丹麦、奥地利、英国等16个国家建立了养老保险，比利时、瑞士、英国等9个国家建立了疾病生育保险，英国、法国、西班牙等9个国家建立了失业保险，美国、波兰、南非等37个国家建立了工伤保险。但在这一时期，各国的社会保险制度只是处于初步确立阶段，尚未形成完整的体系。

3. 社会保险制度的发展

1929—1933年资本主义世界爆发了严重的经济危机，时任美国总统罗斯福实施了著名的“罗斯福新政”，政府积极干预经济。建立统一的社会保险制度，实行社会保险，是新政的一项主要内容。1935年8月14日，罗斯福总统签署了《社会保障法》。该法的主要内容是：劳动者失业可以领取失业救济金，年满65岁的劳动者退休后可以领取养老金，政府对孤老、残疾者等贫困者提供一定津贴。同时，联邦政府设立社会保障总署，主管社会保险事务。

美国《社会保障法》的颁布，第一次从理论上提出了“社会保险”这一概念，标志着现代社会保险制度的进一步完善。

1942年11月，受英国政府委托，以牛津大学教授贝弗里奇为主席的社会保险服务委员会提交了《社会保障及相关服务》的报告——也就是著名的《贝弗里奇报告》（以下简称《报告》）。《报告》提出，由政府统一管理社会保险工作，通过社会保险实现国民收入再分配。《报告》设计了一整套社会福利制度，提出从7个方面为社会成员提供社会保障，包括儿童补助、养老金、残疾补助、丧葬补贴、丧失生活来源补助、妇女福利和失业救济。

《报告》对英国政府乃至西方各国实施普遍福利的社会保险政策产生了巨大影响，英国政府相继颁布《国民保险法》《国民卫生保健服务法》《家庭津贴法》《国民救济法》等一系列社会保险法律。英国宣称自己是第一个建成全民福利制度的国家，贝弗里奇也因此获得了“福利国家之父”的称号。瑞典、芬兰、挪威、法国、意大利等国纷纷致力于建设福利国家，建立社会保险制度。

与此同时，东欧和亚洲的社会主义国家也建立了以国家保障为特征的社会保险制度，许多发展中国家也建立了自己的社会保险制度，社会保险成为世界各国普遍采用的社会政策。20世纪五六十年代，世界发达国家经济高速增长，推动了社会保险快速发展，一些欧美国家自称已经建成“福利国家”。

4. 社会保险制度的改革

20世纪70年代，石油危机引发经济危机，使世界经济停滞不前，大批工人失业，国家财政出现赤字，“福利国家”陷入困境，社会保险支出超过国家财力，入不敷出。与此同时，过高的社会保险水平严重削弱了企业的竞争力，又进一步影响经济的发展，使西方国家经济长期处于“滞胀”状态。

针对福利国家的弊端，以弗里德曼为代表的新自由主义经济学家提出了一系列政策建议，强调个人、家庭责任和市场功能，为西方国家社会保险政策调整提供了理论依据。西方各国在改革中并没有放弃“福利国家”的社会政策，而是在原有的制度框架内开源节流，采取稳步推进的改革策略。改革的主要措施包括：提高缴费上限，征收社会保险税，扩大社会保险经费来源；采取提高退休金领取年龄、改革计发基数等措施；扩大就业，增加社会保险费用来源；改革养老保险制度，从政府负担养老保险逐步转向自我储蓄式的个人账户养老保险，并由私人机构经营，降低政府风险等。

在西方福利国家进行社会保险改革的同时，一些发展中国家和地区也积极探索社会保险制度。1955 年，新加坡建立以个人账户为核心的中央公积金制度；1980 年，智利实施以个人储蓄积累为基础，由政府授权的私营金融公司管理和运营养老保险基金；2000 年 12 月，我国香港开始实施强制性公积金计划。

20 世纪 80 年代，中国实行改革开放政策，由计划经济向社会主义市场经济转变，社会保险也由国家保险模式向社会保险模式变革。

总的来说，在社会保险的历史上有两个里程碑：一是德国在俾斯麦时期首创社会保险制度；二是在 1935 年美国建立全面社会保险制度，并将社会保险制度化，这对第二次世界大战后社会保险制度的全球化产生了很大影响。

在社会保险制度的发展过程中，第二次世界大战是个分水岭。第二次世界大战以前的社会保险制度在保障的项目、覆盖率和保障的水平等方面各国可能不同，但是相同的一点是：社会保险只是保证居民拥有维持生存所必需的生活资料。第二次世界大战以后，社会保险进入另一个阶段。

(二)中国的社会保险制度发展历程

1. *初创阶段(1949—1956 年)*

1949 年，中华人民共和国成立，当时充当临时宪法的《中国人民政治协商会议共同纲领》明确规定：“革命烈士家属和革命军人家属，其生活困难者应受国家和社会的优待。参加革命的残疾军人和退伍军人，应由人民政府给予适当安置，使其能独立谋生自主”，并要“逐步实行劳动保险制度”等。

1951 年 2 月 26 日，政务院颁布《中华人民共和国劳动保险条例》，规定了职工在疾病、伤残、死亡、生育及年老后获得必要物质的办法，同时规定职工供养的直系亲属也可享受一定的社会保险待遇。1953 年、1956 年两次修订《中华人民共和国劳动保险条例》，扩大了劳动保险的范围，提高了部分待遇标准，实施范围包括城镇机关、事业单位之外的所有企业和职工，从而成为新中国社会保险制度中最重要的一项社会保险制度。

到 1956 年，我国已初步构建起全国统一的社会保险制度。这一时期的社会保险制度的主要特点，是以国家为主要责任主体，城乡单位共担责任并共同组织实施，形成了一套较为完整的社会保障体系。

2. *调整阶段(1957—1966 年)*

1957 年，我国转入有计划的社会主义建设时期，为适应新形势的发展，中央政府开始对社会保险制度进行调整与完善。1957 年 11 月和 1958 年 3 月，先后颁行《国务院关于工人、职员退休处理的暂行规定》《国务院关于工人、职员退职处理的暂行规定(草案)》等法规，企业职工的退休养老成为一项独立的制度安排。1962 年，颁布《国务院关于精简职工安置办法的若干规定》等法规，并开始在农村普遍建立县、乡(公社)及村(生产大队)三级医疗保健网，合作医疗制度在广大乡村得以建立。在这一时期，卫生部、劳动部等也发布有关规定，对公费医疗、劳保医疗、农村五保和军属优待制度等进行相应的调整，军人退伍制度也得以确立，还规定了职业病的保障范围和职业病患者的医疗方法。

3. 受挫阶段(1966—1976 年)

1966 年，"文化大革命"开始，社会保险事业遭受重创，一度处于瘫痪状态。1969 年 2 月，财政部发布《关于国企财务工作中的几项制度改革的意见(草案)》，规定国企一律停止提取劳动保险金，原由劳动保险金开支的劳动保险费用改在企业营业外列支，形成待遇标准按国家政策规定执行，所需费用由企业实报实销的"企业保险"模式。社会保险变成了企业保险，完全失去了社会统筹的功能。社会救济、社会优抚工作也受到了严重干扰，社会保险制度的责任主体由国家转向企业和单位的现象迅速扩张，社会保险在很大程度上走向自我封闭的单位化。

4. 恢复阶段(1976—1986 年)

1978 年，中共十一届三中全会的召开为中国的社会保险事业提供了良好的政治条件，同年通过的《中华人民共和国宪法》在第四十八条、第四十九条、第五十条分别对劳动者的福利、养老、疾病医疗或者丧失劳动能力的物质帮助以及对残疾军人、烈士家属的生活保障问题做出了原则规定。与此同时，国家颁布了《关于安置老弱病残干部的暂行办法》《关于工人退休、退职的暂行办法》等法规。1980 年 10 月 7 日，国务院颁布《关于老干部离职休养的暂行规定》，标志着一项特殊的退休制度——离休制度的确立。

1984 年 10 月 20 日，中共中央第十二届三中全会通过《关于经济体制改革的决定》，打开了社会保险制度改革的大门。

5. 发展阶段(1987 年至今)

在养老保险方面，2014 年我国通过合并城镇居民社会养老保险和新型农村社会养老保险制度，建立了城乡居民基本养老保险制度；根据《中华人民共和国社会保险法》(以下简称《社会保险法》)第十条第三款"公务员和参照公务员法管理的工作人员养老保险的办法由国务院规定"，2015 年，我国正式建立了机关事业单位工作人员养老保险制度，由此形成了分别面向企业职工、机关事业单位工作人员、城乡居民三大群体的法定基本养老保险体系。在提高统筹层次方面，根据《社会保险法》第六十四条第三款"基本养老保险基金逐步实行全国统筹"的规定，国务院于 2018 年通过建立企业职工基本养老保险基金中央调剂金制度，促使这一制度向全国统筹迈进了一大步；2022 年起，企业职工基本养老保险走向全国统筹。职业年金制度得以建立并全面发展，个人养老金政策也已出台，多层次养老保障体系框架开始成形。就这样，我国构建起以基本养老保险为基础、企业年金和职业年金为补充、个人养老金为延伸的"三支柱"养老保障体系。

在医疗保险方面，我国在 2016—2020 年整合城乡居民基本医疗保险，与职工基本医疗保险一起，确立了由面向居民与职工的两大制度构成的中国基本医疗保险体系。2020 年中共中央、国务院发布《关于深化医疗保障制度改革的意见》，更是为建设中国特色的医疗保障制度提供了科学的顶层设计。近几年来，职工医保统筹层次从县级统筹为主走向全面做实市级统筹，现在又走向省级统筹。在个人账户改革方面，2019 年我国明确禁止居民医保设置个人账户，2021 年规定职工医保的单位缴费部分全部纳入医疗保险统筹基金，使医疗保险制度中的私有化成分大幅度消解，强化了统筹保障功能。还有药品招采走向常态化、制度化，基金监管步入法治化轨道，经办服务的标准化、信息化、规范化建设等，均迈上了新的台阶。综上，我国医疗保险制度改革走向全面深化。

在工伤保险方面,我国逐步实现了将建筑领域等高风险行业农民工、灵活就业的快递员和公务员纳入工伤保险范围。在 7 个省份、4 个行业开展新就业形态劳动者职业伤害保障试点,创新性地引入按单缴费等方式,扩大了制度覆盖面。

在失业保险方面,我国的失业保险政策发挥了逆经济周期的调节作用。在"新冠"疫情防控期间,主管部门发布了《关于实施企业稳岗扩岗专项支持计划》《关于扩大失业保险保障范围的通知》《关于促进失业人员就业创业的通知》等一系列政策文件,通过加大失业保险稳岗返还力度、阶段性延长大龄失业人员领取失业保险金期限、阶段性实施失业补助金政策、阶段性扩大失业农民工保障范围、阶段性减免缴费、强化困难人员兜底保障、强化重点地区就业帮扶等手段,为特殊时期保障失业人员基本生活、减轻企业缴费负担、支持企业减少裁员和促进再就业提供了重要支持。此外,2018 年 12 月 29 日,第十三届全国人民代表大会常务委员会第七次会议通过了《全国人民代表大会常务委员会关于修改〈中华人民共和国社会保险法〉的决定》,明确将生育保险基金与职工基本医疗保险基金合并建账及核算。

第二节　社会保险制度的运行

一、社会保险的保费筹集

从世界上实行社会保险的大多数国家情况分析,社会保险基金的来源渠道主要有企业负担、个人缴费、国家资助三个方面。企业是在征收所得税前提取社会保险费(税)上缴社会保险机构,这是社会保险基金的主要部分;个人是在工资收入中按照一定比例上缴社会保险或缴纳至个人账户,在实行企业和个人缴费制度的国家,保险费用一般是企业和个人各担一半,这也是社会保险基金的重要组成部分;国家是从财政收入中予以补贴,这是社会保险基金正常运转的可靠保证。

在不同的国家和地区、不同的保险项目上,社会保险基金的来源也不尽相同,这主要体现在国家、雇主和劳动者三方在保险费用负担的具体形式和数量比例上。

二、社会保险费分担方式

世界各国社会保险费通常有以下几种分担方式:

(一)由劳动者负担

有些国家,如巴西等,在失业保险等少量项目上采取社会保险费全由劳动者负担的方式。这种方式增强了劳动者的责任感,减轻了用人单位和国家的负担,但是也增加了劳动者的经济负担。而且,由于劳动者的收入水平参差不齐,受到失业等因素影响,收入低的劳动者常常因缴费困难而使生活陷入困境,影响保险项目的正常发展。因此,经济发达的国家往往不采取这种形式。

(二)由用人单位负担

法国、意大利及我国的工伤保险,以色列的失业保险等,采取全部由用人单位负担的方式。这种方式有利于加强用人单位的安全生产,促使用人单位采取更为积极的安全措施,减少工伤事故的发生;同时,也有利于减轻劳动者的经济负担和后顾之忧,有利于减轻国家的财政负担。工伤保险由用人单位缴纳全部保险费是许多国家通用的方法。

（三）由政府负担

政府负担社会保障基金的主要来源有两个渠道：一是在一般税收的公共经费中拨付；二是开辟特别税种，此项捐税的收入作为专款充实社会保险经费。英国、德国等国的某些社会保险项目就采用了由政府全部承担费用的方式。这种方式主要是为了扶持某些保险项目的发展，也是为了加强政府对社会保险的宏观控制。政府全部负担社会保险费的前提条件是国家有较为宽裕的财政资金，因此，经济不发达国家是难以负担社会保险的全部费用的。

（四）由劳动者和用人单位共同负担

由劳动者和用人单位共同负担的方式是一种由来已久并普遍采用的方式。从德国创建社会保险起，疾病保险费就由劳动者和用人单位共同负担。现在，绝大多数国家的医疗保险采用这种负担方式。这种方式有助于加强用人单位内部的财务风险管理，规避财务风险，也有利于劳动力资源的合理流动与配置及用人单位自身的经济发展。

（五）由劳动者和政府共同负担

澳大利亚、瑞士和法国等国的疾病和生育保险采用由劳动者和政府共同负担这一方式，用人单位不负担社会保险费用的支出。这一方式中，绝大部分费用由政府支付，劳动者只负担少量保费。这种方式减轻了用人单位的经济负担，有利于用人单位自身的发展和资金积累，也有利于政府推行社会保险。

思考题：

哪种分担方式对劳动者是最有利的？为什么？

三、社会保险的财务制度

（一）随收即付制度

随收即付制度是指当期所收保费用于当期给付，使保险财务收支保持大体平衡的一种财务制度。除养老保险项目外，一般社会保险项目都采用这种财务制度。

养老保险采用这一制度有利有弊。随收即付制度最大的优点是费率计算简单，同时因为没有巨额基金，不会有保值增值的压力，不会受到货币贬值的不利影响。但这一制度的缺点也很明显，必须经常重估财务结构、调整费率，而由于人口结构趋于老化、福利水平的刚性等原因，费率一般是日益提高的；同时，从分配关系看，在退休金保险方面，随收即付制度实质上是代际间的再分配关系，日益上升的费率会加深代际矛盾，容易造成政治问题。

（二）完全积累制度

完全积累制度是在对影响费率的相关因素进行长期测算后，确定一个可以保证在相当长的时期内收支平衡的平均费率，并将所收保费（税）全部形成社会保险基金的一种财务制度。企业年金制度及社会保险制度框架下的养老保险个人账户计划较多采用这种财务制度。

这一制度最明显的长处是由于有基金的积累，在人口老龄化的情况下能保持保险费率的相对稳定。但这一优点是以基金收益率高于工资增长率为前提的。这一制度的缺陷也是明显的，一是在制度运行初始就要求较高的费率，二是基金受通货膨胀的压力较大。如果基金运用得当，则不但社会保险制度能从中受益，而且整个经济将由于基金的有效配置而受益；反之，如果基金不能保值增值，这一制度就比随收即付制度的成本更高。

（三）部分积累制度

部分积累制度是随收即付制度和完全积累制度的混合物。在初始时，它的费率高于随收即付制度而又低于完全积累制度，在准备金方面，它会高于随收即付制度而低于完全积累制度。

这一制度是要在迎接人口老龄化和初始的高保费制度中寻找一条中间道路。通常的做法是将原来随收即付制度所缴保费中的一小部分积累于个人账户中,或在原来制度之上提高费率,并将增量部分全部积累于个人账户中。这一制度同样面临基金的管理和保值增值问题。

我国于 1997 年建立的社会养老保险制度就采用了这种混合财务制度,称之为社会统筹与个人账户制度相结合的社会养老保险制度。

四、社会保险基金的管理

(一)社会保险基金管理的概念

社会保险基金是为保障劳动者的基本生存与发展需要,通过向劳动者所在单位和个人征集保费和政府拨款而建立起来的法定的专款专用的资金。社会保险基金管理是指为了实现社会保险制度的目标而对基金的运行进行的系统管理。

(二)社会保险基金管理的目标与基本原则

社会保险基金管理的目标:确保基金的完整和安全;防止基金贬值,实现基金保值,争取基金增值;满足给付的需要,避免支付危机发生;保持效率。

社会保险基金管理的原则:依法管理,规范运行;坚持收支两条线,征收和支出适当分离;实行预算管理;严格监督,杜绝漏洞。

(三)社会保险基金的管理模式

社会保险基金的管理模式可分为财政集中型基金管理模式、多元分散型基金管理模式、专门机构的集中基金管理模式和混合管理模式。

1. 财政集中型基金管理模式

它通过以建立社会保险预算或直接列入国家财政预算的方式管理社会保险基金,体现了国家财政对社会保险基金管理的最后责任。

2. 多元分散型基金管理模式

它是指社会保险专门机构委托银行、信托、投资公司、基金管理公司等金融机构对社会保险基金在法律允许的范围内进行信托投资,并规定最低投资收益率的基金管理模式。

3. 专门机构的集中基金管理模式

它是指由相对独立和集中的社会保险银行、社会保险基金管理公司或基金会等专门机构负责社会保险基金的管理和投资运营。新加坡就是采用这一模式的典型国家。新加坡的基金管理组织称为中央公积金局,该局负责保险基金的日常支付,又负责保险基金的投资运营。中央公积金局隶属人力资源部,其董事会负责中央公积金局的管理工作。为了确保投资的安全性,中央公积金局常把社会保障基金投资于国债市场。但由于其过分重视投资的安全性,投资的收益率不高。

4. 混合管理模式

采取混合管理模式的国家通常由政府或准政府机构制定有关社会保障的规则,如供款率的高低、发放养老金的条件等,向社会成员提供有限选择性的服务产品,即服务产品相对比较简单,但人们又可以有一定范围的选择;资金统一征集完成后,根据一定投资组合的要求,委托给相互之间存在竞争关系的多个经营投资机构(包括国有的或民营的),由其负责投资和提供回报;投资回报及其支出安排仍由上述政府机构(或者准政府机构)来掌握,并负责保障基金的发放。

第三节　我国主要社会保险项目

一、医疗保险

（一）医疗保险概述

社会医疗保险是由国家立法强制实施，通过国家、用人单位及劳动者个人共同筹集资金建立基金，在受保人遇到伤病需要医疗时给予帮助和经济补偿的一种制度。这一概念的界定包括以下三层含义：

（1）社会医疗保险一般用来偿付法定范围内的劳动者因疾病而导致的两个方面的经济风险：一是支付预防或治疗疾病的费用，二是保证病假期间的经济来源。

（2）社会医疗保险的具体做法因时间、空间和法定对象的不同而表现出极大的差异，有的是“全部”负担，有的是“部分”负担，具体的标准一般以保障基本医疗需要为最低标准。

（3）社会医疗保险是以社会保险为手段来达到保障目的的。

（二）医疗保险的基本结构

社会医疗保险范围是指根据国家有关规定或保险合同的相关条款，可以享受医疗保险待遇的公民范围。从理论上讲，医疗保险涉及全体社会成员，应以全民为医疗保险对象。但由于各种条件的限制和经济发展水平的差异，特别是一个国家内部的经济社会发展的不平衡，要想做到人人享有医疗保障，困难很大。

社会医疗保险基金是指通过法律或合同的形式，由参加医疗保险的企事业单位、机关团体或个人在事先确定比例的情况下缴纳规定数量的医疗保费汇集而成的、为被保险人提供基本医疗保障的一种货币资金。我国医疗保险基金包括基本医疗保险基金、地方补充医疗保险基金等。其中，基本医疗保险基金包括：个人医疗账户基金，主要用于参保人员门诊就诊、购药及住院个人承担等费用；社会统筹基金（社会共济基金），由大病统筹基金、社区门诊统筹基金和调剂金组成，主要由医保机构统一支配，用于参保人大病、特病费用的支付；准备金，主要用于突发性传染病、流行病等超常风险支付；预防保健费，主要用于疫苗、体检、防疫等费用的支出；管理费，主要是社会医疗保险事业正常运转的必要费用。

综合各国社会医疗保险基金的筹集原则，可以概括为：一是法治化原则，二是共同负担原则，三是“以支定收，收支平衡，略有结余”的基本保障原则，四是相对稳定原则，五是现收现付制原则。当然，各国在社会医疗保险基金筹集原则的选择组合中各有特点。

（三）企业职工医疗保险

我国职工基本医疗保险制度是依法对职工的基本医疗权利给予保障的社会医疗保险制度，属于社会保险的一个基本险项。加快医疗保险制度改革，保障职工基本医疗，是建立社会主义市场经济体制的客观要求和重要保障。为此，在认真总结各地医疗保险制度改革试点经验的基础上，我国于 1998 年在全国范围内进行城镇职工医疗保险制度改革。

1. 我国职工基本医疗保险制度的目标和原则

我国职工基本医疗保险制度的目标：建立起适应社会主义市场经济体制要求、覆盖城镇所有从业人员、资金来源多渠道、权利与义务相适应、社会统筹与个人账户相结合的基本医疗保险，并配以补充医疗保险、社会医疗救助等多层次的医疗保险体系。我国职工医疗保险制度建立的基本原则:基本医疗保险的水平与社会主义初级阶段的生产力发展水平相适应;城镇所有用人单位及其职工都要参与基本医疗保险,实行属地管理;坚持促进公平和提高效率相结合;基本医疗保险基金实行社会统筹和个人账户相结合;保障城镇所有从业人员的基本医疗需求;坚持制度建设和体制机制创新相结合;坚持政府主导与引入市场机制相结合。2022 年我国医疗保险收支状况见表 12－1。

表 12－1　　2022 年我国医疗保险收支状况　　单位:亿元

指　标	2022 年
医疗保险基金收入	30 922.2
医疗保险基金支出	24 597.2
医疗保险累计结余	42 639.9

数据来源:国家统计局。

我国医疗保险基金运行平稳,基本能够实现收支平衡、略有结余,体现了医保制度的稳定性和可持续性。

2. 我国城镇职工基本医疗保险制度的模式

我国城镇职工基本医疗保险实行社会统筹与个人账户相结合的基本医疗保险制度,通过 2021 年门诊共济保障机制改革,进一步优化了统筹基金与个人账户的功能:社会统筹基金体现"大数法则",覆盖住院和普通门诊费用(报销比例 50%起),并推进省级统筹和跨区域结算,强化互助共济;个人账户划入比例减少(单位缴费部分不再注入),但使用范围扩大至家庭成员医疗支出及补充保险购买,弱化积累功能、增强社会化属性;通过 DRG/DIP 支付方式① 改革、费率动态调整等措施,应对老龄化带来的基金平衡压力,维持现收现付模式的可持续性。这一制度在坚持"横向共济与纵向积累结合"的基础上,更注重多层次医疗保障协同发展,是适应新时代人口结构和医疗需求变化的创新实践。

(四)城乡居民医疗保险

城乡居民基本医疗保险是社会医疗保险的组成部分,不具有强制性,采取以政府为主导、以居民个人(家庭)缴费为辅,政府适度补助为主的筹资方式,遵循筹资水平与保障水平相适应的原则,为城乡居民提供基本医疗保障。

1998 年,我国开始建立城镇职工基本医疗保险制度,之后又启动了新型农村合作医疗制度试点,建立了城乡医疗救助制度。截至 2007 年,尚未被医疗保障制度覆盖的群体主要是城镇非从业居民。为实现基本建立覆盖城乡全体居民医疗保障体系的目标,我国从 2007 年起开展城镇居民基本医疗保险试点。

思考题:

举例说明医疗保险为劳动者带来的益处。

二、养老保险

(一)养老保险概述

养老保险由社会统筹基金支付的基础养老金和个人账户养老金组成,是社会保障制度的

① DRG 是 Diagnosis Related Groups 的缩写,即按疾病诊断相关分组付费;DIP 则是 Diagnosis-Intervention Packet 的缩写,即按病种分值付费。这两种都是医保支付方式,用来控制医疗费用,提高医疗效率。

重要组成部分，也是社会保险五大险种中最重要的险种之一，它是国家和社会根据一定的法律和法规，为解决劳动者在达到国家规定的解除劳动义务的劳动年龄界限，或因年老丧失劳动能力退出劳动岗位后的基本生活问题，而建立的一种社会保险制度。

养老保险是在法定范围内的老年人完全或基本退出社会劳动生活后才自动发生作用的。这里所说的"完全"，是以劳动者与生产资料的脱离为特征的；所谓"基本"，指的是参加生产活动已不成为主要社会生活内容。需强调说明的是，法定的年龄界限（各国有不同的标准）才是切实可行的衡量标准。

养老保险的目的是保障老年人的基本生活需求，为其提供稳定可靠的生活来源。

养老保险是以社会保险为手段来达到保障的目的。养老保险是世界各国较普遍实行的一种社会保障制度。

我国养老保险基本处于收支平衡、略有结余的状态，不过未来受人口老龄化等因素影响，养老保险收支压力正在快速增长。2022年我国养老保险收支状况见表12－2。

表12－2　　2022年我国养老保险收支状况　　单位：万亿元

指　标	2022年
养老保险基金收入	7.1
养老保险基金支出	6.6
养老保险累计结余	7.4

数据来源：国家统计局。

（二）我国养老保险的发展历程

1. 创立时期（1951—1966年）

1951年，政务院公布实施《中华人民共和国劳动保险条例》，在小范围内实行养老保险制度。

1953年，政务院修订《中华人民共和国劳动保险条例》，扩大了养老保险的实施范围，并做出了详细的规定：企业按月缴纳相当于企业职工工资总额的3%作为社会保险基金，其中30%上缴全国总工会作为社会保险总基金，70%存于各企业工会，用于退休退职专用；规定退休费为职工本人工资的50%～70%。

1955年，国务院颁布《国家机关工作人员退休处理暂行办法》，首次对国家机关、事业单位工作人员的退休条件和退休待遇做了规定：男年满60岁，女年满50岁，有一定的工作年限即可退休；退休费按工作年限的长短，以退休时基本工资的50%～80%计发，经费完全来源于财政。

2. 遭受破坏时期（1966—1976年）

"文化大革命"使我国刚刚建立起来的养老保险制度遭受了严重破坏，企业缴不起社会保险费，社会保险机构被撤销，社会保险制度停止运行。

1969年，财政部发布《关于国营企业财务工作中几项制度改革的意见（草案）》，规定"国营企业一律停止提取劳动保险金""企业的退休职工工资，长期病号工资及其他劳保开支，改在营业列支"，使社会保险倒退为"企业保险"。

3. 恢复时期（1977—1984年）

1978年，国务院以国发〔1978〕104号文件发布实施《国务院关于安置老弱病残干部的暂行办法》和《国务院关于工人退休、退职的暂行办法》，对国有企业职工、机关和事业单位工作人员退休条件、待遇水平做了统一规定,主要内容包括:一是法定退休年龄为男 60 周岁,女干部 55 周岁,女工人 50 周岁;特殊工种可提前 5 年退休。二是连续工龄满 10 年即可享受退休待遇。三是抗日战争时期参加革命工作的,按本人标准工资的 90%发给退休费;解放战争时期参加革命工作的,按本人标准工资的 80%发给退休费;中华人民共和国成立后参加革命工作,连续工龄满 20 年的,按本人标准工资的 75%发给退休费;连续工龄满 15 年不满 20 年的,按本人标准工资的 70%发给退休费;连续工龄满 10 年不满 15 年的,按本人标准工资的 60%发给退休费;退休费低于 25 元的,按 25 元发给;对其他有特殊贡献的群体另行规定了不同的优惠待遇和扶助政策。四是退休费从企业成本中列支,由企业支付给退休人员,并由企业承担退休人员的管理服务工作。

4. 发展阶段(1984 年至今)

1984—1991 年,我国养老保险制度打破“国家-单位”保障模式,推行退休费用社会统筹,引入个人缴费(个人缴费比例≤3%)。1992—2005 年,确立“统账结合”模式(企业缴费 20%进入社会统筹账户,个人缴费 8%进入个人账户),但面临空账问题。2005—2014 年,推进全国覆盖,整合城乡居民养老保险,试点做实个人账户。2015 年至今,机关事业单位养老保险制度与企业职工并轨,2022 年实现企业职工养老保险全国统筹;构建“三支柱”体系(基本养老+职业/企业年金+个人养老金)。1984 年至今,我国的养老保险制度从计划经济下的“国家-单位”保障转向社会化的多支柱体系,核心目标是实现“全覆盖、保基本、多层次、可持续”。当前我国面临人口老龄化、区域不平衡等挑战,需进一步优化制度设计与管理效率。

(三)养老保险的基本结构

1. 投保资助型养老保险

投保资助型养老保险是当代主要的社会养老保险制度,目前大多数国家实施这种养老保险制度。它通过立法程序强制劳动者加入,强制雇主和劳动者分别按照规定的投保费率投保,并成立社会养老保险基金,实行多层次退休金。

2. 福利型养老保险

福利型养老保险也称普遍养老保险。这种养老保险制度是在经济发达、社会物质生活水平有较大提高的基础上实行的。它贯彻“普遍性”原则,范围包括“从摇篮到坟墓”的各种生活需要。

3. 中央公积金养老保险

中央公积金养老保险制度中,缴费及利息积累在每个人的账户上,由中央政府统一管理。当投保人年老、伤残或死亡时,个人账户上的钱可一次或按月支付。缴费由雇员和雇主共同承担。某些公积金允许提前支付,如购买房屋、教育贷款等。

4. 强制个人储蓄养老保险

强制个人储蓄养老保险是 20 世纪 80 年代初由智利推出、后为其他拉丁美洲国家效仿的养老保险模式。其具体做法是:建立个人退休账户,当劳动者达到法定退休年龄时将个人账户积累的基金、利息及其他投资收入一次性或逐月发还本人作为养老保险金。

5. 社会统筹与个人账户相结合的养老保险

社会统筹是指社会保险基金在大范围内由社会保险经办机构依法统一征收、统一管理,在属地范围内统一调剂使用。个人账户则是指由企业和职工共同缴费,记于个人名下,以备将来之需。

6. 国家统筹型养老保险

国家统筹型养老保险由国家(或国家和雇主)全部负担雇员的养老保险费,雇员个人不缴费,是一种典型的福利型的养老保险制度。瑞典、挪威、波兰等国家实行这种养老保险制度。该制度的缺点是资金来源渠道单一,政府和企业负担过重。

(四)职工基本养老保险

职工基本养老保险个人账户,是指社会保险经办机构以居民身份证号码为标识,为每位参加基本养老保险的职工个人设立的唯一的、用于记录职工个人缴纳的养老保险费和从企业缴费中划转记入的基本养老保险费,以及上述两部分的利息金额的账户。个人账户是职工在符合国家规定的退休条件并办理了退休手续后,领取基本养老金的主要依据。

《国务院关于建立统一的企业职工基本养老保险制度的决定》规定,用人单位缴纳基本养老保险费的比例一般不得超过企业工资总额的20%。但自2019年5月起,全国统一调整为16%。个人缴纳基本养老保险费的比例,始终为本人缴费工资的8%。

(五)城乡居民基本养老保险

2014年2月7日,时任国务院总理李克强,主持召开国务院常务会议,听取关于2013年全国人大代表建议和全国政协委员提案办理工作汇报,决定合并新型农村社会养老保险和城镇居民社会养老保险,建立全国统一的城乡居民基本养老保险制度。

坚持和完善社会统筹与个人账户相结合的制度模式,巩固和拓宽个人缴费、集体补助、政府补贴相结合的资金筹集渠道,完善基础养老金和个人账户养老金相结合的待遇支付政策,强化"长缴多得、多缴多得"等制度的激励机制,建立基础养老金正常调整机制,健全服务网络,提高管理水平,为参保居民提供方便快捷的服务。"十二五"规划期末,在全国基本实现新农保和城居保制度合并实施,并与职工基本养老保险制度相衔接。2020年前,基本建成公平、统一、规范的城乡居民养老保险制度,与社会救助、社会福利等其他社会保障政策相配套,充分发挥家庭养老等传统保障方式的积极作用,更好地保障参保城乡居民的老年基本生活。

思考题:

如何进一步让现行的养老保险制度更好地服务劳动者?

三、失业保险

(一)失业保险概述

失业保险是国家通过立法强制实行的,由社会集中建立基金,对因失业而暂时中断生活来源的劳动者提供物质帮助的一项社会保险制度。

各类企业及其职工、事业单位及其职工、社会团体及其职工、民办非企业单位及其职工、国家机关与之建立劳动合同关系的职工都应办理失业保险。失业保险基金主要是用于保障失业人员的基本生活。城镇企业、事业单位、社会团体和民办非企业单位按照本单位工资总额的一定比例缴纳失业保险费,其职工按照本人工资的一定比例缴纳失业保险费。无固定工资额的单位一般以统筹地区上年度社会平均工资的60%为基数缴纳失业保险费。全国大部分地区的单位招用农、牧民合同制工人时,其本人不缴纳失业保险费。

失业保险基金是社会保险基金中的一种专项基金,其特点如下:

一是强制性。国家以法律规定的形式,向规定范围内的用人单位、个人征缴社会保险费。缴费义务人必须履行缴费义务,否则构成违法行为,需要承担相应的法律责任。

二是无偿性。国家征收社会保险费后,不需要偿还,也不需要向缴费义务人支付任何代价。

三是固定性。国家根据社会保险事业的需要,事先规定社会保险费的缴费对象、缴费基数和缴费比例。在征收时,不因缴费义务人的具体情况而随意调整。固定性还体现在社会保险基金的使用上,实行专款专用。

我国2022年失业保险收支状况见表12-3。

表12-3　　2022年我国失业保险收支状况　　单位:亿元

指　标	2022年
失业保险基金收入	1 596.1
失业保险基金支出	2 017.8
失业保险累计结余	2 890.8

数据来源:国家统计局。

(二)失业保险的给付条件

失业人员同时具备以下条件,即可享受失业保险待遇:按规定参加失业保险,所在单位和个人已按规定履行缴费义务满1年的;非因本人意愿中断就业的;已办理失业登记,并有求职要求的。

(三)失业保险的给付原则

领取失业保险金:如果患病或生育,到指定的医院就诊,可以按规定申请一定比例的医疗费补贴;失业人员在领取失业保险金期间开办私营企业、从事个体经营或自行组织就业的,可以一次性领取剩余期限的失业保险金(加上本次核定后已领取的月份,不能超过24个月),作为扶持生产资金;失业人员在领取失业保险金期间死亡的,其家属可以申领丧葬补助金、供养直系亲属一次性抚恤金;女性失业人员在领取失业保险金期间生育,符合国家生育政策的,可以申领一定的生育补助金,标准与其领取的失业保险金计发标准相同;免费接受职业指导、职业培训等就业服务。

(四)失业保险的具体给付

失业保险的具体给付标准有以下几种:

(1)失业保险金发放的标准以失业人员在失业前一定时间内的工资收入为基数按比例发放。例如德国规定,失业者有子女的,其失业保险金为其失业前净工资收入的67%,其他情况下为工资的60%;加拿大规定失业保险金为失业人员失业前平均工资的60%;荷兰规定为工资的80%;瑞典和丹麦则规定为工资的90%;西班牙规定失业后最初180天为参考收入的70%,以后为60%。

(2)有的国家采用统一的失业保险金标准,并根据家庭状况和本人年龄有所差别。例如,英国缴费型失业保险待遇为:年龄在25岁以上的失业者每周92.05英镑(2025年),25岁及以下的失业者每周72.90英镑(2025年)。而英国收入调查型失业保险待遇的确定取决于年龄、家庭收入水平和家庭结构。例如,残疾人有附加津贴,每周43.20英镑,夫妻每周61.65英镑。

(3)有的国家规定对失业保险金实行递减计发,即津贴额在最开始领取失业保险金的一段时间内最高,以后逐步降低直至津贴期满。例如,意大利规定从收到福利的第6个月开始,每月减少3%(55岁及以上人士从第8个月开始递减)。我国的失业金给付标准主要依据缴费年限和地区政策确定,通常也采取阶段性递减方式发放。

(4)有的国家按本人失业前工资的一定比例＋定额给付。失业保险金的发放采取工资比例制和固定金额制相结合的方法，一部分按失业前工资的一定比例发放，另一部分则按固定金额发放。例如，法国规定，一部分为原工资的 40.4%，另一部分为每日 13.1 欧元，但失业保险金不得超过其工资的 75%。

(5)有的国家按最低工资标准的一定比例给付，如波兰是最低工资标准的 95%。

(6)有些国家对失业人员的养老、医疗等社会保险待遇也做出了安排。例如，德国失业人员仍然参加医疗和护理保险，所需保险费由劳动局从失业保险基金中支出。

四、生育保险

生育保险是通过国家立法，在职业妇女因生育子女而暂时中断劳动时由国家和社会及时给予生活保障和物质帮助的一项社会保险制度。

生育保险是国家通过社会保险立法，对生育职工给予经济、物质等方面帮助的一项社会政策。其宗旨在于通过向生育女职工提供生育津贴、产假以及医疗服务等方面的待遇，保障她们因生育而暂时丧失劳动能力时的基本经济收入和医疗保健，帮助生育女职工恢复劳动能力，重返工作岗位，从而体现国家和社会对妇女在这一特殊时期给予的支持和爱护。

我国生育保险待遇主要包括两项：一是生育津贴，用于保障女职工产假期间的基本生活需要；二是生育医疗待遇，用于保障女职工怀孕、分娩期间以及职工实施节育手术时的基本医疗保健需要。用人单位按照国家规定缴纳生育保险费，职工不缴纳生育保险费。

2017 年 2 月 24 日，人力资源和社会保障部举行生育保险和基本医疗保险（以下简称“两险”）合并实施试点工作会议，计划于 2017 年 6 月底前在 12 个试点地区启动两险合并工作。2019 年 3 月，国务院办公厅印发的《关于全面推进生育保险和职工基本医疗保险合并实施的意见》，2019 年底前实现生育保险和职工基本医疗保险合并实施，实现参保同步登记、基金合并运行、征缴管理一致、监督管理统一、经办服务一体化。两险合并实施只是管理运行上的一体化，即所有参加职工基本医疗保险的在职职工同步参加生育保险，有利于实现生育保险应保尽保。2022 年，全国参加生育保险的人数为 24 621 万，比上年增加 870 万人，增长 3.7%。享受各项生育保险待遇的人数为 1 769 万，比上年增加 448 万人，比上年增长 34.0%，2022 年生育保险基金支出 951.35 亿元。

五、工伤保险

（一）工伤保险概述

工伤保险，又称职业伤害保险，是指劳动者在工作中或在规定的特殊情况下，遭受意外伤害或患职业病导致暂时或永久丧失劳动能力以及死亡时，劳动者或其遗属从国家和社会获得物质帮助的一项社会保险制度。

工伤保险是通过社会统筹的办法，集中用人单位缴纳的工伤保险费，建立工伤保险基金，对劳动者在生产经营活动中遭受意外伤害或职业病，并由此造成死亡、暂时或永久丧失劳动能力时，给予劳动者法定的医疗救治以及必要的经济补偿的一种社会保障制度。这种补偿既包括医疗、康复所需费用，也包括保障基本生活的费用。2022 年我国工伤保险收支状况见表 12-4。

表 12－4　　2022年我国工伤保险收支状况　　单位:亿元

指　标	2022年
工伤保险基金收入	1 053.3
工伤保险基金支出	1 025.0
工伤保险累计结余	1 440.1

注:工伤保险累计结余中含储备金。

数据来源:国家统计局。

(二)工伤保险的基本原则

工伤保险应遵循以下10个原则:责任补偿(无过失补偿)原则;国家立法,强制实施原则;风险分担、互助互济原则;个人不缴费原则;区别因工与非因工原则;经济赔偿与事故预防、职业病防治相结合原则;一次性补偿与长期补偿相结合原则;确定伤残和职业病等级原则;区别直接经济损失与间接经济损失原则;集中管理原则。

(三)工伤认定、职业病认定与劳动力鉴定

职工在遭遇人身伤害事故,负伤、残疾乃至死亡时,享受工伤社会保险待遇,必须符合有关的工伤范围及其认定条件。1952年,国际劳工局《社会保险最低标准公约》第102号规定享受工伤待遇的条件是:

(1)因工伤身体呈疾病状态者;

(2)因工丧失劳动能力并因此中断工资收入者;

(3)由于永久或暂时丧失劳动能力而完全丧失或部分丧失工资收入者;

(4)由于供养者死亡而失去生活费来源者。

我国自2011年1月1日起开始施行新修订的《工伤认定办法》。

根据国际通行做法,凡是由于工作原因或由于从事与工作有关的活动而造成的伤残、死亡或患职业病者,均应确认为工伤。为了进一步详细、具体地明确工伤认定的资格条件,使之具有可操作性,根据我国2010年修改后的《工伤保险条例》,规定以下情形之一的应当认定为工伤:

(1)工作时间和工作场所内,因工作原因受到事故伤害的;

(2)工作时间前后在工作场所内,从事与工作有关的预备性或收尾性工作受到事故伤害的;

(3)在工作时间和工作场所内,因履行工作职责受到暴力等意外伤害的;

(4)患职业病的;

(5)因工外出期间,由于工作原因受到伤害或发生事故下落不明的;

(6)在上下班途中,受到非本人主要责任的交通事故或城市轨道交通、客运轮渡、火车事故伤害的;

(7)法律、行政法规规定应当认定为工伤的其他情形。

本章小结

社会保险	社会保险概述	社会保险是指国家通过立法强制建立社会保险基金，对参加劳动关系的劳动者在丧失劳动能力或失业时给予必要的物质帮助的制度 社会保险具有维护社会稳定；保障公民的基本生活；弥补市场经济的不足，促进经济发展；促进社会公平；提高生活质量的功能 社会保险经历了萌芽、产生、发展、改革几个历史阶段。中国的社会保险制度经历了初创、调整、受挫、恢复、发展等几个历史阶段
	社会保险制度的运行	社会保险基金的来源主要依靠企业负担、个人缴费、国家资助 社会保险费的分担方式包括：由劳动者负担、由用人单位负担、由政府负担、由劳动者和用人单位共同负担、由劳动者和政府共同负担 社会保险有随收即付、完全积累、部分积累三种财务制度 社会保障基金管理是指为了实现社会保险制度的目标而对基金的运行进行的系统管理。它包括财政集中型、多元分散型、专门机构的集中基金管理、混合管理四种模式
	我国主要社会保险项目	社会医疗保险是由国家立法强制实施，通过国家、用人单位及劳动者个人共同筹集资金建立，在受保人遇到伤病需要医疗时给予帮助和经济补偿的一种制度，我国的社会医疗保险包括企业职工医疗保险和城乡居民医疗保险 养老保险是为解决劳动者在达到国家规定的解除劳动义务的劳动年龄界限，或因年老丧失劳动能力退出劳动岗位后的基本生活问题而建立的一种社会保险制度。我国的养老保险包括企业职工基本养老保险和城乡居民基本养老保险 失业保险是由社会集中建立基金，对因失业而暂时中断生活来源的劳动者提供物质帮助的一项社会保险制度 生育保险是在职业妇女因生育子女而暂时中断劳动时由国家和社会及时给予生活保障和物质帮助的一项社会保险制度。我国的生育保险和职工基本医疗保险合并实施 工伤保险是指劳动者在工作中或在规定的特殊情况下，遭受意外伤害或患职业病导致暂时或永久丧失劳动能力以及死亡时，劳动者或其遗属从国家和社会获得物质帮助的一项社会保险制度

本章练习题

一、单项选择题

1. 中华人民共和国(　　)的用人单位和个人依法缴纳社会保险费。

A. 所有　　B. 管辖　　C. 境内　　D. 成立

2. 职工应当按照国家规定的(　　)的比例缴纳基本养老保险费，记入个人账户。

A. 单位平均工资　B. 社会平均工资　C. 用工地最低工资　D. 本人工资

3. 国家建立和完善新型农村(　　)。

A. 合作医疗制度　B. 集体医疗制度　C. 互助医疗制度　D. 救助医疗制度

4. 用人单位应当按照(　　)，根据社会保险经办机构确定的费率缴纳工伤保险费。

A. 本地区上一年职工平均工资　　B. 本单位职工工资总额

C. 本地区最低工资　　D. 本行业的平均工资

5. 用人单位按规定缴纳工伤保险后，职工因工伤发生的费用，(　　)按照国家规定由用人单位支付。

A. 劳动能力鉴定费用

B. 治疗工伤的医疗费用

C. 五级、六级伤残职工按月领取的伤残津贴

D. 一次性伤残补助金和一至四级伤残职工按月领取的伤残津贴

6. 失业人员失业前用人单位和本人累计缴费满1年不足5年的,领取失业保险金的期限最长为(　　)个月。

A. 6　　B. 12　　C. 14　　D. 16

7. 失业保险金的标准,由省、自治区、直辖市人民政府确定,不得低于(　　)。

A. 本地最低工资的70%　　B. 本地社会平均工资的60%

C. 本地最低工资　　D. 城市居民最低生活保障标准

8. 用人单位应当及时为失业人员出具终止或者解除劳动关系的证明,并将失业人员的名单自终止或者解除劳动关系之日起(　　)日内告知社会保险经办机构。

A. 10　　B. 15　　C. 20　　D. 30

9. 失业保险金领取期限自(　　)起计算。

A. 解除或者终止劳动合同之日　　B. 档案转移之日

C. 办理失业登记之日　　D. 申请之日

10. 用人单位应当自成立之日起(　　)日内凭营业执照、登记证书或者单位印章,向当地社会保险经办机构申请办理社会保险登记。

A. 10　　B. 15　　C. 30　　D. 45

11. 社会保险经办机构应当自收到用人单位办理社会保险登记申请之日起(　　)日内予以审核,发给社会保险登记证件。

A. 10　　B. 15　　C. 30　　D. 45

12. 用人单位应当自用工之日起(　　)日内为其职工向社会保险经办机构申请办理社会保险登记。

A. 10　　B. 15　　C. 30　　D. 45

13. 职工应当缴纳的社会保险费由用人单位代扣代缴,用人单位应当按(　　)将缴纳社会保险费的明细情况告知本人。

A. 月　　B. 季度　　C. 半年　　D. 年

14. 骗取社会保险基金的,由社会保险行政部门责令退回骗取的社会保险金,处骗取金额(　　)的罚款。

A. 1倍以上3倍以下　　B. 2倍以上5倍以下

C. 2倍以上3倍以下　　D. 1倍以上5倍以下

15. 社会保险经办人员因渎职而造成社会保险基金损失的,应(　　)。

A. 予以行政记过处分　　B. 予以行政开除处分

C. 予以行政处罚处分　　D. 承担赔偿责任

二、多项选择题

1. 国家建立基本养老保险、(　　)等社会保险制度,保障公民在年老、疾病、工伤、失业、生育等情况下依法从国家和社会获得物质帮助的权利。

A. 基本医疗保险　　B. 工伤保险　　C. 失业保险　　D. 生育保险

2. (　　)可以参加基本养老保险,由个人缴纳基本养老保险费。

A. 无雇工的个体工商户

B. 未在用人单位参加基本养老保险的非全日制从业人员

C. 其他灵活就业人员

D. 被个体工商户雇用的雇工

3. (　　)医疗费用不应纳入基本医疗保险基金支付范围。

A. 应当从工伤保险基金中支付的　　B. 应当由第三人负担的

C. 应当由公共卫生负担的　　D. 在境外就医的

4. 社会保险经办机构根据用人单位(　　)等情况,确定用人单位工伤保险的缴费费率。

A. 使用工伤保险基金　　B. 工伤发生率

C. 所属行业费率档次　　D. 职工人数

5. (　　)导致职工在工作中伤亡的,不应认定为工伤。

A. 故意犯罪　　B. 醉酒或者吸毒　　C. 自残或者自杀　　D. 职业病

6. 2020 年 9 月,小王入职后单位为其缴纳了工伤保险,同年 11 月小王在工作中受伤,被认定为工伤,(　　)应从工伤保险基金中支付。

A. 治疗工伤的医疗费用和康复费用

B. 住院伙食补助费

C. 到统筹地区以外就医的交通食宿费

D. 终止或者解除劳动合同时,应当享受的一次性医疗补助金

7. 工伤职工有(　　)情况的,停止享受工伤保险待遇。

A. 丧失享受待遇条件的　　B. 拒不接受劳动能力鉴定的

C. 拒绝治疗的　　D. 用人单位欠缴工伤保险的

8. (　　),无法从失业保险基金中领取失业保险金。

A. 小李解除了与单位的劳动合同

B. 小刘缴纳失业保险 11 个月,用人单位解除了与其的劳动合同

C. 小白缴纳失业保险 15 个月,用人单位解除了与其的劳动合同

D. 小张缴纳失业保险 28 个月,用人单位终止了与其的劳动合同

9. 在领取失业保险金期间,失业人员有(　　)情况的,停止领取失业保险金,并同时停止享受其他失业保险待遇。

A. 重新就业的

B. 应征服兵役的

C. 移居境外的

D. 无正当理由,拒不接受当地人民政府指定部门或者机构介绍的适当工作或者提供的培训的

10. 女职工(　　)可以按照国家规定享受生育津贴。

A. 生育享受产假　　B. 哺乳期间

C. 享受计划生育手术休假　　D. 怀孕期间

11. (　　)应当向社会保险经办机构申请办理社会保险登记。

A. 无雇工的个体工商户

B. 有雇工的个体工商户

C. 未在用人单位参加社会保险的非全日制从业人员

D. 其他灵活就业人员

12. 社会保险基金包括(　　)。

A. 基本养老保险基金　　B. 基本医疗保险基金

C. 工伤保险基金　　D. 失业保险基金

E. 生育保险基金

三、判断题

1. 无雇工的个体工商户、未在用人单位参加基本养老保险的非全日制从业人员以及其他灵活就业人员参加基本养老保险的,应当按照国家规定缴纳基本养老保险费,共同记入基本养老保险统筹基金和个人账户。(　　)

2. 参加新型农村社会养老保险的农村居民,符合国家规定条件的,按月领取新型农村社会养老保险待遇。(　　)

3. 职工所在用人单位未依法缴纳工伤保险费,发生工伤事故的,由用人单位支付工伤保险待遇;用人单位不支付的,从工伤保险基金中先行支付。(　　)

4. 小王为锅炉工,某日午休时在宿舍喝了几瓶酒,导致其在工作中因醉酒操作失误,锅炉爆炸将其右腿炸伤,小王应当被认定为工伤。(　　)

5. 失业人员领取失业保险金后,重新就业再次失业的,失业保险缴费时间重新计算。(　　)

6. 新型农村社会养老保险实行个人缴费、集体补助和政府补贴相结合。(　　)

7. 医疗费用依法应当由第三人负担,第三人不支付或者无法确定第三人的,由基本医疗保险基金先行支付。基本医疗保险基金先行支付后,有权向第三人追偿。(　　)

8. 职工应当参加工伤保险,由用人单位和职工共同缴纳工伤保险费。(　　)

9. 工伤职工的住院伙食补助费不属于工伤保险基金支出范围。(　　)

10. 职工应当参加生育保险,由用人单位和个人按照国家规定共同缴纳生育保险费。(　　)

11. 用人单位未按时足额缴纳社会保险费的,由社会保险费征收机构责令其限期缴纳或者补足。(　　)

12. 用人单位逾期仍未缴纳或者补足社会保险费的,社会保险费征收机构可以向银行和其他金融机构查询其存款账户;并可以申请县级以上有关行政部门做出划拨社会保险费的决定,书面通知其开户银行或者其他金融机构划拨社会保险费。(　　)

13. 社会保险基金通过再投资实现收支平衡。(　　)

14. 社会保险费征收机构擅自更改社会保险费缴费基数、费率,导致少收或者多收社会保险费的,由有关行政部门责令其追缴应当缴纳的社会保险费或者退还不应当缴纳的社会保险费;对直接负责的主管人员和其他直接责任人员依法给予处分。(　　)

15. 社会保险基金按照统筹层次设立预算。(　　)

16. 社会保险基金预算按照社会保险项目分别编制。(　　)

17. 社会保险基金不得违规投资运营,不得用于平衡其他政府预算,不得用于兴建、改建办公场所和支付人员经费、运行费用、管理费用,或者违反法律、行政法规规定挪作其他用途。(　　)

18. 社会保险行政部门泄露用人单位和个人信息的,对直接负责的主管人员和其他直接

责任人员依法给予处分。（　　）

19. 社会保险经办机构泄露用人单位和个人信息的，给用人单位或者个人造成损失的，应当承担赔偿责任。（　　）

20. 违反法律规定，隐匿、转移、侵占、挪用社会保险基金或者违规投资运营的，由社会保险行政部门、财政部门、审计机关责令追回。（　　）

四、案例分析题

1. 张某2022年8月与单位解除劳动合同，成了一名失业者，不久，经朋友介绍到本市某单位开通勤车。但由于张某是失业者，单位不愿意为张某缴纳社会保险费，3个月后，张某被一个“协保”人员替代了。2023年5月，在一位热心朋友的引荐下，张某到一家私企开车，可老板还是不为张某缴纳社会保险费，张某感到这样下去不是办法，便把参加社会保险的事提了出来，老板要张某自己到外面找地方缴纳。张某年龄也不小了，怕丢失现在的工作，想暂时不提缴费的事了，等以后离开单位后再说，到时让他们一起“补”。可张某心里没底，这样做有问题吗？

2. 2023年6月，张某被某公司招用。进入公司后，他们说要对张某的能力进行摸底，提出试用6个月，满意后再签合同。由于张某比较喜欢这份工作，且他对自己的能力也比较自信，因此也就同意了。然而，半年过去后，张某却等到了公司的辞退通知。为此，张某据理力争，但无济于事。张某让公司为他办理退工手续，公司说试用期没有用工手续。张某问在6个月期间公司为他缴过社会保险费吗？公司嘲笑张某不懂法，没签过劳动合同还缴什么社会保险费？该公司这样做是对的吗？

3. 2022年4月，刘某等4人应聘到某公司，公司在待遇方面提出如果职工坚持要求办理社会保险的话，从职工工资中每月扣除300元。刘某等觉得还是多拿点工资好，至于办不办社会保险，也没什么关系。于是双方签订了3年的劳动合同，在合同中规定每月工资2 000元，对社会保险事宜公司不予负责。2023年12月，劳动保障部门在进行检查中发现该单位没有依法为签订劳动合同的职工办理社会保险，遂对其下达限期整改指令书，要求该公司为刘某等办理参加社会保险的手续。该公司则认为，公司不负责社会保险是经双方协商同意，在劳动合同中已明确约定的。请问：刘某和公司的做法是否合法？刘某和公司应该怎么做？

4. 冯某是1973年7月出生的女性，1996年10月参加社会工作。由于个人的一些原因，她没有参加过社会保险，因此，没有个人的养老保险账户。目前冯某已拥有上海市常住户口，也有合法的经济收入，她想以自由职业者身份参加本市的社会保险，不知是否可以？如果可以参加社会保险，缴费要满多少年后才能领取退休金？

本章练习题参考答案

附　录

请扫码查看附录 1《中华人民共和国保险法》

请扫码查看附录 2《中国人身保险业经验生命表(2010—2013)》

本书参考资料

[1] 曹雪琴:《新编保险学概论》,立信会计出版社 2010 年版。
[2] 杜鹃、陈玲:《再保险》,上海财经大学出版社 2009 年版。
[3] 盖锐、阳光:《社会保障学》,清华大学出版社 2009 年版。
[4] 李春荣:《保险学》,北京大学出版社 2014 年版。
[5] 李洁:《保险概论》,清华大学出版社 2005 年版。
[6] 李亮、田小燕、孙平:《保险学》,清华大学出版社 2017 年版。
[7] 李玉泉:《保险法》,法律出版社 2003 年第 2 版。
[8] 李珍:《社会保障理论》,中国劳动社会保障出版社 2006 年版。
[9] 林义:《社会保障基金管理》,中国劳动社会保障出版社 2007 年版。
[10] 林秀清:《保险理论与实务》,北京理工大学出版社 2010 年版。
[11] 刘波:《保险学》,东北财经大学出版社 2012 年版。
[12] 刘波、刘璐:《保险学》,东北财经大学出版社 2012 年版。
[13] 刘金章:《保险学教程》,中国金融出版社 2003 年版。
[14] 刘金章:《现代保险理论与实务》,清华大学出版社 2009 年版。
[15] 刘钧:《社会保障理论与实务》,清华大学出版社 2009 年版。
[16] 刘连生:《保险原理》,中国财政经济出版社 2005 年版。
[17] 刘平:《保险学原理与应用》,清华大学出版社 2009 年版。
[18] 刘永刚:《保险学》,人民邮电出版社 2016 年第 2 版。
[19] 龙卫洋、唐志刚、米双红:《保险学》,复旦大学出版社 2007 年版。
[20] 马宜斐、段文军:《保险原理与实务》,中国人民大学出版社 2007 年版。
[21] 米双红:《再保险理论与实务》,电子工业出版社 2011 年版。
[22] 裘红霞:《保险学》,清华大学出版社 2011 年版。
[23] 沈婷:《国际保险》,上海人民出版社、格致出版社 2010 年版。
[24] 石大安:《风险保险学》,西南财经大学出版社 2015 年版。
[25] 施健祥:《保险学》,浙江大学出版社 2009 年版。
[26] 粟芳、许瑾良:《保险学》,清华大学出版社 2006 年版。
[27] 粟芳、许谨良:《保险学》,清华大学出版社 2011 年第 2 版。
[28] 孙蓉、兰虹:《保险学原理》,西南财经大学出版社 2010 年第 3 版。
[29] 唐东升、张霞:《保险理论与实务》,北京理工大学出版社 2017 年版。
[30] 庹国柱:《保险学》,首都经济贸易大学出版社 2011 年第 6 版。
[31] 王健康、周灿:《保险学原理》,电子工业出版社 2010 年第 2 版。
[32] 王丽芬:《保险理论与实务》,北京师范大学出版社 2012 年版。
[33] 王晓军、孟生旺:《保险精算原理与实务》,中国人民大学出版社 2010 年第 2 版。

[34] 王亚芬:《保险理论与实务》,北京师范大学出版社 2012 年版。

[35] 魏华林、林宝清:《保险学》,高等教育出版社 2011 年第 3 版。

[36] 吴慧涵:《再保险原理与实务》,清华大学出版社 2006 年版。

[37] 邢秀芹:《保险学》,北京邮电大学出版社 2008 年版。

[38] 许桂红:《保险学》,东南大学出版社 2010 年第 2 版。

[39] 熊敏鹏:《社会保障学》,机械工业出版社 2015 年第 2 版。

[40] 徐爱荣:《保险学习题与案例》,复旦大学出版社 2009 年版。

[41] 徐文虎、陈冬梅:《保险学》,北京大学出版社 2009 年版。

[42] 徐志平:《保险理论与实务》,东北师范大学出版社 2014 年版。

[43] 尹成远:《保险理论与实务》,科学出版社 2006 年版。

[44] 于光荣:《保险理论与实务》,北京理工大学出版社 2013 年版。

[45] 张炳达:《保险实务与案例》,上海财经大学出版社 2012 年版。

[46] 翟建华:《保险学概论》,东北财经大学出版社 2016 年第 4 版。

[47] 张虹、陈迪红:《保险学教程》,中国金融出版社 2012 年版。

[48] 张洪涛:《保险学》,中国人民大学出版社 2014 年第 4 版。

[49] 张洪涛、时国庆:《保险营销管理》,中国人民大学出版社 2005 年版。

[50] 张洪涛、郑功成:《保险学》,中国人民大学出版社 2007 年版。

[51] 中国人身保险从业人员资格考试教材编写委员会本书编写组:《寿险公司经营与管理》,中国金融出版社 2012 年第 2 版。

[52] 周彩霞:《保险原理与实务》,中国发展出版社 2017 年版。

[53] 朱铭来:《保险法学》,南开大学出版社 2006 年版。

[54] 应世昌:《中外精选保险案例评析》,上海财经大学出版社 2005 年版。

[55] 丁少群、伍秋晓:《我国商业健康保险发展的省际差异性探讨》,《上海保险》2018 年第 7 期。

[56] 王绪谨:《海外保险投资方式比较研究》,《金融研究》1998 年第 5 期。

[57] 伍思明:《我国保险投资现状及新投资渠道探讨》,《商》2016 年第 1 期。

[58] 张启文:《西方发达国家保险投资的比较与借鉴》,《商业研究》2003 年第 15 期。

[59] 张涌波:《国内外保险公司投资比较与启示》,《中国国际财经》2018 年第 4 期。